Die Rechtsprechung des EuGH zum Vorrang von Gemeinschaftsrecht vor mitgliedstaatlichen Verwaltungsakten und Gerichtsurteilen

Kölner Schriften zu Recht und Staat

Herausgegeben von
Prof. Dr. Hartmut Schiedermair und
Prof. Dr. Bernhard Kempen

Band 43

PETER LANG
Frankfurt am Main · Berlin · Bern · Bruxelles · New York · Oxford · Wien

JOHANNES MARIA BAUMANN

Die Rechtsprechung des EuGH zum Vorrang von Gemeinschaftsrecht vor mitgliedstaatlichen Verwaltungsakten und Gerichtsurteilen

PETER LANG
Internationaler Verlag der Wissenschaften

Bibliografische Information der Deutschen Nationalbibliothek
Die Deutsche Nationalbibliothek verzeichnet diese Publikation in der Deutschen Nationalbibliografie; detaillierte bibliografische Daten sind im Internet über http://dnb.d-nb.de abrufbar.

Zugl.: Köln, Univ., Diss., 2010

Abbildung auf dem Umschlag:
Historisches Universitätssiegel der Universität zu Köln

D 38
ISSN 1433-0253
ISBN 978-3-631-61225-5

www.peterlang.de

Meinen Eltern
und
Pateneltern

Vorwort

Das Werk lag im Wintersemester 2009/2010 der Rechtswissenschaftlichen Fakultät der Universität zu Köln vor. Gesetzgebung, Rechtsprechung und Schrifttum konnten für die Drucklegung so weit ersichtlich bis 15.1.2010 berücksichtigt werden.

Mein erster und aufrichtiger Dank gilt meinem verehrten Doktorvater Professor Dr. Bernhard Kempen, der das Thema dieser Arbeit angeregt und mir bei deren Erstellung mit fachkundigem Rat zur Seite gestanden hat. Er hat mir in Gesprächen wichtige Zusammenhänge eröffnet und mich an seiner außerordentlichen Erfahrung teilhaben lassen.

Ferner möchte ich mich bei Herrn Professor Dr. Burkhard Schöbener für die zügige Erstellung des Zweitgutachtens bedanken.

Den Herausgebern der Reihe „Kölner Schriften zu Recht und Staat" gebührt mein Dank für die Aufnahme der Arbeit in die Schriftenreihe. Ihre Drucklegung wurde ermöglicht durch die finanzielle Unterstützung von Herrn Gerd-Martin Forneck.

Herzlich danke ich Herrn Dr. Björn Bork, Frau Maria Forneck, Herrn Daniel Krey und Herrn Christian Pipersberg für die mühe- und wertvolle Korrektur des Manuskripts. Ebensolcher Dank gebührt meiner Freundin Nadine, deren Unterstützung mir die mit der Arbeit verbundenen Mühen erleichterte.

Mein vordringlichster Dank gilt meinen Eltern, die mir mein Studium und die damit verbundene Ausbildung ermöglicht haben. Sie haben mich immer auf jede denkbare Art und Weise wie selbstverständlich liebevoll unterstützt.

Mainz, im März 2010 *Johannes Baumann*

Inhaltsverzeichnis

Einführung in die Thematik

I. Einleitung

Die europäischen Gemeinschaften lassen sich seit ihrem Bestehen nicht lediglich als Rechtsetzungs-, sondern auch als Verwaltungsgemeinschaften charakterisieren.[1] Ihr administrativer Charakter ist allerdings nur sehr langsam in das Bewusstsein der Rechtsanwender und Rechtswissenschaftler vorgedrungen. Ihre erste systematische Gesamtdarstellung verdankt sie dem Werk von Jürgen Schwarze[2] aus dem Jahre 1988, dem weitere systematisierende Darstellungen zum europäischen Verwaltungsrecht,[3] aber auch zu einzelnen Aspekten dieser Rechtsmaterie folgten.[4] Die immer noch zunehmende Beliebtheit, derer sich die Befassung mit europarechtlichen Einflüssen auf das nationale Verwaltungsrecht erfreut, erklärt sich hauptsächlich damit, dass der Europäischen Gemeinschaft noch immer kein autarkes Verwaltungs(verfahrens)recht zur Verfügung steht, mittels dessen sie die Exekution von Gemeinschaftsrecht betreiben könnte; vielmehr ist sie bis auf wenige Ausnahmen davon abhängig, dass die mitgliedstaatlichen Rechtsordnungen ihr ein adäquates Instrumentarium zur Umsetzung gemeinschaftsrechtlich grundierter Rechte und Pflichten vorhält.[5] Dabei können Friktionen zwischen den mitgliedstaatlichen Rechtsregeln und gemeinschaftsrechtlichen Erfordernissen, die der Gerichtshof vornehmlich aus dem in Art. 4 Abs. III EUV (ex-Art. 10 EGV[6])[7] verankerten Effektivitäts- und Äquivalenzprinzip ableitet,[8] auftreten, die es im Konfliktfall aufzulösen gilt.

---

1 Schmidt-Aßmann, in: Grundlagen des Verwaltungsrechts, Bd. 1, § 5, Rn. 16.

2 Europäisches Verwaltungsrecht, in zwei Bänden; 2. erweiterte Auflage von 2005; das Buch ist 1992 in englischer und 1994 in französischer Sprache erschienen.

3 Etwa: SCHWEITZER, Europäisches Verwaltungsrecht, 1991; VON DANWITZ, Europäisches Verwaltungsrecht, 2008; vgl. zudem: KADELBACH, Allgemeines Verwaltungsrecht unter europäischem Einfluss, 1996.

4 Mit der Thematik der vorliegenden Arbeit verwandt etwa: SINNAEVE, Die Rückforderung gemeinschaftsrechtswidriger nationaler Beihilfen, 1996; MÜLLER, Die Aufhebung von Verwaltungsakten unter dem Einfluss des Europarechts, 1998.

5 Zum indirekten Vollzug von Gemeinschaftsrecht s. unten S. 41 f.

6 Die Bezeichnung als ex-Artikel 10 EGV dient nur dem Hinweis auf die frühere Fundstelle der Norm und ist insoweit technisch nicht völlig korrekt, da Art. 4 Abs. III EUV nicht völlig identisch mit Art. 10 EGV ist, was in der Sache allerdings keine Neuerungen bringt.

7 Alle Artikel aus dem EG-Vertrag werden in der derzeit geltenden Nummerierung in der Fassung des Vertrags von Lissabon zitiert, durch den der EG-Vertrag abgelöst und durch den Vertrag über die Arbeitsweise der Europäischen Union ersetzt wurde (AEU). In Klammern wird der ex-Artikel in der Nummerierung, die er seit dem Vertrag von Amsterdam hat, angegeben. Urteile aus einer davor liegenden Zeit sind der neuen Nummerierung angepasst, ohne

Die skizzierte Problematik lässt sich besonders deutlich bei der Rücknahme von gemeinschaftsrechtswidrigen Verwaltungsakten ausmachen, die sich in Ermangelung eigener europarechtlicher Regelungen nach nationalem Recht richtet, dessen Tatbestände in gewissen Fällen allerdings zu Kollisionen mit Europarecht führen können, etwa wenn Vertrauensschutz in einem Umfang gewährt wird, der nicht mehr mit dem Effektivitätsgrundsatz vereinbar ist[9] oder die Rücknahme eines gemeinschaftsrechtswidrigen Verwaltungsakts von Fristen abhängig gemacht wird, die der vollen Wirksamkeit des Gemeinschaftsrechts im Wege stehen.[10] Hier gilt es, in systematisierender Weise Rechtsregeln zu erarbeiten, die erkennen lassen, wie Gemeinschaftsrecht und das hier zum Gegenstand der Untersuchung gemachte deutsche Verfahrensrecht als nationales Recht miteinander verzahnt sind und auf welche Art und Weise sie sich wechselseitig ergänzen bzw. beeinflussen. Mutatis mutandis offenbart sich diese Problemlage nicht nur im Verwaltungsverfahrensrecht, sondern auch im Prozessrecht. Rechtskraftregeln, wie sie in jeder mitgliedstaatlichen Rechtsordnung enthalten sind, können dazu führen, dass das Gemeinschaftsrecht in Teilen nicht mehr durchsetzbar ist, da mit Eintritt der formellen Rechtskraft für den von einer Fehlentscheidung Betroffenen keine Möglichkeit der prozessualen Geltendmachung seiner Rechte mehr zur Verfügung steht.[11] Es wird aufzuzeigen sein, welche Reaktionen das Gemeinschaftsrecht auf solche Fehlurteile kennt und unter welchen Bedingungen eventuell die Rechtskraft zu Gunsten des Gemeinschaftsrechts überwunden werden muss. Hier wird auch der Einfluss der Staatshaftung für judikatives Unrecht zu bedenken sein.[12]

II. Gang der Darstellung

Die Untersuchung wird sich zunächst der Vergewisserung allgemeiner Prinzipien und Grundsätze des Gemeinschaftsrechts widmen, die zum Verständnis der Vorrangfrage von Gemeinschaftsrecht vor Verwaltungsakten und Gerichtsurteilen eine unerlässliche Prämisse sind. Dazu gehört zum Einen der Geltungsgrund des Ge-

dass dies kenntlich gemacht würde; gleiches gilt für Zitate aus dem Schrifttum. Die Bezeichnung EGV ist durchgängig ersetzt durch die Bezeichnung AEU, auch wenn sich Textpassagen auf einen Zeitraum vor dessen Inkrafttreten beziehen.

8 Zu diesen Prinzipien s. unten S. 43 ff. Zusammenfassend bezeichnet sie Art. 4 Abs. III EUV jetzt als Grundsatz der loyalen Zusammenarbeit.

9 Vgl. neben anderen Fällen etwa: EuGH, Rs. C-5/89, Kommission/Deutschland („BUG Alutechnik“), Slg. 1990, I-3437, Rn. 14.

10 EuGH, Rs. C-24/95, Land Rheinland-Pfalz/Alcan Deutschland GmbH, Slg. 1997, I-1591, Rn. 38 („Alcan II“).

11 KRÜGER, in: MünchKomm ZPO, § 705 ZPO, Rn. 1; PUTZO, in: Thomas/Putzo, § 705 ZPO, Rn. 1 a; STÖBER, in: Zöller § 705 ZPO, Rn. 1, 3; BAUMBACH/LAUTERBACH/ALBERS/HARTMANN, Einf. §§ 322 bis 327 ZPO, Rn. 1.

12 Vor allem EuGH, Rs. C-224/01, Köbler/Österreich, Slg. 2003, I-10239, dazu s. unten S. 143 ff.

meinschaftsrechts an sich, denn nur was auch Geltung beansprucht, kann auch Vorrang beanspruchen. Zum Anderen geht diese Problematik eng mit den Grenzen des Vorrangs einher, die das Bundesverfassungsgericht für die Bundesrepublik Deutschland in den „Solange"-Entscheidungen,[13] der „Maastricht"-Entscheidung,[14] aber auch der kürzlich erst ergangenen Entscheidung zum Lissaboner Verfassungsvertrag entwickelt hat.[15] Die Grenzen des Vorrangs waren in der Folge zum Beispiel in der Verfassungsbeschwerde im Fall „Alcan" von Bedeutung.[16] Zum Anderen hilft die Kenntnis des Geltungsgrundes von Gemeinschaftsrecht, die Argumentation des EuGH in gewissen Entscheidungen mit dem gebotenen Vorwissen durchdringen zu können.

Anschließen wird sich die Untersuchung der Auswirkungen des Gemeinschaftsrechts auf die Rücknahme rechtswidriger Verwaltungsakten, wobei eine induktive Vorgehensweise gewählt werden wird. Das Beihilferecht, dem im Bereich der Rücknahme von Verwaltungsakten überragende Bedeutung zukommt, dient dabei als Referenzgebiet zur Erhellung allgemeiner Grundsätze, einschließlich der Erläuterung der grundsätzlichen Funktionsweise des europäischen Verwaltungsverbunds und der in ihm herrschenden Aufgabenteilung. Mit den auf diese Art und Weise gewonnen Erkenntnissen, fällt die Erschließung der Systematik, die auf Fälle außerhalb des Beihilferechts anzuwenden ist, um so leichter. Folgen wird die Analyse des Verhältnisses von Gemeinschaftsrecht zu rechtskräftigen, aber gemeinschaftsrechtswidrigen Urteilen.

III. Ziel der Untersuchung

Die Diskussion um das Wesen von Gemeinschaftsrecht und seinem Verhältnis zu deutschem Recht kann im Moment als weitgehend befriedete Diskussion angesehen werden.[17] Treffend stellt *von Danwitz* in seinem Lehrbuch zum europäischen Verwaltungsrecht fest, dass die Rechtsprechung des Gerichtshofs zur Rückforderung nationaler Beihilfen und die darin zum Ausdruck kommende Beziehung von staatlichem zu europäischem Gemeinschaftsrecht in der deutschsprachigen Literatur ausgiebig rezipiert worden ist.[18] Dennoch ist die im Moment befriedete Diskussion um dieses Verhältnis keineswegs zu einem Ende gekommen.[19] Übersichtliche und ausführliche Gesamtdarstellungen der Thematik, die auch andere Verwaltungsakte und die Relativierung der Rechtskraft von Gerichtsentscheidungen einschließen würden, sind – soweit ersichtlich – im jüngeren Schrifttum nicht vorhanden, obgleich Lehr-

13 BVerfGE 37, S. 278 („Solange I"); BVerfGE 73, S. 339, 375 („Solange II").
14 BVerfGE 89, S. 155, 184, 190 („Maastricht").
15 BVerfG, NJW 2009, S. 2267 ff. („Lissabon").
16 BVerfG, NJW 2000, S. 2015 = WM 2000, S. 621 = DVBl. 2000, S. 900.
17 FUNKE, DÖV 2007, S. 733.
18 VON DANWITZ, Europäisches Verwaltungsrecht, S. 564.
19 FUNKE, DÖV 2007, S. 733.

bücher,[20] Kommentare[21] und Aufsätze[22] in unterschiedlichem Umfang Stellung zu der Thematik nehmen. Zudem sind die jüngsten Entwicklungen zur möglicherweise europarechtlich geforderten Rechtskraftdurchbrechung in besonderen Fällen im Zusammenhang mit der Bestandskraftrelativierung von Verwaltungsakten zu verstehen, weshalb die vorliegende Untersuchung die Möglichkeit bietet, den Bogen zwischen der Bestands- und der Rechtskraft und den Einflüssen des Europarechts auf beide Institute zu spannen. Aufgabe der vorliegenden Ausarbeitung ist dementsprechend eine systematisierende Analyse der maßgeblichen Rechtsprechung des EuGH, die die relevanten Probleme im Zusammenhang mit dem Vorrang von Gemeinschaftsrecht vor Verwaltungsakten und Gerichtsurteilen abdeckt, also insbesondere die Problematik der Bestands- und Rechtskraftdurchbrechung in den einschlägigen Konstellationen erhellt.

---

20 Etwa: STREINZ, EuR, S. 205 ff., Rn. 560 ff.; HERDEGEN, EuR, S. 231 ff.; VON DANWITZ, Europäisches Verwaltungsrecht, S. 544 ff.;

21 Unter vielen: CREMER, in: Calliess/Ruffert, Art. 88 EGV, Rn. 23-28; HATJE, in: Schwarze, Art. 10 EGV, Rn. 36-41; GEIGER, Art. 10 EGV, Rn. 43 f.; KAHL, in: Calliess/Ruffert, Art. 10 EGV, Rn. 29-42;

22 Unter vielen: SCHEUING, DV 2001, S. 107 ff.; RENNERT, DVBl. 2007, S. 400 ff.; SCHOLZ, DÖV 1998, S. 261 ff.; POTCAS, in: FS Ress, S. 729 ff.

Teil I: Das Verhältnis von Gemeinschaftsrecht und nationalem Recht – allgemeine Grundlagen

Im Rahmen dieser Arbeit stehen rechtliche Fragestellungen, die mit dem Rangverhältnis von Gemeinschaftsrecht zu mitgliedstaatlichen Gerichtsurteilen und Verwaltungsakten verbunden sind, im Fokus der Betrachtung. Ehe vertieft in diese Thematik eingestiegen werden kann, erscheint es allerdings angezeigt, das Blickfeld zu weiten und zunächst auf grundsätzliche Fragen einzugehen, die sich im Zusammenhang mit dem Rangverhältnis stellen. Die Frage nach dem Verhältnis zwischen Gemeinschaftsrecht und nationalen Rechtsordnungen ist aber keineswegs auf die Frage des Vorrangverhältnisses und die Suche nach Kollisionsnormen zu verengen; vielmehr gilt es zu beachten, dass sich Gemeinschaftsrecht und nationales Recht zwar als selbständige Rechtskreise gegenüberstehen, jedoch nicht voneinander isoliert sind.[23] Im Rahmen der vorliegenden Untersuchung werden daher neben dem Rangverhältnis die wechselseitigen Auswirkungen der Rechtskreise aufeinander im Vordergrund stehen.

§ 1 – Das Rangverhältnis

Die Rangfrage ist aus gemeinschaftsrechtlicher Sicht von großer Bedeutung, da nur durch ihre Auflösung zu Gunsten des Vorrangs von Gemeinschaftsrecht vor nationalem Recht die einheitliche Anwendung des Rechts der Europäischen Gemeinschaften in den Mitgliedstaaten sichergestellt werden kann.[24] Die Autonomie der Mitgliedstaaten gebietet es aber, die Problematik des Rangverhältnisses nicht nur aus der Sicht der Gemeinschaft zu beleuchten, sondern auch die nationale verfassungsrechtliche Perspektive einzunehmen.[25] Dies ermöglicht es, die Mechanismen

---

23 EuGH, Rs. C-6/64, Costa/ENEL, Slg. 1964, S. 1251, 1269; BVerfGE 37, S. 271, 277 f. = NJW 1974, S. 1697 („Solange I"); BVerfGE 73, S. 339, 368 = NJW 1987, S. 577 („Solange II"); JARASS/BELJIN, NVwZ 2004, S. 1; STREINZ, EuR, S. 73 f., Rn. 197; CRAIG/DE BURCA, S. 346; KADELBACH, in: FS Zuleeg, S. 221: Die Rechtsordnungen stehen zueinander in einem Verhältnis der Komplementarität.

24 EuGH, Rs. C-6/64, Costa/ENEL, Slg. 1964, S. 1251, 1269; EuGH, RS. C-11/70, Internationale Handelsgesellschaft mbH/Einfuhr- und Vorratsstelle für Getreide und Futtermittel, Slg. 1970, S. 1125, Rn. 3; HATJE, in: Schwarze, Art. 10 EGV, Rn. 21; CRAIG/DE BURCA, S. 346; HARATSCH/KOENIG/PECHSTEIN, EuR, S. 95, Rn. 187 f.; SCHWEITZER, Staatsrecht III, S. 17, Rn. 46 („Prinzip der Sicherung der Funktionsfähigkeit der Gemeinschaften"); STREINZ, EuR, S. 73, Rn. 194.

25 In diesem Sinne wohl auch: FUNKE, DÖV 2007, S. 733, der eine weitgehende perspektivische Konvergenz, aber keine Deckungsgleichheit ausmacht. Weiter zu dieser Problematik: ISEN-

aufzuzeigen, mittels derer dem Gemeinschaftsrecht Vorrang verschafft wird. Ferner wird sein Einfluss auf den nationalen Rechtschutz durch Gerichte erkennbar und zudem treten die Grenzen des europarechtlichen Primats zu Tage.

I. Geltung und Geltungsgrund des Gemeinschaftsrechts – Dogmatische Grundlagen

Voraussetzung für die Festlegung eines Rangverhältnisses ist es, sich der Geltung der in Frage stehenden Normen – in casu derer des Gemeinschaftsrechts – zu vergewissern und deren Geltungsgrund klarzustellen. Auf Basis der so gewonnenen Erkenntnisse ist es dann möglich, verlässliche Aussagen über das Rangverhältnis kollidierender Normen zu treffen, die eines dogmatischen Unterbaus nicht entbehren.

1. Geltung des Gemeinschaftsrechts

Um überhaupt rechtliche Wirkung entfalten zu können, muss das Recht der Europäischen Gemeinschaft denklogisch nicht nur auf Gemeinschaftsebene, sondern auch in den Mitgliedstaaten gelten.[26] Unter Geltung ist dabei zu verstehen, dass das Gemeinschaftsrecht gültig ist und Verbindlichkeit auch innerhalb der Rechtssphäre der Mitgliedstaaten beansprucht.[27] Gültigkeit kommt einem Gemeinschaftsrechtsakt dann zu, wenn er in Kraft getreten ist, nicht aufgehoben wurde bzw. sich nicht anderweitig erledigt hat (z. B. durch Zeitablauf) und innere Wirksamkeit entfaltet.[28] Der Zeitpunkt des Inkrafttretens bestimmt sich nach gemeinschaftsrechtlichen Vorgaben, insbesondere nach den Art. 288 ff. AEU (ex-Art. 249 ff EGV), die das Rechtssetzungsverfahren auf europäischer Ebene regeln.[29] Als actus contrarius kommt die Aufhebung von Rechtsakten den Organen zu, die sie erlassen haben.[30] Innere Wirksamkeit bedeutet, dass von den Gemeinschaftsakten eine Regelungswirkung ausgehen muss, die typischerweise dann nicht mehr anzunehmen ist, wenn sie nichtig sind.[31] Der EuGH bedient sich in diesem Kontext des sprachlich etwas verunglückten Terminus der „rechtlichen Inexistenz“[32]. Der Rechtsakt muss dann mit

---

SEE, in: FS Stern, S. 1239, 1261 ff.; JESTAEDT, in: GS Blomeyer, S. 637 ff.; MACCORMICK, JZ 1995, S. 797, 800; Für eine einheitliche Perspektive: PERNICE, VVDStRL 60 (2001), S. 148 ff.

26 EHLERS, in: Schulze/Zuleeg, EuR, S. 384; HATJE, in: Schwarze, Art. 10 EGV, Rn. 18.

27 EHLERS, in: Schulze/Zuleeg, EuR, S. 384; HATJE, in: Schwarze, Art. 10 EGV, Rn. 18.

28 EHLERS, in: Schulze/Zuleeg, EuR, S. 384.

29 Vgl. allgemein zum Rechtsetzungsverfahren die einschlägigen Kommentierungen, etwa: RUFFERT, in: Callies/Ruffert, Art. 249 EGV; SCHROEDER, in: Streinz, Art. 249 EGV; GEIGER, Art. 249 EGV; SCHMIDT, in: von der Groeben/Schwarze, Art. 249 EGV.

30 EHLERS, in: Schulze/Zuleeg, EuR, S. 384.

31 EuGH, Rs. C-137/92, Kommission/BASF u.a., Slg. 1994, I-2555, Rn. 49; EuGH, Rs. C-245/92, Chemie Linz GmbH/Kommission, Slg. 1999, I-4643, Rn. 94.

32 EuGH, Rs. C-137/92, Kommission/BASF u.a., Slg. 1994, I-2555, Rn. 49; EuGH, Rs. C-199/92 P, Hüls AG/Kommission, Slg. 1999, I-4287, Rn. 83 ff.; EuGH, Rs. C-200/92, ICI/

einem offensichtlich so schweren Fehler behaftet sein, dass dieser von der Gemeinschaftsrechtsordnung schlichtweg nicht mehr geduldet werden kann.[33] Dieser Fall ist allerdings im Vergleich zu dem der einfachen Rechtswidrigkeit selten;[34] im Grundsatz geht der EuGH von der Vermutung der Rechtmäßigkeit von Rechtsakten der Gemeinschaftsorgane aus.[35] Für nur rechtswidrige Gemeinschaftsrechtsakte gilt, dass sie solange in Kraft bleiben, bis eine dazu berufene Kontrollinstanz – meist das Gericht erster Instanz oder der EuGH – sie aufgehoben hat.[36] Insoweit ist die Rechtslage vergleichbar mit der aus dem deutschen Verwaltungsverfahrensrecht bekannten Wirksamkeit von Verwaltungsakten.[37]

Verbindlichkeit beanspruchen sowohl das Primärrecht,[38] d. h. die Gründungsverträge in der jeweils geltenden Fassung mit Anlagen und Protokollen,[39] die allgemei-

---

Kommission, Slg. 1999, I-4399, Rn. 70; EuGH, Rs. C-227/92 P, Hoechst/Kommission, Slg. 1999, I-4443, Rn. 69; EuGH, Rs. C-234/92 P, Shell/Kommission, Slg. 1999, I-4501, Rn. 55; EuGH, Rs. 235/92 P, Montecatini/Kommission, Slg. 1999, I-4539, Rn. 96; EuGH, Rs. C-245/92, Chemie Linz GmbH/Kommission, Slg. 1999, I-4643, Rn. 94; EuGH, Rs. C-475/01, Kommission/Hellenische Republik, EuZW 2004, S. 729, Rn. 19 f.; dazu: PECHSTEIN/KUBICKI, NJW 2005, 1825.

33 Vgl. nur: EuGH, Rs. C-475/01, Kommission/Hellenische Republik, EuZW 2004, S. 729, Rn. 19.

34 VON DANWITZ, Europäisches Verwaltungsrecht, S. 199 wonach die Feststellung der Nichtigkeit aus Gründen der Rechtssicherheit ganz außergewöhnlichen Fällen vorbehalten bleibt; vgl. EuGH, Rs. C-245/92, Chemie Linz GmbH/Kommission, Slg. 1999, I-4643, Rn. 95; EuGH, Rs. C-137/92, Kommission/BASF u.a., Slg. 1994, I-2555, Rn. 50.

35 Vgl. EuGH, Rs. C-137/92, Kommission/BASF u.a., Slg. 1994, I-2555, Rn. 49; EuGH, Rs. C-200/92, ICI/Kommission, Slg. 1999, I-4399, Rn. 69; EuGH, Rs. C-227/92 P, Hoechst/Kommission, Slg. 1999, I-4443, Rn. 69; EuGH, Rs. C-234/92 P, Shell/Kommission, Slg. 1999, I-4501, Rn. 55; EuGH, Rs. C-235/92 P, Montecatini/Kommission, Slg. 1999, I-4539, Rn. 96; EuGH, Rs. C-475/01, Kommission/Hellenische Republik, EuZW 2004, S. 729, Rn. 18; VON DANWITZ, Europäisches Verwaltungsrecht, S. 198; RUFFERT, in: Calliess/Ruffert, Art. 249 EGV, Rn. 17; um die Entwicklung einer Fehlerfolgenlehre bemüht sich: BUMKE, in: Schuppert/Haltern/Pernice, Europawissenschaft, S. 644, S. 686 ff.

36 EuGH, Rs. C-7/56 und 3-7/57, Algera u.a./Gemeinsame Versammlung, Slg. 1957, 85, 126; EuGH, Rs. C-15/85, Consorzio Cooperative d'Abbruzzo/Kommission, Slg. 1987, S. 1005, Rn. 10; EuGH, Rs. C-226/87, Kommission/Griechenland, Slg. 1988, S. 3611, Rn. 14; EuGH, Rs. C-137/92, Kommission/BASF u.a., Slg. 1994, I-2555, Rn. 48; CREMER, in: Calliess/Ruffert, Art. 230 EGV, Rn. 1.

37 Dazu übersichtlich: SACHS, in: Stelkens/Bonk/Sachs, § 43 VwVfG, Rn. 2-5 mit einer anschaulichen Illustration der verschiedenen Wirksamkeitsbedingungen.

38 Es steht in der Rangordnung der Rechtsquellen ganz oben: RUFFERT, in: Calliess/Ruffert, Art. 249 EGV, Rn. 2; HAAG, in: Bieber/Epiney/Haag, § 6, Rn. 1; VON DANWITZ, Europäisches Verwaltungsrecht, S. 201 f.

39 S. Art. 311 EGV; HERDEGEN, EuR, S. 150, Rn. 3; HAAG, in: Bieber/Epiney/Haag, § 6, Rn. 7, SCHWARZE, in: Schwarze, Art. 220 EGV, Rn. 11; GAITANIDES, in: von der Groeben/Schwarze, Art. 220 EGV, Rn. 14.

nen Rechtsgrundsätze des Gemeinschaftsrechts[40] und das Gewohnheitsrecht,[41] als auch das gem. Art. 288 AEU (ex-Art. 249 EGV) erlassene Sekundärrecht.[42] Eine Norm, die die Geltung der betreffenden Rechtsakte innerhalb der mitgliedstaatlichen Rechtsordnung anordnet, gibt es zwar nicht. Art. 4 Abs. III EUV (ex-Art. 10 EGV) lässt sich jedoch mittelbar entnehmen, dass mehr als nur die rein völkerrechtliche Verbindlichkeit des Gemeinschaftsrechts gewollt ist.[43] Kennzeichen davon ist die Pflicht der Mitgliedstaaten, die sich aus dem Vertrag oder aus Handlungen von Gemeinschaftsorganen ergebenden Pflichten zu befolgen.[44] Auch spricht die Tatsache, dass einzelne Individuen Rechte und Pflichten aus primärvertraglichen Regeln herleiten können[45] dafür, deren unmittelbare Geltung anzunehmen, zumal diese von den innerstaatlichen Behörden beachtet werden müssen und vor Gerichten durchsetzbar sind.[46] Für Verordnungen als neben der Richtlinie zentrales Element des Sekundärrechts gilt dies erst recht, da Art. 288 Abs. II AEU (ex-Art. 249 Abs. II EGV) ihre Verbindlichkeit für die Mitgliedstaaten ausnahmslos anordnet.

Diese Argumente aufgreifend wird die unmittelbare Geltung des Gemeinschaftsrechts innerhalb der nationalen Rechtsordnungen nicht mehr ernstlich bestritten und ist allgemein anerkannt. In der Rechtssache „Simmenthal" hat der EuGH treffend formuliert:[47]

„Unmittelbare Geltung bedeutet unter diesem Blickwinkel, dass die Bestimmungen des Gemeinschaftsrechts ihre volle Wirkung einheitlich in sämtlichen Mitgliedstaaten vom Zeitpunkt ihres Inkrafttretens an und während der gesamten Dauer ihrer Gültigkeit entfalten müssen."

---

40 HAAG, in: Bieber/Epiney/Haag, § 6 Rn. 16-23; VON DANWITZ, Europäisches Verwaltungsrecht, S. 210 ff.; GAITANIDES, in: von der Groeben/Schwarze, Art. 220 EGV, Rn. 18 ff.; HERDEGEN, EuR, S. 154 ff.; NETTESHEIM, in: Oppermann, EuR, S. 167 ff., Rn. 33 ff.

41 SCHWARZE, in: SCHWARZE, Art. 220 EGV, Rn. 11; GAITANIDES, in: von der Groeben/Schwarze, Art. 220 EGV, Rn. 43; NETTESHEIM, in: Oppermann, EuR, S. 167, Rn. 31 f.

42 Zum für die Mitgliedstaaten verbindlichen Sekundärrecht gehören die Verordnung, die Richtlinie und die Entscheidung.

43 Geiger, Art. 10 EGV, Rn. 1; LENZ, in: Lenz/Borchardt, Art. 10 EGV, Rn. 1; PINGEL-LENUZZA, in: Léger, Art. 10 EGV, Rn. 4 f.; STREINZ, in: Streinz, Art. 10 EGV, Rn. 1, 40; DERS., EuR, Rn. 160; RUFFERT, in: Calliess/Ruffert, Art. 249 EGV, Rn. 3; Grundsätzlich zur Differenzierung zwischen völker- und europarechtlichen Grundsätzen: LÜCK, Die Gemeinschaftstreue als allgemeines Rechtsprinzip im Recht der Europäischen Gemeinschaft, S. 79 ff.

44 EuGH, Rs. C-6/64, Costa/ENEL, Slg. 1964, S. 1251, 1269; RUFFERT, in: Calliess/Ruffert, Art. 249 EGV, Rn. 2.

45 Grundlegend: EuGH, Rs. C-26/62, van Gend & Loos/Niederländische Finanzverwaltung, Slg. 1963, S. 3, 25; EuGH, Rs. C-93/71, Orsolina Leonesio/Ministerium für Landwirtschaft und Forsten der Italienischen Republik, Slg. 1972, S. 287, Leitsatz 1.

46 So schon: EuGH, Rs. C-26/62, van Gend & Loos/Niederländische Finanzverwaltung, Slg. 1963, S. 3, 25.

47 EuGH, Rs. C-106/77, Amministratione delle Finanze dello Stato/Simmenthal SpA, Slg. 1978, S. 629, Rn. 14, 16.

2. *Dogmatische Grundlagen des Geltungsanspruchs*

Keiner abschließenden Klärung ist bislang die Grundlage für den vom Gemeinschaftsrecht erhobenen umfassenden Geltungsanspruch innerhalb der Mitgliedstaaten zugeführt worden.[48] Prinzipiell konkurrieren zwei Erklärungsmodelle, denen die variantenreich vertretenen Auffassungen zum Geltungsgrund des Gemeinschaftsrechts zugeordnet werden können.[49] Dies ist zum Einen ein Ansatz, der einen völkerrechtlichen Geltungsgrund für maßgeblich hält[50] und zum anderen eine vornehmlich auf Europarecht zurückgreifende Theorie (Europarechtlicher Geltungsgrund)[51]. Im Rahmen der vorliegenden Untersuchung erscheint es ausreichend, eine überblicksartige Darstellung über die Bandbreite der vertretenen Auffassungen zu vermitteln.[52]

a) Ältere Auffassungen

Mit dem Entstehen und der Ausdehnung der Europäischen Gemeinschaft als supranationaler Organisation, die mit eigenen Hoheitsrechten ausgestattet ist, sah sich die Rechtsdogmatik Neuland gegenüber gestellt, da es eine vergleichbare Entwicklung, soweit ersichtlich, bislang noch nicht gegeben hat. Dies bedingte einige Erklärungsansätze bezüglich Geltungsgrund und Rangverhältnis des Gemeinschaftsrechts, deren fehlende Schlüssigkeit letztlich jedoch dazu geführt hat, dass sie weitgehend aufgegeben worden sind und heute nicht mehr bzw. kaum noch vertreten werden.[53]

---

48 HARATSCH/KOENIG/PECHSTEIN, S. 152, Rn. 321; STREINZ, EuR, S. 75 ff., Rn. 201 ff.

49 Dazu überblicksartig: STREINZ, EuR, S. 75 ff., Rn. 202; EHLERS, in: Schulze/Zuleeg, EuR, S. 385 f.

50 MÜNCH, BDGVR 2 (1958), S. 73, 76 ff.; SCHEUNER, in: FS Verdross, S. 229, 240 f.; SCHLOCHAUER, AVR 11 (1963/1964), S. 1, 8 ff.; ARNOLD, Rangverhältnis, S. 260; GORNY, Verbindlichkeit der Bundesgrundrechte bei der Anwendung von Gemeinschaftsrecht durch deutsche Staatsorgane, S. 100 ff.; STREINZ, Grundrechtsschutz, S. 107 f.; ERLER, VVDStRL 18 (1960), S. 7, 23 ff.; CONSTANTINESCO, Das Recht der Europäischen Gemeinschaften I, S. 701 ff.; MENG, Das Recht der Internationalen Organisationen, S. 136 ff.; SEIDL-HOHENVELDERN/LOIBL, Das Recht der Internationalen Organisationen einschließlich der Supranationalen Gemeinschaften, S. 255, Rn. 1701 ff.

51 IPSEN, ZHR Beih. 29, S. 1, 17 ff.; DERS., Europäisches Gemeinschaftsrecht, S. 62 ff., S. 277 ff.; ZWEIGERT, RabelsZ 23 (1964), S. 601, 636 ff.; DERS., EuR 1972, S. 308, 311 ff.; BEBR, Judicial Control, S. 216; KAISER, VVDStRL 23 (1966), S. 1, 18 f.; BADURA, VVDStRL 23 (1966), S. 34, 62 f.; GRABITZ, Gemeinschaftsrecht bricht nationales Recht, S. 89 ff.; ALDER, Koordination und Integration als Rechtsprinzipien, S. 148 ff.; PESCATORE, EuR 1970, S. 307, 314; FUß, Grundrechtsschutz, S. 104 ff.; STERN, Staatsrecht I, S. 541; STETTNER, AöR 111 (1986), S. 537, 540; HESSE, Grundzüge des Verfassungsrechts der BRD, Rn. 105; JARASS, NJW 1990, S. 2420, 2421; NETTESHEIM, in: Oppermann, EuR, S. 202 ff., Rn. 4 ff.

52 Ausführlich zum Ganzen: KADELBACH, S. 184 ff.

53 Übersichtlich dazu: KADELBACH, S. 184 ff.; vgl. weiter: STREINZ, EuR, S. 75 ff.

aa) Rein völkerrechtliche Lösung

Die rein völkerrechtliche Lösung begreift Gemeinschaftsrecht als normales Völkerrecht und löst die entstehenden Rangkonflikte allein anhand der für das Verhältnis von Völkerrecht und Landesrecht geltenden Regeln, ohne dabei die besonderen Erfordernisse des Europarechts zu berücksichtigen. Prämisse dieses Ansatzes ist es, dass das Gemeinschaftsrecht innerstaatlich nicht autonom gilt,[54] sondern eines vermittelnden Aktes des nationalen Gesetzgebers bedarf, der seine Geltung anordnet und sein Verhältnis zu nationalen Normen regelt (sog. Transformationslehre).[55] Entscheidend ist dabei, dass eine Kollisionsregel von der jeweiligen Verfassung des Mitgliedstaates und dem von ihr angeordneten Verhältnis von Völkerrecht zu nationalem Recht abhängt.[56] Diese Auffassung hat sich zu Recht nicht durchsetzen können, da entscheidend gegen sie spricht, dass das Gemeinschaftsrecht andernfalls in den einzelnen Mitgliedstaaten einen unterschiedlichen Rang hätte, was sich mit dem Erfordernis dessen einheitlicher Anwendung nicht vertragen würde.[57]

bb) Bundesstaatliche Theorie

Dieser hauptsächlich während der Gründungs- und Anfangsphase der Gemeinschaft vertretenen Theorie liegt der Gedanke zu Grunde, dass die Europäischen Gemeinschaften in ähnlicher Weise strukturiert sind wie ein föderalistisch aufgebauter Bundesstaat,[58] dessen prägendes Merkmal die Aufteilung von Hoheitsbefugnissen zwischen dem Dachverband (i.e. den Gemeinschaften) und den Einzelgliedern, also den Mitgliedstaaten ist.[59] Aufgrund des darin liegenden Über- Unterordnungsverhältnisses ist die Hoheit der Gemeinschaft nicht mehr von Maßnahmen der Mitgliedstaaten abhängig;[60] Kollisionsregeln aus den nationalen Rechtsordnungen haben nur mehr deklaratorische Bedeutung.[61] Die Regelungen bezüglich Geltung und Vorrang von

---

54 SCHEUNER, in: FS Verdross, S. 229, 240 f.; SCHLOCHAUER, AVR 11 (1963/1964), S.1, 8 ff.; ARNOLD, Rangverhältnis, S. 260; STREINZ, Grundrechtsschutz, S. 107 f.; ERLER, VVDStRL 18 (1960), S. 7, 23 ff.; CONSTANTINESCO, Das Recht der Europäischen Gemeinschaften I, S. 701 ff.; MENG, Das Recht der Internationalen Organisationen, S. 136 ff.

55 Zur Transformationslehre allgemein: SCHWEITZER, Staatsrecht III, S. 161 ff., Rn. 424 ff.; HERDEGEN, Völkerrecht, S. 157;

56 KADELBACH, S. 206 f.

57 Vor allem: SCHLOCHAUER, AVR 11 (1963/1964), S. 1, 27 f.; ZWEIGERT, RabelZ 23 (1964), S. 601, 636 f.; BADURA, VVDStRL 23 (1966), S. 34, 61; IPSEN, Europäisches Gemeinschaftsrecht, S. 269; KADELBACH, S. 207.

58 Jüngst die Idee vom europäischen Bundesstaat vorantreibend: LENZ, in: FAZ vom 8.8.2009, Nr. 182, S. 7.

59 Hauptsächlich: OPHÜLS, NJW 1963, S. 1697, 1699 ff.; DERS., in: FS Riese, S. 1 ff.; DERS., in: FS Heymanns-Verlag, S. 519 ff.; MURSWIEK, Der Staat 32 (1993), S. 161, 164; RUPP, ZRP 1993, S. 211, 213.

60 OPHÜLS, in: FS Heymanns-Verlag, S. 519, 570 f.

61 OPHÜLS, in: FS Riese, S. 1, 23 f.

Gemeinschaftsrecht sind demzufolge in diesem selbst enthalten.[62] Das Recht des übergeordneten Verbandes, also der Gemeinschaft, wird, in Parallele zur bundesstaatlichen Ordnung, als vorrangig angesehen. Daraus leiten die Anhänger dieser Auffassung eine Kollisionsregel ab, wie sie aus Art. 31 GG bekannt ist:[63] Das Recht der Gemeinschaft bricht nationales Recht.[64] Hiergegen ist die strukturelle Verschiedenheit der EG von einem Nationalstaat einzuwenden. Diese ist nicht mit einem solchen vergleichbar, da sie bis auf einzelne kompetentielle Elemente die wesentlichen Merkmale von Staatlichkeit[65] nicht erfüllt.[66] Außerdem vermag die aus der Parallele zum Bundesstaat abgeleitete Kollisionsregel selbst nicht zu überzeugen, da die Subordination des Rechts der Gliedstaaten unter das Recht der Gemeinschaft keineswegs zwingend ist,[67] da die Gemeinschaft im Gegensatz zum Bundesstaat nicht kraft eigener Autorität das Recht hat, die ihr zukommenden Kompetenzen festzulegen.[68] Sie verfügt also nicht über eine Kompetenz-Kompetenz,[69] die für die Funktionsweise eines Bundesstaates als strukturgebendes Merkmal anzusehen ist.

cc) Pragmatische Ansätze

Einige Ideen zielen darauf ab, die Vorrangfrage nur einzelfallbezogen zu lösen, sprich auf eine generalisierte Lösung zu verzichten[70] oder die Problematik des Vorrangs von Gemeinschaftsrecht nicht als Frage unterschiedlicher Hierarchisierung zu begreifen (i. e. als Rangregel), sondern als Kollisionsregel.[71] Ziel ist es, nach Mög-

---

62 OPHÜLS; in: FS Riese, S. 1, 23 f.

63 So wohl: KAISER, VVDStRL 23 (1966), S. 18, 31; in diesem Zusammenhang bemerkenswert sind auch die von ALDER, Koordination und Integration als Rechtsprinzipien, S. 5 ff., entwickelten Gedanken.

64 HALLSTEIN, Die Europäische Gemeinschaft, S. 36.

65 Allgemein zu den Merkmalen von Staatlichkeit etwa: KEMPEN/HILLGRUBER, S. 13 ff.; HERDEGEN, Völkerrecht, S. 69 ff.

66 PERNICE, VVDStRL 60 (20001), S. 148, 149; KADELBACH, S. 189; IPSEN, Europäisches Gemeinschaftsrecht, S. 274 f.; GORNY, Verbindlichkeit der Bundesgrundrechte bei der Anwendung von Gemeinschaftsrecht durch deutsche Staatsorgane, S. 97 f.; aus der Rechtsprechung des Bundesverfassungsgerichts: BVerfGE 22, S. 293, 296: „Die Gemeinschaft ist selbst kein Staat, auch kein Bundesstaat.“; BVerfGE 37, S. 278 („Solange I“); BVerfGE 89, S. 155, 184, 190 („Maastricht“ – hier Bezeichnung als Staatenverbund); jüngst: BVerfG, NJW 2009, S. 2267 (Leitsatz 1) und 2271 f. („Lissabon“).

67 In diese Richtung: KADELBACH, S. 189.

68 Die Problematik ist unter dem Schlagwort der Kompetenz-Kompetenz bzw. dem Prinzip der begrenzten Einzelzuständigkeiten zu verorten, dazu: EuGH, Rs. C-6/64, Costa/ENEL, Slg. 1964, S. 1251, 1269; HARATSCH/KOENIG/PECHSTEIN, EuR, S. 87, Rn. 166; NETTESHEIM, in: Oppermann, EuR, S. 173 f., Rn. 64.

69 BADURA, VVDStRL 23 (1966), S. 34, 49; BÜNTEN, Staatsgewalt und Gemeinschaftshoheit, S. 70; DOEHRING, ZRP 1993, S. 98, 102.

70 Daher die nicht negativ konnotierte Bezeichnung als pragmatischer Ansatz. Zu dieser Terminologie: STREINZ, EuR, S. 75, Rn. 206; IPSEN, ZHR Beih. 29, S. 10 ff.

71 FUNKE, DÖV 2007, S. 733, 736 f.

lichkeit Kollisionen bereits im Vorfeld zu vermeiden, um so nicht in die missliche Lage versetzt zu sein, den Kollisionsfall auflösen zu müssen. Die Mittel dazu sollen eine gemeinschaftskonforme Auslegung, die Vorprüfung neu zu erlassender Normen, die Ausschöpfung der Rechtssetzungsbefugnisse der Gemeinschaft sowie Aufsichtsmittel der Gemeinschaftsorgane sein.[72] Führt diese Vorgehensweise nicht zu einer Auflösung des Normkonflikts, so ist nach Regeln zu suchen, die eine adäquate Lösung herbeiführen.

(a) Der lex specialis-Satz als Kollisionsregel

Teilweise ist vorgeschlagen worden, das Gemeinschaftsrecht als gegenüber nationalem Recht vorrangige lex-specialis[73] anzusehen.[74] Im Unterschied zum vom lex-specialis-Satz erfassten Normalfall des merkmalsreicheren sachlichen oder persönlichen Anwendungsbereichs einer Norm gründet die Spezialität von Gemeinschaftsrecht dabei allerdings nur auf dem Rechtsetzungsverfahren, das zur Entstehung der betreffenden europarechtlichen Norm geführt hat.[75] Die Anwendung der lex-specialis-Regel bedingt darüber hinaus auch die Nicht-Anwendbarkeit der lex-posterior-Regel,[76] die besagt, dass jüngeres nationales Recht älteres, weil spezielleres Gemeinschaftsrecht nicht zu verdrängen vermag,[77] so dass dem Vorrang des Gemeinschaftsrechts eine sichere Grundlage gegeben wäre.[78] Dieser Ansatz verkennt allerdings, dass die Spezialität einer Norm sich daraus ergibt, dass sie gegenüber der allgemeineren wenigstens ein weiteres Tatbestandsmerkmal aufweist. Im Fall der

---

72 JAENICKE, ZaöRV 23 (1963), S. 485, 528; WAGNER, Grundbegriffe des Beschlussrechts der Europäischen Gemeinschaften, KSE 5, S. 357; ähnlich auch: ZULEEG, Das Recht der Europäischen Gemeinschaften im innerstaatlichen Bereich, S. 146 ff.; DERS., VVDStRL 53 (1994), S. 153, 165 ff.

73 Zu den Grundlagen des lex-specialis-Satzes: LARENZ/CANARIS, Methodenlehre, S. 87 ff.; zur Normenkonkurrenz weiterführend: ENGISCH, Die Einheit der Rechtsordnung, S. 28 f., 47 ff.; DERS., Einführung in das juristische Denken, S. 162 f.; BYDLINKSI, Juristische Methodenlehre und Rechtsbegriff, S. 572 ff.; DIETZ, Anspruchskonkurrenz bei Vertragsverletzung und Delikt, 1934; GEORGIADES, Die Anspruchskonkurrenz im Zivilrecht und Zivilprozessrecht, 1968.

74 FUNKE, DÖV 2007, S. 733; JAENICKE, ZaöRV 23 (1963), S. 485, 528; vgl. auch: ZULEEG, Das Recht der Europäischen Gemeinschaften im innerstaatlichen Bereich, S. 137 Anm. 373.

75 Dazu: KADELBACH, S. 216, Kritisch zum Anwendungsvorrang als Kollisionsregel: NIEDOBITEK, VerwArch 92 (2001), S. 58, 63.

76 Zum lex posterior-Satz etwa: ENGISCH, Einführung in das juristische Denken, S. 162 f.; LARENZ/CANARIS, Methodenlehre, S. 87.

77 Vgl. EuGH, Rs. C-6/64, Costa/ENEL, Slg. 1964, S. 1251, 1270: „Die Verpflichtungen, die die Mitgliedstaaten im Vertrag zur Gründung der Gemeinschaft eingegangen sind, wären keine unbedingten mehr, sondern nur noch eventuelle, wenn sie durch spätere Gesetzgebungsakte der Signatarstaaten in Frage gestellt werden könnten."

78 FUNKE, DÖV 2007, S. 733, 736 hält das Gemeinschaftsrecht in Folge der Anwendung einer Kollisionsregel zwar für vorrangig, begreift es aber nicht als Teil einer Normenhierarchie, innerhalb derer es mit höherem Rang ausgestattet wäre.

Kollision von Gemeinschaftsrecht mit mitgliedstaatlichem Recht soll es allein der Integrationsbezug sein, der zur Spezialität führt.[79] Die lex-specialis-Regel wird also bereits mit Blick auf das gewünschte Resultat im Vorfeld einer Modifikation unterworfen. Weiter scheint es fraglich, wie dieser Ansatz auf die bewusste Abweichung vom Gemeinschaftsrecht durch den nationalen Gesetzgeber reagieren würde. Hier würde mittels des europarechtlich angepassten lex-specialis-Satzes kein angemessenes Ergebnis erzielt, da ihm zufolge ein entgegenstehender Wille der Legislative unbeachtlich sein müsste.[80]

(b) Vorbildwirkung des Internationalen Privatrechts als Instrument zur Konfliktlösung

Einige Theorien versuchen, das Verhältnis von Gemeinschaftsrecht und innerstaatlichem Recht in Parallelisierung zum Internationalen Privatrecht zu charakterisieren.[81] Für diese Auffassung streite die autonome Geltung beider Rechtsordnungen, ohne dass es einer Transformation durch nationale Gesetze bedürfe. Der Vorrang des Gemeinschaftsrechts wird als Folge einer Verweisung aufgefasst. Als Anknüpfungspunkt wird dabei das Zustimmungsgesetz zu den Gründungsverträgen gewählt,[82] das die Geltung dieser innerhalb der nationalen Rechtsordnung bestimmt. Dieser Ansatz sieht sich aber sehr grundlegenden Bedenken ausgesetzt. Einige Verfassungen sehen die Notwendigkeit eines innerstaatlichen Anwendungsbefehls überhaupt nicht vor, da sie von der Konzeption des Monismus ausgehen, die diesen entbehrlich macht.[83] Es würde somit in manchen Jurisdiktionen, abhängig von ihrer verfassungsrechtlichen Ausgestaltung hinsichtlich der Geltung von Völkerrecht, keine Verweisungsnorm existieren. Weiter würde die Anwendung der lex-posterior-Regel dazu führen, dass die Verweisungsnorm als einfaches Recht nachfolgendem abweichendem nationalem Recht weichen müsste, wenn dieses eine von dem Anwendungsbefehl (Zustimmungsgesetz) abweichende Anknüpfung zugunsten des mitgliedstaatlichen Rechts enthält.[84] Um dieser Problematik zu entgehen, sehen ei-

---

79 In diesem Sinne auch: KADELBACH, S. 216.

80 ZULEEG, Das Recht der Europäischen Gemeinschaften im innerstaatlichen Bereich, S. 96; KADELBACH, S. 216; zur vergleichbaren Problematik für das Völkerrecht: BLECKMANN, DÖV 1996, S. 137, 138.

81 Dem Europarecht soll ein Vorrang als Folge einer Verweisung zukommen. So: HOFFMANN, in: v. Münch, Besonderes Verwaltungsrecht, 7. Auflage, 1985, S. 863, 865 f.; LORENZ, Die Übertragung von Hoheitsrechten auf die Europäischen Gemeinschaften, S. 372 ff.; s. weiter JANSSEN, in: FS Böckenförde, S. 145, 160 f.

82 HOFFMANN, in: v. Münch, Besonderes Verwaltungsrecht, 7. Auflage, 1985, S. 863, 865 f.

83 LORENZ, Die Übertragung von Hoheitsrechten auf die Europäischen Gemeinschaften, S. 375, 377; KADELBACH, S. 217.

84 Deshalb sprechen sich gegen eine einfachgesetzliche Verweisungsnorm aus GRABITZ, Gemeinschaftsrecht bricht nationales Recht, S. 59; ZULEEG, Das Recht der Europäischen Gemeinschaften im innerstaatlichen Bereich, S. 97.

nige Vertreter der „Verweisungslösung" die Kollisionsnorm im Verfassungsrecht selbst verankert, und zwar in den Normen der entsprechenden Landesverfassung, die die Übertragung von Hoheitsrechten auf die Europäische Gemeinschaft ermöglichen.[85] Doch auch diese Überlegung vermag nicht zu überzeugen, da die Deutung der Verfassungsvorschriften als Verweisungsnormen[86] artifiziell ist. Zudem leidet sie darunter, dass diese Regeln nicht den klassischen Charakter einer Kollisionsnorm aufweisen, die nämlich einen Anknüpfungsmoment, also ein Tatbestandsmerkmal aufweisen, das auf die anwendbare Rechtsordnung – im Fall die der Gemeinschaft – verweist.[87]

dd) Verfahrensrechtliche Lösungen

Ebenso unpraktikabel wie die bislang erörterten Ansätze sind dahingehende Vorschläge, eine verfahrensrechtliche Lösung dergestalt zu wählen, dass der EuGH im Konfliktfall über die Gültigkeit oder Ungültigkeit einer nationalen Norm entscheiden kann. Diese Kompetenz kommt ihm allerdings bereits nach seiner eigenen Rechtsprechung[88] nicht zu und wird ihm auch durch die auf Souveränität bedachten Mitgliedstaaten in absehbarer Zukunft nicht zugestanden werden.[89]

b) Moderne Auffassungen

In jüngerer Zeit ist der Widerstreit zwischen einem neueren völkerrechtlich geprägten Erklärungsansatz und einem europarechtlich beeinflussten Modell in den Mittelpunkt der Diskussion gerückt.

aa) Neuere völkerrechtliche Theorie

Diese Auffassung versucht, die mit der älteren völkerrechtlichen Theorie verbundenen Friktionen dadurch aus dem Weg zu räumen, dass sie sich von der Transforma-

85 So wohl: LORENZ, Übertragung von Hoheitsrechten auf die Europäischen Gemeinschaften, S. 376 ff.

86 Zum Charakter von Verweisungsnormen: KEGEL/SCHURIG, IPR, S. 300 ff.; KROPHOLLER, IPR, S. 103 ff.

87 Eindringlich in diesem Sinne: KADELBACH, S. 218.

88 EuGH Rs. C-292/92, Hünermund u.a./Landesapothekerkammer Baden-Württemberg, Slg. 1993, I-6787, Rn. 8; BORCHARDT, in: Lenz/Borchardt, Art. 234 EGV, Rn. 19.

89 Zur Souveränität in den Mitgliedstaaten vgl. das Urteil BVerfG, NJW 2009, S. 2267 ff. („Lissabon") indem das Gericht das Wort Souveränität 33 Mal benutzt, wie LENZ, in: FAZ vom 8.8.2009, Nr. 182, S. 7 kritisch bemerkt und der zudem darauf hinweist, dass das Grundgesetz das Wort kein einziges Mal verwendet; dagegen: KIRCHHOF, in: FAZ vom 19.9.2009, Nr. 218, S. 8

tionslehre distanziert,[90] die, wie gezeigt,[91] eine einheitliche Geltung des Europarechts nicht zu ermöglichen vermag. Die einheitliche Anwendung von Gemeinschaftsrecht und dessen Vorrang soll auf Grundlage der Vollzugstheorie[92] herbeigeführt werden,[93] nach welcher die Geltung des Primärrechts zwar von dem mitgliedstaatlichen Anwendungsbefehl in Gestalt des Zustimmungsgesetzes abhängig bleibt, diesem aber der höchste nach der Verfassung mögliche Rang verliehen werden müsse, um so sicherzustellen, dass einer vorrangigen Anwendung keine Hindernisse entgegenstehen.[94] Die Kollisionsnormen selbst sollen gemeinschaftsrechtlicher Provenienz sein, die durch die verfassungsrechtlich verankerte Öffnungsklausel des Art. 23 GG und das Zustimmungsgesetz generell und a priori in das mitgliedstaatliche Recht inkorporiert sind.[95] Darin sind auch die Ermächtigung zur Errichtung und Teilnahme an der Europäischen Gemeinschaft[96] sowie des in dem Zustimmungsgesetz liegenden Anwendungsbefehls für die von ihr erlassenen Rechtsakte zu erblicken, einschließlich der in diesen enthaltenen Verhältnisbestimmungen und Kollisionsnormen.[97] Die Pflicht der innerstaatlichen Behörden und Gerichte zur Beachtung des Gemeinschaftsrechts folgt trotz des europarechtlichen Ursprungs der Kollisionsnormen aus dem Zustimmungsgesetz,[98] was ein zentrales Element der völkerrechtlichen Theorie ist.

Mittels dieses Konstrukts lässt sich schlüssig erklären, dass Integration und Vorrang Grenzen unterworfen sind, die aus der verfassungsrechtlichen Öffnungsklausel und dem Zustimmungsgesetz abzuleiten sind. Die Weite dieses Grenzbereichs ist allerdings umstritten. Aus den Grundannahmen der neueren völkerrechtlichen Voll-

---

90 BERNHARDT, in: FS Bindschedler, S. 229, 231 ff.; GORNY, Verbindlichkeit der Bundesgrundrechte bei der Anwendung von Gemeinschaftsrecht durch deutsche Staatsorgane, S. 100 ff.; FROWEIN, in: FG BVerfG, Bd. 2, S. 187, 197; MENG, Das Recht der Internationalen Organisationen, S. 136 ff.; SCHWAN, Die deutschen Bundesländer im Entscheidungssystem der Europäischen Gemeinschaften, S. 64, 66; GEIGER, Grundgesetz und Völkerrecht, S. 165 f.; STREINZ, Grundrechtsschutz, S. 107 ff.;

91 Dazu s. oben. S. 9 f.

92 Zur Vollzugstheorie: CZERNER, EuR 2007, S. 537, insbes. 547 ff.; PARTSCH, BDGVR 6 (1964), S. 13, 19 ff.; BLECKMANN DÖV 1996, S. 137, 138; DERS. Grundgesetz und Völkerrecht, S. 277 ff.

93 STREINZ, Grundrechtsschutz, S. 107 ff.; GORNY, Verbindlichkeit der Bundesgrundrechte bei der Anwendung von Gemeinschaftsrecht durch deutsche Staatsorgane, S. 100 ff.; MENG, Das Recht der Internationalen Organisationen, S. 136 ff.

94 STREINZ, Grundrechtsschutz, S. 108.

95 KADELBACH, S. 208;

96 GRABITZ, Gemeinschaftsrecht bricht nationales Recht, S. 57; KAISER VVDStRL 23 (1966), S. 1, 17 f.; IPSEN, Europäisches Gemeinschaftsrecht, S. 48, 61 f.; HESSE, Grundzüge des Verfassungsrechts der BRD, Rn. 106; ZULEEG, in: AK-GG, Lfg. Oktober 2001, Art. 23, Rn. 9.

97 STREINZ, Grundrechtsschutz, S. 112; BADURA, ZSR 1990 I, S. 115, 121; TOMUSCHAT, in: BonnKomm/GG, Art. 24, Rn. 76, 50. Lieferung (Zweitbearbeitung, Juli 1985); PERNICE, in: Dreier, Art. 23 GG, Rn. 2; RANDELZHOFER, in: Maunz/Dürig, 53. Aufl. 2009, Art. 24 Abs. I GG, Rn. 12 (zum Anwendungsbefehl bei Völkerrecht).

98 BVerfGE 73, S. 339, 375 („Solange II"); BVerfGE 75, S. 223, 244 („Kreditvermittler").

zugslehre hat auch das Bundesverfassungsgericht seinen Standpunkt hinsichtlich des Prüfungsumfangs bezüglich innerstaatlicher Durchführungsakte entwickelt.[99]

bb) Rein europarechtliche Lösung

Die sogenannte europarechtliche Theorie charakterisiert das Gemeinschaftsrecht als eine gegenüber dem Völkerrecht und dem nationalen Recht autonome Regelungsstruktur.[100] Im Unterschied zum Völkerrecht solle die innerstaatliche Geltung des Gemeinschaftsrechts aber nicht durch einen in den nationalen Rechtsordnungen enthaltenen Anwendungsbefehl vermittelt werden, sondern basiere allein auf der dem Europarecht selbst zukommenden Autorität.[101]

Innerhalb der europarechtlichen Lösung dominiert die zunächst von *Ipsen* vorgetragene und im Wesentlichen auch vom EuGH vertretene Variante, nach der die Europäische Gemeinschaft von den Mitgliedstaaten durch einen „Gesamtakt der Integrationsgewalt" (sog. Gesamtaktstheorie) als autonomes Gebilde mit eigener unabgeleiteter Hoheit errichtet worden sei.[102] Das Europarecht könne daher als eine Rechtsordnung begriffen werden, deren Geltung gegenüber dem Staats- und Völkerrecht auf einem selbständigen Grund beruhe.[103] Den Gründungsverträgen kommt zunächst der Charakter von völkerrechtlichen Verträgen zu, die allerdings in Folge ihrer Ratifizierung und mit dem Beginn der Tätigkeit der Gemeinschaft die Funktion einer Verfassung übernommen haben.[104] Um die Funktionsfähigkeit der Gemein-

---

99 Dazu und zu den Grenzen der Vorrangwirkung s. unten S. 33 ff.

100 Zur Rechtsprechung des EuGH, der im Wesentlichen der europarechtlichen Lösung folgt unten S. 26 ff.; IPSEN, ZHR 1965, Beih. 29, S. 1, 17 ff.; DERS., Europäisches Gemeinschaftsrecht, S. 62 ff., S. 277 ff.; ZWEIGERT, RabelsZ 23 (1964), S. 601, 636 ff.; DERS., EuR 1972, S. 308, 311 ff.; BEBR, Judicial Control, S. 216; KAISER, VVDStRL 23 (1966), S. 1, 18 f.; BADURA, VVDStRL 23 (1966), S. 34, 62 f.; GRABITZ, Gemeinschaftsrecht bricht nationales Recht, S. 89 ff.; ALDER, Koordination und Integration als Rechtsprinzipien, S. 148 ff.; PESCATORE, EuR 1970, S. 307, 314; Fuß, Grundrechtsschutz, S. 104 ff.; STERN, Staatsrecht I, S. 541; STETTNER, AöR 111 (1986), S. 537, 540; HESSE, Grundzüge des Verfassungsrechts der BRD, Rn. 105; JARASS, NJW 1990, S. 2420, 2421; NETTESHEIM, in: Oppermann, EuR, S. 202, Rn. 5.

101 Aus der Rechtsprechung des Gerichtshofs: EuGH, Rs. C-6/64, Costa/ENEL, Slg. 1964, S. 1251, 1270 f.; EuGH, Rs. C-11/70, Internationale Handelsgesellschaft mbH/Einfuhr- und Vorratsstelle für Getreide und Futtermittel, Slg. 1970, S. 1125, 1135, Rn. 3

102 IPSEN, Europäisches Gemeinschaftsrecht, S. 61; GRABITZ, Gemeinschaftsrecht bricht nationales Recht, S. 41.

103 So auch im Wesentlichen der EuGH, vgl. z.B.: EuGH, Rs. C-6/64, Costa/ENEL, Slg. 1964, S. 1251, 1270 f.; EuGH, Rs. C-11/70, Internationale Handelsgesellschaft mbH/Einfuhr- und Vorratsstelle für Getreide und Futtermittel, Slg. 1970, S. 1125, 1135, Rn. 3.

104 Dazu KADELBACH, S. 207, S. 191, der bemerkt, dass an diesem Vorgang nichts Ungewöhnliches sei, da auch Bundesstaaten auf diesem Wege entstehen könnten. Aus zunächst als völkerrechtliche Verträge gedachten Urkunden, werden nach dem Gründungsakt des in Rede stehenden Gebildes dessen Verfassungsdokumente. Ferner: WAGNER, Grundbegriffe des Beschlussrechts der Europäischen Gemeinschaften, S. 103; STREINZ, Grundrechtsschutz,

schaft zu sichern, und um die Leistungs- und Arbeitsfähigkeit der supranationalen Institutionen zu gewährleisten sowie dem Gebot der diskriminierungsfreien Anwendung von Gemeinschaftsrecht (Art. 4 Abs. III EUV, ex-Art. 10 EGV) Rechnung zu tragen,[105] ergibt sich die Notwendigkeit, dem Gemeinschaftsrecht Vorrang einzuräumen.[106] Der rechtliche Anknüpfungspunkt für den Vorrang des in der Normhierarchie unterhalb der Gründungsverträge stehenden Sekundärrechts wird dabei in Art. 288 Abs. II AEU (ex-Art. 249 EGV) erblickt.[107] Der diese „Kollisionsnorm" erhellende Grund liegt darin, die Konsequenzen der lex-posterior-Regel – jüngeres nationales Recht verdrängt älteres Gemeinschaftsrecht – auszuschalten und ferner sicherzustellen, dass die Mitgliedstaaten der Anwendung von Gemeinschaftsrecht keine wie auch immer gearteten nationalen Normen in den Weg stellen können.[108]

Dieser Konzeption folgend kommt Art. 23 I GG, der die Gründung der Europäischen Union und ihre Ausstattung mit Souveränität ermöglicht hat, nur deklaratorische Bedeutung zu.[109] Ursprünglich hatte er die Aufgabe, die europäische Integration von der Bindung an das Grundgesetz freizustellen und die nationalen Gerichte und Behörden auf Anwendung einer Kollisionsnorm zugunsten des Gemeinschaftsrechts zu verpflichten.[110]

c) Stellungnahme

Eine Stellungnahme bezüglich des Geltungsgrunds von Europarecht hat sich im Wesentlichen mit der neueren völkerrechtlichen Theorie in Abgrenzung zu ihrem Gegenpart, der rein europarechtlichen Lösung, auseinanderzusetzen. Eine tiefergehende Auseinandersetzung mit den hauptsächlich älteren Auffassungen kann hier – da von weitgehend rechtshistorischem Wert – unterbleiben. Zudem sind die aus bundesrepublikanischer Sicht maßgebenden rechtsprechenden Akteure – der EuGH und das Bundesverfassungsgericht – jeweils einer der Auffassungen zuzuordnen, weshalb die Erörterung der widerstreitenden Positionen ertragreich zu sein verspricht.

Der europarechtlichen Theorie kommt es zu, die von ihr behauptete Hierarchisierung der Rechtsnormen in Abhängigkeit ihres Ursprungs zu legitimieren, da sie

S. 113; GORNY, Verbindlichkeit der Bundesgrundrechte bei der Anwendung von Gemeinschaftsrecht durch deutsche Staatsorgane, S. 85; BERNHARDT, in: FS Bindschedler, S. 229.

105 Zum Effektivitäts- und Äquivalenzgrundsatz ausführlich unten S. 43 ff.

106 IPSEN, Europäisches Gemeinschaftsrecht, S. 282; ALDER, Koordination und Integration als Rechtsprinzipien, S. 148 ff.

107 IPSEN, Europäisches Gemeinschaftsrecht, S. 285; DERS., ZHR Beih. 29, S. 1, 21; GRABITZ, Gemeinschaftsrecht bricht nationales Recht, S. 96 ff.

108 IPSEN, Europäisches Gemeinschaftsrecht, S. 269; ALDER, Koordination und Integration als Rechtsprinzipien, S. 47 ff.; GRABITZ, in: Grabitz/Hilf, Art. 189 EWGV, Rn. 26; ZWEIGERT, RabelsZ 28 (1964), S. 601, 636 f.; BADURA, VVDStRL 23 (1966), S. 34, 61.

109 GRABITZ, Gemeinschaftsrecht bricht nationales Recht, S. 57.

110 IPSEN, ZHR 1965, Beih. 29, S. 1, 18 ff.

mit dem als staatsrechtliches Gemeingut charakterisierbaren Befund vom Primat der Landesverfassungen[111] insoweit brechen will, als dass sie selbst den in letzteren enthaltenen Anwendungsbefehl – mit Ausnahme etwa der monistischen Verfassungen Luxemburgs, Belgiens, Frankreichs und der Niederlande ist ein solcher in allen Verfassungen mit dualistischer Konzeption enthalten[112] – nur für deklaratorisch hält.[113] Es ist also die klare Subordination der nationalen Verfassungsdokumente unter die europarechtliche Integration angestrebt, was sogar die Möglichkeit einer Erweiterung der Europäischen Gemeinschaft über die ihr durch die nationalen Verfassungen gezogenen Grenzen hinaus ermöglichen würde.

Gegen die europarechtliche Lösung wird das Argument vorgetragen, es sei nicht hinreichend schlüssig, wie sie den rechtlichen Status der Gemeinschaft qualifiziere. Ihr wird vorgehalten, zur Charakterisierung der Gemeinschaft bedürfe es nicht der Schaffung einer autonomen Rechtsordnung eigener, neuer Art. Vielmehr reichten die Mittel des Völkerrechts aus,[114] um eine angemessene dogmatische Grundlage für die europäische Integration zu bieten, da auch mit deren Hilfe aufkommende Problemlagen – etwa bezüglich des Vorrangs von Gemeinschaftsrecht – erfasst und aufgelöst werden könnten. Auch sei die Supranationalität als Kennzeichen der Europäischen Gemeinschaft nicht ein zuvor unbekanntes Phänomen,[115] das zu einem Umdenken bezüglich der Integrationsmechanismen von Völkerrecht in nationales Recht zwingen würde. Vielmehr seien die Elemente der Supranationalität wie Mehrheitsentscheidungen beim Erlass von Sekundärrecht, die Rechtssetzungsbefugnis der Gemeinschaftsorgane, die Rechtsprechungshoheit der Europäischen Gerichte in Bezug auf europarechtliche Fragestellungen mit grenzüberschreitendem Bezug sowie die direkte Wirkung von Europarecht im nationalen Recht keine Elemente, die dem der europäischen Integration zeitlich vorausgehendem Völkerrecht unbekannt gewesen seien.[116] Beispiele wie der Sicherheitsrat der Vereinten Nationen, das GATT, die Organisation Amerikanischer Staaten, der Deutsche Zollverein, die Europäische Donaukommission sowie die Internationale Zivilluftfahrtorganisation oder das Internationale Abkommen über den Eisenbahnfrachtverkehr sollen dies illustrieren.[117] Dieses Argument vermag allerdings nicht entscheidend die Eigenständigkeit der Gemeinschaftsrechtsordnung zu widerlegen. Die Selbständigkeit einer Rechtsordnung wird nämlich entscheidend durch Intensität und Breite der

111 Zum Vorrang der Verfassung allgemein: WAHL, in: HdBStR I, § 1 Rn. 38; DEGENHART, Staatsrecht I, S. 52 f.; IPSEN, Staatsrecht I, S. 191 ff.

112 Dazu: LORENZ, Die Übertragung von Hoheitsrechten auf die Europäischen Gemeinschaften, S. 375, 377.

113 GRABITZ, Gemeinschaftsrecht bricht nationales Recht, S. 57.

114 So insbesondere STREINZ, Grundrechtsschutz, S. 102 ff.;

115 KADELBACH, S. 193; Zu den Merkmalen der Supranationalität: IPSEN, in: FS Scheuner, S. 211, 213 f.; DERS., Europäisches Gemeinschaftsrecht, S. 69 f., 499.

116 STREINZ, Grundrechtsschutz, S. 102 ff.

117 Eine übersichtliche Darstellung von Beispielen findet sich bei KADELBACH, S. 193 f.

mittels ihrer Hilfe gekennzeichneten Autorität bestimmt.[118] Treffend bemerkt *Teubner* hierzu in seinem grundlegenden Beitrag zum Recht als autopoietischem System, dass hierzu vor allem die Freiheit zähle, Bedingungen und Reichweite ihrer Geltung selbst festzulegen.[119] Die Rechtsordnung der Europäischen Gemeinschaft verfügt anders als die vorgenannten internationalen Organisationen über Organe, die weitgehend unabhängig von den Staaten, die sie gegründet haben, die Entwicklung des eigenen Systems vorantreiben können.[120] Sie ist – als operationell geschlossenes System aufgefasst[121] – durch die Merkmale der Selbstreferenz,[122] der Autopoiesis[123] und der Selbstorganisation[124] gekennzeichnet. In diesem Umfang weist keine der vorgenannten Organisationen ein vergleichbar hohes Maß an Autarkie und – damit verbunden – die Fähigkeit zur selbstbestimmten Definition der Geltungsvoraussetzungen der eigenen Rechtsordnung auf.

Neben der auf die Selbständigkeit der Rechtsordnung der Gemeinschaft abzielenden Kritik wird der europarechtlichen Lösung – gleichsam um sie ad absurdum zu führen – die in ihren eigenen Prämissen verankerte contradictio in se vorgeworfen,[125] die darin liege, dass die von ihr postulierte Selbständigkeit nur dann berechtigterweise angenommen werden könne, wenn man zudem bereit sei, die Gemeinschaft als ein mit Staatsqualität ausgestattetes Gebilde zu begreifen.[126] Nicht möglich sei es aber, die Gemeinschaft in einer rechtlich zwischen staatsrechtlicher und völkerrechtlicher Staatenverbindung anzusiedelnden Grauzone zu verorten und dabei zugleich für sie die Eigenschaften einzufordern, die nur einem Staat zukommen (i.e. autonome Rechtsordnung).[127] Überzeugend wäre dieses Argument aber nur dann, wenn es ein zwingendes Erfordernis der Emanzipation der Gemeinschaft von ihren Gründungsstaaten wäre, dass sich diese selbst zu einem Staat entwickelt hat, mithin die Alternativität von Staats- und Völkerrecht die einzig denkbaren Kategorien wären, denen auch das Gemeinschaftsrecht zuordenbar sein muss. Im Ergebnis

---

118 So zutreffend: KADELBACH, S. 194.

119 TEUBNER, Recht als autopoietisches System, S. 36 ff.

120 KADELBACH, S. 194.

121 Zur Systemtheorie grundlegend: LUHMANN, Soziale Systeme; DERS., Das Recht der Gesellschaft; DERS., Einführung in die Systemtheorie.

122 LUHMANN, Einführung in die Systemtheorie, S. 72 f.

123 LUHMANN, Einführung in die Systemtheorie, S. 100 ff.

124 LUHMANN, Einführung in die Systemtheorie, S. 111.

125 Zu dieser Kritik: STREINZ, Grundrechtsschutz, S. 112 ff.; KÖCK, Der Gesamtakt in der deutschen Integrationslehre, S. 50 ff., 107 ff, insbes. 113 f.

126 Die Staatsqualität der Union wird, soweit ersichtlich, nicht ernstlich behauptet; BVerfGE 22, S. 293, S. 296: „Die Gemeinschaft ist selbst kein Staat, auch kein Bundesstaat.“; BVerfGE 37, S. 278 („Solange I“); BVerfGE 89, 155, 184, 190 („Maastricht“ – hier Bezeichnung als Staatenverbund); PERNICE, VVDStRL 60 (2001), S. 148, 149; IPSEN, Europäisches Gemeinschaftsrecht, S. 274 f.; GORNY, Verbindlichkeit der Bundesgrundrechte bei der Anwendung von Gemeinschaftsrecht durch deutsche Staatsorgane, S. 97 f.

127 So vor allem STREINZ, Grundrechtsschutz, S. 114 mit dem Argument des tertium non datur; Vgl. KÖCK, S. 72 ff.; 145 (These 8); VON MÜNCH, BDGVR 2 (1958), S. 73, 77.

sieht sich dieses Argument wohl dem Vorwurf ausgesetzt, den Beweisgrund für sich in Anspruch zu nehmen,[128] im Wege der petitio principii also bereits das als gültig zu unterstellen, was nachgewiesen werden soll, vorliegend: Es gibt kein Gemeinschaftsrecht als eigenständige Rechtsordnung, weil es kein Gemeinschaftsrecht als eigenständige Rechtsordnung geben kann, sondern nur eine entweder dem Völker- oder dem Staatsrecht zuordenbare Rechtsordnung. Mit der Negation der Staatsqualität bleibe also nur die Zuordnung zum Völkerrecht. Diese Argumentationsweise greift ersichtlich zu kurz, da ja gerade die Frage nach der Möglichkeit einer Rechtsordnung sui generis streitbefangen ist und es keineswegs gegen übergeordnete Grundsätze verstoßen würde, die Bandbreite an denkbaren Rechtskategorien zu erweitern. Im Übrigen hat das BVerfG bezüglich der durch diese Kategorisierung aufgeworfenen Problematik in seinem „Maastricht"-Urteil[129] die Spannung dadurch genommen, dass es – obwohl der völkerrechtlichen Theorie zuzuordnen – die Gemeinschaft weder als Staatenbund noch als Bundesstaat, sondern als Staatenverbund[130] bezeichnet hat. Jüngst hat das Bundesverfassungsgericht allerdings klar zu erkennen gegeben, dass ein europäischer Bundesstaat nicht mit dem Grundgesetz vereinbar sei.[131] Diese Einordnung war bis dato unbekannt und lässt erkennen, dass ein den Kategorien von Staats- und Völkerrecht verhaftetes Denken nicht zwingend erforderlich ist.

Die europarechtliche Lösung in der Ausprägung der Gesamtaktstheorie sieht sich allerdings dem treffenden Vorwurf ausgesetzt, dass sie die Grenzen der Integrationsgewalt nur unzureichend darstellen kann, da sie die Wechselwirkungen zwischen der typischerweise in den Landesverfassungen enthaltenen Integrationsermächtigungen und der Reichweite des Anwendungsvorrangs nicht angemessen darstellen kann und die Geltung des Gemeinschaftsrechts ohne Beachtung verfassungsrechtlicher Grenzen ausdehnt.[132] Der Anwendungsvorrang darf sich nämlich nicht auf solche hoheitlichen Maßnahmen erstrecken, die von den in den Verfassungen enthaltenen Integrationsermächtigungen nicht mehr abgedeckt sind. Dem kann auch nicht dadurch begegnet werden, dass man in den entsprechenden verfassungsrechtlichen Bestimmungen lediglich deklaratorische Normen erblickt, die ihre Funktion

---

128 KADELBACH, S. 195.

129 BVerfGE 89, 155, 184, 190 („Maastricht" – Staatenverbund).

130 Die vom Bundesverfassungsgericht geschaffene Begrifflichkeit ist freilich auf geteiltes Echo gestoßen. Im Folgenden nur ein kurzer Überblick aus dem – fast unübersehbaren – Schrifttum: STREINZ, EuR, S. 52 f., Rn. 133; PECHSTEIN/KÖNIG, EU, Rn. 92; KAHL, Der Staat 33 (1994), S. 241 ff.; SCHRÖDER, DVBl 1994, S. 316, 320; FROWEIN, ZaöRV 54 (1994), S. 6 f.; kritisch: IPSEN, EuR 1994, S. 8 f. („alsbald vergessen"); PERNICE, HdBStR VIII, § 191, Rn. 64; MARAUHN, in: Schulze/Zuleeg, EuR, S. 249.

131 BVerfG, NJW 2009, S. 2267 ff. („Lissabon").

132 Kaum eine Verfassung erkennt den uneingeschränkten Vorrang von Gemeinschaftsrecht ohne jede Rücksicht auf „nationale Befindlichkeiten" an. Dazu: HENRICHS, EuGRZ 1990, S. 413, 419 ff.; LORENZ, Die Übertragung von Hoheitsrechten auf die Europäischen Gemeinschaften, S. 7 ff.

mit der Errichtung der Gemeinschaft eingebüßt haben. Dem deutschen Grundgesetz folgend, ist die Grenze der Integration durch dessen änderungsfesten Kern (Art. 23 Abs. I GG i.V.m. Art. 79 Abs. III GG) präformiert, der das äußerste Maß dessen kennzeichnet, was an Hoheitsgewalt auf die Europäische Gemeinschaft transferiert werden darf.[133] Sofern dennoch der innerstaatlichen Rechtsgrundlage der Integration nur deklaratorische Wirkung zukommen soll, ist dies ausgeschlossen. Es gilt nämlich zu bedenken, dass eine in der Verfassung selbst angelegte Beschränkung der Öffnungsklausel – Art. 23 Abs. I GG i.V.m. Art. 79 Abs. III GG – nur wirksam werden kann, wenn die Verbindlichkeit des Gemeinschaftsrechts auch von dieser abhängig gemacht wird. Eine Begrenzung des Anwendungsvorrangs setzt also zwingend einen konstitutiv wirkenden Integrationshebel voraus, in dem auch die verfassungsrechtlichen Grenzen der Integration zum Ausdruck kommen.[134]

d) Zwischenergebnis – Präferenz für die neuere völkerrechtliche Theorie

Im Ergebnis kann also festgehalten werden, dass der neueren völkerrechtlichen Theorie der Vorzug vor einer rein europarechtlichen Lösung zu geben ist, da nur so die Beachtung verfassungsrechtlich bindender Maßstäbe gewährleistet werden kann. In praxi dürften allerdings die aus der Entscheidung für die völkerrechtliche Lösung folgenden Konsequenzen gering sein, da bislang – soweit ersichtlich – noch kein Fall aufgetreten ist, dessen neuralgischer Punkt die Entscheidung für die eine oder die andere Lösung gewesen wäre.[135]

II. Prinzipieller Vorrang des Gemeinschaftsrechts – die Perspektive des EuGH

1. Die Rechtsprechung des EuGH

Schon früh hat sich der Gerichtshof für den Vorrang des Europarechts[136] vor nationalem Recht entschieden und diese Rechtsprechung seitdem in mehreren Entschei-

133 PERNICE, in: Dreier, Art. 23 GG, Rn. 2, 48 ff.; JARASS, in: Jarass/Pieroth, Art. 23 GG, Rn. 7, 30 ff., 36; ZULEEG, in: AK-GG, Lfg. Oktober 2001, Art. 23, Rn. 47 f.

134 Insoweit mit gleichem Ergebnis die Anhänger der neueren völkerrechtlichen Theorie. Für Nachweise Fn. 90.

135 Von Relevanz kann dies ohnehin nur insoweit sein, als man in die Situation versetzt sein kann, entscheiden zu müssen, ob Art. 23 GG rein deklaratorische Bedeutung zukommt. Hierzu ist es allerdings noch nie gekommen und es darf bezweifelt werden, dass es in absehbarer Zeit so weit kommen wird.

136 Zuerst ausdrücklich 1964 in: EuGH, Rs. C-6/64, Costa/ENEL, Slg. 1964, S. 1251, 1269, angedeutet bereits 1963 in: EuGH, Rs. C-26/62, van Gend en Loos/Administratie der Belastingen, Slg. 1963, S. 1, 24 f.; JARASS/BELJIN, NVwZ 2004, S. 1; WEGENER, in: Calliess/Ruffert, Art. 220 EGV, Rn. 27.

dungen kontinuierlich bestätigt.[137] Um dies zu veranschaulichen und um die Bedeutung der Rechtsprechung des EuGH in diesem Feld zu unterstreichen, ist es geboten, die „leading cases“ zu untersuchen, um so einen Überblick über den gegenwärtigen Stand der Diskussion zu erhalten. Ausgeblendet bleiben an dieser Stelle, an der grundlegende Zusammenhänge erarbeitet werden sollen, noch die Entscheidungen, denen die vorliegende Arbeit ihren Titel dankt, folglich solche, die sich mit dem Verhältnis von Gemeinschaftsrecht zu nationalen Verwaltungsakten und Gerichtsurteilen befassen. Hier sind die Fälle in den Rechtssachen „van Gend en Loos“,[138] „Costa/ENEL“,[139] „Internationale Handelsgesellschaft“,[140] „Simmenthal“[141] sowie „Factortame“[142] in den Blickpunkt der Betrachtung zu rücken, die jeweils einen anderen Aspekt der Problematik beleuchten. Das Rangverhältnis wird dabei nach Ansicht des EuGH in Einklang mit der europarechtlichen Theorie durch Gemeinschaftsrecht bestimmt,[143] wobei allerdings zu bemerken ist, dass das europäische Primärrecht selbst eine explizite Regelung der Problemstellung nicht enthält. Essenz der Entscheidungen zum Vorrang des Gemeinschaftsrechts ist das vom EuGH formulierte und bereits angedeutete Postulat von der einheitlichen Anwendung des Europarechts in den Mitgliedstaaten – ein Ziel, das den Vorrang des Gemeinschaftsrechts erforderlich macht, da nur so sichergestellt werden kann, dass in jedem Mitgliedstaat das gleiche Recht zur Anwendung kommt und nicht etwa von nationalen Vorschriften überlagert wird, was eine Rechtszersplitterung innerhalb der Europäischen Gemeinschaften zur Folge hätte und deren Funktionsweise beeinträchtigen würde.[144] Diesen Vorrang leitet der EuGH aus dem von ihm ange-

---

137 EuGH, RS. C-11/70, Internationale Handelsgesellschaft mbH/Einfuhr- und Vorratsstelle für Getreide und Futtermittel, Slg. 1970, S. 1125; EuGH, Rs. C-106/77, Amministratione delle Finanze dello Stato/Simmenthal SpA, Slg. 1978, S. 629; EuGH, Rs. C-213/89, R./Secretary of State for Transport, ex parte Factortame Ltd. And Others, Slg. 1990 I-2433.

138 EuGH, Rs. C-26/62, van Gend en Loos/Administratie der Belastingen, Slg. 1963, S. 1.

139 EuGH, Rs. C-6/64, Costa/ENEL, Slg. 1964, S. 1251.

140 EuGH, RS. C-11/70, Internationale Handelsgesellschaft mbH/Einfuhr- und Vorratsstelle für Getreide und Futtermittel, Slg. 1970, S. 1125.

141 EuGH, Rs. C-106/77, Amministratione delle Finanze dello Stato/Simmenthal SpA, Slg. 1978, S. 629.

142 EuGH, Rs. C-213/89, R./Secretary of State for Transport, ex parte Factortame Ltd. and others, Slg. 1990 I-2433.

143 Insoweit deckungsgleich mit der „rein europarechtlichen Lösung”: EuGH, Rs. C-6/64, Costa/ENEL, Slg. 1964, S. 1251, 1269; EuGH, Rs. C-11/70, Internationale Handelsgesellschaft mbH/Einfuhr- und Vorratsstelle für Getreide und Futtermittel, Slg. 1970, S. 1125, Rn. 3; EuGH, Rs. C-213/89, R./Secretary of State for Transport, ex parte Factortame Ltd. And Others, Slg. 1990 I-2433, Rn. 20; In Bezug auf Verwaltungsvorschriften: EuGH, Rs. C-158/80, Rewe-Handelsgesellschaft Nord mbH u.a./Hauptzollamt Kiel, Slg. 1981, S. 1805, Rn. 43; EuGH, Rs. C-224/97, Ciola/Land Vorarlberg, Slg. 1999, I-2517, Rn. 31.

144 EuGH, Rs. C-6/64, Costa/ENEL, Slg. 1964, S. 1251, 1269; seitdem ständige Rechtsprechung: EuGH, Rs. C-143/88, Zuckerfabrik Süderdithmarschen AG u.a./Hauptzollamt Itzehoe u.a., Slg. 1991, I-415, Rn. 26; Rs. C-46/93 Brasserie du Pêcheur/BRD und R./Secretary of State for Transport ex parte Factortame u.a. Slg. 1996, I-1029, Rn. 33.

nommenen und näher erläuterten autonomen Charakter des Gemeinschaftsrechts ab.[145]

a) „van Gend en Loos“[146] *als Ausgangspunkt*

Die zuvörderst mit diesem Themenkreis befasste Entscheidung ist die in der Rechtssache „van Gend en Loos“, ein Fall aus den Niederlanden, der Bekanntheit erlangt hat, da der EuGH in ihm den Grundsatz der unmittelbaren Wirkung[147] von EU-Recht und die dazu notwendigen Voraussetzungen herausgearbeitet hat; zudem sind in ihm bereits die Argumente enthalten, die wenig später zur Begründung der Vorrangwirkung herangezogen werden sollten.

aa) Sachverhalt[148]

Van Gend en Loos ist eine aus den Niederlanden stammende Transportfirma, die im September 1960 Harnstoff-Formaldehyd aus der Bundesrepublik in die Niederlande einführte. Die niederländische Finanzverwaltung sah sich durch eine am 1. März 1960 in Kraft getretene Neuregelung des Zolltarifs dazu veranlasst, bei der Einfuhr einen Wertzoll von 8 % zu erheben. Eine gegen den Zollbescheid erhobene Beschwerde ist als unzulässig zurückgewiesen worden, wogegen van Gend en Loos im April 1961 Klage bei dem für Steuerstreitigkeiten zuständigen niederländischen Verwaltungsgericht, der Tariefcommissie in Amsterdam, erhob. Zur Begründung der Klage wurde angeführt, dass die eingeführte Ware bei Inkrafttreten des AEU (ex-EGV) und dem bis dahin geltenden niederländischen Zollrecht nur einem Einfuhrzollsatz in Höhe von 3 % unterlegen habe. Gewisse Tarifnummern seien allerdings in Folge der Einführung einer Brüsseler Zollnomenklatur aufgeteilt und mit einem höheren Einfuhrzoll belegt worden. Die Änderung des Zolltarifs wurde von van Gend en Loos für unvereinbar mit Art. 30 AEU (ex-Art. 25 EGV) gehalten. Folge dieser Einlassung war die Aussetzung des Verfahrens durch die Tarifcommissie im August 1962 und seine Vorlage an den EuGH gem. Art. 267 Abs. III AEU (ex-Art. 234 III EGV).

---

145 EuGH, Rs. C-6/64, Costa/ENEL, Slg. 1964, S. 1251, 1269; Zur eigenständigen Rechtsordnung schon: EuGH, Rs. C-26/62, van Gend en Loos/Administratie der Belastingen, Slg. 1963, S. 1, 25; JARASS/BELJIN, NVwZ 2004, 1; CRAIG/DE BURCA, S. 346; SCHWEITZER, S. 17, Rn. 45; HERDEGEN, EuR, S. 73, Rn. 10.

146 EuGH, Rs. C-26/62, van Gend en Loos/Administratie der Belastingen, Slg. 1963, S. 1.

147 Synonym können die Termini „Direktwirkung“ und „unmittelbare Anwendung“ verwendet werden. Für Deutschland instruktiv dazu BVerfGE 75, S. 223, 235 ff.; ausführlich zum Themenkomplex der unmittelbaren Wirkung: KLEIN, Unmittelbare Geltung, Anwendbarkeit und Wirkung von europäischem Gemeinschaftsrecht.

148 Zu Sachverhalt und Verfahren statt vieler: HUMMER/VEDDER, Fall 1, S. 1; Ausführlich: EuGH, Rs. C-26/62, van Gend en Loos/Administratie der Belastingen, Slg. 1963, S. 1, 8 ff.

bb) Konzept der Direktwirkung und Offenlassen der Vorrangfrage

Die niederländische und die belgische Regierung haben während der Verhandlung vor dem EuGH zunächst dessen Zuständigkeit[149] bezweifelt, was sie damit begründeten, dass der EuGH mit der Beantwortung der Frage nicht über die Auslegung von Art. 30 AEU (ex-Art. 25 EGV), sondern vielmehr über seine Anwendbarkeit innerhalb der niederländischen Verfassungsordnung urteile. Insbesondere könne keine Zuständigkeit des Gerichtshofs angenommen werden, darüber zu judizieren, ob den Vorschriften des AEU (ex-EGV) Vorrang vor niederländischen Gesetzen zukomme. Dies müsse allein den nationalen Gerichten überlassen bleiben.[150]

Diesem prozeduralen, die Zulässigkeit betreffenden Einwand ist der EuGH mit der Begründung entgegengetreten, es gehe nicht um die Anwendbarkeit des AEU (ex-EGV) in den Niederlanden, sondern um den Gehalt von Art. 30 AEU (ex-Art. 25 EGV), was insoweit die Zuständigkeit des EuGH begründe.[151] Er hat dementsprechend hauptsächlich die Gelegenheit genutzt, die Reichweite von Art. 30 AEU (ex-Art. 25 EGV) zu veranschaulichen, indem er das Konzept der Direktwirkung entwickelt und gleichzeitig auf die Notwendigkeit der Rechtsdurchsetzung vor nationalen Gerichten hingewiesen hat.[152] Die Vorrangfrage[153] hat der Gerichtshof also zunächst offengelassen, aber dennoch angedeutet, welche Auffassung er zu dieser Problemlage vertritt. Ziel des AEU (ex-EGV) sei die Schaffung eines gemeinsamen Marktes, dessen Funktionieren alle Angehörigen der Gemeinschaft gleichermaßen berühre.[154] Um der Verwirklichung dieses Zieles nachzukommen, sei es geboten, in den Gründungsverträgen der Europäischen Gemeinschaften mehr zu sehen, als bloß wechselseitige Verpflichtungen. Vielmehr sei durch die Gründungsverträge zu den Europäischen Gemeinschaften eine neue Rechtsordnung des Völkerrechts geschaffen worden, zu deren Gunsten die Staaten im vertraglich geregelten Umfang Souveränitätsrechte abgegeben hätten.[155] Zur Begründung dieses Befunds hat der EuGH mehrere Argumente angeführt, die seiner Auffassung nach Zeichen dieser neuen Rechtsordnung des Völkerrechts seien.

---

149 Zu dieser: EuGH, Rs. C-26/62, van Gend en Loos/Administratie der Belastingen, Slg. 1963, S. 1, 23.

150 EuGH, Rs. C-26/62, van Gend en Loos/Administratie der Belastingen, Slg. 1963, S. 1, 13.

151 EuGH, Rs. C-26/62, van Gend en Loos/Administratie der Belastingen, Slg. 1963, S. 1, 23.

152 EuGH, Rs. C-26/62, van Gend en Loos/Administratie der Belastingen, Slg. 1963, S. 1, 24 ff.; dazu auch: ZULEEG, in: von der Groeben/Schwarze, Art. 1 EGV, Rn. 34.

153 Insbesondere wollte das vorlegende Gericht wissen, *„ob Artikel 25 EGV interne Wirkung hat, mit anderen Worten, ob die Einzelnen aus diesem Artikel unmittelbar Rechte herleiten können, die vom Richter zu beachten sind,... "*.

154 Vgl. Art. 2, 3 lit. a, b, c, g EGV; Dazu ausführlich: HERDEGEN, EuR, S. 249 ff, Rn. 1 ff.; EPINEY, in: Biber/Epiney/Haag, S. 283 ff., Rn. 1 ff.; RUFFERT, in: Callies/Ruffert, Art. 2 EGV, Rn. 13; STREINZ, S. 299 ff., Rn. 779 ff.

155 EuGH, Rs. C-26/62, van Gend en Loos/Administratie der Belastingen, Slg. 1963, S. 1, 25; Seitdem ständige Rechtsprechung, vgl. nur: EuGH, Rs. C-6/64, Costa/ENEL, S. 1251, 1269. Dazu auch: WEGENER, in: Callies/Ruffert, Art. 220 EGV, Rn. 27; CRAIG/DE BURCA, S. 346;

Die Präambel des AEU (ex-EGV) bestätige, dass sich dieser nicht nur an die Mitgliedstaaten, sondern auch an die Völker und die Individuen in der Gemeinschaft richte, was bei schlichten völkerrechtlichen Verträgen unüblich sei.[156] In diesen ist das Individuum in der Tat meist mediatisiert, und Rechte stehen nur den Staaten als vertragsschließenden Parteien zu.[157]

Ferner, und dies sei noch augenfälliger, hätten die Mitgliedstaaten im Zuge der Gründung der Gemeinschaften Organe geschaffen und diese mit Hoheitsrechten ausgestattet, deren Ausübung sowohl für die Mitgliedstaaten als auch deren Bürger deutlich spürbar seien.[158] Auch gelte es zu beachten, dass die in der Gemeinschaft zusammengeschlossenen Bürger der Mitgliedstaaten zur Mitwirkung an den Aufgaben und Zielen der Gemeinschaft berufen seien, wofür ihnen institutionelle Möglichkeiten, vor allem in Form des Europäischen Parlaments, zur Verfügung gestellt seien.[159] Schließlich sei zu berücksichtigen, dass der EuGH gem. Art. 267 AEU (ex-Art. 234 EGV) dazu berufen sei, die einheitliche Auslegung des Gemeinschaftsrechts sicherzustellen.[160]

Hieraus hat das Gericht zwar zunächst nur den Schluss gezogen, dass einige Vorschriften des AEU (ex-EGV) mit Direktwirkung ausgestattet seien (im Fall: Art. 30 AEU, ex-Art. 25 EGV), aber noch nicht den generellen Vorrang des Gemeinschaftsrechts herausgearbeitet.[161] Aus einer Zusammenschau der vorgenannten Argumente ergibt sich aber, dass der Schritt zur Bejahung des Vorrangs von Europarecht vor nationalem Recht nur ein kleiner gewesen ist. Das Gericht hat den gemeinsamen Markt als verbindliches Ziel hervorgehoben und gleichzeitig die Bedeutung der einheitlichen Auslegung europarechtlicher Normen betont.[162] Die Schaffung einer eigenständigen Rechtsordnung und die freiwillige Einschränkung der Souveränitätsrechte der Mitgliedstaaten als Folge des Beitritts zu den Gemeinschaften sind die Grundlagen, die bei ihrer konsequenten Weiterentwicklung zur Schaffung des Konzepts der Vorrangwirkung führen mussten. Die Direktwirkung

---

156 EuGH, Rs. C-26/62, van Gend en Loos/Administratie der Belastingen, Slg. 1963, S. 1, 24.

157 KEMPEN/HILLGRUBER, S. 39 ff. mit einem Ausblick auf die zunehmende Berechtigung von Individuen durch völkerrechtliche Verträge; vgl. ferner: EPPING, in: Ipsen, S. 95 ff.; STEIN/VON BUTTLAR, S. 178 ff.; mit Materialien zur Völkerrechtssubjektivität von Individuen: DIXON/MC CORQUODALE, S. 146 ff.

158 EuGH, Rs. C-26/62, van Gend en Loos/Administratie der Belastingen, Slg. 1963, S. 1, 24.

159 EuGH, Rs. C-26/62, van Gend en Loos/Administratie der Belastingen, Slg. 1963, S. 1, 24.

160 EuGH, Rs. C-26/62, van Gend en Loos/Administratie der Belastingen, Slg. 1963, S. 1, 24 f.; dazu auch: WEGENER, in: Callies/Ruffert, Art. 234 EGV, Rn. 2; mit Überblick über die historische Entwicklung und mit vergleichbaren Verfahren in den Mitgliedstaaten: PESCATORE, BayVBl 1987, S. 33, 34.

161 Die Problematik des Konfliktfalles deutlich gesehen hat Generalanwalt Roemer in seinem Schlussantrag, EuGH, Rs. C-26/62, van Gend en Loos/Administratie der Belastingen, Slg. 1963, S. 47 ff.

162 EuGH, Rs. C-26/62, van Gend en Loos/Administratie der Belastingen, Slg. 1963, S. 1, 24.

kann schließlich nur dann zur Geltung kommen, wenn konfligierende nationale Normen derogiert werden.[163]

b) „Costa/ENEL"[164] – Die Vorrangwirkung als Strukturdeterminante des Gemeinschaftsrechts

Knapp zwei Jahre später sah sich der EuGH mit der Situation konfrontiert, die einige bereits in „van Gend en Loos" für gegeben hielten.[165] Er hatte einen aus Italien stammenden Fall zu entscheiden, dessen Beurteilung es erforderlich machte, Stellung zum Verhältnis von Europarecht zu einer nationalen Norm zu nehmen, die im Widerspruch zu Gemeinschaftsrecht stand. Es galt also, den Konfliktfall aufzulösen.

aa) Sachverhalt[166]

Die Republik Italien hat durch Gesetz Nr. 1643 vom 6. Dezember 1962 die Erzeugung und Verteilung von elektrischem Strom verstaatlicht und zu diesem Zweck die Ente nazionale Energia elettrica impresa già della Edisonvolta (kurz: ENEL) als juristische Person gegründet, der die Betriebsanlagen der verstaatlichten Elektrizitäts-Unternehmer übereignet wurden. Der Rechtsanwalt Flamino Costa aus Mailand war Aktionär der von der Verstaatlichung betroffenen Aktiengesellschaft Edisonvolta, zugleich aber auch Abnehmer des von ihr produzierten Stroms. Als diese ihm eine Rechnung in Höhe von 1.925 Lire ausstellte, verweigerte Costa die Bezahlung. Es kam zu einem Rechtsstreit vor dem Friedensgericht in Mailand, in dessen Verlauf Costa geltend machte, das Gesetz Nr. 1643 verstoße gegen Art. 97, 88 und 31 EWGV. Daher beantragte er die Vorlage dieser Frage an den EuGH gem. Art. 267 AEU (ex-Art. 234 EGV). Dem kam das Friedensgericht in Mailand nach.[167]

bb) Die Antwort des EuGH: Vorrang des Gemeinschaftsrechts vor nationalem Recht

Der EuGH hat in konsequenter Fortentwicklung der in „van Gend en Loos" begonnenen Rechtsprechung den Schritt zur Bejahung der Vorrangwirkung des Gemeinschaftsrechts getan[168] und sich dabei weitgehend der Argumente bedient, die er bereits zur Begründung der unmittelbaren Anwendbarkeit herangezogen hat. Dies ist

---

163 Vgl. IPSEN, Europäisches Gemeinschaftsrecht, S. 282; ALDER, Koordination und Integration als Rechtsprinzipien, S. 148 ff.;

164 EuGH, Rs. C-6/64, Costa/ENEL, Slg. 1964, S. 1251.

165 Insbesondere der Schlussantrag von Generalanwalt Roemer macht dies deutlich: EuGH, Rs. C-26/62, van Gend en Loos/Administratie der Belastingen, Slg. 1963, S. 47 ff.

166 HUMMER/VEDDER, Fall 9, S. 33; ausführlich EuGH, Rs. C-6/64, Costa/Enel, Slg. 1964, S. 1251 ff.

167 Zur Vorlagefrage: EuGH, Rs. C-6/64, Costa/Enel, Slg. 1964, S. 1251, 1267.

168 EuGH, Rs. C-6/64, Costa/Enel, Slg. 1964, S. 1251, 1269 f.

nicht überraschend, da der Zusammenhang zwischen unmittelbarer Anwendbarkeit und Vorrang des Gemeinschaftsrechts – wie gezeigt[169] – auf der Hand liegt.[170]

Er hat erneut herausgestellt, dass durch den AEU (ex-EGV) eine eigene Rechtsordnung geschaffen worden sei, die sich von gewöhnlichen internationalen Verträgen unterscheide und von nationalen Gerichten anzuwenden sei.[171] Durch die Gründung einer Gemeinschaft für unbegrenzte Zeit, die mit eigenen Organen, Rechts-, Geschäfts- und Handlungsfähigkeit und vor allem mit eigenen Hoheitsrechten ausgestattet sei, hätten die Mitgliedstaaten, wenn auch nur auf einem begrenzten Gebiet, ihre Souveränitätsrechte beschränkt und so einen für ihre Angehörigen und sie selbst verbindlichen Rechtskörper geschaffen. Ausgehend von diesen aus „van Gend en Loos" bekannten Feststellungen,[172] fährt der EuGH mit der Argumentation fort, dass die Implementation des Gemeinschaftsrechts in das Recht der Mitgliedstaaten und der allgemeine Wortlaut und Geist des Vertrages zur Folge hätten, dass es den Staaten unmöglich sei, einseitige Maßnahmen gegen die Normen des AEU (ex-EGV) ins Feld zu führen.[173] Solche Maßnahmen stünden der Anwendbarkeit der Gemeinschaftsrechtsordnung daher nicht entgegen; andernfalls würde die in Art. 4 Abs. III EUV (ex-Art. 10 EGV) aufgeführte Vertragszielverfolgung gefährdet und es läge ferner eine nach Art. 18 AEU (ex-Art. 12 EGV) verbotene Diskriminierung vor.[174]

Der EuGH beleuchtet im weiteren Gang der Begründung die Konsequenzen, die daraus resultieren könnten, wenn dem Gemeinschaftsrecht der Vorrang versagt würde und stellt fest, dass die unbedingte Geltung des Gemeinschaftsrechts in Frage gestellt wäre, wenn seine Geltung der Disposition der Mitgliedstaaten unterworfen wäre;[175] nichts anderes nämlich wäre die Konsequenz, wenn abweichende Gesetzgebung der Signatarstaaten zu einer Derogation gemeinschaftsrechtlicher Normen führen würde. Bestätigt sieht der EuGH seine Auffassung dadurch, dass es ausnahmsweise ausdrücklich im AEU (ex-EGV) positivierte Abweichungsmöglichkeiten der Mitgliedstaaten von Gemeinschaftsrecht gebe (z.B. Art. 108 Abs. III AEU (ex-Art. 88 Abs. III EGV), Art. 346-348 AEU, (ex-Art. 296-298 EGV)); e contrario sei dies in allen anderen Fällen daher ausgeschlossen.[176] Weiterhin streite Art. 288

169 Dazu s. oben S. 25.

170 Dazu s. oben S. 25.

171 EuGH, Rs. C-6/64, Costa/Enel, Slg. 1964, S. 1251, 1269 f.

172 Vgl. EuGH, Rs. C-26/62, van Gend en Loos/Administratie der Belastingen, Slg. 1963, S. 1, 24 f.

173 EuGH, Rs. C-6/64, Costa/Enel, Slg. 1964, S. 1251, 1269 f. *„Allgemeiner Wortlaut und Geist des Vertrages haben zur Folge, dass es den Staaten unmöglich ist, gegen eine von ihnen auf der Grundlage der Gegenseitigkeit angenommene Rechtsordnung nachträgliche einseitige Maßnahmen ins Feld zu führen.*"

174 EuGH, Rs. C-6/64, Costa/Enel, Slg. 1964, S. 1251, 1269 f.; So auch: KADELBACH, S. 191 f.; IPSEN, Europäisches Gemeinschaftsrecht, S. 282; ALDER, Koordination und Integration als Rechtsprinzipien, S. 148 ff.

175 EuGH, Rs. C-6/64, Costa/Enel, Slg. 1964, S. 1251, 1269 f.

176 EuGH, Rs. C-6/64, Costa/Enel, Slg. 1964, S. 1251, 1269 f.

AEU (ex-Art. 249 EGV) für die Auffassung des Gerichtshofs, da dieser die verbindliche und unmittelbare Geltung von Verordnungen in den Mitgliedstaaten anordnet; diese Norm wäre sinnentleert, könnten die Staaten durch entgegenstehende Gesetzgebung von ihr abweichen.

Aus den genannten Argumenten folgert der EuGH, dass es keine wie auch immer gearteten nationalen Rechtsvorschriften geben könne, die dem Gemeinschaftsrecht vorgängig seien.[177]

c) „Internationale Handelsgesellschaft mbH"[178], „Simmenthal"[179] und „Factortame"[180] – Vorrang des Gemeinschaftsrechts vor verfassungsrechtlichen Grundprinzipien sowie Grundrechten und dessen Wirkung gegenüber nationalem Recht

Im Folgenden erscheint es geboten, den Umfang des Vorrangs von Gemeinschaftsrecht zu erläutern,[181] also im Besonderen die Frage zu klären, ob sich der Vorrang von Gemeinschaftsrecht auf verfassungsrechtliche Strukturprinzipien und Grundrechte erstreckt und weiter die Wirkung des Vorrangs zu beleuchten, also die Problematik des Anwendungs- oder Geltungsvorrangs zu klären.[182]

aa) „Internationale Handelsgesellschaft mbH"[183]

(a) Sachverhalt[184]

Der Fall „Internationale Handelsgesellschaft" stammt aus Deutschland und hat die Rechtmäßigkeit von Verordnungen über die gemeinsame Marktorganisation für

177 So auch die Anhänger einer rein europarechtlichen Lösung bezüglich des Geltungsgrundes von Europarecht. Vgl. die Nachweise in Fn. 58.

178 EuGH, RS. C-11/70, Internationale Handelsgesellschaft mbH/Einfuhr- und Vorratsstelle für Getreide und Futtermittel, Slg. 1970, S. 1125.

179 EuGH, Rs. C-106/77, Amministratione delle Finanze dello Stato/Simmenthal SpA, Slg. 1978, S. 629.

180 EuGH, Rs. C-213/89, R./Secretary of State for Transport, ex parte Factortame Ltd. and others, Slg. 1990, I-2433.

181 Diesen hat der EuGH im Prinzip im Fall „Costa/Enel" relativ umfassend ausgelegt, da es keine wie auch immer geartete Norm geben könne, die nicht von ihm erfasst sei, vgl. oben S. 26 ff.

182 Letzteres ist von Bedeutung, um Schlüsse darauf ziehen zu können, wie sich ein möglicher Vorrang des Gemeinschaftsrechts gegenüber konkret individuellen Entscheidungen auswirken wird, vgl. etwa den Fall „Ciola" unten S. 119 ff.

183 Diese Entscheidung hat letztlich zum „Solange I"-Beschluss des BVerfG geführt: BVerfGE 37, S. 271; vgl. dazu: RUPP, NJW 1974, S. 2153; PESTALOZZA, DVBl. 1974, S. 716; ERICHSEN, VerwArch 66 (1975), S. 177; ZULEEG, DÖV 1975, S. 44; COHEN, Cahiers de droit européen 1975, S. 173.

184 Ausführlich zu Sachverhalt und Gang des Verfahrens: HUMMER/VEDDER, Fall 10, S. 35; EuGH Rs. C-11/70, Internationale Handelsgesellschaft mbH/Einfuhr- und Vorratsstelle für Getreide und Futtermittel, Slg. 1970, S. 1125, 1127 ff.

Getreide und daran anknüpfende Bestimmungen bezüglich der Erteilung von Ein- und Ausfuhrlizenzen zum Gegenstand.[185] Kern der Regelungen ist es gewesen, dass Ein- und Ausfuhrlizenzen für Getreide nur gegen Hinterlegung einer Kaution zu erteilen waren. Die Kaution, deren Höhe in Abhängigkeit des Umfangs der erteilten Lizenzen berechnet wurde, verfiel – und dies ist der neuralgische Punkt des Falles – auch dann, wenn die durch die Lizenzen genehmigten Ein- bzw. Ausfuhrkontingente nicht in voller Höhe ausgeschöpft worden waren. Eine Ausnahme wurde nur für den Fall vorgesehen, dass der Lizenznehmer durch höhere Gewalt an der Ausnutzung der ihm erteilten Lizenzen gehindert worden war. Die Internationale Handelsgesellschaft konnte nicht in vollem Umfang von den ihr erteilten Lizenzen Gebrauch machen und sich darüber hinaus auch nicht auf höhere Gewalt berufen, was zur Folge hatte, dass die von ihr gezahlte, aber nicht voll ausgenutzte Kaution mit Ende der Gültigkeitsdauer der Lizenzen verfallen war.

Das mit dem Fall betraute VG Frankfurt vertrat die Auffassung,[186] dass gemeinschaftsrechtliche Verordnungen, die durch das Grundgesetz garantierten elementaren Grundrechte und die wesentlichen Strukturprinzipien der Verfassung zu beachten hätten. Bei einem Verstoß gegen diese Anforderungen habe das übernationale Gemeinschaftsrecht zu weichen. Im Fall wurde dies angenommen, da ein Verstoß gegen die Grundsätze der Entfaltungs- und Dispositionsfreiheit, der Verhältnismäßigkeit und des Eigentumsschutzes – mithin eine Verletzung der Art. 2 Abs. I und 14 GG – bejaht worden ist. Das VG Frankfurt legte daraufhin – fakultativ – an den EuGH gem. Art. 267 Abs. II AEU (ex-Art. 234 Abs. II EGV) vor.

(b) Vorrang des Gemeinschaftsrechts vor Grundrechten und Verfassungsprinzipien

Der EuGH hat die Vorlagefrage ausgehend von den in der Rs. „Costa/Enel" entwickelten Grundsätzen gelöst,[187] die nur um wenige Aspekte zu erweitern gewesen sind. Bemerkenswert ist die Kontinuität, mit der der EuGH Rekurs auf die eigene Entscheidung genommen hat. Die Feststellung aus der Rs. „Costa/Enel" wiederholend, dass es keine wie auch immer gearteten Vorschriften des nationalen Rechts geben könne, die dem Gemeinschaftsrecht vorgängig seien, führt der EuGH aus, dass die Gültigkeit einer Gemeinschaftshandlung oder deren Geltung in einem Mitgliedsstaat nicht durch die Verletzung nationaler Grundrechte oder Verfassungsprinzipien berührt werden könne.[188] Um zu verhindern, dass der Grundrechtsschutz auf Gemeinschaftsebene ausgehöhlt wird, hat der EuGH festgestellt, dass die Beachtung der Grundrechte, wie sie von den gemeinsamen Verfassungsüberliefe-

---

185 VO Nr. 120/67/EWG, ABl. 1967, S. 2269 ff. und VO Nr. 473/67/EWG, ABl. 1967, Nr. 204, S. 16 ff.

186 VG Frankfurt, CMLR 1970, Vol. 1, S. 294 ff.

187 EuGH Rs. C-6/64, Costa/Enel, Slg. 1964, S. 1251, 1269 f.

188 EuGH Rs. C-11/70, Internationale Handelsgesellschaft mbH/Einfuhr- und Vorratsstelle für Getreide und Futtermittel, Slg. 1970, S. 1125, Rn. 3.

rungen der Mitgliedstaaten getragen sind, als allgemeine Rechtsgrundsätze auf europäischer Ebene befolgt werden müssten.[189]

Wird also ein Verstoß gegen nationale Verfassungsbestimmungen geltend gemacht, so ist die Frage zu stellen, ob diese auch auf europäischer Ebene als allgemeine Rechtsgrundsätze beachtet werden müssen. Rechtstechnisch ist so der Vorrang des Gemeinschaftsrechts gewährleistet, da die in Rede stehenden Verfassungsbestimmungen unter gewissen Voraussetzungen als allgemeine Rechtsgrundsätze mit gemeinschaftsrechtlicher Provenienz durch den Gerichtshof zu sichern sind.[190]

bb) „Simmenthal“[191]

Als Folge des gemeinschaftsrechtlichen Vorrangs gegenüber entgegenstehenden nationalen Normen sind zwei Möglichkeiten denkbar:[192] Die radikale Variante wäre gewesen, dem Gemeinschaftsrecht einen Geltungsvorrang zukommen zu lassen, was die Nichtigkeit entgegenstehender nationaler Normen zur Folge gehabt hätte.[193] Dies hätte zudem die Europäische Gemeinschaft bundesstaatlich gedeutet. Diese Lehre vom Geltungsvorrang hat sich – zu Recht – nicht durchsetzen können[194] und musste der vom EuGH in der Rs. „Simmenthal“ entwickelten zweiten denkbaren Variante, der Lehre vom Anwendungsvorrang weichen.[195] Demnach haben nationale Gerichte, aber auch Verwaltungsbehörden oder sonst mit dem Normvollzug betraute hoheitliche Stellen[196] – etwa Gemeinden und Gebietskörperschaften – entgegenstehendes mitgliedstaatliches Recht – auch später erlassenes[197]– erforderli-

---

189 EuGH Rs. C-11/70, Internationale Handelsgesellschaft mbH/Einfuhr- und Vorratsstelle für Getreide und Futtermittel, Slg. 1970, S. 1125, Rn. 4.

190 EuGH Rs. C-11/70, Internationale Handelsgesellschaft mbH/Einfuhr- und Vorratsstelle für Getreide und Futtermittel, Slg. 1970, S. 1125, Rn. 4.

191 Ausführlich zum Sachverhalt und zum Gang des Verfahrens: HUMMER/VEDDER Fall 11, S. 36; EuGH, Rs. C-106/77, Amministratione delle Finanze dello Stato/Simmenthal SpA, Slg. 1978, S. 629.

192 STREINZ, EuR, S. 78 f., Rn. 222 f.; NETTESHEIM, in: Oppermann, EuR, S. 207, Rn. 27; HERDEGEN, EuR, S. 210, Rn. 3; FISCHER, EuR, S. 83, Rn. 212; HARATSCH/KÖNIG/PECHSTEIN, S. 95, Rn. 187.

193 Vgl. Art. 31 GG.

194 So aber: GRABITZ, Gemeinschaftsrecht bricht nationales Recht, S. 98 ff.; gegen die Lehre vom Geltungsvorrang explizit: EuGH, Rs. C-10/97, Ministero delle Finanze/IN.CO.GE. 90‘ Srl. u.a., Slg. 1998, I-6307, Rn. 18 ff.

195 EuGH, Rs. C-106/77, Amministratione delle Finanze dello Stato/Simmenthal SpA, Slg. 1978, S. 629, Rn. 17/18; seitdem ständige Rechtsprechung: EuGH, Rs. C-158/91, Levy, Slg. 1993, I-4287, Rn. 9; EuGH, Rs. C-396/97, Solred, Slg. 1998, I-937, Rn. 30; EuGH, Rs. C-10/97, Ministero delle Finanze/IN.CO.GE. 90‘ Srl. u.a., Slg. 1998, I-6307, Rn. 18 ff.

196 EuGH Rs. C-103/88, Fratelli Costanzo SpA/Comune die Milano, Slg. 1989, S. 1839, Rn. 32; EuGH Rs. C-224/97, Ciola/Land Vorarlberg, Slg. 1999, I-2517, Rn. 30.

197 Die Formulierung in EuGH, Rs. C-106/77, Amministratione delle Finanze dello Stato/Simmenthal SpA, Slg. 1978, S. 629, Rn. 21/23 hat zu der in EuGH, Rs. C-10/97, Ministero delle Finanze/IN.CO.GE. 90‘ Srl. u.a., Slg. 1998, I-6307, Rn. 18 ff. widerlegten Auf-

chenfalls unangewendet zu lassen, um so für die volle Wirksamkeit gemeinschaftsrechtlicher Normen Sorge tragen zu können. Ein zeitlich vorausgehendes nationales Normverwerfungsverfahren oder ein Tätigwerden des Gesetzgebers ist nicht erforderlich und muss daher nicht abgewartet werden.[198] Dies ist deshalb sinnvoll, da durch den Anwendungsvorrang der einheitlichen Geltung und diskriminierungsfreien Anwendung von Gemeinschaftsrecht mit hinreichender Sicherheit Rechnung getragen werden soll, ohne die mitgliedstaatlichen Rechtsordnungen übergebührlich zu beeinträchtigen.[199] Es kann nämlich durchaus möglich sein, dass gemeinschaftsrechtswidrige nationale Vorschriften noch einen sinnvollen Anwendungsbereich haben – etwa im Verkehr mit Drittstaaten. Weiterhin entspricht die Lehre vom Anwendungsvorrang auch im Grundsatz dem Subsidiaritätsprinzip.[200]

cc) „Factortame"[201] – Konsequenzen des Anwendungsvorrangs

Die Rechtssache „Factortame" behandelt einen Fall, der sich in England abspielte, und – ausgehend von den in der Rechtssache „Simmenthal" entwickelten Grundsätzen vom Anwendungsvorrang zur Gewährleistung der vollen und einheitlichen Wirksamkeit von Gemeinschaftsrecht in allen Mitgliedstaaten – zur Erhellung der Problematik beigetragen hat, wie die indirekte Kollision einer verfahrensrechtlichen Norm mit Gemeinschaftsrecht – im Fall hat die in Rede stehende Norm die Gewährung einstweiligen Rechtsschutzes verhindert – aufzulösen ist.[202] Die Formulierung der Problemstellung deutet zugleich auf ihre Lösung zu Gunsten des Gemeinschaftsrechts hin.[203]

Zur Begründung führt der Gerichtshof an, dass die volle Wirksamkeit des Gemeinschaftsrechts abgeschwächt würde, wenn ein mitgliedstaatliches Gericht, bei dem ein gemeinschaftsrechtlich zu beurteilender Fall anhängig sei, durch eine Vor-

---

fassung der Kommission geführt, zumindest für später erlassenes gemeinschaftsrechtswidriges Recht sei die Lehre vom Geltungsvorrang anzuwenden.

198 EuGH, Rs. C-106/77, Amministratione delle Finanze dello Stato/Simmenthal SpA, Slg. 1978, S. 629, Rn. 21/23; Diese Feststellung war nötig, da es nach der Rechtsprechung des Corte costituzionale, die für den vorlegenden Pretore von Susa maßgeblich gewesen ist, diesem vorbehalten gewesen ist, die Verfassungswidrigkeit einer Norm festzustellen. Der Corte costituzionale hat diese Rechtsprechung allerdings in europarechtskonformer Auslegung aufgegeben in der Entscheidung „Granital" vom 5.6.1984, Il Foro Italiano 1984, Sp. 2062.

199 STREINZ, EuR, S. 78, Rn. 222; HERDEGEN, EuR, S. 210, Rn. 3.

200 NETTESHEIM, in: Oppermann, EuR, S. 207, Rn. 27.

201 Zu Sachverhalt und Gang des Verfahrens: CRAIG/DE BURCA, S. 312 f.; EuGH, Rs. C-213/89, R./Secretary of State for Transport, ex parte Factortame Ltd. and Others, Slg. 1990, I-2433.

202 So im Wesentlichen auch die Vorlagefrage, dazu: EuGH, Rs. C-213/89, R./Secretary of State for Transport, ex parte Factortame Ltd. And Others, Slg. 1990, I-2433, Rn. 17.

203 Unter anderem mit Rekurs auf die Entscheidung „Factortame" und die in ihr enthaltenen Argumente hat der Gerichtshof die ausnahmsweise Durchbrechung einer Rechtskraftregel im Fall EuGH Rs. C-119/05, MICA/Lucchini SpA., Slg. 2007, I-6199, Rn. 61 begründet, dazu ausführlich unten S. 161 ff.

schrift des nationalen Rechts daran gehindert werden könnte, einstweilige Anordnungen zu erlassen, um so die volle Wirksamkeit der späteren Gerichtsentscheidung über das Bestehen der aus dem Gemeinschaftsrecht hergeleiteten Rechte sicherzustellen.[204] Ein Gericht, das ohne die in Rede stehende Norm eine einstweilige Anordnung erlassen würde, dürfe diese Vorschrift daher nicht anwenden.[205] Für diese Interpretation spreche im Besonderen Art. 267 AEU (ex-Art. 234 EGV) und das durch ihn etablierte System des Vorabentscheidungsverfahrens. Dessen Effizienz würde beeinträchtigt, wenn ein mitgliedstaatliches Gericht, dass das Verfahren bis zur Beantwortung der von ihm aufgeworfenen Vorlagefrage durch den Gerichtshof aussetze, solange nicht in der Lage sei, einstweiligen Rechtsschutz zu gewähren, bis es auf Grundlage der Antwort des Gerichtshofs eine eigene Entscheidung erlassen könne.[206]

2. Zwischenergebnis

Der Gerichtshof hat, beginnend mit der Rechtssache „van Gend en Loos“[207] Anfang der 60er Jahre des vergangenen Jahrhunderts, das Konzept des Vorrangs des Gemeinschaftsrechts vor mitgliedstaatlichem Recht entwickelt und sich dabei mit großer Kontinuität in den zeitlich nachfolgenden Entscheidungen der Argumente bedient, die er bereits in den senioren Entscheidungen entwickelt hat und diese dann lediglich um die für die in Rede stehenden Fälle notwendigen Aspekte erweitert. Der die Entscheidungen gedanklich durchziehende Strang kann wie folgt nachgezeichnet werden: In „van Gend en Loos“ ist das Konzept der Direktwirkung entwickelt worden, zu dessen Begründung dieselben Argumente benutzt worden sind wie zur Begründung des Vorrangs von Gemeinschaftsrecht in der zeitlich späteren Entscheidung „Costa/Enel“,[208] die allerdings um einige weitere zentrale Reflexionsebenen ergänzt worden ist. In der Rechtssache „Internationale Handelsgesellschaft“[209] ist unter Rekurs auf die Rechtssache „Costa/Enel“ klargestellt worden, dass sich die Suprematie des Gemeinschaftsrechts auch auf nationale Verfassungsprinzipien und Grundrechte erstreckt. Im Fall „Simmenthal“[210] hat sich der Gerichtshof dann mit den Konsequenzen, die aus dem von ihm entwickelten Vorrangkonzepzt folgen, auseinandergesetzt und sich für einen schlichten Anwendungsvorrang vor nationalem Recht ausgesprochen, der den Bestand gemeinschafts-

204 EuGH, Rs. C-213/89, R./Secretary of State for Transport, ex parte Factortame Ltd. And Others, Slg. 1990, I-2433, Rn. 20 f.
205 EuGH, Rs. C-213/89, R./Secretary of State for Transport, ex parte Factortame Ltd. And Others, Slg. 1990, I-2433, Rn. 23.
206 EuGH, Rs. C-213/89, R./Secretary of State for Transport, ex parte Factortame Ltd. And Others, Slg. 1990, I-2433, Rn. 22.
207 Dazu s. oben S. 23 ff.
208 Dazu s. oben S. 26 ff.
209 Dazu s. oben S. 28 ff.
210 Dazu s. oben S. 30 f.

rechtswidriger Normen unberührt lässt. Diesen Ansatz weiterverfolgend, hat der EuGH sich in dem britischen Fall „Factortame"[211] zu dem Verhältnis des Anwendungsvorrangs zu nationalen Vorschriften des Verfahrensrechts geäußert, und folgerichtig entschieden, dass auch diese außer Anwendung zu bleiben hätten, wenn sie die volle Wirksamkeit des Europarechts behinderten, auch wenn sie selbst nicht an sich gemeinschaftsrechtswidrig seien.[212]

III. Die Grenzen der Vorrangwirkung – die bundesrepublikanische Perspektive und die Rechtsprechung des Bundesverfassungsgerichts[213]

Die Grenzen des gemeinschaftsrechtlichen Vorrangs werden im Wesentlichen durch Art. 23 Abs. I GG gezogen[214] und sind durch die Rechtsprechung des Bundesverfassungsgerichts konkretisiert worden,[215] zuletzt in der Entscheidung zur Verfassungsmäßigkeit des Lissabon-Vertrages,[216] die für einiges Aufsehen gesorgt hat[217] und zuvor mit großer Spannung erwartet worden war.[218] Das Bundesverfassungsgericht hält die schrankenlose Übertragung von Hoheitsrechten auf supranationale Organisationen in ständiger Rechtsprechung nicht für unbegrenzt möglich.[219] In zwei

---

211 Dazu s. oben S. 31 f.

212 Dazu s. oben S. 32.

213 Zu der Vorgehensweise ausländischer Rechtsordnungen zur Begrenzung der Vorrangwirkung: HATJE, in: Schwarze, Art. 10 EGV, Rn. 23 unter Erläuterung der Rechtslage in Dänemark und Polen.

214 Dazu: ZULEEG, in: AK-GG, Lfg. Oktober 2001, Art. 23 GG, Rn. 50 ff.; JARASS, in: Jarass/Pieroth, Art. 23 GG, Rn. 27 ff.;

215 BVerfGE 22, S. 292; BVerfGE 37, S. 271 („Solange I"); BVerfGE 73, S. 339 („Solange II"); BVerfGE 89, S. 155 („Maastricht"); BVerfGE 102, S. 147 (Bananenmarktordnung).

216 BVerfG, NJW 2009, S. 2267 ff. („Lissabon").

217 Neben juristischen Fachzeitschriften, ist das Urteil auch in den Politikteilen der Tagespresse umfänglich rezipiert worden, etwa: SCHORKOPF, in: FAZ vom 16.7.2009, S. 6; LENZ, in: FAZ vom 8.8.2009, Nr. 182, S. 7; CALLIESS, in: FAZ vom 27.8.2009, Nr. 198, S. 8; NETTESHEIM, in: FAZ vom 27.8.2009, Nr. 198, S. 8; HILLGRUBER, in: FAZ vom 10.9.2009, Nr. 210, S. 8; KIRCHHOF, in: FAZ vom 19.9.2009, Nr. 218, S. 8.

218 Sie hat zu Teils recht polemischer Kritik geführt, vgl.: LENZ, in: FAZ vom 8.8.2009, Nr. 182, S. 7: *„Dass das Grundgesetz einmal gegen die Schaffung eines „vereinten Europas" ins Feld geführt werden könnte, hätten wohl die wenigsten seiner Schöpfer für möglich gehalten. Das Bundesverfassungsgericht hat es fertiggebracht.*" Das Bundesverfassungsgericht verteidigend: HILLGRUBER, in: FAZ vom 10.9.2009, Nr. 210, S. 8; KIRCHHOF, in: FAZ vom 19.9.2009, Nr. 218, S. 8.

219 Zuletzt: BVerfG, NJW 2009, S. 2267, 2270 („Lissabon"): „Das Grundgesetz ermächtigt den Gesetzgeber zwar zu einer weitreichenden Übertragung von Hoheitsrechten auf die Europäische Union. Die Ermächtigung steht aber unter der Bedingung, dass dabei die souveräne Verfassungsstaatlichkeit auf der Grundlage eines Integrationsprogramms nach dem Prinzip der begrenzten Einzelermächtigung und unter Achtung der verfassungsrechtlichen Identität

unter der Bezeichnung „Solange-Rechtsprechung"[220] bekannt gewordenen Beschlüssen formulierte es, die Identität der geltenden Verfassungsordnung der Bundesrepublik dürfe nicht durch Einbruch in ihr Grundgefüge aufgegeben werden.[221] Unter Geltung von Art. 23 Abs. I S. 1 i.V.m. S. 3 GG darf die Bundesrepublik Deutschland sich zur Verwirklichung eines vereinten Europas nur an einer solchen Union beteiligen, die gewissen Strukturanforderungen genügt[222] und die die Garantie der eigenen Staatlichkeit gewährleistet.[223] Es muss sich dabei um ein Gebilde handeln, dass sich demokratischen, rechtsstaatlichen, sozialen und föderativen Grundsätzen sowie der Geltung des Subsidiaritätsprinzips verpflichtet sieht[224] und einen dem Grundgesetz im Wesentlichen vergleichbaren Grundrechtsschutz gewährleistet.[225] Abgesichert werden die Schranken der Integration durch Art 23 Abs. I S. 2 und S. 3 GG. Das Verhältnis der beiden genannten Sätze des Art. 23 Abs. I GG zueinander ist streitbefangen.[226] Die Ursache dafür liegt darin, dass nach Satz 2 ein einfaches zustimmungsbedürftiges Gesetz ausreicht, während Satz 3 für die Begründung und jede Änderung der Union und damit der Gemeinschaften sowie ihrer vertraglichen Grundlagen, durch die das Grundgesetz seinem Inhalt nach geändert oder ergänzt wird oder solche Änderungen oder Ergänzungen ermöglicht werden, ein verfassungsänderndes Gesetz gem. Art. 79 Abs. 2 und 3 GG verlangt. Eine Auffassung im Schrifttum geht dahin, jede Kompetenzübertragung auf die Union unter Art. 23 Abs. 1 S. 3 zu fassen und somit stets ein verfassungsänderndes Gesetz zu verlangen, weil jede Übertragung von Kompetenzen inhaltlich auch den

---

als Mitgliedstaaten gewahrt bleibt und zugleich die Mitgliedstaaten ihre Fähigkeit zu selbstverantwortlicher politischer und sozialer Gestaltung der Lebensverhältnisse nicht verlieren."

220 BVerfGE 37, S. 271 („Solange I"); BVerfGE 73, S. 339 („Solange II").

221 Ebenso: BVerfG, NJW 2009, S. 2267, 2270 („Lissabon").

222 ZULEEG, in: AK-GG, Lfg. Oktober 2001, Art. 23 GG, Rn. 20; JARASS, in: Jarass/Pieroth, Art. 23 GG, Rn. 7; präzisiert in: BVerfG, NJW 2009, S. 2267 („Lissabon"), Leitsatz 1.

223 Dazu instruktiv: KIRCHHOF in: HdBStR Bd. VII, § 183, Rn. 57 ff.; STREINZ, in: Sachs, Art. 23 GG Rn. 84; SCHOLZ, in: Maunz/Dürig, 53. Auflage 2009, Art. 23 GG, Rn. 63; zur Frage, ob ein europäischer Bundesstaat diesen Anforderungen genügt: JARASS, in: Jarass/Pieroth, Art. 23 GG, Rn. 29 mwN.; PERNICE, in: HdBStR Bd. VIII, S. 271 f. entnimmt dem Grundgesetz nicht einmal ein Verbot der Entstaatlichung; dagegen aber abschließend: BVerfG, NJW 2009, S. 2267 („Lissabon"), Leitsatz 1: nur der Staatenverbund genügt den Anforderungen des Grundgesetzes.

224 Dem Subsidiaritätsprinzip misst BVerfG, NJW 2009, S. 2267, 2270 („Lissabon") besondere Bedeutung bei.

225 So das Bundesverfassungsgericht in ständiger Rechtsprechung: BVerfGE 102, S. 147, 164; BVerfGE 73, S. 339, 387 („Solange II"); BVerfGE 89, S. 155, 174 f. („Maastricht"); CLASSEN, in: von Mangoldt/Klein/Starck, Art. 23 GG, Rn. 49; Ob der Grundrechtsschutz durch den EuGH wirklich in jedem Einzelfall sichergestellt ist, erscheint nicht völlig unzweifelhaft, dazu: STREINZ, in: Sachs, Art. 23 GG, Rn. 44; CASPAR, DÖV 2000, S. 349, 356 ff.; KOKOTT, AöR 121 (1996), S. 599, 638; HUBER, EuZW 1997, S. 517, 520 f.; Gegen diese Kritik: PERNICE, in: Dreier, Art. 23 GG, Rn. 77.

226 Mit anschaulichem Überblick: PERNICE, in: Dreier, Art. 23 GG, Rn. 89 f.

Bestand des Grundgesetzes berühre.[227] Eine andere Auffassung – der im Interesse von Flexibilität und Förderung der europäischen Integration auch der Vorzug zu gewähren ist – verlangt das verfassungsändernde Gesetz für den Fall nicht, in dem die Übertragung von Hoheitsrechten auf die Union ein geringfügiges Ausmaß nicht überschreite.[228] Die Richtigkeit dieser Auffassung wird auch dadurch bestätigt, dass andernfalls Art. 23 Abs. I S. 2 GG leer liefe und weitgehend funktionslos wäre.[229]

Da Art. 23 GG seine Gestalt im Wesentlichen denen durch das Gericht entwickelten Grundsätzen dankt und seine Rechtsprechung die Eckpfeiler der europäischen Integration und ihrer Grenzen deutlich herausgestellt hat, erscheint es sinnvoll die Rechtsprechung des Bundesverfassungsgerichts zum Vorrang des Gemeinschaftsrechts kurz nachzuzeichnen.

Die Rechtsprechung des Bundesverfassungsgerichts und damit sein Verhältnis zum Europäischen Gerichtshof war nicht schwankungsfrei und hat die Gemüter – und zwar in Politik und juristischer Fachwelt gleichermaßen – erregt.[230] Die Rechtsprechung lavierte zwischen den Polen, den eigenständigen Charakter des Gemeinschaftsrechts zu respektieren und dem Rückgriff auf eine mehr völkerrechtlich orientierte Anschauungsweise, die die Mitgliedstaaten als „Herrn“ über die Verträge verstanden hat.[231] So hat das Bundesverfassungsgericht bereits Ende der 60er Jahre des vergangenen Jahrhunderts die grundsätzliche Autonomie und damit den Vorrang der Gemeinschaftsrechtsordnung anerkannt.[232] Demgegenüber folgte im „Solange I“-Beschluss eine deutliche Abkehr von dieser integrationsfreundlichen Herangehensweise zu Gunsten einer nationalen Prüfung der Konformität des sekundären Gemeinschaftsrechts mit dem im Grundgesetz enthaltenen Grundrechtskatalog, und zwar „solange“, bis die Europäische Gemeinschaft über einen eigenen Katalog verfüge.[233] Dieser Beschluss ist wegen seiner Negation der Suprematie des Gemeinschaftsrecht harscher Kritik aus dem staats- und europarechtlichen Schrifttum[234] ausgesetzt gewesen und im „Solange II“-Beschluss unter Anerkennung des Vorrangprinzips und unter Zurücknahme der eigenen Prüfungskompetenz in erhebli-

---

227 ROJAHN, in: von Münch/Kunig, Art. 23 GG, Rn. 49; CLASSEN, in: von Mangoldt/Klein/Starck, Art. 23 GG, Rn. 19; STREINZ, in: Sachs, Art. 23 GG, Rn. 65.

228 PERNICE, in: Dreier, Art. 23 GG, Rn. 90; JARASS, in: Jarass/Pieroth, Art. 23 GG, Rn. 21; HOBE, in: Friauf/Höfling, Art. 23 GG, Rn. 49; SCHOLZ, in: Maunz/Dürig, 53. Auflage 2009, Art. 23 GG, Rn. 83 ff.; HUFELD, Die Verfassungsdurchbrechung, S. 119; ZULEEG, in: AK-GG, Lfg. Oktober 2001, Art. 23 GG, Rn. 47.

229 JARASS, in: Jarass/Pieroth, Art. 23 GG, Rn. 21: “Andernfalls hätte die Zwei-Drittel-Mehrheit des Art. 79 Abs. 2 GG gleich in Abs. 1 S. 2 festgeschrieben werden können.

230 Dazu: STREINZ, EuR, S. 79 ff., Rn. 224 ff.; SCHWEITZER, Staatsrecht III, S. 28 ff., Rn. 70 ff.; DEGENHART, Staatsrecht I, Rn. 301 ff.

231 Zuletzt ohne Zweifel im Sinne der letzteren Option: BVerfG, NJW 2009, S. 2267 („Lissabon“), Leitsatz 1.

232 BVerfGE 22, S. 292.

233 BVerfGE 37, S. 271 („Solange I“);

234 Zur Kritik an dieser Rechtsprechung statt vieler: IPSEN, EuR 1975, S. 1 ff., insbes. S. 15 f.; OPPERMAN, EuR, S. 183 f., Rn. 6.

chen Teilen eingeschränkt worden.[235] Allerdings soll dieser Verzicht auf die eigene Prüfungskompetenz nur „solange" gelten, wie die Europäische Gemeinschaft nicht die wesentlichen Strukturen des Grundgesetzes aushöhle[236] und an dem inzwischen erreichten europäischen Grundrechtsstandard festhalte, der im Wesentlichen dem unter Geltung des Grundgesetzes in der Bundesrepublik etablierten Standard gleichzuachten sei.[237] Im „Maastricht"-Urteil hat das Bundesverfassungsgericht einem totalen Verlust des eigenen Prüfungsvorbehalts in Bezug auf europäisches Sekundärecht entgegengewirkt und klarstellend judiziert, es werde sich in Kooperation mit dem Europäischen Gerichtshof in Deutschland auf eine generelle Gewährleistung des unabdingbaren Grundrechtsstandards, der dem Wesen des Grundgesetzes entspreche, beschränken.[238] Exzessive Erweiterungen der Gemeinschaftskompetenzen ohne Vertragsänderung – in der Diktion des Gerichts „ausbrechende Rechtsakte"[239] – werde es im Sinne einer „Brückenhäuschentheorie"[240] verhindern. Diese Sichtweise hat das Bundesverfassungsgericht im „Lissabon"-Urteil bestätigt[241] und konkretisierend hinzugefügt, es werde zum Einen die Wahrung des Subsidiaritätsprinzips prüfen und zum Anderen die Wahrung des unantastbaren Kerngehalts der Verfassungsidentität der Bundesrepublik Deutschland.[242] Art. 23 GG gewährleistet dabei, dass sich eine solche Kontrolle des Gemeinschaftsrechts durch das Bundesverfassungsgericht nur auf ernsthafte Beeinträchtigungen zentraler Grundprinzipien des Grundgesetzes bezieht.[243] Im „Bananenmarkt"-Beschluss hat das Gericht mit Blick auf die Grundrechte klargestellt, dass Gefahren für diese zum jetzigen Zeitpunkt nicht bestünden und momentan ein im Wesentlichen den Gewährleistungen des Grundgesetzes gleichzuachtender Grundrechtsschutz auf europäischer Ebene beobachtbar sei,[244] weshalb es von seiner Auffangkompetenz keinen Gebrauch machen

---

235 BVerfGE 73, S. 339, 387 („Solange II").

236 Zuletzt: BVerfG, NJW 2009, S. 2267, 2272 („Lissabon"): „*Darüber hinaus prüft das BVerfG, ob der unantastbare Kerngehalt der Verfassungsidentität des Grundgesetzes nach Art. 23 Abs. I S. 3 i.V. mit Art. 79 Abs. III GG gewahrt ist.*"

237 Ständige Rechtsprechung seit: BVerfGE 73, S. 339, 387 („Solange II"); in der Folge: BVerfGE 89, S. 155, 174 f. („Maastricht"); BVerfGE 102, S. 147, 164 („Bananenmarktordnung"); dazu: CLASSEN, in: von Mangoldt/Klein/Starck, Art. 23 GG, Rn. 49;

238 BVerfGE 89, S. 155, 174 f. („Maastricht").

239 BVerfGE 89, S. 155, 188 („Maastricht") und Leitsatz 5.

240 In Anschluss an: KIRCHHOF, in: HdBStR Bd. VII, § 183, Rn. 65: „*Das Europarecht erreicht nur über die Brücke des Art. 24 Abs. I GG (heute: Art. 23 Abs. I GG) die deutsche Rechtsordnung; die deutschen Staatsorgane – insbesondere der zustimmende Gesetzgeber und das Bundesverfassungsgericht – sind um der deutschen Verfassung und des Europarechts willen verpflichtet, die Standfestigkeit und die rechtliche Konturierung dieser staatlichen Brücke zu gewährleisten.*"

241 BVerfG, NJW 2009, S. 2267, 2272 („Lissabon").

242 BVerfG, NJW 2009, S. 2267, 2272, Leitsatz 4 („Lissabon").

243 BVerfG, NJW 2009, S. 2267, 2272 („Lissabon"): „*unantastbarer Kerngehalt der Verfassungsidentität*".

244 BVerfGE 102, S. 147, 164 („Bananenmarktordnung").

werde.[245] Der Vorrang des Gemeinschaftsrechts dürfte damit durch diese Rechtsprechung innerhalb der Bundesrepublik gewährleistet und die Deutungshoheit des Europäischen Gerichtshofs gewahrt sein.

245 Fraglich ist, ob das Bundesverfassungsgericht seine im „Lissabon"-Urteil eingeforderte Prüfungskompetenz, BVerfG, NJW 2009, S. 2267, Leitsatz 4 („Lissabon"), bezüglich der Einhaltung der Kompetenzordnung durch europäische Organe ähnlichen Restriktionen wie die Prüfung der Grundrechte unterwerfen wird, dass nämlich nicht ein Einzelfall ausreicht, um die Prüfungskompetenz zu aktivieren, sondern dass eine Tendenz erkennbar sein muss; hier bleibt die Entwicklung abzuwarten; dazu CALLIESS, in: FAZ vom 27.8.2009, Nr. 198, S. 8, der zudem auf die momentan beim EuGH anhängigen Fälle in den Rechtssachen „Rottmann", „Honeywell/Mangold" und „Vorratsdatenspeicherung" verweist, die die Handhabung der verfassungsgerichtlichen Prüfungskompetenz offenbaren könnten.

Teil II: Die Bestandskraft rechtswidriger Verwaltungsakte und Gemeinschaftsrecht

§ 2 – Grundlagen des Vollzugs von Gemeinschaftsrecht

Um sich des Verhältnisses individuell konkreter Verwaltungsentscheidungen auf Ebene der Mitgliedstaaten zum Gemeinschaftsrecht zu vergewissern, erscheint es angezeigt, die Art und Weise des Verwaltungsvollzugs von Gemeinschaftsrecht zu verdeutlichen, um so das Ineinandergreifen nationaler Verfahrensregeln und gemeinschaftsrechtlicher Bestimmungen aufzuzeigen und die wechselseitige Abhängigkeit beider Rechtsregime herauszustellen.[246] Die Umsetzung von Entscheidungen, die auf Ebene der Gemeinschaft getroffen werden, bedarf nämlich fast stets der Unterstützung des Verwaltungsapparates der Mitgliedstaaten, der sich dazu der nationalen verfahrensrechtlichen Regelungen bedient.[247] Vermittels dieser Regelungen ist es die aus Art. 4 Abs. III AEU (ex-Art. 10 EGV) folgende Aufgabe der Mitgliedstaaten, dem Gemeinschaftsrecht zu Effektivität und einheitlicher Anwendung zu verhelfen.[248] Besonders im Beihilferecht, dem im Zusammenhang mit der Bestandskraft von Verwaltungsakten und deren gemeinschaftsrechtlich bedingter Durchbrechung herausgehobene Bedeutung zukommt,[249] ist es unerlässlich zu wissen, welcher Natur die in Rede stehende Beihilfe ist. Unterschiede in der Anwendung nationaler verfahrensrechtlicher Vorschriften – vor allem solcher mit Bezügen zu Vertrauensschutz und Fristen – ergeben sich nämlich daraus, dass entweder gemeinschaftsrechtswidrige mitgliedstaatliche Beihilfen oder Gemeinschaftsbeihilfen betroffen sind.[250] Zudem sind die unterschiedlichen Maßstäbe, die der EuGH bezüglich des Respekts vor nationalen Verfahrensordnungen in Abhängigkeit von der betroffenen Rechtsmaterie anlegt, nur erklärbar, wenn man die zugrundeliegenden Entscheidungs- und Vollzugskompetenzen kennt.[251]

---

246 EuGH, Rs. C-6/64, Costa/ENEL, Slg. 1964, S. 1251, 1269; BVerfGE 37, S. 271, 277 f. = NJW 1974, S. 1697; BVerfGE 73, S. 339, 368 = NJW 1987, S. 577; JARASS/BELJIN, NVwZ 2004, S. 1; STREINZ, EuR, S. 73 f., Rn. 197.

247 Dazu s. unten. S. 40 ff.

248 VON BOGDANY, in: Grabitz/Hilf, 37. EL 2008, Art. 10 EGV, Rn. 34; ZULEEG, in: von der Groeben/Schwarze, Art. 10 EGV, Rn. 6; KAHL, in: Calliess/Ruffert, Art. 10 EGV, Rn. 31.

249 HATJE, in: FS Rengeling, S. 249, 254; GÄRDITZ, NWVBl. 2006, S. 441, 442.

250 Dazu s. unten S. 83 ff.

251 So auch: SINNAEVE, Die Rückforderung gemeinschaftsrechtswidriger nationaler Beihilfen, S. 15 f.

Indirekter und direkter Vollzug als denkbare Regelungstypen

Charakteristisch für die Verwaltung innerhalb der Europäischen Gemeinschaft ist ein „system of divided administration“[252]. Merkmal dieses Systems ist der teilweise Vollzug des Gemeinschaftsrechts durch die Europäische Kommission bzw. andere europäische Behörden – sog. direkter Vollzug[253] – oder aber, und dies stellt den Regelfall dar, der Vollzug europäischen Rechts durch die Mitgliedstaaten selbst – sog. indirekter Vollzug.[254] Diese Konzeption ist weitgehend deckungsgleich mit dem aus dem deutschen Verfassungsrecht bekannten Vollzugsföderalismus und wird im europarechtlichen Schrifttum üblicherweise mit dem Terminus „fédéralisme d'execution“[255] bezeichnet.

1. Der direkte Vollzug von Gemeinschaftsrecht

Der administrative Vollzug des Gemeinschaftsrechts erfolgt nur ausnahmsweise durch die Gemeinschaft selbst,[256] so etwa im Kartell- und Beihilferecht durch die Kommission.[257] In diesen Bereichen trifft die Mitgliedstaaten eine Kooperationspflicht, vor allem eine solche zur Amts- und Vollzugshilfe, deren normativer Anknüpfungspunkt Art. 4 Abs. III EUV (ex-Art. 10 EGV) ist und die durch zahlreiche Regelungen des Primär- (Art. 105 Abs. I S. 2 AEU, (ex-Art. 85 Abs. I S. 2 EGV)) und Sekundärrechts (z. B. Art. 20 Abs. 6, Art. 22 Abs. 2 der VO EG Nr. 1/2003, Kartellverfahrensverordnung[258]) konkretisiert wird.[259] Die Kommission kann etwa

---

252 WIDDERSHOVEN, in: Vervaele, Transnational Enforcement of the Financial Interests of the European Union, S. 131; SYDOW, JuS 2005, S. 97.

253 KAHL, in: CALLIESS/RUFFERT, Art. 10 EGV, Rn. 29; VON BOGDANY, in: Grabitz/Hilf, 37. EL 2008, Art. 10 EGV, Rn. 43 (gemeinschaftsunmittelbarer Vollzug); STREINZ, in: Streinz, Art. 10 EGV, Rn. 24; GEIGER, Art. 10 EGV, Rn. 43.

254 RENGELING, Rechtsgrundsätze beim Verwaltungsvollzug des Europäischen Gemeinschaftsrechts, S. 8 ff.; aus neuerer Zeit ISAAC/BLANQUET, Droit communautaire, S. 233 ff.; RENGELING, in: ders. (Hrsg.), Handbuch zum europäischen und deutschen Umweltrecht, Bd. I, §§ 27-29; SCHWARZE, Europäisches Verwaltungsrecht, S. 25 ff.; STREINZ, in: HdBStR, Bd. VII, § 182, Rn. 19 ff.; STETTNER, in: HdB EUWirtR, B. III, Rn. 11 ff., 18 ff.; SYDOW, JuS 2005, S. 97; abweichende Terminologie bei SCHROEDER, Das Gemeinschaftsrechtssystem, S. 387 ff.; DERS., AöR 129 (2004), S. 3, 10 f.: zentrale bzw. dezentrale Durchführung; eine Annäherung zwischen direktem und indirektem Vollzug feststellend WEIß, DV 38 (2005), S. 517, 520 f.

255 DUBEY, Cahiers de droit européen 2003, S. 87, 90; SYDOW, JuS 2005, S. 97.

256 STREINZ, in: Streinz, Art. 10 EGV, Rn. 24; GEIGER, Art. 10 EGV, Rn. 43

257 Was das Beihilferecht anbelangt, sind hier nur die staatlichen Beihilfen in Bezug genommen; dazu: RENNERT, DVBl. 2007, S. 400, 404; VON DANWITZ, Europäisches Verwaltungsrecht, S. 566.

258 ABl. 2003 Nr. L 1/1.

259 Z.B. hinsichtlich der Durchsuchung von Geschäftsräumen auf Veranlassung der Kommission, dazu: EuGH, Rs. C-46/87 u. 227/88 (verb.), Hoechst/Kommission, Slg. 1989, S. 2859, Rn. 32 f.

verlangen, dass die nationalen Behörden bei Bürgern Auskünfte einholen und diese dann der Kommission mitteilen oder dass sie Nachprüfungen anstellen, deren Erkenntnisse sie an die Kommission weiterleiten müssen. Es bedarf aber im Verhältnis zum Bürger einer speziellen Befugnisnorm, die auch dem nationalen Recht entstammen kann.[260] Eine generelle ungeschriebene Amtshilfepflicht der mitgliedstaatlichen Behörden, die immer dann zum Tragen kommen könnte, wenn spezielle Regelungen nicht vorhanden sind, folgt aus Art. 4 Abs. III EUV (ex-Art. 10 EGV) nicht.[261]

2. Der indirekte Vollzug von Gemeinschaftsrecht

Bei dem regelmäßig anzutreffenden indirekten Vollzug wird der nationale Verwaltungsapparat gleichsam als Verwaltungsunterbau der Europäischen Gemeinschaft instrumentalisiert.[262] Diese Systematik firmiert unter dem Terminus vom „Grundsatz der vertikalen Funktionenteilung“[263]. Zu beachten ist dabei, dass der administrative Vollzug für die Behörden primär eine Verpflichtung ist, die aus den Gründungsverträgen und dem Sekundärrecht der Gemeinschaft folgt und nicht als Resultat einer Delegation zu begreifen ist.[264] Sofern und soweit das Gemeinschaftsrecht keine verfahrensrechtlichen Regelungen enthält,[265] richtet sich der Vollzug nach dem mitgliedstaatlichen Recht, wobei insbesondere das nationale Verwaltungsverfahrens- und Verwaltungsorganisationsrecht von Relevanz sind.[266] Daraus

260 HUBER, Europäische Integration, § 20, Rn. 47; STREINZ, in: ders., Art. 10 EGV, Rn. 24.

261 SYDOW, Verwaltungskooperation in der Europäischen Union, S. 22; Vgl. SOMMER, Verwaltungskooperation am Beispiel administrativer Informationsverfahren im Europäischen Umweltrecht, S. 448 ff., 457 ff., 460 ff., 463 ff.; KAHL, in: Callies/Ruffert, Art. 10 EGV, Rn. 29.

262 Vgl. SCHEUING, in: Hoffmann-Riem/Schmidt-Aßmann, Innovation und Flexibilität des Verwaltungshandelns, S. 289, 298 ff.; dazu auch, umfassend: BURGI, Verwaltungsprozess und Europarecht, S. 45 ff.

263 GÖTZ, in: Schwarze, Der Verfassungsentwurf des Europäischen Konvents, S. 43, 57 f.; KAHL, in: Callies/Ruffert, Art. 10 EGV, Rn. 30.

264 MÖLLERS, EuR 2002, S. 483, 499 f.; SYDOW, JuS 2005, S. 97, der von einer Inpflichtnahme der nationalen Verwaltungen spricht; EVERLING, DVBl. 1983, S. 649, 651; RENGELING, VVDStRL 53 (1994), S. 202, 211; NETTESHEIM, in: Oppermann, EuR, S. 239 f., Rn. 25 („Konsequenz der Mitgliedschaft“).

265 Zur Kodifikation des europäischen Verwaltungsrechts vgl. KAHL, in: Hoffmann-Riem/Schmidt-Aßmann, Verwaltungsverfahren und Verwaltungsverfahrensgesetz, S. 67, 123 ff.; SCHWARZE, in: ders. (Hrsg.), Das Verwaltungsrecht unter europäischem Einfluß, S. 123, 218 ff.; SOMMERMANN, DVBl. 1996, S. 889, 896 ff.; VEDDER, EuR 1995, Beiheft 1, S. 75.

266 EuGH, Rs. C-205-215/82 (verb.), Deutsche Milchkontor GmbH u. a./Bundesrepublik Deutschland, Slg. 1983, S. 2633, Rn. 19; EuGH, Rs. C-312/93, Peterbroeck/Belgien, Slg. 1995, I-4599, Rn. 12; EuGH, Rs. C-231/96, Edis/Ministero delle Finanze, Slg. 1998, I-4951, Rn. 19; EuGH, Rs. C-298/96, Ölmühle Hamburg AG und Jb. Schmidt Söhne GmbH und Co. KG/Bundesanstalt für Landwirtschaft und Ernährung, Slg. 1998, I-4767, Rn. 24; vgl. HATJE, Die gemeinschaftsrechtliche Steuerung der Wirtschaftsverwaltung, S. 111 ff.;

folgt die Regelungskompetenz der Mitgliedstaaten für Problemstellungen wie etwa der Zulässigkeit einer Aufrechnung, der Verzinsung über- oder unterzahlter Beträge,[267] der Festsetzung von Ausschlussfristen[268] und Verjährungsregeln sowie der Regelung von Beweislastverteilung[269] und Darlegungslast.[270] Angelegenheit der Mitgliedstaaten ist es also, sofern keine gemeinschaftsrechtlichen leges speciales eingreifen (in diesem Sinne auch Art. 192 Abs. IV AEU (ex-Art. 175 IV EGV[271])), für den Vollzug von Europarecht auf der Ebene des Nationalstaats Sorge zu tragen.[272] Die bezeichneten Grundsätze gelten sowohl für den unmittelbaren indirekten Vollzug, also für die Exekution von Verordnungen und unmittelbar wirkenden Richtlinien,[273] als auch für den mittelbaren indirekten Vollzug, also für die Ausführung deutscher Vollzugsgesetze. Dies liegt darin begründet, dass das Interesse der Gemeinschaft an einer einheitlichen und wirksamen Beachtung ihres Rechts in beiden Fällen gleichermaßen vorhanden ist.[274]

Mit dem mitgliedstaatlich verantworteten Vollzug von Gemeinschaftsrecht eng verbunden ist die Begrifflichkeit des „Grundsatzes der institutionellen bzw. verfahrensmäßigen Autonomie der Mitgliedstaaten“[275]. Diese soll allerdings keineswegs

---

KAHL, DV 29 (1996), S. 341, 346 f.; OEBBECKE, in: FS-Heymanns Verlag, S. 607, 608 f.; RENGELING, VVDStRL 53 (1994), S. 202, 211 ff., 213 ff.; SCHWARZE, in: ders. (Hrsg.), Das Verwaltungsrecht unter europäischem Einfluß, S. 123, 148 ff., 154 ff.

267 Exemplarisch: EuGH, Rs. C-54/81, Firma Wilhelm Fromme/Bundesanstalt für landwirtschaftliche Marktordnung, Slg. 1982, S. 1449 ff.; dazu s. zudem unten S. 55.

268 Exemplarisch: EuGH, Rs. C-811/79, Amministrazione delle finanze dello Stato/Ariete SpA, Slg. 1980, S. 2545, Rn. 12.

269 EuGH, Rs. C-331/85, 376/85, 378/85 (verb.), Les Fils de Jules Bianco SA und J. Girard Fils SA/Directeur général des douanes et droits indirects, Slg. 1988, S. 1099, Rn. 12; EuGH, Rs. C-199/82, Amministrazione delle finanze dello Stato/SpA San Giorgio, Slg. 1983, S. 3595, Rn. 14; HATJE, in: Schwarze, Art. 10 EGV, Rn. 39.

270 GEIGER, Art. 10 EGV, Rn. 44; Zum Ganzen: SCHEUING, DV 2001, S. 107, 111.

271 Sein Regelungsgehalt dürfte angesichts von Art. 10 EGV allerdings gering sein, ein Mehrwert ist nicht mit der Norm verbunden.

272 EuGH, Rs. C-205-215/82 (verb.), Deutsche Milchkontor GmbH u. a./Bundesrepublik Deutschland, Slg. 1983, S. 2633, Rn. 17; EuGH, Rs. C-366/95, Landbrugsministeriet-EF-Direktoratet/Steff-Houlberg Export, Slg. 1998, I-2661, Rn. 14.

273 Etwa bei Vollzugsmaßnahmen im Rahmen der gemeinsamen (Agrar-)Marktorganisation.

274 KAHL, in: Callies/Ruffert, Art. 10 EGV, Rn. 30.

275 Grundlegend RENGELING, in: GS Sasse, Bd. I, S. 197, 198 ff.; DERS., VVDStRL 53 (1994), S. 202, 231; vgl. ferner: KREMER, EuR 2007, S. 470, 474; KADELBACH, S. 110 ff. (Vollzugsautonomie); CRAIG/DE BURCA, S. 306 ff.; BIBER/EPINEY/HAAG, EuR, § 8, Rn. 11; HATJE; EuR 2007, S. 654, 655; EHLERS, DVBl. 2004, S. 1441, 1442; HUBER, VVDStRL 60 (2001), S. 194, 230; KADELBACH, S. 110 ff.; POTCAS, EuR 2004, S. 595, 596 f.; STREINZ, in: ders., Art. 10 EGV, Rn. 29; SYDOW, JuS 2005, S. 97; ähnlich SCHWARZE, NVwZ 2000, S. 241, 244 „Verwaltungsautonomie“; kritisch: VON BOGDANY, in: Grabitz/Hilf, Art. 10 EGV, 37. EL 2008, Rn. 43; KAHL, in: Callies/Ruffert, Art. 10 EGV, Rn. 31 mwN., der den gewählten Terminus für wenig präzise hält und seine Aufgabe fordert. Stattdessen – in der Sache dürften damit keine Unterschiede einhergehen – schlägt er die Verwendung der folgenden Terminologie vor: „Grundsatz der Anwendung der nationalen Verfahrens- und Pro-

eine Immunität nationalen Ausführungsrechts gegenüber gemeinschaftsrechtlichen Überformungen signalisieren,[276] sondern ist offen für die aus dem effet utile und seiner durch die Rechtsprechung des EuGH geprägten Inhalte, die bereichsspezifisch teils zu starken Überlagerungen des nationalen Rechts führen.[277] Dies lässt allerdings den Grundsatz der Gestaltungsfreiheit der Mitgliedstaaten unberührt.[278]

3. Äquivalenz- und Effektivitätsgrundsatz[279]

Die Ausführung von Gemeinschaftsrecht durch die nationale Verwaltung ist zwei Grenzen unterworfen.[280] Die Mitgliedstaaten müssen zum Einen die uniforme Wirksamkeit von Gemeinschaftsrecht sicherstellen.[281] Es ist ihnen daher untersagt, die Verwirklichung des europäischen Rechts praktisch unmöglich zu machen oder übermäßig zu erschweren.[282] Dies bezeichnet der Effektivitätsgrundsatz.[283] Zum Anderen müssen die Mitgliedstaaten den Äquivalenzgrundsatz beachten, der den Effektivitätsgrundsatz flankiert.[284] Er besagt, dass Regeln des nationalen Rechts auf gemeinschaftsrechtlich geregelte Sachverhalte in gleicher Weise angewendet werden müssen wie auf solche, bei denen kein Gemeinschaftsrechtsbezug gegeben ist.[285] Normativer Anknüpfungspunkt für beide Grundsätze ist Art. 4 Abs. III EUV

---

zessordnungen". Aus der Rechtsprechung des EuGH etwa: EuGH, Rs. C-392/04 und C-422/04, I-21 Germany GmbH und Arcor AG und Co. KG/Bundesrepublik Deutschland, Slg. 2006, I-8559, Rn. 57.

276 So aber: KAHL, in: Callies/Ruffert, Art. 10 EGV, Rn. 31.

277 Vgl. dazu: HATJE, in: Schwarze, Art. 10 EGV, Rn. 39 ff. (zu den Einflüssen auf das Verwaltungsverfahren); DERS., Die gemeinschaftsrechtliche Steuerung der Wirtschaftsverwaltung, S. 111 ff.; VON DANWITZ, DVBl. 1998, S. 421, 428 f.; KAHL, in: Calliess/Ruffert, Art. 10 EGV, Rn. 31.

278 HATJE, in: Schwarze, Art. 10 EGV, Rn. 37.

279 Synonym werden die Worte Effektivitäts- bzw. Effizienzprinzip und Effizienzgrundsatz verwandt.

280 KAHL, in: Callies/Ruffert, Art. 10 EGV, Rn. 31; HATJE, in: Schwarze, Art. 10 EGV, Rn. 17.

281 S. dazu oben S. 31 ff. und S. 34 ff. die grundlegenden Fälle: EuGH, Rs. C-6/64, Costa/ENEL, Slg. 1964, S. 1251, 1269; EuGH, RS. C-11/70, Internationale Handelsgesellschaft mbH/Einfuhr- und Vorratsstelle für Getreide und Futtermittel, Slg. 1970, S. 1125, Rn. 3.

282 KAHL, in: Calliess/Ruffert, Art. 10 EGV, Rn. 31.

283 In seiner früheren Rechtsprechung sprach der EuGH vom Beeinträchtigungsverbot, in der Sache hat die Ablösung dieses Begriffs durch die Bezeichnung Effektivitätsgrundsatz aber keine Änderung mit sich gebracht; die neuere Terminologie verwendet der EuGH soweit ersichtlich seit: EuGH, Rs. C-261/95, Palmisani/INPS, Slg. 1997, I-4025, Rn. 27.

284 EuGH, Rs. C-205/82, Deutsche Milchkontor GmbH u.a/Bundesrepublik Deutschland, Slg. 1983, S. 2633, Rn. 12; EuGH, Rs. C-366/95, Landbrugsministeriet-EF-Direktoratet/Steff-Houlberg Export, Slg. 1998, I-2661, Rn. 15; EuGH, Rs. C-298/96, Ölmühle Hamburg AG und Jb. Schmidt Söhne GmbH und Co. KG/Bundesanstalt für Landwirtschaft und Ernährung, Slg. 1998, I-4767, Rn. 24; KAHL, in: Calliess/Ruffert, Art. 10 EGV, Rn. 31.

285 Hier sprach der EuGH zunächst vom Diskriminierungsverbot; eine sachliche Änderung geht aber auch mit diesem Wechsel der Begrifflichkeiten nicht einher. Zur neuen Terminologie: EuGH, Rs. C-261/95, Palmisani/INPS, Slg. 1997, I-4025, Rn. 27.

(ex-Art. 10 EGV[286]), der die Bezeichnung des Grundsatzes der loyalen Zusammenarbeit einführt, in der Sache aber keine Änderungen bringt.[287]

Den Mitgliedstaaten ist es unter Geltung des Effektivitätsgrundsatzes z. B. verwehrt, nach Ergehen eines EuGH-Urteils spezielle Vorschriften zu erlassen, die darauf abzielen, die Realisierung gemeinschaftsrechtlicher Ansprüche zu erschweren, wenn die Vorschrift genau den Anspruch betrifft, der Gegenstand des Urteils gewesen ist.[288] Angemessene Ausschlussfristen[289] sind prinzipiell mit dem Effektivitätsgrundsatz vereinbar; Pflicht der Mitgliedstaaten ist jedenfalls die fallunabhängige Beachtung von Gemeinschaftsrecht.[290] Insoweit kommen dem Effektivitäts- und dem Äquivalenzgrundsatz unmittelbare Wirkung zu.[291]

4. Der Vollzug von Europarecht am Beispiel des Beihilferechts als Referenzgebiet

Von besonderer Bedeutung im Zusammenhang mit der Rücknahme bestandskräftiger Verwaltungsakte ist das Beihilferecht,[292] da es sich in der überwiegenden Zahl der zu untersuchenden Fälle um solche mit Bezügen zu staatlichen Subventionen[293] und Beihilfen handelt.[294] Deshalb lohnt der Blick darauf, wie das beihilferechtlichen Kompetenzgefüge strukturiert ist, um auf Basis der so gewonnen Erkenntnisse beurteilen zu können, wem die Entscheidung über die Vergabe bzw. die Rücknahme einer Beihilfe zukommt – wer also das „ob“ der Beihilfe zu beurteilen hat – und

286 Übersichtlich dazu: HARATSCH/ KOENIG/PECHSTEIN, EuR, S. 194 f., Rn. 403 f.

287 Im Folgenden wird daher weiter von dem Grundatz der Effektivität oder der Äquivalenz gesprochen werden.

288 Z. B. bei der Einschränkung der Möglichkeit, auf die Erstattung gemeinschaftsrechtswidriger Ausgaben zu klagen: EuGH, Rs. C-240/87, Deville/Administration des impôts, Slg. 1988, S. 3513, Rn. 13; EuGH, Rs. C-62/00, Marks & Spencer plc./Commissioners of Customs & Excise, Slg. 2002, I-6325, Rn. 36.

289 EuGH, Rs. C-811/79, Amministrazione delle finanze dello Stato/Ariete SpA, Slg. 1980, S. 2545, Rn. 12.

290 So schon früh: EuGH, Rs. C-6/64, Costa/ENEL, Slg. 1964, S. 1251, 1269; dazu s. oben S. 31 ff.

291 HATJE, in: FS Rengeling, S. 249, 258 ff.; DERS., Die gemeinschaftsrechtliche Steuerung der Wirtschaftsverwaltung, S. 265 ff.; aA. CLASSEN, JZ 1997, S. 724, 725.

292 Diese Einschätzung teilend: HATJE, in: FS Rengeling, S. 249, 254: „Bei der Durchsetzung gemeinschaftlicher Pflichten stehen die Fälle der Rückforderung gemeinschaftsrechtswidrig gewährter Beihilfen im Vordergrund.“

293 Die Begriffe Subvention und Beihilfe werden zukünftig bedeutungsgleich verwandt werden.

294 Etwa: EuGH, Rs. C-205/82, Deutsche Milchkontor GmbH u.a/Bundesrepublik Deutschland, Slg. 1983, S. 2633; EuGH, Rs. C-366/95, Landbrugsministeriet-EF-Direktoratet/Steff-Houlberg Export, Slg. 1998, I-2661; EuGH, Rs. C-298/96, Ölmühle Hamburg AG und Jb. Schmidt Söhne GmbH und Co. KG/Bundesanstalt für Landwirtschaft und Ernährung, Slg. 1998, I-4767; EuGH, Rs. C-5/89, Kommission/Deutschland („BUG Alutechnik“), Slg. 1990, I-3437; EuGH, Rs. C-24/95, Land Rheinland-Pfalz/Alcan Deutschland GmbH („Alcan II“), Slg. 1997, I-1591; EuGH, Rs. C-453/00, Kühne & Heitz NV/Produktschap voor Pluimvee en Eieren, Slg. 2004, I-837.

wem es weiter zukommt, die getroffene Entscheidung zu vollziehen, also über das „wie“ der Beihilfe zu entscheiden. Vor allem dient dies jedoch der Beantwortung der Frage, inwieweit nationale Behörden, sollten sie auf einer der beiden Stufen entscheidungskompetent sein, europarechtliche Überformungen der sie bindenden Verfahrensrechte zu beachten haben.[295]

Kategorial unterscheidbar sind im Rahmen des Beihilferechts Gemeinschaftsbeihilfen und staatliche Beihilfen, wobei es für die Zuordnung entscheidend auf den kostentragenden Verband ankommt.[296] Abhängig von der Art der Beihilfe ist der Einfluss des Gemeinschaftsrechts in Bezug auf den Vertrauensschutz und verfahrensrechtliche Sicherheiten bei der Rücknahme eines beihilfegewährenden Verwaltungsakts. An dieser Stelle sei bereits die Tendenz erwähnt, dass der Respekt vor der nationalen Rechtsordnung größer ist, wenn es sich um die Rücknahme einer Gemeinschaftsbeihilfe handelt, als dies bei der Rücknahme einer staatlichen Beihilfe der Fall ist.[297]

a) Gemeinschaftsbeihilfen

Gemeinschaftsbeihilfen sind solche, welche die Europäische Gemeinschaft durch den Erlass von Sekundärrecht einführt, das dann durch die Verwaltungsapparate der Mitgliedstaaten vollzogen wird. Der EuGH stellt dies in den Zusammenhang von „aufgrund des Gemeinschaftsrechts“ geleisteten Zahlungen.[298] Ihrem Wortlaut zufolge sind die Art. 107 ff. AEU (ex-Art. 87 ff. EGV) nicht auf Gemeinschaftsbeihilfen anwendbar,[299] da der Verbotstatbestand des Art. 107 Abs. I AEU (ex-Art. 87 Abs. I EGV) eine aus staatlichen Mitteln gewährte Beihilfe voraussetzt. Gemeinschaftsbeihilfen unterliegen dennoch wettbewerbsrechtlichen Bindungen[300] und müssen sich am Grundsatz des freien Wettbewerbs messen lassen.[301] Die Beihilfe muss erforderlich sein, um das Erreichen eines Gemeinschaftsziels zu fördern.[302] Die mit einer Gemeinschaftsbeihilfe verfolgten Zielvorstellungen sind weiter mit dem Grundsatz des freien Wettbewerbs abzuwägen, ein Vorgang, bei welchem auch die sonstigen Gemeinschaftsziele – etwa die in ex-Art. 2 und 3 EGV normierten –

---

295 Vgl. RENNERT, DVBl. 2007, S. 400, 404.

296 SCHEUING, DV 2001, S. 107, 124; GÖTZ, in: HdB EUWirtR, H III, Rn. 2.

297 Übersichtlich statt vieler: SCHEUING, DV 2001, S. 107, 123 ff., 125 ff.

298 EuGH, Rs. C-366/95, Landbrugsministeriet-EF-Direktoratet/Steff-Houlberg Export, Slg. 1998, I-2661, 2682.

299 CREMER, in: Callies/Ruffert, Art. 87 EGV, Rn. 62.

300 Dies darf als überwiegend konsentiert gelten, wobei allerdings Reichweite und Intensität der Bindung nicht einheitlich bewertet werden, sondern je nach Begründungsansatz differieren. S. dazu: CASPARI, in: FS von der Groeben, S. 69, 79 f.; MEDERER, in: von der Groeben/Schwarze, Vorbem. Art. 87-89 EGV, Rn. 5; CREMER, in: Callies/Ruffert, Art. 87 EGV, Rn. 62.

301 MEDERER, in: von der Groeben/Schwarze, Vorbem. Art. 87 bis 89 EGV, Rn. 5.

302 CREMER, in: Calliess/Ruffert, Art. 87 EGV, Rn. 62.

als abwägungsrelevante Belange in die Betrachtung einzubeziehen sind.[303] Insoweit genießen die Organe der Gemeinschaft einen weitreichenden Entscheidungsspielraum bezüglich der Gewährung einer Beihilfe, der über denjenigen im Rahmen ihrer Aufsichtsbefugnisse nach Art. 107 f. AEU (ex-Art. 87 f. EGV) deutlich hinausgeht.[304]

Aufgabe von Gemeinschaftsbeihilfen ist die Förderung von Unternehmen im Rahmen von Gemeinschaftspolitiken, wie z.B. die gemeinsame europäische Agrarpolitik. Die den Erlass von Beihilfebescheiden regelnden Vorschriften[305] sehen vor, dass die Mitgliedstaaten zunächst die auszuzahlenden Beträge aus ihrem eigenen Haushalt zu bestreiten haben, diese aber dann von der Europäischen Gemeinschaft rückerstattet werden.[306] Als Vollzugsform kommt hier ausschließlich der mittelbare oder unmittelbare indirekte Vollzug von Gemeinschaftsrecht durch die Mitgliedstaaten in Betracht.[307]

b) Staatliche Beihilfen

Staatliche Beihilfen sind solche, die die Mitgliedstaaten und deren Teilkörperschaften aus eigenem Antrieb einführen.[308] Sie verfolgen dabei den Zweck, inländische Unternehmen zu fördern und die Erreichung sozial- und wirtschaftspolitischer Ziele zu ermöglichen, indem sie die Belastungen verringern, die ein Unternehmen normalerweise zu tragen hat.[309] Die Finanzierung der dabei anfallenden Kosten wird ausschließlich durch den Staatshaushalt bewirkt.[310] Stets gilt für sie das Gebot, die durch Art. 107 f. AEU (ex-Art. 87 f. EGV) vorgezeichneten Grenzen zu beachten.[311] Sie sind mit dem gemeinsamen Markt dann unvereinbar, wenn sie den Wett-

---

303 CREMER, in: Calliess/Ruffert, Art. 87 EGV, Rn. 62.

304 CREMER, Forschungssubventionen im Lichte des EGV, S. 169 f.; DERS., in: Callies/Ruffert, Art. 87 EGV, Rn. 62.

305 Vgl. z.B. die Verordnung Nr. 729/70/EWG des Rates vom 21.4.1970 über die Finanzierung der gemeinsamen Agrarpolitik, ABl. EG 1970 Nr. L 94, S 13, mit zahlreichen nachfolgenden Änderungen.

306 SCHEUING, DV 2001, S. 107, 124; dazu auch: DAUSES, in: HdB EUWirtR, G, Rn. 232 ff.

307 Dazu s. oben S. 41 ff.

308 SCHEUING, DV 2001, S. 107, 124.

309 CREMER, in: Callies/Ruffert, Art. 87 EGV, Rn. 9; STREINZ, EuR, S. 411, Rn. 1017; Ständige Rechtsprechung des EuGH seit: EuGH, Rs. C-30/59, De Gezamenlijke Steenkolenmijnen in Limburg/Hohe Behörde, Slg. 1961, S. 1, 43; vgl. aus der nachfolgenden Rechtsprechung statt vieler nur: EuGH, Rs. C-310/99, Italien/Kommission, Slg. 2002, I-2289, Rn. 51; EuGH, Rs. C-404/97, Kommission/Italien, Slg. 2000, I-4897, Rn. 44.

310 GEIGER, Art. 87 EGV, Rn. 11; CREMER, in: Calliess/Ruffert, Art. 87 EGV, Rn. 18; BÄR-BOUYSSIÈRE, in: Schwarze, Art. 87 EGV, Rn. 38 mwN. aus der Rechtsprechung des EuGH.

311 Vgl. dazu die allgemeinen Ausführungen von: CREMER, in: Calliess/Ruffert, Art. 87 EGV, Rn. 1-8.

bewerb verfälschen oder drohen, ihn zu verfälschen[312] und soweit sie den Handel zwischen den Mitgliedstaaten beeinträchtigen.[313]

Art. 108 AEU (ex-Art. 88 EGV) stellt eine umfassende Kompetenzgrundlage der Beihilfenaufsicht zu Gunsten der Kommission[314] bezüglich der Überwachung bereits bestehender Beihilfen in einem repressiven Verfahren[315] sowie bezüglich der Kontrolle neuer Beihilfen in einem präventiven Verfahren dar.[316] Insofern liegt gemeinschaftseigene Verwaltung vor. Die Kommission wird zwar nicht unmittelbar im Außenverhältnis gegenüber dem Empfänger der Beihilfe tätig, leitet aber ihre Entscheidungen, die als solche im Sinne von Art. 288 Abs. IV AEU (ex-Art. 249 Abs. IV EGV) zu begreifen sind, dem Mitgliedstaat zu, welchem dann in diesem gestuften Verfahren deren Durchführung im Außenverhältnis zukommt.[317] Die Gemeinschaftsbehörden, sprich die Kommission, wirken also mit den nationalen Behörden in einem Verfahren abgegrenzter Teilkompetenzen zusammen.[318] Treffend lässt sich dies als System der Mehrebenenverwaltung charakterisieren.[319] Das nationale Recht regelt daher von vornherein nur die Teilkompetenz, die in den Bereich der mitgliedstaatlichen Behörden fällt, wozu die eigentliche Rücknahmeentscheidung, die von der Kommission getroffen wird, gerade nicht gehört.[320] Die Rückfor-

---

312 BÄR-BOUYSSIÈRE, in: Schwarze, Art. 87 EGV, Rn. 49; GEIGER, Art. 87 EGV, Rn. 13; MEDERER, in: von der Groeben/Schwarze, Art. 87 EGV, Rn. 41 ff.; VON WALLENBERG, in: Grabitz/Hilf, 37. EL 2008, Art. 87 EGV, Rn. 52 ff.

313 MEDERER/STROHSCHNEIDER, in: von der Groeben/Schwarze, Art. 87 EGV, Rn. 46 ff.; BÄR-BOUYSSIÈRE, in: Schwarze, Art. 87 EGV, Rn. 52; GEIGER, Art. 87 EGV, Rn. 14; CREMER, in: Calliess/Ruffert, Art. 87 EGV, Rn. 26 f.; VON WALLENBERG, in: Grabitz/Hilf, 37. EL 2008, Art. 87 EGV, Rn. 47 ff.

314 CREMER, in: Callies/Ruffert, Art. 88 EGV, Rn. 1; STREINZ, EuR, S. 413, Rn. 1026; CLASSEN, in: Oppermann, EuR, S. 393 f., Rn. 2; BÄR-BOUYSSIÈRE, in: Schwarze; KOENIG/KÜHLING, in: Streinz, Art. 88 EGV, Rn. 1.

315 Dazu: KOENIG/KÜHLING, in: Streinz, Art. 88 EGV, Rn. 10 f.; BÄR-BOUYSSIÈRE, in: Schwarze, Art. 88 EGV, Rn. 5 ff.; CREMER, in: Callies/Ruffert, Art. 88 EGV, Rn. 5 ff.; STREINZ, EuR, S. 414, Rn. 1027.

316 KOENIG/KÜHLING, in: Streinz, Art. 88 EGV, Rn. 12 ff.; BÄR-BOUYSSIÈRE, in: Schwarze, Art. 88 EGV, Rn. 7 ff.; CREMER, in: Callies/Ruffert, Art. 88 EGV, Rn. 8 ff.; Übersichtlich: STREINZ, EuR, S. 414 ff., Rn. 1028-1034.

317 Die Anordnung der Rückforderung rechtswidriger Beihilfen ist nunmehr zwingend in Art. 14 Abs. I VO Nr. 659/1999 angeordnet, war aber auch vorher ständige Rechtsprechung des EuGH, vgl. etwa: EuGH, Rs. C-142/87, Belgien/Kommission (Tubemeuse), Slg. 1990, I-959, Rn. 66; EuGH, Rs. C-305/89, Italien/Kommission (Alfa Romeo), Slg. 1991, I-1603, Rn. 41. Zur Rückforderung nach nationalem Verfahrensrecht statt vieler: KOENIG/KÜHLING, in: Streinz, Art. 88 EGV, Rn. 25 ff.

318 Anschaulich: RENNERT, DVBl. 2007, S. 400, 404.

319 Dazu grundlegend: WEIß, DV 38 (2005), S. 517 f. mwN. zur Entstehungsgeschichte der Begrifflichkeit; RENNERT, DVBl. 2007, S. 400, 404.

320 VON DANWITZ, Europäisches Verwaltungsrecht, S. 566; MÜLLER, Die Aufhebung von Verwaltungsakten, S. 257 ff.; vgl. Schmidt-Aßmann, 50 Jahre FG Bundesverwaltungsgericht, S. 487, 497; RENNERT, DVBl. 2007, S. 400, 404.

derung einer staatlichen Beihilfe erfolgt dementsprechend in einem zweistufigen Verfahren, das die Rückforderungsentscheidung der Kommission und deren Durchführungsentscheidung durch die nationalen Behörden umfasst.[321] Will sich der Betroffene hiergegen zu Wehr setzen und sich dabei auf Aspekte des Vertrauensschutzes oder der Entreicherung berufen, so wird die Frage zu klären sein, auf welcher Ebene, also welcher Entscheidungsstufe der Einwand vorzutragen ist und welche Entscheidungsstufe sachlich betroffen ist.[322] Dies präjudiziert allerdings noch nicht die Frage, wie diese Einwände verfahrensrechtlich geltend zu machen sind.

Bis 1999 sind die Verfahrensregelungen, anhand derer die Kommission der Beihilfenaufsicht nachkam, nicht sekundärrechtlich positiviert gewesen, sondern sind alleine durch die Rechtsprechung des EuGH herausgebildet worden.[323] Seitdem legt die VO Nr. 659/1999/EG[324] die relevanten Determinanten bezüglich der Anwendung von Art. 108 AEU (ex-Art. 88 EGV) fest.

aa) Das repressive Verfahren im Überblick

Gem. Art. 108 AEU (ex-Art. 88 Abs. I EGV) obliegt es der Kommission gemeinsam mit den Mitgliedstaaten, die in diesen bestehenden Beihilferegelungen kontinuierlich zu überwachen.[325] Unter bestehenden Beihilfen versteht man neben solchen, die vor Inkrafttreten des Vertrags über die Europäische Gemeinschaft eingeführt worden sind,[326] genehmigte Beihilfen[327] sowie solche, die als genehmigt oder als bestehend gelten.[328] Mittels dieser Kontrollmöglichkeit ist der Kommission Gelegenheit gegeben, ein zunächst von ihr im präventiven Verfahren genehmigtes Beihilfeprogramm weiter zu überwachen, gegebenenfalls einzelne Beihilfen als wettbewerbsverfälschend zu qualifizieren und daraufhin gemäß der Art. 108 Abs. I und II AEU (ex-Art. 88 Abs. I und II EGV) einzuschreiten.[329] Die Kommission entscheidet üblicherweise nach Ablauf einer den Beteiligten gewährten Äußerungsfrist, ob sie eine Beihilfe für mit dem Gemeinsamen Markt vereinbar hält und verlangt

321 KOENIG/KÜHLING, in: Streinz, Art. 88 EGV, Rn. 25;

322 So auch: RENNERT, DVBl. 2007, S. 400, 405.

323 STREINZ, EuR, S. 413 f., Rn. 1026; BÄR-BOUYSSIÈRE, in: Schwarze, Art. 88 EGV, Rn. 2.

324 ABl. EG 1999 Nr. L 83/1; dazu: SINNAEVE, EuZW 1999, S. 270 ff.; FISCHER, ZIP 1999, S. 1426.

325 Beim Untätigbleiben der Kommission kommt dem Mitgliedstaat eine Klagemöglichkeit zu, vgl.: EuGH, Rs. C-84/82, Deutschland/Kommission, Slg. 1984, S. 1451, Rn. 23.

326 EuGH, Rs. C-44/93, Namurs-Les assurances du crédit SA/Office national du ducroire und Belgien, Slg. 1994, I-3829, Rn. 28 ff.

327 CREMER, in: Calliess/Ruffert, Art. 88 EGV, Rn. 3; BÄR-BOUYSSIÈRE, in: Schwarze, Art. 88 EGV, Rn. 5.

328 Art. 1 lit. b VO Nr. 659/1999.

329 Es kann sich etwa die Position eines Begünstigten am Markt oder die wirtschaftliche Situation in einem Fördergebiet – relevant bei Regionalbeihilfen – verbessert oder die Marktstruktur in einem durch die Beihilfegewährung gestärkten Bereich geändert haben. Vgl. CREMER, in: Callies/Ruffert, Art. 88 EGV, Rn. 5.

widrigenfalls deren Aufhebung oder Umgestaltung innerhalb einer von ihr gesetzten Frist.[330] Kommt der Mitgliedstaat der Aufforderung der Kommission nicht nach, so kann die Kommission ihre Entscheidung im Klageweg durchsetzen, wobei auf das Vorverfahren verzichtet werden kann.[331]

bb) Das präventive Verfahren im Überblick

Art. 108 Abs. III AEU (ex-Art. 88 Abs. III EGV) eröffnet der Kommission die Möglichkeit, neue Beihilfen vor ihrer Einführung auf ihre Vereinbarkeit mit dem Gemeinsamen Markt hin zu überprüfen.[332] Von herausgehobener Bedeutung im Zusammenhang mit der Rücknahme von bestandskräftigen Verwaltungsakten ist in diesem Zusammenhang, dass Art. 108 Abs. III AEU (ex-Art. 88 Abs. III EGV) der Kommission in einer sogenannten Vorprüfphase[333] während des präventiven Verfahrens die Möglichkeit einräumt, die beabsichtigte Neueinführung oder die Umgestaltung bereits bestehender Beihilfen auf ihre Vereinbarkeit mit dem Gemeinsamen Markt hin zu prüfen,[334] indem er die Mitgliedstaaten mit der Obliegenheit belastet, der Kommission alle geplanten Beihilfen zu notifizieren, i.e. sie vor Gewährung der Beihilfe über das in Rede stehende Vorhaben zu unterrichten.[335] Ausgenommen von der Anmeldepflicht sind nur wenige Beihilfen.[336] Das Unterbleiben der Anmeldung führt zur formellen Rechtswidrigkeit der Beihilfe[337] und berechtigt Kommission und Konkurrenten des begünstigten Unternehmens gleichermaßen, die einstweilige Rückforderung der Beihilfe zu verlangen (Art. 11 Abs. I

---

330 CREMER, in: Callies/Ruffert, Art. 88 EGV, Rn. 7; STREINZ, EuR, S. 414, Rn. 1027.

331 Art. 226, 227 EGV iVm. Art. 88 Abs. II UAbs. II EGV.

332 BÄR-BOUYSSIÈRE, in: Schwarze, Art. 88 EGV, Rn. 7 ff.; VON WALLENBERG, in: Grabitz/Hilf, 37. EL 2008, Art. 88 EGV, Rn. 8 f.; MEDERER, in: von der Groeben/Schwarze, Art. 88 EGV, Rn. 36.

333 Art. 4 VO 659/1999; dazu: GEIGER, Art. 88 EGV, Rn. 12 f.

334 Beihilfen sind so rechtzeitig bei der Kommission anzumelden, dass diese zumindest die Möglichkeit hat, deren Rechtmäßigkeit in einem kursorischen Verfahren auf ihre Vereinbarkeit mit dem Gemeinsamen Markt hin zu prüfen. Dazu: EuGH, Rs. C-120/73, Slg. 1973, S. 1471, Rn. 3; EuGH, Rs. C-121/73, Slg. 1973, S. 1495, Rn. 3; EuGH, Rs. C-84/82, Deutschland/Kommission, Slg. 1984, S. 1451, Rn. 11.

335 MEDERER, in: von der Groeben/Schwarze, Art. 88 EGV, Rn. 36; GEIGER, Art. 88 EGV, Rn. 11; BÄR-BOUYSSIÈRE, in: Schwarze, Art. 88 EGV, Rn. 7; VON WALLENBERG, in: Grabitz/Hilf, 37. EL 2008, Art. 88 EGV, Rn. 8.

336 Solche auf Grundlage von Art. 1 VO Nr. 994/1998 des Rates über die Anwendung der Art. 87 und 88 EGV auf bestimmte Gruppen horizontaler Beihilfen; weiter Beihilfen, die von durch die Kommission erlassenen Gruppenfreistellungsverordnungen für De-minimis-Beihilfen erfasst sind, bestimmte Beihilfen für kleinere und mittlere Unternehmen (KMU – VO Nr. 70/2001, ABl. 2001 Nr. L 10/33), ferner regionale Investitions-, Ausbildungs- und Beschäftigungsbeihilfen (s. Art. 2 VO Nr. 659/1999), vgl. dazu auch unten S. 96, Fn. 588.

337 Umfassend zur Rechtsfolge der unterbliebenen Notifizierung: CREMER, in: Calliess/Ruffert, Art. 88 EGV, Rn. 12 f.

und II VO Nr. 659/1999).[338] Vorweggenommen sei bereits an dieser Stelle, dass ein beihilfebegünstigtes Unternehmen sich im Rahmen eines Rücknahmeverfahrens nicht auf Vertrauensschutz berufen kann, wenn es sich nicht der vorherigen Notifikation der Beihilfe bei der Kommission versichert hat und diese dann die Rückforderung der ihrer Auffassung nach rechtswidrigen Beihilfe verlangt.[339]

Ist die Kommission zu dem Schluss gelangt, dass die beabsichtigte Beihilfe mit dem Gemeinsamen Markt unvereinbar ist oder ist es ihr nicht ohne Weiteres möglich, deren Vereinbarkeit mit ihm zu testieren, so leitet sie gem. Art. 108 Abs. III S. 2 AEU (ex-Art. 88 Abs. III S. 2 EGV) das in Abs. II für das repressive Verfahren vorgesehene Hauptprüfverfahren ein,[340] in welchem sich die Kommission einen umfassenden Überblick über die Sachlage zu verschaffen hat.[341] Vor einer endgültigen Kommissionsentscheidung darf der betreffende Mitgliedstaat die geplante Maßnahme nicht durchführen. Es besteht eine vom Mitgliedstaat unmittelbar zu beachtende Stillhaltepflicht.[342] Wird die streitbefangene Maßnahme dennoch durchgeführt und erweist sie sich schließlich als materiell rechtswidrig, so ist die Kommission berechtigt, von dem betreffenden Mitgliedstaat ihre Rückgängigmachung zu verlangen.[343]

Sollte die Kommission binnen zweier Monate nach der Notifizierung keine Entscheidung erlassen, darf der Mitgliedstaat die Beihilfe auszahlen, wenn er dies der Kommission angezeigt hat und diese nicht binnen 15 Werktagen eine Entscheidung gefällt hat.[344]

---

338 EuGH, Rs. C-70/72, Kommission/Deutschland, Slg. 1973, S. 813, Rn. 13; Die endgültige Rückforderungsentscheidung setzt allerdings zusätzlich die materielle Rechtswidrigkeit der Beihilfe voraus. Dazu: BÄR-BOUYSSIÈRE, in: Schwarze, Art. 88 EGV, Rn. 16; KOENIG/KÜHLING, in: Streinz, Art. 88 EGV, Rn. 24.

339 Dazu und zu den Einzelheiten dieser Problematik ausführlich unten S. 96 ff.

340 Dies ist dann notwendig, wenn die Kommission bei der Vorprüfung auf ernsthafte Schwierigkeiten stößt und bestehende Zweifel an der Vereinbarkeit oder auch an einzelnen Elementen des Beihilfebegriffs nicht ausräumen kann; vgl. EuGH, Rs. C-400/99, Italien/Kommission, Slg. 2001, I-3657, Rn. 45; EuGH, Rs. C-84/82, Deutschland/Kommission, Slg. 1984, S. 1451, Rn. 13; s. BÄR-BOUYSSIÈRE, in: Schwarze, Art. 88 EGV, Rn. 9.

341 Eingeleitet wird das Hauptprüfverfahren durch Zuleitung einer nach Maßgabe von Art. 6 Abs. I S. 1 VO 659/1999 begründeten Eröffnungsentscheidung an den die Beihilfe vergebenden Mitgliedstaat, verbunden mit der Aufforderung zur Stellungnahme.

342 Die Stillhaltepflicht ergibt sich aus. Art. 88 Abs. III S. 3 EGV iVm. Art. 3 VO 659/1999. Auch Konkurrenten können sich vor nationalen Gerichten auf sie berufen.

343 Der EuGH sieht darin die logische Folge der Rechtswidrigkeit einer Beihilfe; EuGH, Rs. C-277/00, Deutschland/Kommission (System Microelectronic), Slg. 2004, I-3925, Rn. 74; s. auch: Art. 11 Abs. II VO 659/1999, auf den die Frist von zehn Jahren gem. Art. 15 VO 659/1999 anzuwenden ist; STREINZ, EuR, S. 415, Rn. 1028.

344 Art. 4 Abs. VI VO 659/1999.

§ 3 – Die Rückforderung gemeinschaftsrechtswidriger Beihilfen

Im Folgenden soll zunächst am Beispiel der Rückforderung gemeinschaftsrechtswidriger Subventionen aufgezeigt werden, inwieweit das mitgliedstaatliche Verwaltungsrecht europäisiert ist und welchen Anforderungen es genügen muss, um insbesondere den in Art. 4 Abs. III EUV (ex-Art. 10 EGV) niedergelegten Grundsätzen der Äquivalenz und der Effektivität hinreichend Rechnung zu tragen.[345] Sinnvoll erscheint diese Vorgehensweise nicht zuletzt wegen der großen Fülle an Rechtsprechung zum Beihilferecht, sondern auch wegen der unterschiedlichen Interessenlagen, die zum Einen die Judikatur im Beihilferecht bestimmen und zum Anderen die Judikatur in sonstigen Rechtsgebieten determinieren. Hinzu kommen die in diesen Entscheidungen deutlich zu Tage tretenden dogmatischen Grundlagen. Zu diesem Zweck ist es geboten, die zentralen Fälle – die „leading cases“ – aus der umfangreichen Rechtsprechung des Gerichtshofs herauszugreifen und umfänglich zu analysieren. Anschließend sind die aus den Judikaten herausdestillierten Befunde in einen systematischen Zusammenhang einzuordnen und einer kritischen Würdigung zu unterziehen.

I. Relevante Rechtsprechung des EuGH

Haben die Behörden eines Mitgliedstaats der Gemeinschaft Beihilfen an Unternehmen gewährt und dabei gegen Bestimmungen des Gemeinschaftsrechts verstoßen, so ist die Problematik zu klären, ob und inwieweit die Verwaltungsbehörden der Rückforderung entgegenstehende vertrauensschützende Regelungen der nationalen Rechtsordnungen, nach denen sich der Vollzug der Rückforderungsentscheidung richtet, zu beachten haben, wenn sich begünstigte Unternehmen auf sie berufen. Zu den vertrauensschützenden Regelungen[346] rechnen solche, die sich mit der Ermittlung schutzwürdigen Vertrauens durch Abwägung des Einzelfalls auseinandersetzen sowie Regelungen des Gutglaubensschutzes auf Seiten des Subventionsempfängers, Regelungen über den Wegfall der Bereicherung. Im weiteren Sinne zählen hierzu auch solche Normen, die die Rückforderung aus Gründen der Rechtssicherheit ausschließen und somit letztlich auch das Vertrauen in den Bestand einer Verwaltungsentscheidung schützen. Zu nennen sind hier Klage-, Verjährungs- und Ausschlussfristen.[347]

Bezüglich der Rückforderung von Beihilfen unter der Geltung der Verwaltungsverfahrensgesetze Deutschlands sei bemerkt, dass es sich dabei um einen

---

345 Dazu s. oben S. 43 ff.

346 Dazu: SCHEUING, DV 2001, S. 107, 110 f.; für den Vertrauensschutz im Rahmen der Rücknahme eines begünstigenden Verwaltungsakts: SACHS, in: Stelkens/Bonk/Sachs, § 48 VwVfG, Rn. 135 ff.

347 So auch: SCHEUING, DV 2001, S. 107, 111.

zweigliedrigen Vorgang handelt, der zum Einen die Rücknahme des beihilfegewährenden Grundverwaltungsakts gem. § 48 VwVfG umfasst, zum anderen aber auch die davon zu trennende Rückforderung der tatsächlich geflossenen Subvention gem. § 49 a VwVfG einschließt.[348] Der Begriff der Rückforderung wird zukünftig in dem Sinne verwandt werden, dass beide Elemente dieser Kette eingeschlossen sind.

1. Rechtswidrige Gemeinschaftsbeihilfen

Die Rückforderung von Beihilfen betreffend hat der EuGH in seiner Rechtsprechung Unterschiede in Abhängigkeit des Ursprungs der Beihilfe erkennen lassen. Demgemäß erscheint es angezeigt, zunächst zwischen staatlichen Beihilfen und Gemeinschaftsbeihilfen zu trennen, um später den Bogen zwischen beiden Instituten zu spannen.

a) „Ferwerda“[349] – Rückforderungsausschluss aus Gründen der Rechtssicherheit

Mit der Funktion des mitgliedstaatlichen Verfahrensrechts bei der Rückforderung gemeinschaftsrechtswidriger Beihilfen hatte sich der EuGH – soweit ersichtlich erstmals Anfang der 80er Jahre im niederländischen Fall „Ferwerda“ zu befassen, dem in Deutschland, wohl vor allem wegen der drei Jahre später entschiedenen Rechtssache „Deutsche Milchkontor GmbH“ weithin wenig Beachtung geschenkt wird.

Die Ferwerda BV ist ein niederländischer Fleischexporteur, dem auf Grund fehlerhafter Anwendung einer Verordnung[350] Erstattungen gewährt worden sind, die diesem unter objektiver Würdigung der Rechtslage nicht zugekommen wären.[351] Es handelt sich hierbei um eine rechtswidrige Gemeinschaftsbeihilfe. Das vorlegende niederländische Gericht hat die Frage aufgeworfen, ob es in Anwendung von Gemeinschaftsrecht[352] ausgeschlossen sei, sich bei der Rückforderung einer gemeinschaftsrechtswidrig gewährten Ausfuhrerstattung auf einen im nationalen Recht niedergelegten oder in Folge des nationalen Rechts angewandten Grundsatz

348 Dazu ausführlich: NICKEL, Spannungsverhältnis, S. 15 f.; SACHS, in: Stelkens/Bonk/Sachs, § 49 a VwVfG, Rn. 1.

349 EuGH, Rs. C-265/78, H. Ferwerda BV/Produktschap voor Vee en Vlees, Slg. 1980, S. 617 ff.

350 Art. 3 der VO 192/75/EG der Kommission vom 17. Januar 1975 über die Durchführungsvorschriften für Ausfuhrerstattungen von landwirtschaftlichen Erzeugnissen, ABl. 1975, L 25, S. 1.

351 Zum Sachverhalt ausführlich: EuGH, Rs. C-265/78, H. Ferwerda BV/Produktschap voor Vee en Vlees, Slg. 1980, S. 617 ff., Rn. 3.

352 Art. 6 Abs. 5 der VO 1957/69/EG der Kommission vom 30. September 1969 mit zusätzlichen Durchführungsbestimmungen für die Gewährung von Ausfuhrerstattungen bei den Erzeugnissen, für die ein System gemeinsamer Preise besteht, ABl. 1969, L 250, S. 1.

der Rechtssicherheit[353] zu berufen. Weiter hat es die Frage aufgeworfen, ob die Möglichkeit besteht, sich auf einen gemeinschaftsrechtlich basierten Grundsatz der Rechtssicherheit zu berufen.[354]

Der Gerichtshof hat die zuvörderst gestellte Frage des Vorlagegerichts bejahend beantwortet und war somit von der Verpflichtung befreit, auch die weitere Vorlagefrage zu beantworten. Er tat dies unter Anknüpfung an seine Rechtsprechung in der Rechtssache „Roquette", der zufolge Rechtsstreitigkeiten über die Erstattung von Gemeinschaftsbeihilfen in die Zuständigkeit nationaler Gerichte fielen und von diesen in Anwendung nationaler Vorschriften zu entscheiden seien, soweit das Gemeinschaftsrecht die Materie nicht selbst geregelt habe.[355] In diesem Rahmen oblie-ge es den mitgliedstaatlichen Gerichten, in Anwendung des Grundsatzes der Zusammenarbeit, wie er in Art. 4 Abs. III EUV (ex-Art. 10 EGV) niedergelegt sei, den sich aus der unmittelbaren Wirkung der Gemeinschaftsvorschriften ergebenden Rechtsschutz zu gewährleisten, sowohl was die Begründung von Pflichten Einzelner als auch was die Verleihung von Rechten an Individuen angehe.[356] Dabei komme es den mitgliedstaatlichen Rechtsordnungen zu, die Zuständigkeit der Gerichte zu regeln und die Verfahrensmodalitäten der gerichtlichen Durchsetzung von Ansprüchen zu bestimmen, die den Schutz der gemeinschaftsrechtlich hergeleiteten Ansprüche sichern sollen, wobei diese Modalitäten nicht ungünstiger ausgestaltet sein dürfen als die, die in Bezug auf rein innerstaatliche Fälle Anwendung finden.[357] Keinesfalls dürften die nationalen Verfahrensregelungen so ausgestaltet sein, dass die Ausübung der von den staatlichen Gerichten zu schützenden Ansprüche praktisch unmöglich werde.[358]

Bezüglich des Grundsatzes der Rechtssicherheit hat der EuGH festgestellt, dass es beim gegenwärtigen Stand des Gemeinschaftsrechts nicht gegen einen allgemeinen europarechtlichen Grundsatz verstoße, einen dem nationalen Recht entnommenen Grundsatz der Rechtssicherheit anzuwenden, demzufolge zu Unrecht gewährte finanzielle Vorteile nicht zurückgefordert werden könnten, wenn der begangene

---

353 Eine nähere Präzisierung der betroffenen Facette der Rechtssicherheit – etwa Bestandskraft wegen Fristablaufs – beinhaltet der Fall nicht, vielmehr befasst er sich grundlegend mit dem gegen die Rückforderung vorgetragenen Einwand der Rechtssicherheit.

354 Das Vorlagegericht stellte des Weiteren die Frage, ob für den Fall, dass der Grundsatz der Rechtssicherheit nicht anerkannt werden könne, für die Ferwerda B.V. die Möglichkeit bestehe, Schadensersatz zu fordern. Da diese Frage eventualiter gestellt wurde, musste der Gerichtshof sie nicht beantworten.

355 EuGH, Rs. C-26/74, Société Roquette Frères/Kommission, Slg. 1976, S. 677 (Leitsatz 1); damit ist der Grundsatz der verfahrensmäßigen und institutionellen Autonomie der Mitgliedstaaten in Bezug genommen, dazu s. oben S. 42 f..

356 EuGH, Rs. C-265/78, H. Ferwerda BV/Produktschap voor Vee en Vlees, Slg. 1980, S. 617 ff., Rn. 10.

357 EuGH, Rs. C-265/78, H. Ferwerda BV/Produktschap voor Vee en Vlees, Slg. 1980, S. 617 ff., Rn. 10.

358 EuGH, Rs. C-265/78, H. Ferwerda BV/Produktschap voor Vee en Vlees, Slg. 1980, S. 617 ff., Rn. 10.

Irrtum nicht auf unrichtige Angaben des Begünstigten zurückzuführen sei oder wenn er trotz unrichtiger, aber in gutem Glauben gemachter Angaben leicht hätte vermieden werden können.[359]

b) „Lippische Hauptgenossenschaft e.G. und Westfälische Central-Genossenschaft e.G."[360] – Festlegung von Verjährungs- und Ausschlussfristen

Dieser Fall ist dem EuGH vom VG Frankfurt a.M. vorgelegt worden und bezieht sich auf die Rückforderung zu Unrecht gezahlter Prämien für die Denaturierung von Weichweizen an zwei deutsche landwirtschaftliche Genossenschaften mit Sitz in Lage und Münster.[361] Die Denaturierungsprämien sind auf Grund mehrerer Verordnungen[362] gewährt worden, obwohl der Tatbestand, der die Gewährung auslöst – insoweit zwischen den Parteien unstreitig – nicht vorgelegen hat, da das Denaturierungsverfahren nicht gemäß der einschlägigen gemeinschaftsrechtlichen Bestimmungen durchgeführt worden ist. Neuralgischer Punkt des Falles und Inhalt der Vorlagefrage war es, ob auf europarechtlich geregelte Sachverhalte Ausschlussfristen und Verjährungsregeln aus den nationalen Rechtsordnungen der Mitgliedstaaten angewandt werden könnten.[363]

Der EuGH hat in Fortsetzung seiner Rechtsprechung aus dem Fall „Ferwerda" konsequent die Anwendung nationalen Rechts bei der Beurteilung von Verjährungs- und Ausschlussfristen für maßgeblich erklärt.[364] Zur Voraussetzung für die Anwendung nationalen Rechts auf europarechtlich gelagerte Sachverhalte hat der EuGH wenig überraschend die Bedingung erhoben, dass solche anhand der gleichen Re-

---

359 EuGH, Rs. C-265/78, H. Ferwerda BV/Produktschap voor Vee en Vlees, Slg. 1980, S. 617 ff., Rn. 17.

360 EuGH, Rs. C-119/79 und 126/79 (verb.), Lippische Hauptgenossenschaft e.G. und Westfälische Central-Genossenschaft/Bundesanstalt für landwirtschaftliche Marktordnung, Slg. 1980, S. 1863 ff.

361 Zum Sachverhalt ausführlich: EuGH, Rs. C-119/79 und 126/79 (verb.), Lippische Hauptgenossenschaft e.G. und Westfälische Central-Genossenschaft/Bundesanstalt für landwirtschaftliche Marktordnung, Slg. 1980, S. 1863 ff., Rn. 3 f.

362 VO Nr. 956/68, VO Nr. 2086/68 und VO Nr. 1403/69.

363 EuGH, Rs. C-119/79 und 126/79 (verb.), Lippische Hauptgenossenschaft e.G. und Westfälische Central-Genossenschaft/Bundesanstalt für landwirtschaftliche Marktordnung, Slg. 1980, S. 1863 ff., Rn. 1.

364 EuGH, Rs. C-119/79 und 126/79 (verb.), Lippische Hauptgenossenschaft e.G. und Westfälische Central-Genossenschaft/Bundesanstalt für landwirtschaftliche Marktordnung, Slg. 1980, S. 1863 ff., Rn. 10. Zur grundsätzlichen Akzeptanz von Ausschlussfristen für die Rückforderung auf nationaler Ebene auch die folgenden Nachweise: EuGH, Rs. C-811/79, Amministratione delle finanze dello Stato/Ariete SpA, Slg. 1980, S. 2545, Rn. 12; EuGH, Rs. C-453/00, Kühne & Heitz NV/Produktschap voor Pluimvee en Eieren, Slg. 2004, I-837, Rn. 24; EuGH, Rs. C-234/04, Kapferer/Schlank & Schick GmbH, Slg. 2006, I-2585, Rn. 19 ff.; HATJE, in: FS Rengeling, S. 249, 253 ff.; DERS, EuR 2007, S. 654, 656 f.

geln entschieden werden müssten wie rein nationale Sachverhalte.[365] Im Übrigen hat der Gerichtshof für die weitere Begründung seines Judikats auf die Rechtssache „Ferwerda“ verwiesen, der eine ähnliche Konstellation zugrunde liege, weshalb die Begründungen für beide Urteile austauschbar seien.[366]

c) „Fromme“[367] – Verzinsung von Rückforderungsbeträgen

Es handelt sich erneut um einen vom VG Frankfurt a.M. vorgelegten Fall, der in denselben Kontext eingeordnet werden kann wie der Fall „Lippische Hauptgenossenschaft“[368]. Erneut ist die Rückforderung von unstreitig zu Unrecht gezahlten Denaturierungsprämien für Weichweizen und ihre Modalitäten streitbefangen, wobei in casu der Aspekt der Verzinsungspflicht des Rückforderungsbetrages in Rede steht. Das Urteil hält sich exakt an die aus den beiden bereits bekannten Judikaten herausgearbeiteten Grundsätze bezüglich der Anwendbarkeit nationalstaatlicher Vorschriften auf die Rückforderung von Gemeinschaftsbeihilfen. Die Verzinsung fällt demgemäß als mit der Rückabwicklung zusammenhängende Nebenfrage[369] in die Zuständigkeit der Mitgliedstaaten, nach deren Normen sich auch das Rückgewährverfahren in toto richtet, soweit entgegenstehende gemeinschaftsrechtliche Bestimmungen fehlen. Dabei sind die aus Art. 4 Abs. III EUV (ex-Art. 10 EGV) bekannten Beschränkungen, die sich stets bei der Anwendung mitgliedstaatlichen Rechts auf europarechtlich gelagerte Sachverhalte ergeben, zu beachten. So dürfen die anzuwendenden Verfahrensregeln – vorliegend solche die Verzinsung betreffend – nicht in anderer Art und Weise angewendet werden, als sie auf Verfahren ohne grenzüberschreitenden Bezug angewandt werden. Ferner dürfen sie die Wiedereinziehung von zu Unrecht gezahlten Beihilfen nicht praktisch unmöglich machen und damit Tragweite und Wirksamkeit von Gemeinschaftsrecht nicht beeinträchtigen.[370]

---

365 EuGH, Rs. C-119/79 und 126/79 (verb.), Lippische Hauptgenossenschaft e.G. und Westfälische Central-Genossenschaft/Bundesanstalt für landwirtschaftliche Marktordnung, Slg. 1980, S. 1863 ff., Rn. 10; damit sind die aus Art. 10 EGV folgenden Grenzen für die Anwendung nationalen Rechts beim indirekten Vollzug von Gemeinschaftsrecht angesprochen.

366 EuGH, Rs. C-119/79 und 126/79 (verb.), Lippische Hauptgenossenschaft e.G. und Westfälische Central-Genossenschaft/Bundesanstalt für landwirtschaftliche Marktordnung, Slg. 1980, S. 1863 ff., Rn. 10.

367 EuGH, Rs. C-54/81, Firma Wilhelm Fromme/Bundesanstalt für landwirtschaftliche Marktordnung, Slg. 1982, S. 1449 ff.

368 Eine ausführliche Darstellung des Sachverhalts findet sich bei: EuGH, Rs. C-54/81, Firma Wilhelm Fromme/Bundesanstalt für landwirtschaftliche Marktordnung, Slg. 1982, S. 1449 ff., Rn. 2.

369 EuGH, Rs. C-54/81, Firma Wilhelm Fromme/Bundesanstalt für landwirtschaftliche Marktordnung, Slg. 1982, S. 1449 ff., Rn. 4.

370 EuGH, Rs. C-54/81, Firma Wilhelm Fromme/Bundesanstalt für landwirtschaftliche Marktordnung, Slg. 1982, S. 1449 ff., Rn. 6.

d) *„Deutsche Milchkontor GmbH"*[371] *– umfängliche Suprematie des nationalen Verwaltungsverfahrensrechts*

Der EuGH knüpft im Fall „Deutsche Milchkontor GmbH" an die oben bereits dargestellte Rechtsprechung an, bringt die bereits bekannten Grundsätze besonders prägnant zum Ausdruck. Darüber hinausgehend bezieht er sich dabei nicht nur auf einzelne Teilaspekte, die der Rückforderung einer zu Unrecht gewährten Beihilfe entgegenstehen können, sondern auf eine Vielzahl denkbarer Rückforderungssperren.[372] Insoweit wird dem ebenfalls durch das VG Frankfurt a.M.[373] beim EuGH vorgelegten Rechtsstreit grundsätzliche Bedeutung beigemessen; das Urteil ist in weiten Teilen des europarechtlichen Schrifttums umfassend rezipiert worden.[374] Dies dürfte wohl im Wesentlichen auch darauf zurückzuführen sein, dass das VG Frankfurt a.M. die Europarechtskonformität von § 48 VwVfG – einer Zentralnorm des deutschen Verwaltungsverfahrensrechts – zum Gegenstand der relevanten Vorlagefrage erhoben hat.

aa) Sachverhalt[375]

Das Bundesamt für Ernährung und Forstwirtschaft hatte sich mit der Anwendung mehrerer Agrarmarktverordnungen zu befassen,[376] die im Kern alle die Gewährung von Beihilfen für Magermilch und Magermilchpulver für Futterzwecke betreffen. Die Klägerinnen der Ausgangsverfahren, zu denen neben anderen Unternehmen die Deutsche Milchkontor GmbH zählte, erhielten in den Jahren 1978 und 1979 Beihilfen wegen der Verarbeitung von Magermilchpulver zu Mischfutter, respektive we-

371 EuGH, Rs. C-205-215/82 (verb.), Deutsche Milchkontor GmbH u. a./Bundesrepublik Deutschland, Slg. 1983, S. 2633 ff.

372 In diesem Sinne auch: RENGELING, DVBl. 1984, S. 33 f.

373 Die aktive Rolle des VG Frankfurt a.M. bei der Vorlage von Fragen aus dem Problemkreis des Beihilferechts ist der Tatsache geschuldet, dass sowohl die Bundesanstalt für landwirtschaftliche Marktordnung als auch das Bundesamt für Ernährung und Forstwirtschaft in Frankfurt a.M. sitzen, womit die Klagen gegen die streitbefangenen Rückforderungen jeweils vor dem örtlich zuständigen VG Frankfurt a.M. anhängig zu machen gewesen sind, vgl. § 52 Nr. 2 VwGO.

374 Vgl. nur: MATTFELD, EuR 1984, S. 174 ff.; RENGELING, DVBl. 1984, S. 33 ff., SCHEUING, DV 2001, S. 107, 111 ff.

375 Zum Sachverhalt ausführlich: EuGH, Rs. C-205-215/82 (verb.), Deutsche Milchkontor GmbH u. a./Bundesrepublik Deutschland, Slg. 1983, S. 2633 ff., Rn. 1-8.

376 Verordnung Nr. 986/68 des Rates vom 15. Juli 1968 zur Festlegung der Grundregeln für die Gewährung von Beihilfen für Magermilch und Magermilchpulver für Futterzwecke (ABl. L 169, S. 4); Verordnung Nr. 990/72 der Kommission vom 15. Mai 1972 über die Durchführungsbestimmungen zur Gewährung von Beihilfen für Magermilchpulver für Futterzwecke und zu Mischfutter verarbeitete Magermilch (ABl. L 115, S. 1); Verordnung Nr. 729/70 des Rates vom 21. April 1970 über die Finanzierung der gemeinsamen Agrarpolitik (ABl. L 94, S. 13).

gen der Ausfuhr von Magermilchpulver nach Italien zur dortigen Verarbeitung zu Mischfutter. Es stellte sich nach der Auszahlung der Beihilfen heraus, dass eine Zulieferfirma Magermilchpulver lieferte, das nicht den Voraussetzungen, die den Beihilfeanspruch auslösten, entsprach. Dieses Magermilchpulver wurde entgegen den Bestimmungen der einschlägigen Verordnungen nicht aus frischer Magermilch gewonnen, sondern war ein synthetisches Produkt, dessen Zusammensetzung bis ins Detail dem aus frischer Magermilch gewonnenem Pulver glich. Weder die Unternehmen noch öffentliche Labors waren nach Feststellung des VG Frankfurt a.M. in der Lage, den künstlichen Ursprung des Magermilchpulvers nachzuweisen. Als nach Entdeckung der Herstellungsmethode durch eine deutsche Behörde im Jahre 1979 das Bundesamt für Ernährung und Forstwirtschaft die Beihilfebewilligungen zurücknahm und das bereits gezahlte Geld zurückbegehrte, beriefen sich die Klägerinnen des Ausgangsverfahrens darauf, die Voraussetzungen, unter denen nach § 48 VwVfG ein Verwaltungsakt, der eine Geldleistung gewährt, zurückgefordert werden könne, seien nicht erfüllt. Das vorlegende Verwaltungsgericht wollte in Bezug auf § 48 VwVfG wissen,[377] ob es mit Europarecht vereinbar sei, wenn eine Norm des mitgliedstaatlichen Verwaltungsverfahrensrechts die Rückforderung einer Beihilfe ausschließe,

- wenn der Begünstigte auf den Bestand des Verwaltungsakts vertraut hat und sein Vertrauen unter Abwägung mit dem öffentlichen Rücknahmeinteresse schutzwürdig gewesen ist;
- wenn der Begünstigte sich auf den Wegfall der Bereicherung berufen kann, es sei denn, dass er die Umstände kannte oder grob fahrlässig nicht kannte, die zur Rechtswidrigkeit des Bewilligungsbescheids geführt haben;
- wenn eine Jahresfrist verstrichen ist, die mit der Kenntnisnahme der Behörde von Tatsachen beginnt, die die Rücknahme des rechtswidrigen Verwaltungsakts rechtfertigen;
- wenn die Behörde wusste oder grob fahrlässig nicht wusste, dass sie die Beihilfe zu Unrecht gewährt hat.

bb) Antwort und Begründung des EuGH

Der EuGH zog bezüglich des Einflusses von Europarecht auf § 48 VwVfG und der darin niedergelegten Grundsätze folgenden Schluss:

„Das Gemeinschaftsrecht steht nationalen Rechtsvorschriften nicht entgegen, die für den Ausschluss einer Rückforderung von zu Unrecht gezahlten Beihilfen auf Kriterien wie den Vertrauensschutz, den Wegfall der ungerechtfertigten Bereicherung, den Ablauf einer Frist oder den Umstand abstellen, dass die Verwaltung wusste oder grob fahrlässig nicht wusste, dass sie die fraglichen Beihilfen zu Unrecht gewährte, jedoch unter dem Vorbehalt, dass dabei die gleichen Voraus-

---

377 Vorlagefrage 7; EuGH, Rs. C-205-215/82 (verb.), Deutsche Milchkontor GmbH u. a./Bundesrepublik Deutschland, Slg. 1983, S. 2633 ff., Rn. 8.

setzungen gelten, wie für die Wiedereinziehung rein nationaler Geldleistungen und das das Interesse der Gemeinschaft voll berücksichtigt wird."[378]

Diese der nationalen Rechtsordnung Suprematie einräumende Sichtweise des EuGH sollte allerdings nicht darüber hinwegtäuschen, dass der Gerichtshof die mit der Anwendung nationaler Rechtsnormen verbundenen Risiken durchaus erblickt hat und sich darüber im Klaren gewesen ist, dass die Rückgängigmachung eines Gemeinschaftsrechtsverstoßes im Einzelfall nicht nur behindert, sondern sogar ausgeschlossen werden kann.[379] Er legte jedoch Wert auf die Feststellung, dass die solche Regelungen motivierenden Grundsätze des Vertrauensschutzes und der Rechtssicherheit ebenfalls als allgemeine Rechtsgrundsätze Bestandteil der Gemeinschaftsrechtsordnung seien[380] und dass das Streben nach einem Ausgleich zwischen dem Grundsatz der Gesetzmäßigkeit der Verwaltung auf der einen Seite sowie den Grundsätzen des Vertrauensschutzes und der Rechtssicherheit auf der anderen Seite,[381] das in den fraglichen Normen seinen Ausdruck finde, den Rechtsordnungen der Mitgliedstaaten gemeinsam sei.[382]

---

378 EuGH, Rs. C-205-215/82 (verb.), Deutsche Milchkontor GmbH u. a./Bundesrepublik Deutschland, Slg. 1983, S. 2633 ff., Leitsatz 3.

379 EuGH, Rs. C-205-215/82 (verb.), Deutsche Milchkontor GmbH u. a./Bundesrepublik Deutschland, Slg. 1983, S. 2633 ff., Rn. 30; darauf weisen auch hin: SCHEUING, DV 2001, S. 107, 112; RENGELING, DVBl. 1984, S. 33, 34; MATTFELD, EuR 1984, S. 174, 175.

380 EuGH, Rs. C-205-215/82 (verb.), Deutsche Milchkontor GmbH u. a./Bundesrepublik Deutschland, Slg. 1983, S. 2633 ff., Rn. 30; dies hat der EuGH seitdem in einer Reihe weiterer Entscheidungen bekräftigt: EuGH, Rs. C-108/01, Consorzio del Prosciutto di Parma und Salumificio S. Rita SpA/Asda Stores Ltd und Hygrade Foods Ltd., Slg. 2003, I-5121, Rn. 89, 95; EuGH, Rs. C-495/02, Gerekens/État du grand-duché de Luxembourg, Slg. 2004, I-7315, Rn. 22 ff.; EuGH, Rs. C-402/02, Skov Æg/Bilka Lavprisvarehus A/S und Bilka Lavprisvarehus A/S/Jette Mikkelsen und Michael Due Nielsen, Slg. 2006, I-199, Rn. 51; EuGH, Rs. C-310/97, Kommission/AssiDomän, Slg. 1999, I-5363, Rn. 61; EuGH, Rs. C-453/00, Kühne & Heitz NV/Produktschap voor Pluimvee en Eieren, Slg. 2004, I-837, Rn. 24; EuGH, Rs. C-234/04, Kapferer/Schlank & Schick GmbH, Slg. 2006, I-2585, Rn. 20 f.; vgl. zudem folgende Nachweise aus dem Schrifttum: POELZIG, JZ 2007, S. 858 f.; KREMER, EuR 2007, S. 470, 471; HATJE, EuR 2007, S. 654, 656; MATTFELD, EuR 1984, S. 174, 177; zudem ist der Grundsatz der Rechtssicherheit allen europäischen Rechtsordnungen gemeinsam: SCHWARZE, Europäisches Verwaltungsrecht, S. 844 ff.; HATJE, in: FS Rengeling, S. 249; allgemein zum Grundsatz der Rechtssicherheit: V. ARNAULD, Rechtssicherheit, 2006, S. 278 ff. und 497 ff. (zum Grundsatz der Rechtssicherheit auf europäischer Ebene); CRAIG/DE BURCA, S. 551 ff.

381 KREMER, EuR 2007, S. 470, 473; HATJE, EuR 2007, S. 654.

382 EuGH, Rs. C-205-215/82 (verb.), Deutsche Milchkontor GmbH u. a./Bundesrepublik Deutschland, Slg. 1983, S. 2633 ff., Rn. 30; ebenso: SCHEUING, DV 2001, S. 112; ferner: RENGELING, DVBl. 1984, S. 33, 34.

cc) Implementation des Judikats in das deutsche Recht

In der Nachfolge der Vorabentscheidung des Gerichtshofs kam es wiederholt zur Befassung des Bundesverwaltungsgerichts mit der Rechtsstreitigkeit.[383] Das Urteil des Gerichtshofs zur Grundlage machend, hat es die Rücknahme der Ausgangsbescheide zunächst in einem Urteil vom August 1986 an § 48 Abs. II VwVfG gemessen und ist dabei – entgegen der Ausgangsentscheidung des Verwaltungsgerichts Frankfurt a.M. – zu dem Ergebnis gekommen, dass Vertrauensschutz nicht eingreifen könne, da die Bewilligung der Beihilfen nämlich auf objektiv unrichtige Angaben der Begünstigten hin erfolgt sei, was gem. § 48 Abs. II S. 3 Nr. 2 VwVfG dazu führe, dass sie sich nicht auf Vertrauensschutz berufen könnten.[384] Die Rechtssache wurde vom Bundesverwaltungsgericht zur weiteren Verhandlung und Entscheidung an das Verwaltungsgericht Frankfurt a.M. zurückverwiesen, ehe es im Juni 1991 im Zuge seiner erneuten Anrufung zwei unterschiedliche Urteile fällte.[385] In einer der Fallkonstellationen scheiterte die Rückforderung der Beihilfe daran, dass die Bereicherung gem. § 48 Abs. II S. 6 VwVfG a.F. (heute § 49 a Abs. II VwVfG) weggefallen war. Die gutgläubige Begünstigte hat nämlich die erhaltene Beihilfe offen an ihre Abnehmer weitergegeben, ohne dafür eine Gegenleistung erhalten zu haben.[386] Die Klage eines anderen Unternehmens wurde abschlägig beschieden, da ihm die Beihilfe nur vorläufig bewilligt worden war. Zudem hatte das Unternehmen die im Verkehr erforderliche Sorgfalt grob missachtet hat, da die notwendigen Mengenbilanzen nicht geführt wurden.[387]

e) „Steff-Houlberg Export“[388]

Die Rechtsprechung des EuGH zur Rückforderung rechtswidriger Gemeinschaftsbeihilfen zeichnet sich durch große Kontinuität sowohl im Ergebnis als auch in der Begründung der gefundenen Entscheidung aus. Die bereits dargestellten Fälle, deren Entscheidung allesamt zu Beginn der 80er Jahre des vergangenen Jahrhunderts anstand, markierten den Anfang einer im Wesentlichen unverändert gebliebenen Rechtsprechung. Dies illustriert der Fall „Steff-Houlberg Export“, den der Gerichtshof im Mai 1998 entschied und der weitere Klarheit darüber brachte, inwieweit der

383 BVerwGE 74, S. 357; BVerwG, NJW 1992, S. 703; BVerwG, NJW 1992, S. 705.
384 BVerwGE 75, S. 357.
385 Zum Einen: BVerwG, NJW 1992, S. 703; zum Anderen: BVerwG, NJW 1992, S. 705.
386 BVerwG, NJW 1992, S. 703.
387 BVerwG, NJW 1992, S. 705.
388 EuGH, Rs. C-366/95, Landbrugsministeriet-EF-Direktoratet/Steff-Houlberg Export, Slg. 1998, I-2661.

gute Glaube eines Beihilfebegünstigten durch mitgliedstaatliche Rechtsregeln geschützt werden darf.[389]

aa) Sachverhalt[390] *und Vorabentscheidung des EuGH*

Der EuGH war in diesem in Dänemark beheimateten Fall mit Beihilfen befasst, die die nach dänischem Recht zuständige Behörde dem Unternehmen Steff-Houlberg Export und zwei weiteren Unternehmen für den Export von Rindfleischerzeugnissen in Dritt-Länder (hier: arabische Länder) unter Anwendung einer europäischen Agrarmarktverordnung[391] in Betreff der gemeinsamen Marktorganisation für Rindfleisch gewährt hatte. Der Erstattungsbetrag ist dabei von dem Rindfleischanteil in dem zu exportierenden Produkt abhängig, den die Unternehmen mit 60 % angaben. In Wirklichkeit belief sich der Anteil an Rindfleisch aber nur auf 28 %, da der Zulieferer der Exportunternehmen in strafrechtlich bewehrter Weise falsche Angaben bezüglich des Rindfleischgehaltes in den von ihm gelieferten Produkten gemacht hatte. Der überzahlte Erstattungsbetrag wurde daraufhin von der zuständigen dänischen Behörde zurückgefordert. Die betroffenen Unternehmen wandten ein, dass sie gutgläubig gewesen seien und dass der betreffende Schlachthof, in dem die Zulieferprodukte hergestellt wurden, durch die dänischen Aufsichtsbehörden nicht hinreichend kontrolliert worden sei.

Der um Vorabentscheidung ersuchte Gerichtshof hat unter mehrfacher expliziter Anknüpfung an das Urteil im Fall „Deutsche Milchkontor"[392] die Vereinbarkeit nationaler Rückforderungsausschlusstatbestände mit dem Gemeinschaftsrecht betont. Dieses vordergründig und in Anbetracht des bereits Gesagten wenig überraschende Diktum des Gerichtshofs war allerdings nicht von jedermann in dieser Deutlichkeit erwartet worden,[393] da in der Zwischenzeit die Entscheidungen in den Rechtssachen „Alcan"[394] und „BUG Alutechnik"[395] ergangen waren, die eine deutlich strengere

---

389 Den Grundstein hierfür hat der Gerichtshof vor allem in EuGH, Rs. C-205-215/82 (verb.), Deutsche Milchkontor GmbH u. a./Bundesrepublik Deutschland, Slg. 1983, S. 2633 ff. gelegt.

390 Zum Sachverhalt ausführlich: EuGH, Rs. C-366/95, Landbrugsministeriet-EF-Direktoratet/Steff-Houlberg Export, Slg. 1998, I-2661, Rn. 1-10.

391 Verordnung (EWG) Nr. 805/68 des Rates vom 27. Juni 1968 über die gemeinsame Marktorganisation für Rindfleisch (ABl. L 148, S. 24); Verordnung (EWG) Nr. 885/68 des Rates vom 28. Juni 1968 über die Grundregeln für die Gewährung von Erstattungen bei der Ausfuhr von Rindfleisch und über die Kriterien für die Festsetzung des Betrages dieser Erstattungen (ABl. L 156, S. 2); Verordnung (EWG) Nr. 1315/84 der Kommission vom 11. Mai 1984 zur Festsetzung der Ausfuhrerstattungen auf dem Rindfleischsektor (ABl. L 125, S. 38).

392 EuGH, Rs. C-366/95, Landbrugsministeriet-EF-Direktoratet/Steff-Houlberg Export, Slg. 1998, I-2661, Rn. 14, 15, 16, 20, 31, 32, 34 und 35.

393 GÜNDISCH, EuZW 1998, S. 502.

394 EuGH, Rs. C-24/95, Land Rheinland-Pfalz/Alcan Deutschland GmbH („Alcan II"), Slg. 1997, I-1591.

Haltung gegenüber mitgliedstaatlichen Vorschriften erkennen ließen, die die Rückforderung gemeinschaftsrechtswidriger Beihilfen ausschließen. Dass diese unterschiedliche Haltung des Gerichtshofs mit dem kostentragenden Verband zusammenhing, war den beteiligten Akteuren zunächst nicht bewusst gewesen und ist auch im Rahmen der vorliegenden Arbeit noch detailliert zu untersuchen. Entgegen den Schlussanträgen des Generalanwalts[396] setzte der EuGH die Rechtsprechung aus dem Fall „Deutsche Milchkontor GmbH“ fort und formulierte:

„Das Gemeinschaftsrecht steht grundsätzlich einer nationalen Regelung nicht entgegen, die für den Ausschluss der Rückforderung zu Unrecht gezahlter Gemeinschaftsbeihilfen, sofern der gute Glaube des Beihilfeempfängers nachgewiesen ist, auf Kriterien wie das sorgfaltswidrige Verhalten der nationalen Behörden und den Ablauf eines erheblichen Zeitraums seit der Zahlung der betreffenden Beihilfen abstellt, jedoch unter dem Vorbehalt, dass dafür die gleichen Voraussetzungen gelten wie für die Wiedereinziehung rein nationaler Geldleistungen und dass das Interesse der Gemeinschaft voll berücksichtigt wird.“[397]

bb) Die Grenzen des Gutglaubensschutzes im nationalen Verfahrensrecht

Die Entscheidung hat die Grenzen des Gutglaubensschutzes durch das nationale Verfahrensrecht ausgelotet und dabei sehr großzügig gezogen. Der EuGH hat präzise formuliert:

„Was insbesondere die Voraussetzung hinsichtlich des guten Glaubens des Beihilfeempfängers betrifft, kann, wenn ein Exporteur eine Erklärung zum Zweck der Erlangung von Ausfuhrerstattungen abfasst und einreicht, die bloße Tatsache der Abfassung ihm nicht die Möglichkeit nehmen, sich auf seinen guten Glauben zu berufen, wenn die Erklärung ausschließlich auf Informationen beruht, die von einem Vertragspartner geliefert wurden und deren Richtigkeit er nicht nachprüfen konnte.“[398]

In Bezug auf das deutsche Recht und § 48 Abs. II S. 3 Nr. 2 VwVfG bedeutet dies, dass das Gemeinschaftsrecht sogar einen noch weitergehenden Schutz des guten Glaubens zulassen würde als das deutsche Recht ihn kennt. Es sei hier daran erinnert, dass das Bundesverwaltungsgericht die Klage gegen die Rückforderung in einem der Fälle um die Rechtssache „Deutsche Milchkontor GmbH“ am fehlenden guten Glauben wegen objektiv unrichtiger Angaben des begünstigten Unternehmens

---

395 EuGH, Rs. C-5/89, Kommission/Deutschland („BUG Alutechnik“), Slg. 1990, I-3437.

396 Vgl. Schlussanträge des Generalanwalts La Pergola vom 29. April 1997, EuGH, Slg. 1998, I-2661, Rn. 3-6, wonach der gute Glaube des Ausführers, der auf der Grundlage von falschen Erklärungen über die Zusammensetzung des Erzeugnisses, die der Ausführer selbst gegenüber den Behörden abgegeben hat, rechtsgrundlos gezahlte Ausfuhrerstattungen erhalten hat, nicht berücksichtigt werden darf.

397 EuGH, Rs. C-366/95, Landbrugsministeriet-EF-Direktoratet/Steff-Houlberg Export, Slg. 1998, I-2661 (Leitsatz).

398 EuGH, Rs. C-366/95, Landbrugsministeriet-EF-Direktoratet/Steff-Houlberg Export, Slg. 1998, I-2661 (Leitsatz).

hat scheitern lassen.[399] Der insoweit restriktive § 48 Abs. II S. 3 Nr. 2 VwVfG ließ keine andere Sichtweise zu,[400] wäre aber auch bei einem umfänglicheren Schutz des guten Glaubens, der bei der unverschuldet objektiv fehlerhaften Angabe Gutgläubigkeit annehmen würde,[401] wohl noch ohne Weiteres europarechtskonform.

f) „Ölmühle“[402] – Europarechtskonforme Handhabe des Wegfalls der Bereicherung

Der aus der Bundesrepublik Deutschland stammende Fall „Ölmühle“ setzt die Rechtsprechung des Gerichtshofs bezüglich der Anwendbarkeit nationalen Verfahrensrechts in konsequenter Weise fort und präzisiert die Grenzen, die dem mitgliedstaatlichen Gesetzgeber in Bezug auf den Rückforderungsausschlusstatbestand vom Wegfall der Bereicherung gesetzt sind.

Das Urteil betrifft Beihilfen, die zwei deutschen Unternehmen, der Ölmühle Hamburg AG und der JB. Schmidt Söhne GmbH & Co. KG, in Anwendung mehrerer Agrarmarktverordnungen für die Verarbeitung von Raps gewährt wurden,[403] der entweder in der Irischen Republik oder in der Bundesrepublik Deutschland geerntet worden war.[404] Im Nachhinein sah sich die für die Gewährung und die Rücknahme zuständige Bundesanstalt für Landwirtschaft und Ernährung dazu veranlasst, die Beihilfebewilligungsbescheide zurückzunehmen, da die Herkunftsangaben nicht korrekt gewesen waren – der Raps kam aus dem Vereinigten Königreich von Großbritannien und Nordirland, nicht aber aus der Irischen Republik oder der Bundesrepublik Deutschland. Demgegenüber hatten sich die beiden zunächst begünstigten Unternehmen auf ihren guten Glauben sowie auf den Wegfall der Bereicherung berufen. Letzteres deshalb, da sie die erhaltenen Beihilfen komplett an ihre Lieferanten weitergegeben hätten und ein Regressanspruch gegen die Lieferanten nicht hätte durchgesetzt werden können. Im Vorabentscheidungsverfahren nahm der EuGH wie folgt Stellung zu diesen Einwänden:

---

399 BVerwGE 74, S. 357; dazu s. oben S. 59.

400 SACHS, in: Stelkens/Bonk/Sachs, § 48 VwVfG, Rn. 156: eine schuldhafte Falschangabe ist nicht erforderlich; Ferner: BVerwG DVBl. 1962, S. 562; außerdem BVerwG, NVwZ 1989, S. 143, 144 (für einen Fall, der außerhalb des VwVfG liegt).

401 Vgl. GÜNDISCH, EuZW 1998, S. 502.

402 EuGH, Rs. C-298/96, Ölmühle Hamburg AG und Jb. Schmidt Söhne GmbH und Co. KG/Bundesanstalt für Landwirtschaft und Ernährung, Slg. 1998, I-4767.

403 Verordnung Nr. 136/66/EWG des Rates vom 22. September 1966 über die Errichtung einer gemeinsamen Marktorganisation für Fette (ABl. 1966, Nr. 172, S. 3025); Verordnung (EWG) Nr. 1594/83 des Rates vom 14. Juni 1983 über die Beihilfe für Ölsaaten (ABl. L 163, S. 44); Verordnung (EWG) Nr. 2681/83 der Kommission vom 21. September 1983 mit Durchführungsbestimmungen zur Beihilferegelung für Ölsaaten (ABl. L 266, S. 1).

404 Zum Sachverhalt ausführlich: EuGH, Rs. C-298/96, Ölmühle Hamburg AG und Jb. Schmidt Söhne GmbH und Co. KG/Bundesanstalt für Landwirtschaft und Ernährung, Slg. 1998, I-4767, Rn. 10-17.

„Das Gemeinschaftsrecht steht grundsätzlich einer nationalen Regelung nicht entgegen, die den Ausschluss der Rückforderung zu Unrecht gezahlter Gemeinschaftsbeihilfen zulässt und hierfür auf Kriterien wie den Wegfall der Bereicherung abstellt, wenn bei einer Beihilfe für die Verarbeitung von Ölsaaten

- *der Empfänger bereits zum Zeitpunkt der Bewilligung der Beihilfe den sich daraus ergebenden Vermögensvorteil durch die Zahlung des nach Gemeinschaftsrecht vorgesehenen Richtpreises an seine Lieferanten weitergegeben hat und*
- *ein eventueller Regressanspruch gegen seine Lieferanten wertlos wäre.*

Dies setzt jedoch voraus,

- *dass zunächst der gute Glaube des Empfängers nachgewiesen ist und*
- *dass insoweit die gleichen Voraussetzungen gelten wie bei der Rückforderung rein nationaler finanzieller Leistungen.“*[405]

Dem Urteil lässt sich über das bereits aus den zuvor untersuchten Urteilen Bekannte hinaus die Grundaussage entnehmen, dass sich ein Wirtschaftsbeteiligter nur dann auf den Wegfall der Bereicherung berufen kann, wenn ein Regressanspruch gegenüber seinem Lieferanten wertlos wäre.[406]

g) Kontinuität bis in die jüngste Rechtsprechung – „Stichting-ROM-projecten“[407]

Dieser Fall aus der jüngsten Rechtsprechung des Gerichtshofs veranschaulicht, dass Veränderungen an den seit den 80er Jahren bestehenden Rechtsgrundsätzen für die Rückforderung von Gemeinschaftsbeihilfen Mangelware und Modifikationen allenfalls im Detail vorgenommen worden sind, weshalb es auch ausreicht, die Rechtssache „Stichting-ROM-projecten“ in der gebotenen Kürze zu behandeln.[408]

Kern des in den Niederlanden spielenden Rechtsstreits ist die Streichung und Rückforderung eines im Rahmen der Initiative der Gemeinschaft zu Gunsten von kleinen und mittleren Unternehmen gewährten gemeinschaftsrechtswidrigen Zuschusses in Höhe von 200.000 Niederländischen Gulden aus dem Jahr 1999, wobei die Bedingungen, die zu der positiven Zuschussentscheidung geführt hatten und gemeinschaftsrechtlich präformiert gewesen waren, nicht zur Kenntnis der begünstigten Stiftung (nl. Stichting) gebracht worden waren.

Der EuGH hat in Anknüpfung an seine ständige Rechtsprechung geurteilt, dass das Gemeinschaftsrecht der Anwendung des Grundsatzes der Rechtssicherheit nicht entgegensteht, um die Rückforderung zu Unrecht gezahlter Beihilfen zu sperren,

---

405 EuGH, Rs. C-298/96, Ölmühle Hamburg AG und Jb. Schmidt Söhne GmbH und Co. KG/ Bundesanstalt für Landwirtschaft und Ernährung, Slg. 1998, I-4767 (Leitsatz).

406 So auch: GELLERT, ZfZ 1999, S. 14.

407 EuGH, Rs. C-158/06, Stichting-Rom-projecten/Staatssecretaris van Economische Zaken, Slg. 2007, I-5103.

408 Dies soll allerdings keineswegs darüber hinwegtäuschen, dass der Fall in den Niederlanden für einiges Aufheben gesorgt hat: Vgl. nur: ADRIAANSE, P.C., Afzien van terugvordering van in strijd met het gemeenschapsrecht verleende financiële steun vanwege het rechtszekerheidsbeginsel?, Nederlands tijdschrift voor Europees recht 2008, S. 40 ff.

wenn der gute Glaube des Begünstigten nachgewiesen ist.[409] Die Entscheidung hat keine darüber hinausgehenden, im vorliegendem Zusammenhang interessierenden Neuerungen erbracht, was als Illustration einer gefestigten und im Kern wie in den Randbereichen klar ausdifferenzierten Rechtsprechung des Gerichtshofs zu Gunsten der institutionellen und verfahrensmäßigen Autonomie der Mitgliedstaaten zu werten ist.

h) Zusammenfassung der wesentlichen Aspekte zur Rückforderung europarechtswidriger Gemeinschaftsbeihilfen in Thesen

1. Beim Vollzug von Gemeinschaftsrecht, das Grundlage für die Gewährung von Beihilfen und Subventionen ist, richtet sich das Abwicklungsverfahren, i.e. das „Wie" der Gewährung grundsätzlich nach nationalem Recht, soweit das Gemeinschaftsrecht keine anders lautenden spezielleren Regelungen getroffen hat.[410]

2. Das Gemeinschaftsrecht steht nationalen Rechtsvorschriften nicht entgegen, die für den Ausschluss einer Rückforderung von zu Unrecht gezahlten Beihilfen auf Kriterien wie den Vertrauensschutz, den Wegfall der ungerechtfertigten Bereicherung, den Ablauf einer Frist oder den Umstand abstellen, dass die Verwaltung wusste oder grob fahrlässig nicht wusste, dass sie die fraglichen Beihilfen zu Unrecht gewährte. Dies steht jedoch unter dem Vorbehalt, dass dabei die gleichen Voraussetzungen gelten, wie für die Wiedereinziehung rein nationaler Geldleistungen und dass das Interesse der Gemeinschaft voll berücksichtigt wird.[411] Ferner ist auf Seite des Beihilfebegünstigten dessen guter Glaube in Bezug auf seine Berechtigung nachzuweisen.

3. In Kauf zu nehmen ist dabei, dass die einheitliche Geltung des Gemeinschaftsrechts durch ungleichartige Rechtsnormen in den verschiedenen Mitgliedstaaten beeinträchtigt werden kann.[412]

4. Die Anwendung mitgliedstaatlicher Rechtsregeln darf nicht dazu führen, dass Tragweite und Wirksamkeit des Gemeinschaftsrechts beeinträchtigt werden und dessen Durchsetzung praktisch unmöglich wird.[413]

5. In Bezug auf das deutsche Verwaltungsverfahrensrecht ist festzuhalten, dass §§ 48 ff. VwVfG den Vorgaben des EuGH genügen und dies selbst dann noch

---

409 EuGH, Rs. C-158/06, Stichting-Rom-projecten/Staatssecretaris van Economische Zaken, Slg. 2007, I-5103.

410 Zuerst wohl: EuGH, Rs. C-26/74, Société Roquette Frères/Kommission, Slg. 1976, S. 677 (Leitsatz 1); seitdem ständige Rechtsprechung.

411 EuGH, Rs. C-205-215/82 (verb.), Deutsche Milchkontor GmbH u. a./Bundesrepublik Deutschland, Slg. 1983, S. 2633 ff., Leitsatz 3.

412 SCHEUING, DV 2001, S. 107, 112; RENGELING, DVBl. 1984, S. 33, 34; MATTFELD, EuR 1984, S. 174, 175

413 Für die Rückforderung von Gemeinschaftsbeihilfen soweit ersichtlich erstmals: EuGH, Rs. C-265/78, H. Ferwerda BV/Produktschap voor Vee en Vlees, Slg. 1980, S. 617 ff., Rn. 15.

tun würden, wenn die Regelungen zum Vertrauensschutz noch weitreichender im Sinne eines Rückforderungsausschlusses gestaltet wären.[414]

2. Gemeinschaftsrechtswidrige staatliche Beihilfen

Mit Blick auf die Rücknahme von Verwaltungsakten, die Grundlage für die Gewährung von Gemeinschaftsbeihilfen sind, kann es als gesicherte Erkenntnis gelten, dass der EuGH die nationalen Rechtsordnungen im Grundsatz respektiert und erst bei deren Handhabung im Einzelfall ansetzt.[415] Diese den „Grundsatz der institutionellen und verfahrensmäßigen Autonomie der Mitgliedstaaten"[416] in den Fokus der Betrachtung rückende Judikatur, scheint allerdings vor dem Hintergrund der nun zu beleuchtenden Rückforderung staatlicher Beihilfen keinen Bestand zu haben.[417] Der Gerichtshof ist nämlich keineswegs bei den Grundsätzen stehen geblieben, die er Anfang der 80er Jahre des vergangenen Jahrhunderts, beginnend mit der Entscheidung „Ferwerda"[418] und des weitaus mehr rezipierten, wenig später ergangenen Urteils in der Rechtssache „Deutsche Milchkontor GmbH"[419] herausgebildet hat, sondern hat in der Folge eine deutlich strengere Haltung gegenüber dem Recht der Mitgliedstaaten erkennen lassen, die den EuGH der Kritik ausgesetzt hat, nach Belieben „ins nationale Gesetzesrecht hineinzuregieren"[420].

a) „Deufil"[421]

Diese strenge Haltung des EuGH lässt sich beispielsweise gut an dem Fall „Deufil" erkennen, der insoweit exemplarisch als Ausgangsfall herangezogen wird.

aa) Das Verfahren vor dem EuGH

Dieser aus der Bundesrepublik Deutschland stammende Fall hat eine durch die Deufil GmbH und Co. KG (Deufil) erhobene Nichtigkeitsklage gegen eine Entscheidung der Kommission[422] an die Bundesrepublik Deutschland zum Gegenstand, in der eine Beihilfe in Höhe von 2,945 Mio. DM zurückgefordert wurde, die zuvor in

---

414 Vgl. oben S. 61 f.

415 Vgl. RENNERT, DVBl. 2007, S. 400.

416 Vgl. hierzu: R. IGLESIAS, EuGRZ 1997, S. 289 ff.; VON DANWITZ, DVBl. 1998, S. 421, 429 ff.; vgl. ferner die Nachweise oben S. 42, Fn. 275.

417 Kritisch auch: SCHEUING, DV 2001, S. 107, 110.

418 Dazu s. oben S. 52 ff.

419 Dazu umfassend s. oben, S. 56 ff.

420 Vgl. RENNERT, DVBl. 2007, S. 400; prononciert kritisch etwa: SCHOLZ, DÖV 1998, S. 261, der in Reaktion auf die Rechtsprechung des EuGH in der Rechtssache Alcan einen evidenten Verstoß des Gerichtshofs gegen Gemeinschafts- wie nationales Verfassungsrecht erblickt.

421 EuGH, Rs. C-310/85, Deufil GmbH & Co. KG/Kommission, Slg. 1987, S. 901.

422 Entscheidung 85/471 der Kommission vom 10.7.1985 (ABl. L 278, S. 26).

Anwendung des Investitionszulagengesetzes und des Regionalbeihilfeprogramms der Gemeinschaftsaufgabe von Bund und Ländern der Firma Deufil gewährt worden war. Mit der Beihilfe wurde der Zweck verfolgt, Deufil, einem Unternehmen, das Kunstfasern und Kunstgarne herstellt, die Anschaffung einer dazu benötigten neuen Anlage zu ermöglichen. Voraussetzung für die Rechtmäßigkeit der Beihilfegewährung ist die Durchführung des von Art. 108 AEU (ex-Art. 88 EGV) vorgeschriebenen und durch die Verfahrensverordnung von 1999 näher konkretisierten Verfahrens zur Präventivkontrolle staatlicher Beihilfen.[423] Im Fall „Deufil" hatte die Bundesregierung die der Beihilfegewährung vorausgehende Notifikation der Kommission unterlassen, die dennoch die Unvereinbarkeit der Beihilfe mit dem Gemeinsamen Markt im Sinne des Art. 107 AEU (ex-Art. 87 EGV) im Nachhinein festgestellt und die Bundesrepublik Deutschland in der Folge dazu verpflichtet hat, die Beihilfe zurückzufordern. Gegen diese Entscheidung der Kommission hat Deufil Klage vor dem EuGH auf Nichtigerklärung erhoben und sich zur Begründung unter anderem auf Vertrauensschutz berufen: Die Beihilfe beruhe auf bestandskräftigen Bescheiden und richtigen Angaben zum Sachverhalt.

Der Gerichtshof hielt den klägerischen Einwand jedoch für unbegründet und führte zum Vertrauensschutz mit Hinblick auf die in Art. 108 Abs. III AEU (ex-Art. 88 Abs. III EGV) statuierten Anforderungen aus:

> *„Wenn ein Mitgliedstaat ein Beihilfevorhaben entgegen Artikel 108 Absatz 3 AEU (ex-Art. 88 Absatz 3 EGV) schon vor Abschluss des von der Kommission eingeleiteten Verfahrens verwirklicht, so kann die endgültige Entscheidung der Kommission, mit der die Unvereinbarkeit der gewährten Beihilfe mit dem Gemeinsamen Markt festgestellt wird, eine an die nationale Behörden gerichtete Anordnung umfassen, die Beihilfe zurückzufordern, ohne dass der Beihilfeempfänger, da er über die Bedeutung der gemeinschaftsrechtlichen Vorschriften nicht im Unklaren sein konnte, eine Verletzung des Grundsatzes des Vertrauensschutzes durch die genannte Entscheidung geltend machen könnte."* [424]

Über diese Feststellung hinausgehende Begründungen enthielt das Urteil im Fall „Deufil" nicht, weshalb die rigide Haltung des EuGH im Angesicht der bislang ergangenen Rechtsprechung zur Rückforderung von Gemeinschaftsbeihilfen nicht in dieser Art und Weise erwartet werden konnte.

bb) Rezeption des Judikats durch das Bundesverwaltungsgericht

Die Bundesregierung hat im unmittelbaren Anschluss an die Entscheidung der Kommission, und noch bevor das Urteil des EuGH ergangen ist, die Investitionszulagenbescheinigung als Grundlage für die Subvention in Anwendung von § 48 Abs. I VwVfG zurückgenommen. Die Rücknahme dieses Bescheides blieb nicht widerspruchslos und ist von Deufil zum Gegenstand eines Anfechtungsprozesses

423 Dazu näher oben S. 49 ff.
424 EuGH, Rs. C-310/85, Deufil GmbH & Co. KG/Kommission, Slg. 1987, S. 901, Leitsatz 3.

gemacht worden, in dessen Verlauf das Oberverwaltungsgericht Münster[425] als Berufungs- und das Bundesverwaltungsgericht[426] als Revisionsinstanz involviert gewesen sind.

Das Bundesverwaltungsgericht hat als maßgebende Instanz die vom EuGH vorgegebenen Auslegungskriterien bei der Würdigung von § 48 VwVfG berücksichtigt und dem Urteil des Gerichtshofs, was die Gewährung von Vertrauensschutz gegenüber der Kommissionsentscheidung anbelangt, Gefolgschaft geleistet. Diese Entscheidung steht wohl auch unter dem Eindruck zweier weiterer in der Zwischenzeit ergangener Entscheidungen des EuGH, die die von diesem im Fall „Deufil" eingeschlagene Linie fortsetzen.[427] Das Bundesverwaltungsgericht hat § 48 VwVfG nicht unangewendet lassen müssen, um die Vorgaben des Gerichtshofs zu erfüllen, sondern hat diese einfach in § 48 VwVfG integriert.[428] Ausgangspunkt der Überlegungen war, dass Vertrauensschutz ohnehin nur dann in Betracht komme, soweit das Vertrauen des Begünstigten unter Abwägung mit dem öffentlichen Rücknahmeinteresse schutzwürdig sei.[429] In Fällen, die gemeinschaftsrechtswidrige staatliche Beihilfen zum Gegenstand hätten, könne jedoch davon ausgegangen werden, dass dem öffentlichen Interesse ein größeres Gewicht zukomme als in Fällen, die nur gegen nationales Recht verstießen.[430] Im zuletzt genannten Fall diene die Rücknahme fiskalischen Belangen sowie dem Interesse an der Gesetzmäßigkeit der Verwaltung.[431] In Fällen mit gemeinschaftsrechtlichem Bezug trete das Interesse an der Durchsetzung des europäischen Wettbewerbsregimes hinzu.[432] Diese Argumentation hat zu der folgenden Formulierung geführt:[433]

„Auch wenn der […] Begünstigte eine gem. § 48 II 2 VwVfG irreversible Vermögensdisposition getroffen hat und nicht bösgläubig i. S. des § 48 II 3 VwVfG war, kann sich bei der nach § 48 II 1 VwVfG gebotenen Abwägung sein Vertrauen auf den Bestand des Verwaltungsakts als gegenüber dem öffentlichen Rücknahmeinteresse minder gewichtig und damit nicht schutzwürdig erweisen. Dies ist grundsätzlich der Fall, wenn die Investitionszulagebescheinigung (i.e. der die Subvention gewährende Verwaltungsakt) und die darauf beruhende staatliche Beihilfe ohne Beachtung des in Art. 108 AEU (ex-Art. 88 EGV) zwingend vorgeschriebenen Überwachungsverfahrens gewährt worden sind."[434]

---

425 OVG Münster, EuZW 1992, S. 286 = RIW 1992, S. 326 = NVwZ 1993, S. 79.

426 BVerwGE 92, S. 81 = DVBl. 1993, S. 727 = NJW 1993, S. 2764.

427 EuGH, Rs. C-94/87, Kommission/Bundesrepublik Deutschland („Alcan I"), Slg. 1989, S. 175; EuGH, Rs. C-5/89, Kommission/Deutschland („BUG Alutechnik"), Slg. 1990, I-3437.

428 Dazu auch: SCHEUING, DV 2001, S. 107, 115.

429 BVerwG, NJW 1993, S. 2764, 2765.

430 BVerwG, NJW 1993, S. 2764, 2765.

431 BVerwG, NJW 1993, S. 2764, 2765.

432 BVerwG, NJW 1993, S. 2764, 2765; Dies hat auch das Bundesverfassungsgericht so gesehen, als es mit dem Fall Alcan befasst gewesen ist; BVerfG, EuGRZ 2000, S. 175, 176.

433 BVerwG, NJW 1993, S. 2764, Leitsatz 2 und 3, ferner S. 2765.

434 Dass die Berufung auf Vertrauensschutz dann nicht möglich ist, wenn das Verfahren nach Art. 88 EGV nicht eingehalten worden ist, hat bereits das OVG Münster erkannt; OVG Münster, NVwZ 1993, S. 79, Leitsatz 3.

Eine Berufung auf schutzwürdiges Vertrauen sei nach alledem also nur dann möglich, wenn sich der Begünstigte vergewissert habe, dass das Beihilfeaufsichtsverfahren des Art. 108 AEU (ex-Art. 88 EGV) und der Beihilfeverfahrensordnung eingehalten worden sei, was besonders bei international verflochtenen Unternehmen wie Deufil gelte, die einen Großteil ihres Geschäfts grenzüberschreitend abwickeln.[435]

Weiterhin hatte das Bundesverwaltungsgericht Stellung zu der in § 48 Abs. IV VwVfG enthaltenen Ausschlussfrist zu nehmen. Hier hat es in Einklang mit der bereits gefestigten Rechtsprechung[436] zu diesem Problemkreis entschieden, dass die dort positivierte Frist erst dann zu laufen beginne, sobald die Rücknahmebehörde die Rechtswidrigkeit des erlassenen Verwaltungsakts erkannt habe und ihr die für die Rücknahmeentscheidung außerdem erheblichen Tatsachen vollständig bekannt seien.[437] Demzufolge begann der Fristlauf frühestens mit der Zustellung der Kommissionsentscheidung an die Bundesrepublik Deutschland.[438]

b) „BUG Alutechnik“[439]

Der Aufbereitung der relevanten Rechtsprechung des Gerichtshofs lag bislang ein chronologisches Vorgehen zu Grunde. Daher müsste an dieser Stelle konsequenterweise der Fall „Alcan I“, der dem Fall „BUG Alutechnik“ zeitlich vorausgeht, an dieser Stelle behandelt werden. Allerdings besteht Alcan aus zwei Teilen, deren letzterer erst 1997 entschieden wurde, so dass zur Gewährleistung einer kohärenten Aufarbeitung mit der Rechtssache „BUG Alutechnik“ begonnen wird.

Durch das Land Baden-Württemberg sind der Firma BUG Alutechnik (BUG) Subventionen und Kreditbürgschaften in Höhe von 2 Millionen DM anlässlich ihres Kaufs durch ein anderes Unternehmen gewährt worden. Nachdem die Kommission nachträglich von dem Vorgang unterrichtet worden ist, entschied sie, dass die Beihilfe sowohl formell als auch materiell rechtswidrig gewesen sei und zurückgefordert werden müsse.[440] Weder die Bundesrepublik noch das begünstigte Unternehmen haben die Entscheidung mit der Nichtigkeitsklage angefochten, so dass sie nach Art. 263 Abs. V AEU (ex-Art. 230 Abs. V EGV) bestandskräftig geworden ist. Dennoch ist die Bundesregierung der Kommissionsentscheidung nicht nachgekommen, sondern teilte dieser im April 1988 mit, einer Rückforderung stehe der auf den Fall anwendbare § 48 LVwVfG BW und der von ihm gewährte Vertrauensschutz zugunsten der BUG entgegen. Die Kommission sah sich durch das Verhalten der

---

435 BVerwG, NJW 1993, S. 2764, 2765.

436 BVerwGE 70, 356 = NJW 1985, 819 = NVwZ 1985, 335.

437 BVerwG, NJW 1993, S. 2764, 2766.

438 Im Ergebnis ebenso: SCHEUING, DV 2001, S. 107, 115.

439 EuGH, Rs. C-5/89, Kommission/Deutschland („BUG Alutechnik“), Slg. 1990, I-3437.

440 Entscheidung 88/174/EWG der Kommission vom 17.11.1987 über eine vom Land Baden-Württemberg der Bundesrepublik Deutschland an BUG-Alutechnik, ein Unternehmen das Halbzeug und Fertigprodukte aus Aluminium herstellt, ABl. EG 1988 Nr. L 79, S. 29.

Bundesrepublik Deutschland dazu veranlasst, im weiteren Verfahren Vertragsverletzungsklage gem. Art. 258 AEU (ex-Art. 226 EGV) zu erheben, um die Rückforderung gerichtlich zu erzwingen.[441]

Der Gerichtshof entschied das Vertragsverletzungsverfahren im Sinne der klagenden Kommission und führte zum Vertrauensschutz, der durch nationales Recht gewährt werden kann, im Generellen und zu dem vorliegend einschlägigen § 48 LVwVfG BW im Speziellen aus, es sei den Mitgliedstaaten grundsätzlich möglich sei, vertrauensschützende Regelungen in ihre Verfahrensrechte aufzunehmen, so dass auch in Beihilfeverfahren Rechtssicherheit und Vertrauen in den Bestand begünstigender Verwaltungsakte geschützt würden.[442] Angesichts des zwingenden Charakters des in Art. 108 AEU (ex-Art. 88 EGV) vorgeschriebenen Kontrollverfahrens durch die Kommission, komme Vertrauensschutz für das begünstigte Unternehmen aber prinzipiell nur dann in Betracht, wenn die Beihilfe unter Beachtung des dort vorgesehenen Verfahrens gewährt worden sei.[443] Sicherlich könne nicht ausgeschlossen werden, dass es Umstände gebe, aufgrund derer sich ein Unternehmen auf Vertrauensschutz berufen könne, so dass eine Rückforderung ausgeschlossen sei. In einem solchen Fall aber sei es Sache der nationalen Gerichte, so sie mit der Angelegenheit befasst würden, alle Umstände zu würdigen und dem EuGH gegebenenfalls Auslegungsfragen vorzulegen.[444] Ein Mitgliedstaat, dessen Behörden eine Beihilfe unter Verletzung des Verfahrens des Art. 108 AEU (ex-Art. 88 EGV) gewährt hätten, könne sich hingegen nicht unter Berufung auf das geschützte Vertrauen der Begünstigten der Verpflichtung entziehen, die Maßnahmen zur Durchführung einer Entscheidung der Kommission zu ergreifen, die die Rückforderung der Beihilfe anordne.[445] Ebenso wenig könne sich ein Mitgliedstaat darauf berufen, dass die Verpflichtungen, die für die zuständige Behörde aus der besonderen Ausgestaltung des Vertrauensschutzes in einer nationalen Bestimmung hinsichtlich der Frist für die Rücknahme eines begünstigenden Verwaltungsakts erwachsen (hier die Frist des § 48 Abs. IV LVwVfG BW von einem Jahr), die Durchführung einer solchen Entscheidung absolut unmöglich mache. Eine solche Bestimmung sei nämlich dergestalt anzuwenden, dass die gemeinschaftsrechtlich vorgeschriebene Rückfor-

441 Nota bene: Richtiger Beklagter ist in einem solchen Fall stets der Mitgliedstaat, auch wenn im innerstaatlichen Kompetenzgefüge eine untergeordnete Einheit – hier Bundesland – mit der Durchführung des Beihilfeverfahrens befasst ist. Im Übrigen kann die Vertragsverletzungsklage im Beihilfeverfahren auch ohne Durchführung des normalerweise obligatorischen Vorverfahrens erhoben werden, Art. 88 Abs. II UAbs. II EGV.

442 EuGH, Rs. C-5/89, Kommission/Deutschland („BUG Alutechnik“), Slg. 1990, I-3437, Rn. 13; ebenso schon: EuGH, Rs. C-205-215/82 (verb.), Deutsche Milchkontor GmbH u. a./Bundesrepublik Deutschland, Slg. 1983, S. 2633 ff., Rn. 30.

443 EuGH, Rs. C-5/89, Kommission/Deutschland („BUG Alutechnik“), Slg. 1990, I-3437, Rn. 14.

444 EuGH, Rs. C-5/89, Kommission/Deutschland („BUG Alutechnik“), Slg. 1990, I-3437, Rn. 16.

445 EuGH, Rs. C-5/89, Kommission/Deutschland („BUG Alutechnik“), Slg. 1990, I-3437, Rn. 17.

derung der Beihilfe nicht praktisch unmöglich und das Gemeinschaftsinteresse voll berücksichtigt werde.[446]

c) „Alcan“[447]

Dem Fall „Alcan“ ist über die Grenzen der Bundesrepublik Deutschland hinaus große Aufmerksamkeit im europarechtlichen Schrifttum nahezu aller Mitgliedstaaten zuteil geworden,[448] da er die nationale Rückforderungspraxis in Bezug auf staatliche Beihilfen strengen Reglementierungen unterworfen hat.

aa) Sachverhalt[449]

Im Mittelpunkt des Falles stand eine der Alcan Deutschland GmbH („Alcan“) durch das Land Rheinland-Pfalz gewährte Beihilfe in Höhe von 8 Mio DM. Die Alcan ist das Tochterunternehmen einer kanadischen Gesellschaft und hat wegen Strompreiserhöhungen und der daraus folgenden Unrentabilität des Weiterbetriebs die Schließung einer Aluminiumhütte in Ludwigshafen, Rheinland-Pfalz, und die Entlassung der dort beschäftigten 330 Arbeitnehmer für das Jahr 1983 beschlossen. Durch die Landesbeihilfe hat die Alcan die Betriebsschließung zunächst abgewendet, diese aber dann schließlich im Jahre 1987 trotzdem durchgeführt.

Die der Alcan gewährte Beihilfe war in zwei Tranchen gegliedert, deren erster Teil im Juni 1983 gewährt wurde, obwohl das obligatorische Notifizierungsverfahren nicht eingehalten worden war und die Kommission hatte deshalb bereits im März 1983 bei der Bundesregierung einen Protest eingelegt, den diese umgehend an die rheinland-pfälzische Landesregierung weiterleitete. In der Folge dieses Geschehens hat die dafür zuständige Bundesregierung die Notifikation der Beihilfe bei der Kommission im Juli 1983 nachgeholt und diese mit weiteren Angaben versorgt, so dass die vorläufige Prüfung der Beihilfe und ihrer Vereinbarkeit mit dem Gemeinsamen Markt im Oktober 1983 beginnen konnte. Ohne dem Abschluss des Verfahrens zuzuwarten, hat das Land Rheinland-Pfalz trotz ausdrücklicher Abmahnung

---

446 EuGH, Rs. C-5/89, Kommission/Deutschland („BUG Alutechnik“), Slg. 1990, I-3437, Rn. 18 f.

447 Der Fall „Alcan“ umfasst mehrere Entscheidungen auf nationaler wie europäischer Ebene. Der EuGH war zwei Mal mit dem zu Grunde liegenden Sachverhalt befasst, zudem das VG Mainz, das OVG Koblenz, das Bundesverwaltungsgericht und das Bundesverfassungsgericht.

448 Das gilt insbesondere für die Entscheidung „Alcan II“: Dazu aus dem deutschsprachigen Schrifttum: HOENIKE, EuZW 1997, S. 279 f.; SCHOLZ, DÖV 1998, S. 261 ff.; SCHOLZ/HOFMANN, ZRP 1998, S. 295, 299 f.; KOENIGS, JZ 1997, S. 941; BERRISCH, EuR 1997, S. 155 ff.; CLASSEN, JZ 1997, S: 724 ff.; HAPPE, NVwZ 1998, S. 26 ff.; WINKLER, DÖV 1999, S. 148 ff.; SCHOCH, DV 1999, Beiheft 2, S. 135, 138 f.; SCHEUING DV 2001, S. 107, 117 ff.; RENNERT, DVBl. 2007, S. 400, 404 ff.

449 Zum Sachverhalt ausführlich: HUMMER/VEDDER, Fall 145, S. 727.

durch die Kommission die zweite Tranche der Beihilfe Ende November 1983 bewilligt und kurze Zeit später auch an Alcan ausgekehrt.

Durch Entscheidung der Kommission vom Dezember 1985 wurde die Unvereinbarkeit beider Tranchen der Beihilfe mit dem Gemeinsamen Markt festgestellt und zugleich deren Rückforderung angeordnet.[450] Gegen die Kommissionsentscheidung hätte als prozessuales Mittel die Nichtigkeitsklage offen gestanden, die allerdings nicht erhoben wurde, was nach Ablauf der in Art. 263 Abs. V AEU (ex-Art. 230 Abs. 5 EGV) normierten Frist zur Bestandskraft der Kommissionsentscheidung geführt hat. In Parallelität zum Fall „BUG Alutechnik" hat die Bundesregierung sich darauf berufen, es sei dem Land Rheinland-Pfalz unmöglich, die Rückforderung der Beihilfe durchzuführen, da dem § 48 VwVfG entgegenstehe,[451] der zu Gunsten der Alcan eingreife und dieser Vertrauensschutz gewähre, und der daher eine Rückforderung ausschließe. Dieser Sachverhalt hat zu zwei Judikaten des EuGH geführt, von denen sich das erste mit der Rechtmäßigkeit der auf Seiten der Bundesrepublik Deutschland bestehenden Rücknahmeverpflichtung befasst, während das zweite schließlich die Rechtmäßigkeit der dann doch noch ergangenen Rückforderungsbescheide zum Gegenstand hat.

bb) Die Rückforderungspflicht der Bundesrepublik Deutschland – „Alcan I"[452]

Im Wege der Vertragsverletzungsklage hat die Kommission vor dem EuGH gegen die Bundesrepublik Deutschland geklagt, weil diese die Rückforderung der Beihilfe entgegen der Kommissionentscheidung verweigert hatte, was den EuGH zu einer Entscheidung zu Gunsten der klagenden Kommission bewegt hat.

Der Gerichtshof führte aus, dass ein Mitgliedstaat, der Adressat einer Rückforderungsentscheidung geworden sei, die nicht im Wege der Nichtigkeitsklage angegriffen worden sei, zur Verteidigung gegen eine Vertragsverletzungsklage nur anführen könne, es sei ihm absolut unmöglich, die in Rede stehende Entscheidung durchzuführen.[453]

Dass Schwierigkeiten bei der Rückforderung auftreten können, die auch im nationalen Verfahrensrecht verortet sein können, hat der EuGH keineswegs verkannt. In Folge solcher unvorhergesehenen oder unvorhersehbaren Schwierigkeiten, die

---

450 Entscheidung 86/60/EWG der Kommission vom 14. Dezember 1985 über die Beihilfe des Bundeslandes Rheinland-Pfalz an einen Primäraluminiumhersteller in Ludwigshafen (ABl. 1986 L 72, S. 30).

451 Die Anwendbarkeit des VwVfG des Bundes auf diesen Sachverhalt, der eine Landesbeihilfe betrifft, erklärt sich aus dem im rheinland-pfälzischen Landesrecht enthaltenen Verweis auf die jeweils geltende Fassung des BVwVfG, § 1 Abs. I LVwVfG Rh-Pf.

452 EuGH, Rs. C-94/87, Kommission/Bundesrepublik Deutschland, Slg. 1989, S. 175 („Alcan I").

453 EuGH, Rs. C-94/87, Kommission/Bundesrepublik Deutschland, Slg. 1989, S. 175, Rn. 8 und Leitsatz 1 („Alcan I"); so auch schon: EuGH, Rs. C-52/84, Kommission/Belgien, Slg. 1986, S. 89, Rn. 16.

auch darin liegen könnten, dass erst nach und nach die Tragweite einer Kommissionsentscheidung klar werde, komme dem Mitgliedsstaat allerdings nicht die Befugnis zu, die fragliche Entscheidung zu ignorieren;[454] vielmehr sei es seine Obliegenheit, die aufgetretenen Probleme bei der Kommission zur Beurteilung anzuzeigen und dieser geeignete Änderungen der in Frage stehenden Entscheidung vorzuschlagen.[455] Aus dem Grundsatz der loyalen Zusammenarbeit, wie er seinen Niederschlag in Art. 4 Abs. III EUV (ex-Art. 10 EGV) gefunden habe, folge die Pflicht für die Kommission und den Mitgliedsstaat, in redlichem Zusammenwirken die aufgetretenen Schwierigkeiten unter vollständiger Beachtung der Bestimmungen des Vertrages über die Europäische Gemeinschaft zu überwinden.[456]

Soweit die Rückforderung einer rechtswidrigen Beihilfe die Anwendung nationaler Rechtsvorschriften voraussetze, gelte es, diese so anzuwenden, dass die nach dem Gemeinschaftsrecht verlangte Rückforderung nicht praktisch unmöglich gemacht werde.[457] Bei der Anwendung einer Vorschrift – im Fall § 48 VwVfG –, die die Rücknahme eines rechtswidrigen Verwaltungsakts von der Abwägung der verschiedenen streitigen Interessen abhängig mache, sei das Interesse der Gemeinschaft in vollem Umfang zu berücksichtigen.[458]

cc) Rechtmäßigkeit der nationalstaatlichen Rückforderungsentscheidungen – „Alcan II"[459]

(a) Die mitgliedstaatliche Perspektive vor „Alcan II"

Als Konsequenz aus der Entscheidung „Alcan I" hat das Land Rheinland-Pfalz die der Beihilfe an die Alcan zugrundeliegenden Bewilligungsbescheide mit Verwaltungsakt von September 1989 aufgehoben, was im Übrigen auch politisch motiviert gewesen ist, da der mit der Beihilfe verfolgte Zweck, die Schließung der in Ludwigshafen ansässigen Aluminiumhütte zu verhindern, durch deren Schließung im Jahre 1987 endgültig verfehlt worden war. Insoweit scheint die im Vergleich zu „Alcan I" gewandelte Rechtsauffassung des Landes Rheinland-Pfalz – dort war die Bundesrepublik Deutschland als Adressat der an das Land Rheinland-Pfalz durchzu-

454 EuGH, Rs. C-94/87, Kommission/Bundesrepublik Deutschland, Slg. 1989, S. 175, Rn. 9 f. („Alcan I").
455 EuGH, Rs. C-94/87, Kommission/Bundesrepublik Deutschland, Slg. 1989, S. 175, Rn. 9 („Alcan I").
456 EuGH, Rs. C-94/87, Kommission/Bundesrepublik Deutschland, Slg. 1989, S. 175, Rn. 9 („Alcan I").
457 EuGH, Rs. C-94/87, Kommission/Bundesrepublik Deutschland, Slg. 1989, S. 175, Rn. 12 („Alcan I").
458 EuGH, Rs. C-94/87, Kommission/Bundesrepublik Deutschland, Slg. 1989, S. 175, Rn. 12 („Alcan I").
459 EuGH, Rs. C-24/95, Land Rheinland-Pfalz/Alcan Deutschland GmbH, Slg. 1997, I-1591 („Alcan II").

reichenden Kommissionsentscheidung noch Beklagte im Vertragsverletzungsverfahren – als interessengeleitet gut erklärbar. Gegen die Rückforderungsbescheide erhob die Alcan Klage vor dem Verwaltungsgericht Mainz, das dieser mit der Begründung stattgegeben hat, dass die Rücknahme unter Missachtung der in § 48 Abs. IV VwVfG normierten Frist erfolgt und daher nicht rechtmäßig gewesen sei.[460] Dieser Auffassung hat sich das Oberverwaltungsgericht Koblenz als Berufungsinstanz angeschlossen.[461] Darüber hinaus hat das als Revisionsinstanz mit dem Fall befasste Bundesverwaltungsgericht erwogen, dass neben der Fristdurchbrechung zusätzlich ein Verstoß gegen Treu und Glauben in Betracht komme, da das Land Rheinland-Pfalz – es sollte die Werksschließung verhindert werden – der Alcan die umstrittene Beihilfe offenbar aufgedrängt hatte.[462] Ferner sei auch in Betracht zu ziehen, dass die Rückforderung wegen Wegfalls der Bereicherung ausgeschlossen sein könnte.[463] Das sich mit solcherlei rechtlichen Bedenken konfrontiert sehende Bundesverwaltungsgericht legte die aufgeworfenen Rechtsprobleme daher dem EuGH mit Beschluss vom September 1994 im Wege des Vorabentscheidungsverfahrens vor und wollte geklärt wissen, ob das Gemeinschaftsrecht die Rückforderung der Beihilfe auch im Angesicht der aufgetretenen, im nationalen Verfahrensrecht grundierten Friktionen verlange.[464]

(b) Die Problematik nationaler Ausschlussfristen

Im Hinblick auf die verstrichene Frist hat der EuGH hervorgehoben, dass sich die Rolle der Mitgliedstaaten im Verfahren der Rückforderung einer staatlichen Beihilfe auf die Durchführung der zuvor von der Kommission erlassenen Entscheidung beschränke und den nationalen Behörden daher keinerlei eigenes Rücknahmeermessen eingeräumt sei.[465] Lasse die nationale Behörde gleichwohl die für die Rücknahme bestehende Frist verstreichen, so könne diese Situation nicht mit derjenigen gleich-

---

460 VG Mainz, EuZW 1990, S. 389.

461 OVG Koblenz, JZ 1992, S. 1084 mit Anmerkung STOBER = NVwZ 1993, S. 82 = RIW 1992, S. 329 = EuZW 1992, S. 349.

462 BVerwG, NVwZ 1995, S. 703, 706 f. = EuZW 1995, S. 314: „Unter dem Gesichtspunkt von Treu und Glauben ist aber das weitere Vorbringen der Kl. erheblich, der Bekl. sei für die Rechtswidrigkeit der Bewilligungsbescheide in einem solchen Maße verantwortlich gewesen, dass der Rücknahme der Einwand der unzulässigen Rechtsausübung entgegenstehe. Die Kl. behauptet hierzu sinngemäß, der Bekl. sei sich schon im März 1983 – anders als die Kl. – der gemeinschaftsrechtlichen Bedenklichkeit der Überbrückungshilfe voll bewusst gewesen, habe die Kl. aber nicht eingeweiht, um ihren Entschluss zur Fortführung des Betriebs nicht zu erschüttern."

463 BVerwG, NVwZ 1995, S. 703, 707 = EuZW 1995, S. 314, vgl. zudem die Vorlagefrage 3, BVerwG, aA.O., S. 703.

464 Das BVerwG hat insgesamt drei Vorlagefragen aufgeworfen. Näher dazu: BVerwG, NVwZ 1995, S. 703 = EuZW 1995, S. 314.

465 EuGH, Rs. C-24/95, Land Rheinland-Pfalz/Alcan Deutschland GmbH, Slg. 1997, I-1591, Rn. 34. („Alcan II").

gesetzt werden, in der der Begünstigte nicht wisse, ob die Behörde eine Entscheidung treffen werde oder nicht und in welcher der Grundsatz der Rechtssicherheit daher verlange, dass diese Unsicherheit durch Fristablauf beseitigt werde.[466] Eine solche Situation liege nämlich deshalb nicht vor, weil die Kommissionsentscheidung das Behördenhandeln maßgeblich präformiere und die Ungewissheit ab dem Zeitpunkt des Erlasses der Kommissionsentscheidung beseitigt sei, da die nationalen Behörden dieser unbedingt Folge leisten müssten und kein eigenes Ermessen mehr betätigen dürften. Deshalb könne der Grundsatz der Rechtssicherheit und eine aus ihm folgende Ausschlussfrist auch der verspäteten Rückforderung einer Beihilfe nicht entgegengehalten werden, unterliefe dies doch die praktische Wirksamkeit der gemeinschaftsrechtlichen Beihilfevorschriften und machte die Rückforderung praktisch unmöglich.[467]

(c) Die Bedeutung des Einwandes von Treu und Glauben

Mit Blick auf das Rechtsinstitut von Treu und Glauben führte der EuGH aus, das durch eine Beihilfe begünstigte Unternehmen könne ferner dann kein legitimes Vertrauen geltend machen, wenn es sich nicht vergewissert habe, dass das Beihilfekontrollverfahren des Art. 108 Abs. III AEU (ex-Art. 88 Abs. III EGV) eingehalten worden sei.[468] Diese Auffassung sei auch in dem Fall maßgeblich, dass die für die Beihilfegewährung zuständige nationale Behörde für die Rechtswidrigkeit der Bewilligungsbescheide in einem solchen Maße verantwortlich sei, dass es gegenüber dem Begünstigten als Verstoß gegen Treu und Glauben erscheine, die Beihilfen zurückzunehmen.[469] Widrigenfalls – die Maßgeblichkeit des Behördenhandelns und des Einwandes von Treu und Glauben unterstellt – würde die gemeinschaftsrechtlich gebotene Rückforderung der Beihilfe nämlich praktisch unmöglich gemacht.[470]

(d) Der Wegfall der Bereicherung

Auch in Bezug auf das Vorbringen, die Bereicherung sei weggefallen, hat der EuGH entschieden, dies könne nur dann zur Unterstützung des klägerischen Begehrens angeführt werden, wenn die Beihilfe unter Einhaltung des in Art. 108 AEU (ex-Art. 88

466 EuGH, Rs. C-24/95, Land Rheinland-Pfalz/Alcan Deutschland GmbH, Slg. 1997, I-1591, Rn. 35 f. („Alcan II“).

467 EuGH, Rs. C-24/95, Land Rheinland-Pfalz/Alcan Deutschland GmbH, Slg. 1997, I-1591, Rn. 37 („Alcan II“).

468 EuGH, Rs. C-24/95, Land Rheinland-Pfalz/Alcan Deutschland GmbH, Slg. 1997, I-1591, Rn. 43. („Alcan II“); vorher bereits: EuGH, Rs. C-5/89, Kommission/Deutschland („BUG Alutechnik“), Slg. 1990, I-3437, Rn. 14.

469 EuGH, Rs. C-24/95, Land Rheinland-Pfalz/Alcan Deutschland GmbH, Slg. 1997, I-1591, Rn. 43 („Alcan II“).

470 EuGH, Rs. C-24/95, Land Rheinland-Pfalz/Alcan Deutschland GmbH, Slg. 1997, I-1591, Rn. 42 („Alcan II“).

EGV) positivierten Aufsichtsverfahrens gewährt worden sei, denn der Entreicherungseinwand stelle nur eine Ausprägung des Schutzes von berechtigtem Vertrauen dar, welches bei Missachtung der Vorschriften des europäischen Beihilferechts gerade nicht vorliege.[471] Andernfalls sei auch die Berücksichtigung des Entreicherungseinwandes dazu geeignet, die Effektivierung des Gemeinschaftsrechts praktisch unmöglich zu machen. Weiter könne nicht argumentiert werden, allein der buchmäßige Wegfall der Bereicherung führe schon zum Durchgriff des Entreicherungsarguments, da dies gerade die Typik der Situation kennzeichne. Eine in Zeiten unternehmerischer Not gewährte Beihilfe taucht normalerweise bereits nach kurzer Zeit schon nicht mehr im bilanzmäßigen Vermögen des Empfängerunternehmens auf, da die gewährten Mittel in der Regel schnell verbraucht würden.[472]

(e) Rezeption der Rechtssache „Alcan II" in der deutschen Rechtsprechung

Der Vorabentscheidung folgte die neuerliche Befassung des Bundesverwaltungsgerichts mit dem Fall „Alcan".[473] Dabei folgte es – Art. 267 AEU (ex-Art. 234 EGV) eröffnete wegen seiner Bindungswirkung an das Judikat des EuGH auch keine andere Option[474] – den Vorgaben des Gerichtshofs und hielt demgemäß die Ausschlussfrist des § 48 Abs. IV VwVfG für unanwendbar.[475] Der insbesondere von *Scholz,*[476] aber auch von anderen[477] prononciert vorgetragenen Kritik, der EuGH habe sich rechtsetzende Kompetenzen angemaßt[478] und zudem den Vorbehalt des Gesetzes durch judizielle Aushöhlung des § 48 VwVfG missachtet,[479] trat das Bundesverwaltungsgericht – sekundiert durch einen Großteil der Stimmen aus der Literatur[480] – mit der Argumentation entgegen, der Gerichtshof sei vielmehr in Auslegung der Art. 107 und 108 AEU (ex-Art. 87 und 88 EGV) zu dem Ergebnis der Nichtan-

---

471 EuGH, Rs. C-24/95, Land Rheinland-Pfalz/Alcan Deutschland GmbH, Slg. 1997, I-1591, Rn. 49 und 25 („Alcan II").

472 EuGH, Rs. C-24/95, Land Rheinland-Pfalz/Alcan Deutschland GmbH, Slg. 1997, I-1591, Rn. 51 („Alcan II").

473 BVerwG, NJW 1998, 3728 = EuZW 1998, 37 = DVBl. 1999, 44.

474 Allgemein zur Bindungswirkung: WEGENER, in: Calliess/Ruffert, Art. 234 EGV, Rn. 36 ff.; GAITANIDES, in: von der Groeben/Schwarze, Art. 234 EGV, Rn. 89 ff.; KARPENSTEIN, in: Grabitz/Hilf, 37. EL. 2008, Art. 234 EGV, Rn. 93 ff.

475 BVerwG, NJW 1998, 3728, 3729 und Leitsatz 2 = EuZW 1998, 37 = DVBl. 1999, 44.

476 SCHOLZ, DÖV 1998, S. 261 ff.

477 BLANKE, Vertrauensschutz, S. 538 ff., 550 f.; CREMER, in: Calliess/Ruffert, Art. 88 EGV, Rn. 26; HAPPE, NVwZ 1998, S. 26.

478 SCHOLZ, DÖV 1998, S. 261, 264 f.; Eine Kompetenzüberschreitung des EuGH wird auch angenommen von MÜLLER, Aufhebung von Verwaltungsakten, S. 277 ff.

479 CREMER, in: Calliess/Ruffert, Art. 88 EGV, Rn. 26.

480 Etwa: FROWEIN, DÖV 1998, S. 806, 807 f. (insbes. 808), der in eben solchem Maße gegen SCHOLZ polemisiert, wie es dieser zuvor gegen den EuGH getan hat; WINKLER, DÖV 1999, S. 148 ff.; aus dem neueren Schrifttum: RENNERT, DVBl. 2007, S. 400, 404 ff., insbes. 406; VON DANWITZ, Europäisches Verwaltungsrecht, S. 565 f.

wendbarkeit der Frist gelangt und sei somit lediglich seinen originären Aufgaben – i.e. der Auslegung des AEU (ex-EGV) – nachgegangen und zeichne keineswegs für einen – in der Diktion des „Maastricht"-Urteils – ausbrechenden Rechtsakt verantwortlich.[481] Ferner sei die Rechtsprechung des EuGH auch insoweit nicht zu beanstanden, als sie die Ordnungsgemäßheit des Beihilfeaufsichtsverfahrens zur Voraussetzung für die Berufung auf Vertrauensschutz, den Wegfall der Bereicherung oder den Grundsatz von Treu und Glauben mache.[482]

Gegen das den Instanzenzug abschließende Urteil des Bundesverwaltungsgerichts hat die Alcan Verfassungsbeschwerde erhoben, die im Februar 2000 durch Beschluss des Bundesverfassungsgerichts nicht zur Entscheidung angenommen wurde.[483] Kurz begründete das Gericht seine Entscheidung damit, dass das Urteil des Bundesverwaltungsgerichts lediglich den Vorgaben des EuGH folgen würde, diese aber wiederum nicht zu beanstanden seien, da der vom Grundgesetz unabdingbar gebotene Grundrechtsschutz nicht unterlaufen oder generell in Frage gestellt werde.[484] Hilfsweise, das Bundesverfassungsgericht war sich der grundsätzlichen Bedeutung des Falles bewusst, führte es aus, dass selbst für den Fall einer umfänglichen Prüfung des verwaltungsgerichtlichen Urteils vor dem Hintergrund deutschen Verfassungsrechts, dahingehende Bedenken nicht durchgreifen könnten. So verstießen die Berücksichtigung des gemeinschaftsrechtlichen Interesse an der Durchsetzung des europäischen Wettbewerbsrechts sowie die Anerkennung des Vorrangs von Gemeinschaftsrecht vor deutschem Gesetzesrecht – im Fall in Gestalt der Außerachtlassung der Frist des § 48 Abs. IV VwVfG – nicht gegen die verfassungsrechtlich abgesicherten Grundsätze der Rechtssicherheit und des Vertrauensschutzes, da es der Alcan vor allem ohne Weiteres möglich gewesen sei, die formelle Rechtswidrigkeit der Beihilfegewährung zu erkennen.[485] Auch die Frage nach dem Vorliegen eines kompetenzwidrigen ausbrechenden Rechtsakts in Gestalt des EuGH-Urteils im Fall „Alcan II" stelle sich nicht, da das Gericht in Übereinstimmung mit der Rechtsauffassung des Landes Rheinland-Pfalz und der Bundesrepublik Deutschland lediglich die der Kommission qua AEU (ex-EGV) zustehenden Kompetenzen bei der Rückforderung von staatlichen Beihilfen zu effektivieren ge-

481 BVerwG, NJW 1998, 3728, 3729 = EuZW 1998, 37 = DVBl. 1999, 44: „*Allerdings ist die durch Art. 234 EGV übertragene Kompetenz nach der Rechtsprechung des BVerfG nicht schrankenlos. Der vorliegende Rechtsstreit gibt jedoch keine Veranlassung, zu den sich insoweit ergebenden grundsätzlichen Fragen Stellung zu nehmen. Die Auffassung der Kl. [Alcan], hier habe der* Gerichtshof *die ihm durch den Vertrag zur Gründung der Europäischen Gemeinschaft gezogenen Grenzen überschritten und deshalb sei seine Entscheidung unbeachtlich, geht fehl.*" Zu den Grenzen der dem EuGH im Rahmen des Vorabentscheidungsverfahrens übertragenen Kompetenzen: BVerfG, NJW 1988, S. 1459, 1460.

482 BVerwG, NJW 1998, S. 3728, 3730 = EuZW 1998, S. 37 = DVBl. 1999, S. 44.

483 BVerfG, NJW 2000, S. 2015 = WM 2000, S. 621 = DVBl. 2000, S. 900.

484 BVerfG, NJW 2000, S. 2015 = WM 2000, S. 621 = DVBl. 2000, S. 900 unter Zitation von BVerfGE 89, S. 155, 174 f. = NJW 1993, S. 3047 („Maastricht").

485 BVerfG, NJW 2000, S. 2015 f. = WM 2000, S. 621 = DVBl. 2000, S. 900.

holfen habe und kein allgemein gültiges, gemeinschaftsunmittelbares Verwaltungsverfahrensrecht geschaffen habe, was in der Tat kompetenzwidrig gewesen wäre.[486]

d) Kontinuität statt Wandel – die ständige Rechtsprechung des EuGH zur Rückforderung gemeinschaftsrechtswidriger staatlicher Beihilfen

Die in der Rechtssache „Deufil“[487] zuerst geäußerte Rechtsauffassung des EuGH zum Einfluss von Europarecht auf nationales Verfahrensrecht und somit zum Verhältnis von Europarecht auf die Bestandskraft von begünstigenden Verwaltungsakten ist – und dies verbindet sie mit der parallel gelagerten, aber anders zu entscheidenden Konstellation der Rückforderung von Gemeinschaftsbeihilfen – durch große Beständigkeit gekennzeichnet. Seit der umfassenden Stellungnahme des Gerichtshofs in „Alcan II“ zu nahezu allen Aspekten, die einer Rückforderung aus verfahrensrechtlicher Sicht im Wege stehen können, sind in der Sache sowie in der Argumentation keine wesentlichen Neuerungen zu bemerken, vielmehr beschränkte sich das Gericht bis in die jüngste Zeit auf die Bestätigung seiner Rechtsprechung und deren kontinuierlicher Weiterung unter Anknüpfung an die bereits entschiedenen Fälle. Dies sollen im Folgenden zwei knapp zu erörternde Beispiele erhellen.

aa) „Scott Paper SA“[488]

Dieser in Frankreich spielende Fall reicht weit in die 80er Jahre des vergangenen Jahrhunderts zurück und betrifft Vergünstigungen, die einer Gesellschaft nach französischem Recht, der Scott Paper SA (Scott), durch die Stadt Orleans und einem Departement am 31. August 1987 in Bezug auf Abwassergebühren und den Kaufpreis eines Geschäftsgrundstücks gewährt wurden. Im Rahmen der Kontrolle bestehender Beihilfen[489] stellte die Kommission mit Entscheidung vom 12. Juli 2000 die Unvereinbarkeit der Scott gewährten Vergünstigungen mit dem Gemeinsamen Markt fest und forderte die französische Republik zur Rückforderung der gewährten Vorteile auf.[490]

Neuralgischer Punkt des Falles war eine dem französischen Recht entstammende Vorschrift,[491] die in Bezug auf Rechtsmittel gegen Rückforderungsentscheidun-

486 BVerfG, NJW 2000, 2015, 2016 = WM 2000, 621 = DVBl. 2000, 900.

487 Dazu s. oben S. 65 ff.

488 EuGH, Rs. C-232/05, Kommission/Frankreich, Slg. 2006, I-10071 (Scott Paper).

489 Zur Funktionsweise der Kontrolle bestehender Beihilfen durch die Kommission s. oben S. 55 f.

490 Entscheidung 2002/14/EG der Kommission vom 12. Juli 2000 betreffend die von Frankreich zu Gunsten von Scott Paper SA/Kimberly-Clark gewährte staatliche Beihilfe, ABl. L 12 vom 15.1.2002, S. 1-32.

491 In Frage standen zwei Normen: *1.* Artikel 6 des Dekrets Nr. 92-1369 vom 29. Dezember 1992 zur Änderung des Dekrets Nr. 62-1587 vom 29. Dezember 1962 über die allgemeine Regelung der öffentlichen Rechnungsführung und die Festlegung der Bestimmungen, die auf

gen einen Suspensiveffekt entfaltet. Art. 14 Abs. III der VO Nr. 659/1999/EG hingegen macht es erforderlich, dass die nationalen Verfahrensvorschriften die sofortige und tatsächliche Vollstreckung der Kommissionsentscheidung ermöglichen. Dieses Erfordernis gründet im Effektivitätsgrundsatz und ist von der 13. Begründungserwägung zur Verordnung Nr. 659/1999/EG getragen, die im Falle der europarechtswidrigen Beihilfe deren unverzügliche Rückforderung im Interesse des Gemeinsamen Marktes für zwingend erforderlich hält, um einen rechtmäßigen Wettbewerb so bald wie möglich wiederherzustellen. Dahinter steckt der Gedanke, die Schaffung vollendeter Tatsachen durch Zeitablauf zu verhindern.[492] Die Anwendung der nationalen Verfahrensvorschriften darf somit die Wiederherstellung eines wirksamen Wettbewerbs nicht erschweren, indem sie die sofortige und tatsächliche Vollstreckung der Kommissionsentscheidung verhindert. Um zu diesem Ergebnis zu gelangen, müssen die Mitgliedstaaten alle erforderlichen Maßnahmen zur Gewährleistung der Wirksamkeit dieser Entscheidung treffen.[493] Insoweit kann ein nationales Verfahren, das Rechtsbehelfen gegen zur Rückforderung einer gewährten Beihilfe erlassene Zahlungsbescheide eine aufschiebende Wirkung zuerkennt, nicht als ein Verfahren angesehen werden, das die sofortige und tatsächliche Vollstreckung einer Entscheidung ermöglichen würde, die die Rückforderung einer Beihilfe

die Beitreibung der in Artikel 80 dieses Dekrets genannten staatlichen Forderungen anwendbar sind (JORF vom 30. Dezember 1992, S. 17954), in Bezug auf die vom Staat oder nationalen öffentlichen Einrichtungen erlassenen Zahlungsbescheide: „Die Zahlungsbescheide, die in Artikel 85 des oben genannten Dekrets vom 29. Dezember 1962 aufgeführt sind, können vom Schuldner entweder durch Einspruch gegen den Bescheid angefochten werden, wenn er das Bestehen, den Betrag oder die Fälligkeit der Forderung bestreitet, oder durch Einspruch gegen die Beitreibung, wenn er die formelle Gültigkeit einer Beitreibungsmaßnahme bestreitet. Andere Einziehungsanordnungen können durch Einspruch gegen die Beitreibung angefochten werden. Diese Einsprüche haben die Aussetzung der Beitreibung zur Folge.“ *2.* Artikel L1617-5 Nummer 1 Absatz 2 des Code général des collectivités territoriales für Zahlungsbescheide der Gebietskörperschaften und örtlichen öffentlichen Einrichtungen: „Die Einlegung eines Rechtsbehelfs vor einem Gericht, mit dem die Begründetheit einer von einer Gebietskörperschaft oder einer örtlichen öffentlichen Einrichtung festgesetzten und erhobenen Forderung bestritten wird, führt [...] zur Aussetzung der Vollstreckung des Bescheides.“

492 13. Begründungserwägung zu VO Nr. 659/1999/EG: „Bei rechtswidrigen Beihilfen, die mit dem Gemeinsamen Markt nicht vereinbar sind, muss wirksamer Wettbewerb wiederhergestellt werden. Dazu ist es notwendig, die betreffende Beihilfe einschließlich Zinsen unverzüglich zurückzufordern. Die Rückforderung hat nach den Verfahrensvorschriften des nationalen Rechts zu erfolgen. Die Anwendung dieser Verfahren sollte jedoch die Wiederherstellung eines wirksamen Wettbewerbs durch Verhinderung der sofortigen und tatsächlichen Vollstreckung der Kommissionsentscheidung nicht erschweren. Um zu diesem Ergebnis zu gelangen, sollten die Mitgliedstaaten alle erforderlichen Maßnahmen zur Gewährleistung der Wirksamkeit der Kommissionsentscheidung treffen.“

493 EuGH, Rs. C-232/05, Kommission/Frankreich, Slg. 2006, I-10071, Rn. 42 (Scott Paper).

anordnet. Vielmehr kann die Rückforderung einer Beihilfe beträchtlich verzögert und der Effektivitätsgrundsatz verletzt werden.[494]

Im Fall hatte dies die Konsequenz, dass die Vorschrift des französischen Verfahrensrechts dem Vorrang des Europarechts entgegenstand und außer Anwendung zu bleiben hatte.[495]

Gemünzt auf das deutsche Recht und die in ihm enthaltenen Regeln zur aufschiebenden Wirkung dürfte sich diese Problematik so nicht stellen. Im Rahmen der Verpflichtung der Mitgliedstaaten, alle erforderlichen Maßnahmen zur Gewährleistung der Wirksamkeit der Unionsentscheidung zu treffen, dürfte sich die Pflicht ergeben, das Interesse der Union an der Rückforderung der zu Unrecht ausgekehrten Beihilfe über § 80 Abs. II Nr. 4 VwGO zu berücksichtigen, was sich zu der Pflicht verdichten würde, die sofortige Vollziehbarkeit der Rückforderungsentscheidung anzuordnen.[496] Die Problematik einer indirekten Kollision stellt sich also im deutschen Recht nicht, vielmehr zeigt sich eine weitere Facette europarechtlicher Überformung nationaler Vorschriften, vorliegend solcher der Verwaltungsprozessordnung, die dazu führt, dass die einem Verwaltungsakt im Normalfall zukommende Durchsetzungskraft – sie ist durch die üblicherweise eintretende aufschiebende Wirkung von Rechtsbehelfen gemindert – durch europarechtliche Vorgaben erhöht wird. Auch dies ist ein Aspekt des Vorrangs von Europarecht vor mitgliedstaatlichen Verwaltungsentscheidungen.

bb) „Steuergutschriften" – Kommission gegen Spanien[497]

Dieser in Spanien spielende Fall hat mehrere Kommissionsentscheidungen[498] zum Gegenstand, die sich mit der Aufforderung der Kommission an das Königreich Spa-

---

494 EuGH, Rs. C-232/05, Kommission/Frankreich, Slg. 2006, I-10071, Rn. 51 (Scott Paper).

495 EuGH, Rs. C-232/05, Kommission/Frankreich, Slg. 2006, I-10071, Rn. 53 (Scott Paper). Dazu auch RENNERT, DVBl. 2007, S. 400, 404.

496 KOPP/SCHENKE, § 80 VwGO, Rn. 95; JANNASCH, VBlBW 1997, S. 361; DERS., NVwZ 1999, S. 495, 496; KOTULLA, DV 2000, S. 521, 559; SCHENKE, VerwArch 2000, S. 587, 602; SCHOCH, DVBl. 1997, S. 289, 291; DERS., Jura 2001, S. 671, 672 f.; SCHWARZE, NVwZ 2000, S. 241, 250; STERN, JuS 1998, S. 769, 775. Zu der Thematik äußern sich ferner: HAUSER, VBlBW 2000, S. 381 ff.; VON STÜLPNAGEL, DÖV 2001, S. 932 ff.

497 EuGH, Rs. C-485/03 bis 490/03 (verb.), Kommission/Königreich Spanien, Slg. 2006, I-11887 („Steuergutschriften").

498 Im Einzelnen folgende Entscheidungen: 2002/820/EG der Kommission vom 11. Juli 2001 über eine spanische Beihilferegelung zugunsten der Unternehmen von Álava in Form einer Steuergutschrift in Höhe von 45 % des Investitionsbetrags (ABl. 2002, L 296, S. 1); 2002/892/EG der Kommission vom 11. Juli 2001 über eine spanische Beihilferegelung zugunsten neu gegründeter Unternehmen in Álava (ABl. 2002, L 314, S. 1); 2003/27/EG der Kommission vom 11. Juli 2001 über eine spanische Beihilferegelung in Form einer Steuergutschrift in Höhe von 45 % des Investitionsbetrags zugunsten der Unternehmen in Vizcaya (ABl. 2003, L 17, S. 1); 2002/806/EG der Kommission vom 11. Juli 2001 über eine spanische Beihilferegelung zugunsten neu gegründeter Unternehmen in Vizcaya (ABl. 2002,

nien auseinandersetzen, gegen den Gemeinsamen Markt verstoßende Steuergutschriften von den begünstigten Unternehmen zurückzuverlangen. Dem kam das Königreich nicht innerhalb der von der Kommission gesetzten Frist nach, weshalb es in einem Vertragsverletzungsverfahren vor dem EuGH Stellung zu dem Vorwurf zu nehmen hatte, es verhindere entgegen dem eindeutigen und unmissverständlichen Wortlaut des Art. 14 Abs. 3 der VO Nr. 659/1999/EG die unverzügliche Rückforderung der Beihilfe.

Dieser rechtlichen Würdigung des Falles durch die Kommission hielt das Königreich Spanien entgegen, es sei an der Rückforderung gehindert gewesen, da sich diese wegen der „Komplexität bestimmter Fragen“ als praktisch unmöglich erwiesen habe.[499] Insbesondere seien die die Steuergutschrift gewährenden Verwaltungsakte bestandskräftig geworden und eine Vorschrift zur Rückforderung solcher bestandskräftiger Verwaltungsakte existiere im spanischen Recht nicht. Dazu stellte der Gerichtshof allerdings fest, dass die Voraussetzung einer absoluten Unmöglichkeit der Durchführung einer Entscheidung nicht erfüllt seien, wenn sich die beklagte Regierung darauf beschränke, die Kommission über die mit dieser Durchführung verbundenen rechtlichen, politischen oder praktischen Schwierigkeiten zu unterrichten, ohne gegenüber den betroffenen Unternehmen wirkliche Schritte zur Rückforderung der Beihilfe zu unternehmen und ohne der Kommission andere Modalitäten zur Durchführung der Entscheidung vorzuschlagen, die es ermöglicht hätten, die Schwierigkeiten zu überwinden.[500]

Mit anderen Worten konnte den Kommissionsentscheidungen nicht die Bestandskraft der Verwaltungsakte nach spanischem Recht über den Hebel der praktischen Unmöglichkeit entgegengehalten werden. Ohne dies direkt auszusprechen, hat die Entscheidung des EuGH zu dem Ergebnis geführt, dass die Regeln des spanischen Verwaltungsrechts, die ausnahmslos – i.e. ohne die Möglichkeit der nachträglichen Aufhebung auch mit Rechtsmitteln unangreifbar gewordener Verwaltungsakte – die Bestandskraft angeordnet haben, außer Betracht zu bleiben hatten[501] und dass darüber hinaus praeter legem eine Möglichkeit zur Rückforderung zu finden war, auch wenn das nationale Recht eine solche nicht vorsah.[502] Im deutschen Recht

L 279, S. 35); 2002/894/EG der Kommission vom 11. Juli 2001 über eine spanische Beihilferegelung in Form einer Steuergutschrift in Höhe von 45 % des Investitionsbetrags zugunsten der Unternehmen in Guipúzcoa (ABl. 2002, L 314, S. 26); 2002/540/EG der Kommission vom 11. Juli 2001 über eine spanische Beihilferegelung zugunsten neu gegründeter Unternehmen in Guipúzcoa (ABl. 2002, L 174, S. 31).

499 Zu den vom Königreich Spanien im Zusammenhang mit der Bestandskraft von Verwaltungsakten nach nationalem Recht vorgetragenen Einwänden vgl. insbesondere Rn. 73 des Urteils.

500 EuGH, Rs. C-485/03 bis 490/03 (verb.), Kommission/Königreich Spanien, Slg. 2006, I-11887, Rn. 74 („Steuergutschriften“).

501 EuGH, Rs. C-485/03 bis 490/03 (verb.), Kommission/Königreich Spanien, Slg. 2006, I-11887, Rn. 74 („Steuergutschriften“).

502 EuGH, Rs. C-485/03 bis 490/03 (verb.), Kommission/Königreich Spanien, Slg. 2006, I-11887, Rn. 74 („Steuergutschriften“).

stellt sich diese Problematik wie gezeigt wegen § 48 VwVfG, der die Rücknahme bestandskräftiger Verwaltungsakte unter gewissen Voraussetzungen ermöglicht, in dieser Form nicht. In der Rechtssache „Alcan“[503] hat der Gerichtshof die Grenzen des verwaltungsbehördlichen Ermessens bei der Anwendung dieser Vorschrift klar umrissen und die europarechtlichen Einflüsse auf das deutsche Verwaltungsrecht und damit einhergehend dessen Grad an Europäisierung klar herausgearbeitet.

e) Zusammenfassung der wesentlichen Aspekte zur Rückforderung europarechtswidriger staatlicher Beihilfen in Thesen

1. Rechtswidrige Beihilfen sind grundsätzlich nach Maßgabe des jeweils anwendbaren nationalen Rechts zurückzufordern. Dies folgt unmittelbar aus dem Grundsatz der institutionellen und verfahrensmäßigen Autonomie der Mitgliedstaaten bei der Exekution von europäischem Sekundärrecht.

2. Die Anwendung nationalen Rechts darf allerdings nicht zur praktischen Unmöglichkeit der Durchsetzung von Gemeinschaftsrecht führen. Die Belange der Gemeinschaft sind daher bei Ermessensentscheidungen (etwa über die Rücknahme) in vollem Umfang zu berücksichtigen, sprich in den Abwägungsvorgang einzustellen.[504]

3. Vertrauensschutz und Rechtssicherheit gehören zu den allgemeinen Rechtsgrundsätzen der Gemeinschaft und ihre Beachtung ist daher grundsätzlich auch im Rahmen der Rückforderung auf nationaler Ebene zulässig.[505]

4. Das Beihilfeaufsichtsregime hat eine umfassende Regelung in den Art. 108 f. AEU (ex-Art. 88 f. EGV) sowie der Verfahrensverordnung erfahren, weshalb Vertrauen eines beihilfebegünstigten Unternehmens in die Rechtmäßigkeit einer Beihilfe nur dann schützenswert ist, wenn das darin vorgesehene Verfahren in toto eingehalten worden ist. Diese Vergewisserungsobliegenheit ist einem sorgfältigen Gewerbetreibenden in der Regel ohne Weiteres zumutbar, selbst wenn sich der betreffende Staat für die Rechtswidrigkeit des Beihilfebewilligungsbescheids in einem Maße verantwortlich zeichnet, dass seine Rücknahme als Verstoß gegen Treu und Glauben gewertet werden könnte.[506]

5. Die Rolle der nationalen Behörden bei der Rückforderung gemeinschaftsrechtswidriger staatlicher Beihilfen ist auf die Umsetzung der Kommissionsentscheidung limitiert. Die jeweiligen mitgliedstaatlichen Behörden betätigen dabei kein eigenes Ermessen, weshalb jede Ungewissheit des Beihilfebegünstigten bezüglich des Behaltendürfens der Subvention mit der Unvereinbarkeitsent-

---

503 Dazu s. oben S. 70 ff.

504 EuGH, Rs. C-24/95, Land Rheinland-Pfalz/Alcan Deutschland GmbH, Slg. 1997, I-1591, Leitsatz 1 („Alcan II“).

505 EuGH, Rs. C-5/89, Kommission/Deutschland („BUG Alutechnik“), Slg. 1990, I-3437, Rn. 13.

506 EuGH, Rs. C-24/95, Land Rheinland-Pfalz/Alcan Deutschland GmbH, Slg. 1997, I-1591, Leitsatz 2 („Alcan II“).

scheidung der Kommission entfällt. Deshalb ist die Rückforderung auch ungeachtet einer auf nationaler Ebene verstrichenen Ausschlussfrist durchzuführen, die im nationalen Recht der Rückforderung Grenzen setzen würde. Ihre Funktion – Beseitigung von Unsicherheit über die Rechtslage nach einer gewissen Zeit – kann sie ohnehin nicht mehr erfüllen, da die Kommissionsentscheidung insoweit für Klarheit gesorgt hat.[507]

6. Die Rückforderung gemeinschaftsrechtswidriger Beihilfen durch mitgliedstaatliche Behörden hat ungeachtet eines etwaigen Wegfalls der Bereicherung zu erfolgen, auch wenn der Beihilfeempfänger nicht bösgläubig ist. Ein solcher Wegfall der Bereicherung ist nämlich nicht die Ausnahme, sondern bei finanziell angeschlagenen Unternehmen der Regelfall, weshalb die Bilanzen solcher Unternehmen bereits kurze Zeit nach Auskehr der Beihilfe den aus ihr resultierenden Vermögenszuwachs nicht mehr erkennen lassen.[508]

§ 4 – Kritische Würdigung der Rechtsprechung des EuGH bezüglich der Rückforderung gemeinschaftsrechtswidriger Beihilfen

Eine wertende Auseinandersetzung mit der Judikatur des EuGH hat sich mit den ihr zu Grunde liegenden Rechtsgedanken zu befassen und zu erhellen, ob diese die eingeschlagene Marschroute hinreichend zu legitimieren vermögen. Dabei ist insbesondere auf das im Detail streitige Verhältnis von Europarecht zu nationalem Verfahrensrecht einzugehen und zudem zu untersuchen, was die tragenden Gründe für eine Differenzierung zwischen staatlichen Beihilfen und Gemeinschaftsbeihilfen sind.

I. Grundsatz der institutionellen und verfahrensmäßigen Autonomie der Mitgliedstaaten als Ausgangspunkt?

Der oftmals verwendete Terminus vom Grundsatz der institutionellen und verfahrensmäßigen Autonomie der Mitgliedstaaten[509] ist insoweit wenig aussagekräftig, als er eine Immunität der nationalstaatlichen Verfahrensordnungen gegenüber den Einflüssen des Europarechts suggeriert, was im Angesicht der weit ausgreifenden Effet-Utile-Rechtsprechung des EuGH nicht zu überzeugen vermag.[510] Korrekt ist

---

507 EuGH, Rs. C-24/95, Land Rheinland-Pfalz/Alcan Deutschland GmbH, Slg. 1997, I-1591, Leitsatz 3 („Alcan II").

508 EuGH, Rs. C-24/95, Land Rheinland-Pfalz/Alcan Deutschland GmbH, Slg. 1997, I-1591, Leitsatz 4 („Alcan II").

509 Begriffsprägend RENGELING, in: GS-Sasse, Bd. I, S. 197, 198 ff.; DERS., VVDStRL 53 (1994), S. 202, 231; vgl. Zudem oben S. 42 f., Fn 275.

510 Der Terminologie wird deshalb heute überwiegend kritisch begegnet: Vgl. u.a.: KAHL, in: Calliess/Ruffert, Art. 10 EGV, Rn. 31; VON BOGDANY, in: Grabitz/Hilf, 37. EL. 2008, Art.

allerdings die durch die Begrifflichkeit zum Ausdruck gebrachte grundsätzliche Anwendbarkeit der nationalen Verfahrensordnungen, weshalb alternativ vorgeschlagen wird, vom Grundsatz der Anwendung der nationalen Verfahrensordnungen zu sprechen.[511] Die nationalen Verwaltungsbehörden sind – generell gesprochen – zu einem einheitlichen, effektiven und vollständigen Vollzug des Gemeinschaftsrechts angehalten.[512] Es gilt in Erinnerung zu behalten, dass sie dabei zwei Grundsätzen unterliegen, die ihr Handeln bestimmen: Erstens dürfen sie die Tragweite und die Wirksamkeit des Gemeinschaftsrechts, insbesondere die Ausübung der durch die Gemeinschaftsrechtsordnung verliehenen Rechte nicht praktisch unmöglich machen oder übermäßig erschweren (Effektivitätsprinzip).[513] Zweitens dürfen bei der Anwendung der einzelstaatlichen Rechtsvorschriften keine Unterschiede im Vergleich zu Verfahren gemacht werden, in denen über gleichartige innerstaatliche Sachverhalte entschieden wird (Äquivalenzprinzip).[514] An diesen bereits zuvor näher erläuterten Prinzipien hat der EuGH seine Rechtsprechung orientiert und seine Judikate im Ergebnis angelehnt.

II. Die Unterscheidung zwischen Gemeinschaftsbeihilfen und staatlichen Beihilfen als neuralgisches Differenzierungskriterium und ihre Folgen

Die Rechtsprechung des EuGH schien zunächst, und einige Beiträge aus dem staats- und europarechtlichen Schrifttum haben diesen Eindruck verstärkt, davon geprägt, die Autonomie der mitgliedstaatlichen Verfahrensordnungen kontinuierlich weiter zurückzudrängen. Dies geschah, indem diesen fortwährend unter Anwendung des Effektivitätsprinzips immer engere Grenzen gesetzt wurden.[515] Ihren Höhepunkt hat

---

10 EGV, Rn. 43 („irreführend"); GUNDEL, in: FS Götz, S. 191, 194 (beachte Fn. 20); KAKOURIS, CMLR 34 (1997), S. 1389; MÖLLERS, EuR 2002, S. 483, 500 mwN. in Fn. 94 f.; R. IGLESIAS, EuGRZ 1997, S. 289; SCHEUING, DV 2001, S. 107, 110; SCHOCH, DV 1999, Beiheft 2, S. 135, 136; SCHROEDER, AöR 129 (2004), S. 3, 22 ff., 37; STREINZ, VVDStRL 61 (2002), S. 300, 319.

511 So insbesondere: KAHL, in: Calliess/Ruffert, Art. 10 EGV, Rn. 31; im Ergebnis vergleichbar: SCHEUING, DV 2001, S. 107, 110, der dem Terminus allenfalls deskriptive Bedeutung beimessen will; vgl. zudem: WEGENER, Rechte des Einzelnen, S. 83; der Streit um Begrifflichkeiten ist allerdings wenig einträglich, weshalb die bekannte Terminologie in vorliegender Arbeit beibehalten wird.

512 EuGH, Rs. C-68/88, Kommission/Griechenland, Slg. 1989, S. 2965, Rn. 24 f.; PÜHS, Der Vollzug von Gemeinschaftsrecht, S. 79 ff., 81, 96 ff.; ZULEEG, VVDStRL 53 (1994), S. 153, 193; DERS., Der rechtliche Zusammenhalt der Europäischen Union, S. 49.

513 Dazu s. oben S. 43 f.

514 Dazu s. oben S. 43 f.

515 Dieser Eindruck ist insbesondere aufgekommen, nachdem der Gerichtshof vom Fall EuGH, Rs. C-205-215/82 (verb.), Deutsche Milchkontor GmbH u. a./Bundesrepublik Deutschland, Slg. 1983, S. 2633 ff. ausgehend, im Fall EuGH, Rs. C-310/85, Deufil GmbH & Co. KG/Kommission, Slg. 1987, S. 901 seine Rechtsprechung komplett dahingehend geändert

diese Entwicklung mit der Rechtssache „Alcan" erreicht, die deswegen auch – wie bereits dargelegt – heftig kritisiert worden ist.[516] Nachfolgende Entscheidungen haben allerdings bis in die jüngste Zeit hinein erkennen lassen, dass die Rechtsprechung des EuGH nicht dadurch motiviert gewesen ist, der Suprematie des Europarechts zu immer mehr Raum zu verhelfen, indem alle Fälle, die mit der Bestandskraft von Verwaltungsakten oder dem mitgliedstaatlichen Rücknahmeverfahren Berührungspunkte haben unter ähnlich strengen Kriterien wie im Fall „Alcan" entschieden worden wären; Stattdessen hat sich herauskristallisiert, dass der EuGH je nach Art der in Rede stehenden Beihilfe unterschiedlichen Konzepten bezüglich der Europäisierung und Überformung der nationalen Verfahrensrechte folgt.[517] Die vor allem aus der Entscheidung „Deutsche Milchkontor GmbH"[518] bekannte milde Haltung des Gerichts gegenüber mitgliedstaatlichem Verwaltungsrecht kommt stets dann zum Tragen, wenn es sich bei der in Rede stehenden Beihilfe um eine Gemeinschaftsbeihilfe handelt; die strenge aus dem Fall „Alcan" bekannte Haltung kommt hingegen dann zum Tragen, wenn eine staatliche Beihilfe und ihre Rückforderung betroffen ist.[519] Unter Gemeinschaftsbeihilfen, dies sei hier kurz erinnert, sind solche zu verstehen, die ihre Grundlage im Europarecht haben und deren Kosten durch die Europäische Union als dahinter stehende Verbandsperson getragen werden.[520] Staatliche Beihilfen sind demgegenüber solche, die von den Mitgliedstaaten eingeführt worden sind und deren Kosten diese auch zu tragen haben.[521] In der Konsequenz folgt aus der unterschiedlichen Behandlung von staatlichen Beihilfen und Gemeinschaftsbeihilfen in der Judikatur des Gerichts, dass vertrauensschützende Regelungen aus den nationalen Rechtsordnungen der Mitgliedstaaten, die geeignet sind, die Rückforderung von rechtswidrig gewährten Beihilfen auszuschließen, in beträchtlichem Umfang in Kauf genommen werden, wenn es sich um die Rückforderung von Gemeinschaftsbeihilfen handelt. Das Effektivitätsprinzip scheint also keine ähnlich strenge Haltung wie bei staatlichen Beihilfen zu erfordern.

Sind demgegenüber staatliche Beihilfen betroffen, so wendet der EuGH zwar ebenfalls das Effektivitätsprinzip an, handhabt es aber in einer Weise, die es nur noch in Ausnahmefällen zulässt, die Rückforderung wegen vertrauensschützender

---

zu haben schien, Vertrauensschutz nicht mehr als tauglichen Verteidigungseinwand gelten zu lassen.

516 Insbesondere SCHOLZ, DÖV 1998, S. 261; vgl. dazu oben S. 75 f.

517 Erster Anhaltspunkt dafür ist der Fall EuGH, Rs. C-298/96, Ölmühle Hamburg AG und Jb. Schmidt Söhne GmbH und Co. KG/Bundesanstalt für Landwirtschaft und Ernährung, Slg. 1998, I-4767, in dem der Gerichtshof Stellung zu der unterschiedlichen Handhabung des Vertrauensschutzes in Abhängigkeit der Art der gewährten Beihilfe nimmt.

518 Vgl. dazu ausführlich oben S. 56 ff.

519 Dies kommt besonders gut zum Ausdruck bei: EuGH, Rs. C-24/95, Land Rheinland-Pfalz/Alcan Deutschland GmbH, Slg. 1997, I-1591, Rn. 25, 41.

520 KOENIG/KÜHLING, in: Streinz, Art. 87 EGV, Rn. 16; CREMER, in: Calliess/Ruffert, Art. 87 EGV, Rn. 62;

521 GEIGER, Art. 87 EGV, Rn. 11; KOENIG/KÜHLING, in: Streinz, Art. 87 EGV, Rn. 43 ff.; CREMER, in: Calliess/RUffert, Art. 87 EGV, Rn. 18 ff.

Aspekte auszuschließen.[522] Nur noch im Falle absoluter Unmöglichkeit der Rückforderung können vertrauensschützende Regelungen oder sonstige Rückforderungssperren geltend gemacht werden, um die Rückgewähr zu Unrecht bewilligter staatlicher Beihilfen zu vermeiden.[523]

III. Legitimität der Differenzierung nach der Art der Beihilfe

Auskunft über die Gründe für die Unterscheidung nach der Art der Beihilfe enthält der Fall „Ölmühle".[524] Dies war nötig geworden, da der EuGH in den Fällen „Alcan"[525] und „Deufil"[526] eine restriktive Auffassung bezüglich des Effektivitätsgrundsatzes erkennen ließ, ohne aber darüber aufzuklären, dass dies der Beihilfe und ihrem Charakter als nationalstaatlicher Subvention geschuldet gewesen ist. Dies hat auch der Generalanwalt La Pergola im Fall „Steff-Houlberg"[527] zunächst nicht erkannt, indem der EuGH entgegen dessen Schlussanträgen[528] wieder die aus dem Fall „Deutsche Milchkontor GmbH"[529] bekannte Haltung bezüglich der Rückforderung von Gemeinschaftsbeihilfen eingenommen hat, ohne die kurz zuvor entschiedenen Fälle „Alcan" oder „Deufil" auch nur zu erwähnen. Im Fall „Ölmühle" – wieder stand eine Gemeinschaftsbeihilfe in Rede – stellte der EuGH daher klar:[530]

„Schließlich weist die Kommission auf das Urteil vom 20. März 1997 in der Rechtssache C-24/95 (Alcan Deutschland, Slg. 1997, I-1591, Randnr. 50) hin, dass eine rechtswidrig gewährte staatliche Beihilfe betrifft und in dem der Gerichtshof entschieden hat, dass der Einwand des Wegfalls der Bereicherung die gemeinschaftsrechtlich gebotene Rückforderung praktisch unmöglich machen würde. Diese im Rahmen des Artikels 108 AEU (ex-Art. 88 EGV) getroffene Feststellung lässt sich jedoch nicht auf die Rückforderung zu Unrecht gezahlter Gemeinschaftsbeihilfen übertragen. Wie sich aus den Nummern 47 bis 51 der Schlussanträge des Generalanwalts ergibt, sind diese

---

522 Vgl. dazu oben die Thesen S. 81 f.

523 Prägnant bei: EuGH, Rs. C-5/89, Kommission/Deutschland („BUG Alutechnik"), Slg. 1990, I-3437, Rn. 18; Zum Einwand der absoluten Unmöglichkeit ferner: GEIGER, Art. 88 EGV, Rn. 22; KOENIG/KÜHLING, in: Streinz, Art. 88 EGV, Rn. 28; RENNERT, DVBl. 2007, S. 400, 404; SCHEUING, DV 2001, S. 107, 117.

524 Dazu s. oben S. 62.

525 EuGH, Rs. C-24/95, Land Rheinland-Pfalz/Alcan Deutschland GmbH („Alcan II"), Slg. 1997, I-1591; dazu ausführlich oben S. 70 ff.

526 EuGH, Rs. C-310/85, Deufil GmbH & Co. KG/Kommission, Slg. 1987, S. 901; dazu ausführlich oben S. 76 ff.

527 Dazu ausführlich s. oben S. 59 ff.

528 EuGH, Rs. C-366/95, Landbrugsministeriet-EF-Direktoratet/Steff-Houlberg Export, Slg. 1998, I-2661, 2670 f., Rn. 6: *„Meines Erachtens drückt diese Haltung der Rechtsprechung (scil. die strenge Haltung aus Alcan II), was den Bereich des berechtigten Vertrauens betrifft, einen Grundsatz von allgemeiner Tragweite aus und stellt daher einen entscheidenden Schlüssel für die Lösung des vorliegenden Falles dar."*

529 Vgl. oben Fn. 64 ff.

530 EuGH, Rs. C-298/96, Ölmühle Hamburg AG und Jb. Schmidt Söhne GmbH und Co. KG/Bundesanstalt für Landwirtschaft und Ernährung, Slg. 1998, I-4767, Rn. 36 f.

beiden Sachverhalte nämlich unterschiedlich gelagert; insbesondere fehlt bei den Gemeinschaftsbeihilfen im Bereich der gemeinsamen Agrarpolitik der den nationalen Unternehmen eingeräumte Wettbewerbsvorteil, der die staatlichen Beihilfen kennzeichnet."

Neuralgischer Punkt scheint also ausweislich der vorstehenden Urteilspassage der den nationalen Unternehmen durch staatliche Beihilfen zukommende Wettbewerbsvorteil zu sein.[531] Dieser Gedanke wirkt nicht ohne weiteres plausibel, insbesondere wenn man sich der Problematik über die zugrundeliegende Begrifflichkeit, der „Subvention" bzw. „Beihilfe" nähert. Demnach sind Subventionen alle Leistungen einer rechtsfähigen Einrichtung der öffentlichen Hand an eine von ihr zu unterscheidende rechtsfähige Einrichtung oder an eine Person, die ohne marktmäßige Gegenleistung gewährt werden und helfen sollen, Ziele im öffentlichen Interesse zu verwirklichen.[532] Gemeinsam haben also die staatliche Beihilfe und die Gemeinschaftsbeihilfe, dass die begünstigten Rechtssubjekte einen wertmäßig bezifferbaren Vermögenszuwachs und damit einen Wettbewerbsvorteil erhalten, und zwar unabhängig davon, wer der hinter der betreffenden Beihilfe stehende kostentragende Verband ist. Ferner erscheint die Differenzierung an Hand des Wettbewerbsvorteils auch unter dem Gesichtspunkt fragwürdig, dass es in den vom EuGH entschiedenen Fällen um solche der Rückforderung von zu Unrecht gewährten Beihilfen geht, deren verbindendes Merkmal ihre Gemeinschaftsrechtswidrigkeit ist.[533] Da es, wie der Subventionsbegriff anschaulich macht, jeweils um die Unterstützung mitgliedstaatlicher Unternehmen geht, kann eine Bevorteilung solcher gegenüber anderen in der Gemeinschaft ansässigen auch in der Zuwendung von gemeinschaftsrechtswidrigen Gemeinschaftsbeihilfen gesehen werden, die – sonst wären sie nicht mit dem Makel der Rechtswidrigkeit behaftet – ohne das Vorliegen der für ihre Gewährung notwendigen Voraussetzungen an mitgliedstaatliche Rechtssubjekte ausgekehrt worden sind.[534]

Neben dem Begründungsstrang, dass Gemeinschaftsbeihilfen nicht in gleicher Weise dazu geeignet seien, Wettbewerbsvorteile zu vermitteln, verweist der EuGH in seinem Urteil zusätzlich noch auf die Schlussanträge des Generalanwalts Léger[535] im Fall „Ölmühle", der sich wiederum auf die Schlussanträge des Gene-

531 Die Rechtsprechung des EuGH dahingehend verstehend: SCHEUING, DV 2001, S. 107, 125; R. IGLESIAS, EuGRZ 1997, S. 289, 293 f.

532 Etwa: RUTHIG/STORR, Öffentliches Wirtschaftsrecht, Rn. 746; HAVERKATE, in: Schmidt, Öffentliches Wirtschaftsrecht, BT 1, S. 336; VIERHAUS, NVwZ 2000, S. 734; KAHL/DIEDERICHSEN, in: Schmidt/Vollmöller, Kompendium Öffentliches Wirtschaftsrecht, S. 215.

533 Alle skizzierten Fälle zur Rückforderung von Beihilfen sind solche, die sich im Kern um die Europarechtswidrigkeit der gewährten Unterstützung ranken. Andernfalls – i.e. bei schlichter Rechtswidrigkeit – wäre der EuGH auch kompetentiell unzuständig.

534 So auch: SCHEUING, DV 2001, S. 107, 125.

535 Verwiesen wird auf: EuGH, Rs. C-298/96, Ölmühle Hamburg AG und Jb. Schmidt Söhne GmbH und Co. KG/Bundesanstalt für Landwirtschaft und Ernährung, Slg. 1998, I-4767, Rn. 47-51 der Schlussanträge des Generalanwalts Léger.

ralanwalts Jacobs zu „Alcan II“ bezieht.[536] Ausgehend von der Rechtsprechung im Fall „Alcan II“, wonach die Berufung auf Vertrauensschutz stets dann ausscheidet, wenn das Beihilfekontrollverfahren des Art. 108 AEU (ex-Art. 88 EGV) nicht eingehalten worden ist,[537] zieht Léger den Schluss, dass sich diese Konstellation nicht auf die Rückforderung von zu Unrecht ausbezahlten Gemeinschaftsbeihilfen übertragen lasse und rechtfertigt dies mit einem gegenüber staatlichen Beihilfen gesteigerten Interesse der Gemeinschaft daran, rechtswidrige staatliche Beihilfen zu unterbinden.[538] Léger führt unter Zitation von Jacobs aus:[539]

„[...] ist der Gerichtshof ... [im Urteil Deutsche Milchkontor u.a.] zu Recht zu dem Ergebnis gekommen, daß über die Angelegenheit nach nationalem Recht zu entscheiden ist, da es kein überwiegendes Gemeinschaftsinteresse gab, das einen Eingriff in die Verfahrensautonomie des betreffenden Mitgliedstaats rechtfertigte. Würde sich dagegen eine ähnliche Situation in Bezug auf staatliche Beihilfen ergeben, so würde es die Erreichung der mit den Vertragsvorschriften verfolgten Ziele gefährden, wenn es dem Beihilfeempfänger gestattet würde, der Rückforderung entgegenzutreten, weil er die Beihilfe durch Senkung seiner Preise an seine Kunden weitergegeben habe. Unter solchen Umständen würde er einen bedeutsamen Wettbewerbsvorteil erlangen, ohne daß damit Sanktionen verbunden wären.“

Auch diese Begründung vermag nicht zu überzeugen, denn es wird die Auflösung der Frage umgangen, warum die Weitergabe einer Subvention in Form niedrigerer Preise dann einen bedeutsamen Wettbewerbsvorteil und somit eine gewichtigere Beeinträchtigung des Gemeinschaftsinteresses darstellen soll, wenn dies aufgrund staatlicher Beihilfen möglich gewesen ist, nicht aber dann, wenn Ausgangspunkt von reduzierten Preisen rechtswidrige Gemeinschaftsbeihilfen sind. Das Ergebnis, nämlich eine Verbesserung der Stellung des Marktteilnehmers im Wettbewerb, ist dasselbe, gleichgültig, ob die gesteigerte Marktmacht des begünstigten Unternehmens aus Finanzmitteln der EU finanziert worden ist oder ob der Fiskus der Mitgliedstaaten verantwortlich zeichnet. Diese Schwächen in der Begründung sind vom europarechtlichen Schrifttum mit der Intention aufgegriffen worden, eine tragfähige Ausgangshypothese oder zumindest plausible Beweggründe darzutun.[540]

---

536 Vgl. EuGH, Rs. C-298/96, Ölmühle Hamburg AG und Jb. Schmidt Söhne GmbH und Co. KG/Bundesanstalt für Landwirtschaft und Ernährung, Slg. 1998, I-4767, Rn. 51 der Schlussanträge des Generalanwalts Léger.

537 Zur Bedeutung des Beihilfekontrollverfahrens in der Rechtsprechung des EuGH, vgl. VON DANWITZ, JZ 1999, S. 198, 200 und zur Kritik an ihm unten S. 88 f.

538 EuGH, Rs. C-298/96, Ölmühle Hamburg AG und Jb. Schmidt Söhne GmbH und Co. KG/ Bundesanstalt für Landwirtschaft und Ernährung, Slg. 1998, I-4767, Rn. 51 der Schlussanträge des Generalanwalts Léger.

539 Generalanwalt Léger zitiert in Rn. 51 seiner Schlussanträge: EuGH, Rs. C-24/95, Land Rheinland-Pfalz/Alcan Deutschland GmbH („Alcan II“), Slg. 1997, I-1591, Rn. 40 der Schlussanträge des Generalanwalts Jacobs.

540 Etwa bei: VON DANWITZ, JZ 1999, S. 198, 200; SCHEUING, DV 2001, S. 107, 123 ff.; RENNERT, DVBl. 2007, S. 400, 404 ff.; EPINEY, NVwZ 2000, S. 36, 37; HUBER, KritV 1999, S. 359, 374 ff.

1. Bedeutung des Beihilfeaufsichtsverfahrens als tragender Differenzierungsgrund

Eine frühe Stellungnahme aus dem Schrifttum sieht den Grund für die Unterscheidung von staatlichen Beihilfen und Gemeinschaftsbeihilfen in der Bedeutung, die der EuGH der Sanktionierung von mitgliedstaatlichen Verstößen gegen das Beihilfeaufsichtsverfahren und vor allem der Verpflichtung zur vorherigen Notifizierung staatlicher Beihilfen beilegt.[541] Als Beleg dafür soll der Fall „Ölmühle“[542] und die in ihm enthaltenen Ausführungen zu Art. 108 AEU (ex-Art. 88 EGV) dienen, die die Bedeutung erkennen ließen, die der Einhaltung des Beihilfeaufsichtsverfahrens zugemessen würden.[543] Es wird dabei aber eingeräumt, dass diese Begründung zu dogmatisch wenig befriedigenden Ergebnissen führt, was daher die Sinnhaftigkeit der Differenzierung in Frage stellt, jedoch ohne die Problematik aufzulösen.[544]

In der Tat vermag der gewählte Begründungsansatz nicht zu überzeugen[545] und geht wohl sogar hinter das zurück, was der EuGH selbst an Begründung anbietet. Die Tatsache allein, dass es ein Beihilfeaufsichtsverfahren bei der Gewährung staatlicher Beihilfen gibt und die Konsequenz, dass bei Nichteinhaltung dieses Verfahrens kein Vertrauensschutz greift, zeigt zwar, dass der Einhaltung des Beihilfeaufsichtsverfahrens erhebliche Bedeutung zukommt,[546] geht aber als Begründung für dieses Ergebnis fehl; so handelt es sich doch nicht um mehr als um die Beschreibung der für jedermann beobachtbaren Differenzierung in der Judikatur des Gerichtshofs. Dass der Einhaltung des Verfahrens erhebliche Bedeutung zukommt ist also richtig, sagt aber nichts über den Grund aus, der hinter dieser gesteigerten Bedeutung liegt. Letztlich ist darin eine bloße Modifikation der Aussage, bei staatlichen Beihilfen gelte ein gegenüber Gemeinschaftsbeihilfen reduzierter Vertrauensschutzstandard dahingehend zu erblicken, dass dann, wenn ein Beihilfeaufsichtsverfahren durchzuführen ist, ein geminderter Vertrauensschutzstandard gelte. Dies hilft allerdings nicht weiter, wenn es um die Suche nach einer tragfähigen Begründung für diese Differenzierung geht, da stets dann, wenn eine staatliche Beihilfe in Rede steht, auch Art. 108 AEU (ex-Art. 88 EGV) eingreift. Eine hinreichende Begründung müsste also angeben können, warum dem Beihilfeaufsichtsverfahren gesteigerte Bedeutung zukommt und damit wohl gleichbedeutend, weshalb staatliche Beihilfen rigider als solche der Gemeinschaft behandelt werden. Nicht zu weit gehen

---

541 VON DANWITZ, JZ 1999, S. 198, 200.

542 EuGH, Rs. C-298/96, Ölmühle Hamburg AG und Jb. Schmidt Söhne GmbH und Co. KG/Bundesanstalt für Landwirtschaft und Ernährung, Slg. 1998, I-4767, Rn. 37, wo der Gerichtshof feststellt, dass die Rechtsprechung zu den Fällen staatlicher Beihilfen nicht auf die Fälle von Gemeinschaftsbeihilfen übertragen werden könne.

543 VON DANWITZ, JZ 1999, S. 198, 200.

544 VON DANWITZ, JZ 1999, S. 198, 200.

545 VON DANWITZ selbst verfolgt diesen Ansatz daher in seinem Lehrbuch vom Europäischen Verwaltungsrecht wohl nicht weiter, vgl. VON DANWITZ, Europäisches Verwaltungsrecht, S. 565 f.

546 Vgl. KOENIG/KÜHLING, in: Streinz, Art. 88 EGV, Rn. 28; GEIGER, Art. 88 EGV, Rn. 22.

dürfte nämlich die Annahme, dass das Aufsichtsverfahren Ausdruck der grundsätzlich strengen Haltung des Europarechts gegenüber staatlichen Beihilfen ist,[547] und sich deshalb die Begründung für die Bedeutung des Aufsichtsverfahrens mit der Begründung für die Differenzierung zwischen staatlichen und Gemeinschaftsbeihilfen decken könnte, obgleich auch andere Erklärungen vorstellbar sind.

2. Die unterschiedliche Grundbewertung der Beihilfetypen und die Kompetenzverteilung zwischen Gemeinschaft und Mitgliedstaaten als Ausgangspunkt der Unterscheidung

a) Die grundsätzlich ablehnende Haltung des EG-Rechts gegenüber staatlichen Beihilfen

Entscheidend für die unterschiedliche Behandlung von staatlichen Beihilfen und Gemeinschaftsbeihilfen dürfte zunächst eine bezüglich der Gefährdung der Gemeinschaftsinteressen andere Einschätzung der Gefährlichkeit von mitgliedstaatlichen Subventionen gegenüber solchen der Gemeinschaft sein.[548] Hinzu kommt eine mit Blick auf nationale Beihilfen beobachtbare größere Handlungskompetenz der Gemeinschaft in Gestalt der in den Art. 107, 108 AEU (ex-Art. 87, 88 EGV) enthaltenen Ermächtigungen der Kommission zur Kontrolle und zum Einschreiten gegen solche Beihilfen, die den gemeinsamen Markt gefährden.[549]

Gemeinschaftsbeihilfen stehen aus europäischer Perspektive im Gegensatz zu staatlichen Beihilfen unter einem positiven Vorzeichen, da sie auf Gemeinschaftsrecht beruhen und von der Gemeinschaft als Mittel zur Steuerung der Wirtschaft in eine gewünschte Richtung verstanden werden, wenn und soweit deren Organe den Einsatz von europäisch finanzierten Subventionen für notwendig halten.[550] Gestärkt werden durch sie ganz unterschiedliche Bereiche des Zusammenlebens innerhalb

---

547 Dies folgt daraus, dass staatliche Beihilfen als grundsätzlich verboten einzustufen sind und für den Ausnahmefall der Erlaubnis ein geeignetes Aufsichtsverfahren vorgehalten werden muss; vgl. dazu: KOENIG/KÜHLING, in: Streinz, Art. 87 EGV, Rn. 1-3; CREMER, in: Calliess/Ruffert, Art. 87 EGV, Rn. 1-4.

548 SCHEUING, DV 2001, S. 107, 126; Dazu auch aus dem Vademekum zum Beihilferecht, hrsg. von der Europäischen Kommission, S. 4, einsehbar unter: http://ec.europa.eu/competition/state_aid/studies_reports/studies_reports.cfm: „*Die Beihilfenkontrolle ist ein wesentliches Element der EU-Wettbewerbspolitik und einnotwendiger Mechanismus zum Schutz des wirksamen Wettbewerbs und des freien Handels. Ein gemeinsamer beihilferechtlicher Rahmen gewährleistet zum einen gleiche Wettbewerbsbedingungen für alle europäischen Unternehmen und verhindert einen schädlichen Subventionswettlauf zwischen den Mitgliedstaaten, der langfristig für keinen Mitgliedstaat von Vorteil ist und der EU insgesamt schadet.*“

549 So vor allem: RENNERT, DVBl. 2007, S. 400, 404; EPINEY, NVwZ 2000, S. 36, 37; vgl. ferner: HUBER, KritV 1999, S. 359, 373 ff.; EHLERS, GewArch 1999, S. 305, 308 f.; Schmidt-Aßmann, FG 50 Jahre Bundesverwaltungsgericht, S. 487, 497 f.

550 CREMER, in: Calliess/Ruffert, Art. 87 EGV, Rn. 62.

der Union, allen voran der wirtschaftliche und soziale Zusammenhalt unter Berücksichtigung der landsmannschaftlichen Unterschiede, die in den Mitgliedstaaten vorherrschend sind.[551] Aus diesem Grunde erfasst der sich mit der Beihilfeaufsicht beschäftigende Teil des AEU (ex-EGV) die Gemeinschaftsbeihilfen auch nicht; notwendig ist einzig die Kontrolle über die Einhaltung der Voraussetzungen für ihre Gewährung.[552]

Die grundsätzlich verbotenen staatlichen Beihilfen[553] sehen sich hingegen mit dem Nimbus behaftet, dem mitgliedstaatlichen Protektionismus Vorschub zu leisten und die Entstehung eines gemeinsamen Marktes zu beeinträchtigen.[554] Mit der staatlicherseits durchgeführten Begünstigung bestimmter Unternehmen oder Produktionszweige kann der Wettbewerb in den Mitgliedstaaten in einer Weise verfälscht werden, die dazu geeignet ist, die ohnehin gegebenen unterschiedlichen Wettbewerbsbedingungen aufgrund der unterschiedlichen wirtschaftlichen Leistungsfähigkeit der einzelnen Volkswirtschaften und der rechtlichen Rahmenbedingungen weiter zu zementieren beziehungsweise zu vergrößern.[555] Aus diesem Gedanken heraus rechtfertigt sich auch das präventive – um einen Erlaubnisvorbehalt ergänzte – Verbot solcher Stützungsmaßnahmen.

Weiterhin tritt im Falle der Gewährung von Gemeinschaftsbeihilfen die Besonderheit hinzu, dass die Staaten nur in den seltensten Fällen von einer Rückforderung rechtswidrig gewährter Unterstützungen absehen werden, da sie für diesen Fall die Kosten der Beihilfe tragen würden.[556] Die Gemeinschaft erstattet den in Vorlage

---

551 SCHEUING, DV 2001, S. 107, 126; TRIANTAFYLLOU, Revue francaise de droit administratif 2000, S. 246, 252.

552 Dennoch ist auch die Gemeinschaft bei der Vergabe von Beihilfen an wettbewerbsrechtliche Regeln gebunden; über Reichweite und Intensität dieser Bindung herrschen je nach gewähltem Begründungsansatz allerdings Differenzen, vgl.: CASPARI, in: FS von der Groeben, S. 69, 79 f.; MEDERER, in: von der Groeben/Schwarze, Vorbem. Art. 87-89, Rn. 5; WENIG, in: von der Groeben/Thiesing/Ehlermann, Vorbem. Art. 92-94, Rn. 4; THIESING, in: von der Groeben/Boeckh/Thiesing/Ehlermann, Vorbem. Art. 92-94, Rn. 13. Vgl. zur Bindung der Gemeinschaftsorgane an das Wettbewerbsprinzip auch EuGH, Rs. C-249/85, Albako Margarinefabrik Maria von der Linde GmbH & Co. KG/Bundesanstalt für landwirtschaftliche Marktordnung, Slg. 1987, S. 2345, Rn. 16.

553 Nach der wohl vorherrschenden Auffassung ist Art. 87 Abs. I EGV ein Verbotstatbestand, auch wenn die Formulierung nicht völlig eindeutig ist; dazu: VON WALLENBERG, in: Grabitz/Hilf, 37. EL 2008, Art. 87 EGV, Rn. 3; MEDERER, in: von der Groeben/Schwarze, Art. 87 EGV, Rn. 2; PACHE, NVwZ 1994, S. 318, 319; SCHWARZE, Europäisches Verwaltungsrecht, S. 367; CASPARI, in: FS von der Groeben, S. 69, 76.

554 Vademekum zum Beihilferecht, hrsg. von der Europäischen Kommission, S. 4, wo von einem schädlichen „Subventionswettlauf“ die Rede ist; GÄRDITZ, NWVBl. 2006, S. 441, 442; SUERBAUM, VerwArch 91 (2000), S. 169, 190; HUBER, KritV 1999, S. 359, 375.

555 SCHEUING, DV 2001, S. 107, 126.

556 Diese Rechtspraxis stützte die Kommission zunächst auf Art. 2 Abs. 1 und 3 Abs. 1 der VO Nr. 729/70/EWG des Rates vom 21. April 1970 über die Finanzierung der gemeinsamen Agrarpolitik, ABl. L 94 vom 28.4.1970, S. 13-18, mittlerweile ersetzt durch VO Nr. 1290/2005/EGV vom 21.6.2005 über die Finanzierung der gemeinsamen Agrarpolitik, ABl.

tretenden Staaten nämlich nur solche Beihilfen, die in Einklang mit den gesetzlichen Bestimmungen für ihre Gewährung ausgekehrt worden sind. Die Rechtmäßigkeit der entsprechenden Beihilfen kann die Kommission durch ihre Mitarbeiter überprüfen lassen,[557] so dass die Mitgliedstaaten üblicherweise als ausreichend incentiviert angesehen werden können, rechtswidrig gewährte Gemeinschaftsbeihilfen rückabzuwickeln. Dies hat sogar bis hin zu Vorschriften im nationalen Recht geführt, dass zu Unrecht empfangene Beträge zurück zu zahlen seien, ohne dabei auch nur irgendeine Form von Vertrauensschutz zu berücksichtigen.[558] Dieser Versuch, das verfassungsrechtlich abgesicherte Gebot des Vertrauensschutzes zu unterlaufen, ist allerdings durch die Rechtsprechung des Bundesverwaltungsgerichts richtigerweise dahingehend korrigiert worden, dass Regeln der vorstehend beschriebenen Art lediglich das Rücknahmeermessen reduzieren würden, nicht aber den Vertrauensschutz ausschlössen.[559]

Der Einwand, dass auch bei staatlichen Beihilfen Kostenträger der Mitgliedstaat sei, stimmt zwar, trifft aber den Kern der Sache insofern nicht, als die staatliche Beihilfe im Vorhinein im Bewusstsein des Verlustes in Höhe der Subvention ausbezahlt wird und zumeist viel gezielter zur Bekämpfung einzelner, sich in dem betreffenden Nationalstaat auftretender Problemlagen eingesetzt wird. Somit erweist sich die Motivation zur Rückforderung von Gemeinschaftsbeihilfen, durch die eine Belastung des Haushalts ursprünglich nicht vorgesehen war als höher, als bei staatlichen Stützungsmaßnahmen.[560] Die einzuhaltenden formellen Anforderungen, die durch die Art. 107, 108 AEU (ex-Art. 87, 88 EGV) aufgegeben werden, werden aus mitgliedstaatlicher Perspektive in Fällen staatlicher Beihilfen daher lediglich als Obstruktionen angesehen, die es beiseite zu schieben gilt.[561] Der Mechanismus, den es seitens der Europäischen Gemeinschaft zu unterbinden gilt, ist folgender: zunächst gewähren die Mitgliedstaaten unter Außerachtlassung des europäischen Beihilferechts Subventionen, und anschließend wird die durch die Kommission angeordnete Rückforderung unter Verweis auf entgegenstehende vertrauensschützende Normen des eigenen, für die Rückforderung maßgeblichen Verfahrensrechts ver-

---

L 209 vom 11.8.2005, S. 1-25. Nach den zunächst genannten Artikeln waren Beihilfen nur dann ersatzfähig, wenn sie nach den Vorschriften der EG ausbezahlt worden sind. Daraus hat die Kommission den Schluss gezogen, alle anderen rechtswidrigen Gemeinschaftsbeihilfen unterlägen ebenso der Rückforderung wie rechtswidrige Agrarbeihilfen. Dies hat der EuGH bestätigt, etwa: EuGH, RS. C-11/76, Niederlande/Kommission, Slg. 1979, S. 245, Ls. 1; EuGH, Rs. C-1251/79, Kommission/Italien, Slg. 1981, S. 205, Ls. 2; vgl. ebenso: SCHEUING, DV 2001, S. 107, 127; DERS., EuR 1985, S. 229, 237 f.; SCHERER, EuR 1986, S. 52, 57 ff.; TRIANTAFYLLOU, Revue francaise de droit administratif 2000, S. 246, 248.

557 Vgl. Art. 9 Abs. II der VO Nr. 1290/2005/EGV.

558 Nachweise dazu bei SCHEUING, EuR 1985, S. 229, 237 und dort insbesondere Fn. 42.

559 BVerwGE 74, S. 357, 361 ff.; vgl. dazu auch: MÜLLER, Aufhebung von Verwaltungsakten, S. 199 ff.; KADELBACH, S. 462 f.

560 Vgl. SCHEUING, DV 2001, S. 107, 128.

561 S. auch: ALTMEYER, Gemeinschaftsrechtswidrige staatliche Beihilfen, S. 54; SCHEUING, DV 2001, S. 107, 128.

weigert.[562] In Fällen dieser Art liegt die dem Gemeinsamen Markt drohende Gefahr des bewussten Zusammenwirkens der Empfängerunternehmen und der nationalen Verwaltungsapparate zum Nachteil der Gemeinschaft auf der Hand,[563] da beide ein Interesse daran haben,[564] dass die – wenngleich rechtswidrige Beihilfe – bei den Begünstigten verbleiben kann.[565] Selbst wenn man diese kollusive Form[566] des Zusammenwirkens nicht in dem europarechtswidrigen Handeln der Verwaltungsbehörden in einigen Fällen zu erblicken geneigt ist, so ist dennoch nicht bestreitbar, dass selbst evidente Verletzungen der Gemeinschaftsrechtsordnung die Verwaltungsapparate einiger Mitgliedstaaten nicht davon abzuhalten vermögen, oftmals politisch vorgeplante Subventionsentscheidungen contra legem zu exekutieren.[567]

b) Kompetentielle Unterschiede bei der Rückforderung staatlicher Beihilfen gegenüber Gemeinschaftsbeihilfen

Was die Rückforderungspraxis der Kommission bezüglich staatlicher Beihilfen und die Judikatur des EuGH zu diesen Fällen anbelangt, ist angeführt worden, der Gerichtshof setze sich rücksichtslos über die mitgliedstaatlichen Rechtsordnungen

562 So geschehen besonders im Fall „Alcan". Dazu s. oben S. 70 ff.; ein weiteres Beispiel stellt der Fall „Textilwerke Deggendorf" dar, in dem Bund und Freistaat Bayern ohne Unterrichtung der Kommission eine rechtswidrige Beihilfe gewährt haben und sich die bayerische Seite zudem später geweigert hat, die Kommissionsentscheidung, die mittlerweile bestandskräftig geworden war, umzusetzen, EuGH, Rs. C-188/92, TWD Textilwerke Deggendorf GmbH/Bundesrepublik Deutschland, Slg. 1994, I-833.

563 HATJE, EuR 2007, S. 654, 657 formuliert unter Bezugnahme auf die Rechtssachen „Lucchini" und „Alcan II" folgendes: „*Beide Seiten hoffen (scil. Beihilfebegünstigter und Behörde), so ist man versucht zu formulieren, auf den schützenden Schirm einer Rechtskraftregelung, die es erlaubt, das gemeinschaftsrechtswidrige Ergebnis als rechtsstaatliche Wohltat zu deklarieren – wer könnte gegen die Gewährleistung von Rechtssicherheit schon ernsthafte Einwände erheben?*"; ferner: HATJE, in: FS Rengeling, S. 249, 254: „*Denn in der konkreten Situation hatte die Frist des § 48 Abs. 4 VwVfG unmerklich eine Metamorphose durchgemacht: von einer Norm zur Gewährleistung von Rechtssicherheit und Rechtsfrieden zu einer Vorschrift, die dem Unrechtsverbund zwischen Staat und Unternehmen die Weihen des Bestandsschutzes verlieh.*"

564 Insoweit zutreffend: EuGH, Rs. C-24/95, Land Rheinland-Pfalz/Alcan Deutschland GmbH („Alcan II"), Slg. 1997, I-1591, Rn. 26 der Schlussanträge des Generalanwalts Jacobs; vgl. weiter: KADELBACH, S. 465 f.

565 Schmidt-Aßmann, FG 50 Jahre Bundesverwaltungsgericht, S. 487, 498, der hier zu Recht Loyalitätskonflikte der Behörde zwischen der einzelstaatlichen Politik und dem restriktiven EG-Recht ausmacht; SCHEUING, DV 2001, S. 107, 128.

566 Das Kollusionsargument befürwortend auch: VON DANWITZ, Europäisches Verwaltungsrecht, S. 565; HUBER, KritV 1999, S. 359, 375; SUERBAUM, VerwArch 91 (2000), S. 169, 190; GÄRDITZ, NWVBl. 2006, S. 441, 442.

567 Im Prinzip sind beinahe alle in der vorliegenden Abhandlung aufgenommenen Rechtsprechungsbeispiele davon geprägt, dass sich der Verdacht der Europarechtswidrigkeit geradezu aufdrängen musste, zumal die beteiligten Behörden im Regelfall über erheblichen Rechtssachverstand verfügen.

hinweg und beachte die in ihnen zum Ausdruck kommenden Rechtstraditionen nicht.[568] Dem ist zuzugeben, dass die in Rede stehenden Fälle alle davon gekennzeichnet sind, dass insbesondere Vertrauensschutzregelungen aus den nationalen Verfahrensrechten außer Anwendung zu bleiben hatten,[569] was neben der oben erwähnten grundsätzlich negativen Bewertung staatlicher Beihilfen auch mit folgender flankierender Erwägung begründet werden kann: Die Rückforderung nationaler Subventionen findet in einem zwischen nationalen Behörden und Kommission gestuften Verfahren statt, in welchem die agierenden Rechtssubjekte jeweils mit unterschiedlichen Teilkompetenzen ausgestattet sind.[570] Das nationale Recht findet dabei von vornherein nur auf die Teilkompetenz der mitgliedstaatlichen Behörden Anwendung.[571] Die eigentliche Rücknahmeentscheidung wird aber von der Europäischen Kommission getroffen, mit der Konsequenz, dass auch Aspekte des Vertrauensschutzes auf der Ebene der Kommissionsentscheidung geltend zu machen sind, nicht aber gegen die ohne Ermessen ergangene Umsetzungsentscheidung der nationalen Behörden.[572]

Zutreffend erscheint die Aussage, die Frage nach der Integration der „Alcan"-Rechtsprechung in das deutsche Recht, sei von vornherein falsch formuliert,[573] komme doch das nationale Recht gar nicht zur Anwendung.[574] Die materielle Rücknahmeentscheidung, also das „Ob" der Rücknahme wird auf der Ebene der Kommission getroffen, die damit auch über eventuelle Einwände, die den Vertrauensschutz in Bezug nehmen, entscheidet. Das Gebot der Rechtsstaatlichkeit hat zwar zur Konsequenz, dass ein in solcher Weise belastender Verwaltungsakt auch mit den Rechtsmitteln, die das deutsche Recht zur Verfügung stellt, angreifbar sein muss.[575]

---

568 So insbesondere SCHOLZ, DÖV 1998, S. 261. Dazu s. oben S. 75 ff.

569 In der Bundesrepublik Deutschland bezieht sich dies hauptsächlich auf den die Rücknahme von Verwaltungsakten regelnden § 48 VwVfG.

570 Diesen Aspekt deutlich hervorhebend: RENNERT, DVBl. 2007, S. 400, 404; VON DANWITZ, Europäisches Verwaltungsrecht, S. 566; vgl. Schmidt-Aßmann, FG 50 Jahre Bundesverwaltungsgericht, S. 487, 497.

571 So insbesondere: RENNERT, DVBl. 2007, S. 400, 404; VON DANWITZ, Europäisches Verwaltungsrecht, S. 566; im Ansatz ähnlich: Schmidt-Aßmann, FG 50 Jahre Bundesverwaltungsgericht, S. 487, 497; HUBER, KritV 1999, S. 359, 373 f., 375; EHLERS, GewArch 1999, S. 305, 308.

572 RENNERT, DVBl. 2007, S. 400, 405; VON DANWITZ, Europäisches Verwaltungsrecht, S. 566.

573 So deutlich besonders: RENNERT, DVBl. 2007, S. 400, 406.

574 Nach wie vor ist die Literatur aber nicht ganz einig darüber, ob sich diese Entwicklung nicht mit den Termini der Implementation oder Integration besser umschreiben ließe; vgl. dazu: SCHEUING, DV 2001, S. 107, 138 f.; HUBER, KritV 1999, S. 359; EHLERS, GewArch 1999, S. 305, 306 ff.; SUERBAUM, VerwArch 2000, S. 169, 186 ff., 191 ff.; Schmidt-Aßmann, 50 Jahre Bundesverwaltungsgericht, S. 487, 488; aus der Rechtsprechung: BVerwGE 92, S. 81, 84 ff.

575 Dies ist ein Teil des Justizgewährungsanspruchs, der seinerseits Teil des Rechtsstaatsprinzips ist; JARASS, in: Jarass/Pieroth, Art. 19 GG, Rn. 32; SOMMERMANN, in: von Mangoldt/Klein/Starck, Art. 20 GG, Rn. 321; vgl. dazu bereits BÄHR, Der Rechtsstaat, S. 12: *„Recht und Gesetz können nur da wahre Bedeutung und Macht gewinnen, wo sie einen Richter-*

Dazu zählen alle den Prozess- und Verfahrensordnungen zu entnehmenden Normen, die günstige Rechtsfolgen aufweisen, also auch alle Vertrauensschutz gewährenden Normen.[576] Dies gilt aber wegen des Vorrangs des Europarechts vor nationalem Recht nur, soweit und solange das Gemeinschaftsrecht nicht entgegenstehende Normen kennt, die die entsprechende mitgliedstaatliche Regelung derogieren.[577] Der AEU (ex-EGV) hat die Kompetenz zur Überwachung und zur Rückforderung staatlicher Beihilfen allerdings auf die Kommission übertragen,[578] die bei dessen Exekution auf die Anwendung von Recht europäischer Provenienz angewiesen ist, welches auch einen gemeinschaftsrechtlichen Grundsatz des Vertrauensschutzes umfasst. Der in der Bundesrepublik Deutschland maßgebliche § 48 VwVfG wird somit in europarechtskonformer Anwendung zum bloßen „Rückforderungshebel"[579] und kennt in dieser Konstellation keinen eigenständigen Vertrauensschutz mehr – dieser ist auf die Ebene der Kommission verlagert. Da weiterhin angesichts der bestandskräftigen Rücknahmeentscheidung der Kommission auch kein Raum mehr für Zweckmäßigkeitsüberlegungen bleibt, entfällt auch jegliche Form des Rücknahmeermessens. Mithin ist die Behörde zum Erlass des Rücknahmebescheids ohne Weiteres verpflichtet.

3. Ergebnis: Berechtigung der Differenzierung zwischen den unterschiedlichen Beihilfetypen

Bei der grundsätzlich negativen Haltung des Europarechts gegenüber staatlichen Beihilfen wegen des ihnen innewohnenden besonderen Gefährdungspotentials für den gemeinsamen Markt sowie der im AEU (ex-EGV) angelegten Kompetenzabschichtung betreffend ihrer Überwachung handelt es sich zusammen genommen um Erwägungen, die die Differenzierung des EuGH bezüglich der unterschiedlichen Handhabung insbesondere des Vertrauensschutzes zu legitimieren vermögen. Vor allem kann dem bewussten Zusammenwirken der Behörden mit den betroffenen Empfängerunternehmen nur dann wirkungsvoll Einhalt geboten werden, wenn die nationalen Vorschriften, die einer Rückforderung im Einzelfall entgegenstehen kön-

spruch zu ihrer Verwirklichung bereit finden." Das setzt voraus, dass das geschriebene Recht auch Anwendung findet oder in einer dem Bestimmtheitsgrundsatz genügenden Weise derogiert wird.

576 Der Terminus ist hier in einem untechnischen Sinne verwandt, der alle Verteidigungsmittel umfasst, die für den Kläger günstig sind und nicht auf die Rechtsmittel i.S.v. VwGO oder ZPO beschränkt.

577 Vgl. dazu oben S. 27 f.

578 Hiermit sind lediglich die Art. 87 f. EGV in Bezug genommen, die eine Kompetenzübertragung herbeigeführt haben.

579 SCHEUING, DV 2001, S. 107, 139; HAPPE, NVwZ 1998, S. 26 („Durchsetzungshebel"); vgl. RENNERT, DVBl. 2007, S. 400, 406; Schmidt-Aßmann, FG 50 Jahre Bundesverwaltungsgericht, S. 487, 498.

nen, vor dem Hintergrund und im Lichte des Effektivitätsgrundsatzes in der vom EuGH praktizierten Weise angewandt werden.[580]

4. Nota bene: zur prozessualen Geltendmachung des Vertrauensschutzes

Nachdem sich herausgestellt hat, dass Vertrauensschutz nur auf europäischer Ebene gegen die Entscheidung der Kommission vorgebracht werden kann, erhebt sich die Frage, welche Auswirkungen dies für den von der Rückforderung betroffenen Begünstigten mit Blick auf seine Rechtschutzmöglichkeiten und deren gerichtliche Effektivierung hat.

Das Vorbringen von Vertrauensschutz gegen eine Rückforderungsentscheidung der Kommission zieht also deren Rechtmäßigkeit selbst in Zweifel[581] und richtet sich materiell nicht erst gegen die Umsetzungsentscheidung der mitgliedstaatlichen Behörden.[582] Normativer Anknüpfungspunkt ist in diesem Falle Art. 14 Abs. I der Verfahrensverordnung, nach dessen Satz 1 die Kommission alle notwendigen Maßnahmen zur Rückforderung einer rechtswidrig gewährten Beihilfe ergreift. Satz 2 dieser Norm schließt die Rückforderung jedoch aus, wenn diese gegen einen allgemeinen Grundsatz des Gemeinschaftsrechts verstößt, wozu auch die Grundsätze des Vertrauensschutzes und der Verhältnismäßigkeit zählen.[583] Damit wird auch präformiert, auf welcher Verfahrensstufe der Einwand des Vertrauensschutzes geltend zu machen ist. Die Rückforderungsentscheidung der Kommission ergeht zwar nur an die Mitgliedstaaten, betrifft aber regelmäßig den Empfänger der Subvention individuell und, da dem Mitgliedstaat kein Umsetzungsermessen verbleibt, auch unmittelbar im Sinne von Art. 263 Abs. IV AEU (ex-Art. 230 Abs. IV EGV).[584]

---

580 Diese Einschätzung wird von einem Großteil der Literatur mittlerweile geteilt, etwa: SCHEUING, DV 2001, S. 107, 129; Im Ergebnis ähnlich: RENNERT, DVBl. 2007, S. 400, 404 ff., der die vertrauensschützenden Normen für gänzlich unanwendbar hält, aber dies für legitim erachtet; Schmidt-Aßmann, FG 50 Jahre Bundesverwaltungsgericht, S. 487, 497 f., 506, der zudem die Verflochtenheit von nationalem und europäischem Recht durch die Rechtsprechung des EuGH als zutreffend dargestellt hält; EHLERS, GewArch 1999, S. 305, 308 f.; HUBER, KritV 1999, S. 359, 373; aA.: SINNAEVE, Die Rückforderung gemeinschaftsrechtswidriger nationaler Beihilfen, S. 134 ff.

581 EuGH, Rs. C-310/85, Deufil GmbH & Co. KG/Kommission, Slg. 1987, S. 901, Rn. 24; vgl. auch BVerwGE 106, S. 328, 335.

582 EHLERS, GewArch 1999, S. 305, 308, 310; Schmidt-Aßmann, FG 50 Jahre Bundesverwaltungsgericht, S. 487, 497 f.; SCHEUING, DV 2001, S. 107, 135 f.; RENNERT, DVBl. 2007, S. 400, 405; aA. SUERBAUM, VerwArch 2000, S. 169, 188 f.

583 Aus der Rechtsprechung: EuGH, Rs. C-5/89, Kommission/Deutschland („BUG Alutechnik"), Slg. 1990, I-3437, Rn. 13; EuGH, Rs. C-205-215/82 (verb.), Deutsche Milchkontor GmbH u. a./Bundesrepublik Deutschland, Slg. 1983, S. 2633, Rn. 13; vgl. weiter Protokollerklärung der Kommission vom 16.10.1998 zum nunmehrigen Art. 14 Abs. 1 S. 2 der VO 659/1999/EGV, hier zitiert nach ROSENFELD, Verfahrensrecht der gemeinschaftlichen Beihilfenaufsicht, S. 169.

584 Hier darf nicht die deutschrechtliche subjektive Rechtsverletzungslehre mit in Bezug genommen werden, die zur Klagebefugnis auf nationaler Ebene führt. Vielmehr gilt hier die

Daraus folgt, dass dem betroffenen Unternehmen die Nichtigkeitsklage zum EuGH beziehungsweise zum Gericht erster Instanz zusteht. Wird davon kein Gebrauch gemacht, so wird eine auf nationaler Ebene angestrengte Klage nicht als unzulässig, vielmehr aber als unbegründet abgewiesen, da inzidente Einwände gegen die Kommissionsentscheidung überprüfungsfest sind. Eine Vorlage an den EuGH in einem solchen Falle wäre unzulässig.[585] De lege ferenda ist allerdings kritisch anzumerken, dass die Rechtsstellung der einzelnen Betroffenen[586] in dem Verfahren vor der Kommission dringend der Stärkung bedarf, da von ihm einschneidende Wirkungen ausgehen. Zu denken ist hier an die Einräumung einer formalen Beteiligtenstellung mit den daran knüpfenden Rechten wie etwa Akteneinsicht, Anhörung, Begründung und Mitteilung der Entscheidung.[587]

IV. Reichweite und konstruktive Handhabung des eng bemessenen Vertrauensschutzes bei der Rückforderung europarechtswidriger staatlicher Beihilfen

Die strenge Handhabung des Vertrauensschutzes bei der Rückforderung staatlicher Beihilfen erscheint mit Blick auf die vorstehenden Aussagen also grundsätzlich angemessen. Dies macht es erforderlich, die Reichweite – wenn auch angesichts der umfänglichen Analyse der Rechtsprechung in aller Kürze – und vor allem die Voraussetzungen des dennoch gewährten Vertrauensschutzes näher zu umreißen und zugleich die zugrundeliegende Dogmatik zu erhellen.

1. Voraussetzungen, Grenzen und Reichweite des Vertrauensschutzes

a) Vergewisserungsobliegenheit über die Einhaltung des Beihilfeaufsichtsverfahrens

Die Berufung auf Vertrauensschutz ist nach der Judikatur des Gerichtshofs, wie gezeigt, nicht nur bei Gemeinschaftsbeihilfen, sondern auch bei staatlichen Beihilfen möglich, bei Letzteren allerdings in stark eingeschränktem Maße.[588] Die Möglichkeit, sich auf Vertrauensschutz zu berufen, besteht dem Grund nach nur dann, wenn das Beihilfeaufsichtsverfahren der Art. 107 AEU (ex-Art. 87 f. EGV) eingehalten

---

aus EuGH, Rs. C-25/62, Plaumann/Kommission, Slg. 1963, S. 213, 238 bekannte sog. „Plaumann-Formel"; aus jüngster Zeit: EuGH, Rs. C-263/02, Kommission/Jégo-Quéré & Cie SA, Slg. 2004, I-3425, Rn. 45.

585 EuGH, Rs. C-188/92, TWD Textilwerke Deggendorf GmbH/Bundesrepublik Deutschland, Slg. 1994, I-833, Rn. 17 f.; EuGH, Rs. C-346/03, Atzeni u.a./Regione autonoma della Sardegna, Slg. 2006, I-1875, Rn. 31 ff.; EuGH, Rs. C-232/05, Kommission/Frankreich, Slg. 2006, I-10071 (Scott Paper), Rn. 56 ff.

586 Dazu s. unten das Resümee auf S. 103 f.

587 RENNERT, DVBl. 2007, S. 400, 406; SCHEUING, DV 2001, S. 107, 137 f.

588 Etwa: EuGH, Rs. C-5/89, Kommission/Deutschland („BUG Alutechnik"), Slg. 1990, I-3437, Rn. 13, dazu auch bereits oben S. 68 ff.

worden ist und die Unternehmen sich darüber vergewissert haben. Diese Vergewisserungsobliegenheit bildet die Grundlage der Argumentation des EuGH für die Restriktionen bei der Gewährung von Vertrauensschutz.[589] Aus dem Terminus geht bereits hervor, dass es keine Rechtspflicht zur Vergewisserung gibt – eine solche ist weder dem einschlägigen Primär- noch Sekundärrecht zu entnehmen –, dass aber deren Unterlassung dem begünstigten Unternehmen zum Nachteil gereicht, indem die Berufung auf Vertrauensschutz unmöglich gemacht wird. Die Vergewisserung über die Einhaltung des Überwachungsverfahrens ist den Unternehmen auch zumutbar, da sie nur bei Beihilfen geboten ist, die nicht unter die sogenannte De-minimis-Regel fallen,[590] respektive nur bei großvolumigen Beihilfen, vor deren Gewährung es ohne Weiteres möglich sein sollte, die Voraussetzungen für ihre Auszahlung nachzuprüfen.[591] Wie genau die Vergewisserung als Voraussetzung für Vertrauensschutz auszusehen hat, ist in der Rechtsprechung des EuGH noch nicht entschieden worden, da eine Notwendigkeit dafür bislang nicht bestanden hat. Es dürfte aber davon auszugehen sein, dass eine Vergewisserung bei mitgliedstaatlichen Stellen alleine nicht ausreicht, da auf diese Art und Weise der Möglichkeit kollusiven Zusammenwirkens von nationalen Behörden und begünstigten Unternehmen Vorschub geleistet würde. Vielmehr dürfte eine Vergewisserung bei der Kommission vonnöten sein dürfte, was angesichts des erreichten Grades an Digitalisierung (Internet) auch ohne Weiteres zumutbar erscheint.[592] Vertrauensbegründend kann also nicht

---

589 Vgl. hier exemplarisch die Stellungnahme des EuGH im Fall „BUG Alutechnik“; EuGH, Rs. C-5/89, Kommission/Deutschland, Slg. 1990, I-3437, Rn. 14 („BUG Alutechnik“): *„Da die Überwachung der staatlichen Beihilfen durch die Kommission in Artikel Art. 88 EGV zwingend vorgeschrieben ist, darf ein beihilfebegünstigtes Unternehmen auf die Ordnungsmäßigkeit der Beihilfe jedoch grundsätzlich nur dann vertrauen, wenn diese unter Beachtung des dort vorgesehenen Verfahrens gewährt wurde. Einem sorgfältigen Gewerbetreibenden ist es regelmäßig möglich, sich zu vergewissern, ob dieses Verfahren beachtet wurde.“* Weitere Beispiele sind: EuGH, Rs. C-24/95, Land Rheinland-Pfalz/Alcan Deutschland GmbH („Alcan II“), Slg. 1997, I-1591, Rn. 25; EuGH, Rs. C-169/95, Spanien/Kommission, Slg. 1997, I-135, Rn. 51.

590 Das sind Beihilfen, die weniger als 200 000 Euro, im Straßentransportsektor weniger als 100 000 Euro pro Unternehmen für einen Zeitraum von drei Jahren betragen, VO 1998/2006/EG, ABl. L 379 vom 28.12.2006, S. 5. Weiter ist eine erhebliche Zahl von Beihilfen von dem Verfahren der Art. 87 f. EGV ausgenommen, die in der AGVO (Allgemeine Gruppenfreistellungsverordnung) aufgeführt sind, VO 800/2008/EG, ABl. L 214 vom 9.8.2008, S. 3; vgl. dazu auch oben S. 49, Fn. 336.

591 So zu Recht: HUBER, KritV 1999, S. 359, 367; RENNERT, DVBl. 2007, S. 400, 405; SCHEUING, DV 2001, S. 107, 130; kritisch aber dazu: SINNAEVE, Die Rückforderung gemeinschaftsrechtswidriger nationaler Beihilfen, S. 183 ff.

592 Im Interesse einer zügigen Bearbeitung hat die Kommission für die meisten Beihilfearten Standardanmeldeformulare entwickelt. Den Mitgliedstaaten wurde eine spezielle Software („SANI“) zur Verfügung gestellt, um den Anmeldeprozess zu erleichtern und zu beschleunigen.

das Verhalten eines mitgliedstaatlichen Trägers hoheitlicher Gewalt sein,[593] denn die Vergewisserungsobliegenheit intendiert ja gerade die Überprüfung des gemeinschaftskonformen Verhaltens auch der mitgliedstaatlichen Stellen bei der Gewährung einer staatlichen Subvention durch die begünstigten Unternehmen.[594] Diese hat sich nicht nur auf die ordnungsgemäß erfolgte Notifikation der Subvention zu beziehen, sondern auf die Einhaltung des gesamten Verfahrens.[595] Das begünstigte Unternehmen muss sich also Gewissheit darüber verschaffen, ob das unter Federführung der Kommission durchgeführte Prüfverfahren so weit gediehen ist, dass es sich auf die Rechtmäßigkeit der Beihilfegewährung verlassen konnte.[596] Dies bedeutet, dass ein Gemeinschaftsorgan begründete Erwartungen geweckt hat und die spätere Änderung der Situation für den Betroffenen nicht vorhersehbar gewesen ist.[597]

b) Die Grenzen der Rückforderungsmöglichkeit – berechtigtes Vertrauen auf Seiten des Begünstigten

Ist ein förmliches Prüfverfahren eingeleitet worden, so ist der vertrauensbegründende Tatbestand mit einer Positiventscheidung und deren Erwachsen in Bestandskraft dessen Abschluss.[598] Die Kommission kann also durch ihr Verhalten – etwa in Form von Zusicherungen[599] – zum Entstehen von berechtigtem Vertrauen auf Seiten der Beihilfeempfänger beitragen.[600] Dabei ist allerdings zu beachten, dass der für Wettbewerb zuständige Kommissar den vertrauensschaffenden Tatbestand ge-

593 RENNERT, DVBl. 2007, S. 400, 405; HUBER, KritV 1999, S. 359, 367; BERRISCH, EuR 1997, S. 155, 158 f.; KADELBACH, S. 471, SCHEUING, DV 2001, S. 107, 131; ferner die Protokollerklärung der Kommission vom 16.10.1998 zum nunmehrigen Art. 14 Abs. 1 S. 2 der VO 659/1999/EGV, hier zitiert nach ROSENFELD, Verfahrensrecht der gemeinschaftlichen Beihilfenaufsicht, S. 169, Fn. 809.

594 Vgl. TRIANTAFYLLOU, NVwZ 1992, S. 436, 439.

595 HAPPE, NVwZ 1998, S. 26, 27; SINNAEVE, Die Rückforderung gemeinschaftsrechtswidriger nationaler Beihilfen, S. 164.

596 SCHEUING, DV 2001, S. 107, 131.

597 Die Begrenzung des Vertrauensschutzes auf Handlungen, die Organe der Gemeinschaft vorgenommen haben, wird in der Literatur teilweise als Zentralisierung des Vertrauensschutzes bezeichnet, da sich dieser ausschließlich auf Gemeinschaftsakte beziehen kann. So vor allem: SCHEUING, DV 2001, S. 107, 136 ff.; Schmidt-Aßmann, FG 50 Jahre Bundesverwaltungsgericht, S. 487, 498.

598 EuGH, Rs. C-169/95, Spanien/Kommission, Slg. 1997, I-135, Rn. 53, wo das Entstehen von Vertrauen durch die fristgemäße Anfechtung verhindert worden ist; SINNAEVE, Die Rückforderung gemeinschaftsrechtswidriger nationaler Beihilfen, S. 167; MAGIERA, in: FS Börner, S. 213, 229.

599 EuG, Rs. T-129/96, Preussag/Kommission, Slg. 1998, II-609, Rn. 9; EuG, Rs. T-489/93, Unifruit Hellas/Kommission, Slg. 1994, II-1201, Rn. 51.

600 Vgl. nochmals RENNERT, DVBl. 2007, S. 400, 405; HUBER, KritV 1999, S. 359, 367; BERRISCH, EuR 1997, S. 155, 158 f.; KADELBACH, S. 471, SCHEUING, DV 2001, S. 107, 131.

setzt haben muss, und nicht etwa – wie im Fall „Preussag“[601] geschehen – ein anderes Kommissionsmitglied, das um Unterstützung bei der Bewilligung gebeten worden ist und das dem Empfängerunternehmen dann irrigerweise mitgeteilt hat, die Beihilfe sei durch die Kommission genehmigt worden.[602]

In Fällen, in welchen die Kommission Vertrauensschutz gewährt hat, ohne dass das Verfahren der Art. 107 AEU (ex-Art 87 f. EGV) eingehalten worden ist, hat der EuGH die Kommission mit einer Begründungspflicht für dieses Ergebnis bedacht, um arbiträren Entscheidungen vorzubeugen.[603]

Vertrauensschutz kann auch in solchen Fällen eingreifen, in denen hoheitliche Handlungen zunächst nicht als Beihilfegewährung eingestuft worden sind, sich aber dennoch nachträglich als solche herausgestellt haben und von der Kommission als gemeinschaftsrechtswidrig eingeordnet worden sind.[604]

Schließlich sind Fallkonstellationen denkbar, in denen eine Ausnahme von dem Prinzip der Einhaltung aller im Beihilfeaufsichtsverfahren eingebauter Kautelen anerkannt werden kann und dennoch Vertrauensschutz zu gewähren ist, weil besondere Umstände diese Rechtsauffassung erforderlich machen.[605] In einem aus den Niederlanden stammenden Fall ist einem Unternehmen eine Beihilfe gewährt worden, ohne zuvor die Kommission davon zu unterrichten.[606] Der bezuschusste Sektor ist allerdings seit mehreren Jahren Gegenstand staatlicher Intervention gewesen, was auch mit Wissen und Genehmigung der Kommission geschehen ist. Die in Rede stehende Subvention war mit der Intention gewährt worden, entstandene Mehrkosten aus einer zuvor bewilligten Subvention zu decken. Ferner waren der Kommission die Sachlage und die Gründe, die zu einer Überschreitung der zunächst geplanten Kosten geführt hatten, bekannt. Tiefergehende Nachforschungen waren diesbezüglich nicht vonnöten gewesen. Dies hielt sie allerdings nicht davon ab, 26 Monate nach der schließlich doch erfolgten Anmeldung der Subvention einen Rückforderungsbefehl an die Niederlande ergehen zu lassen. Dem hielt der EuGH zutreffend entgegen, das Handeln der Kommission habe berechtigtes Vertrauen auf den Bestand der Beihilfe aufkommen lassen, die daher trotz des nicht eingehaltenen

---

601 EuG, Rs. T-129/96, Preussag/Kommission, Slg. 1998, II-609.

602 EuG, Rs. T-129/96, Preussag/Kommission, Slg. 1998, II-609, Rn. 81 ff.; dort hatte das deutsche Kommissionsmitglied Bangemann dem Vernehmen von Preussag nach offensichtlich zum Entstehen von Vertrauen beigetragen.

603 EuGH, Rs. C-83/98, Frankreich/Ladbroke Racing Ltd. und Kommission, Slg. 2000, I-3271, Rn. 59.

604 EuGH, Rs. C-5/89, Kommission/Deutschland („BUG Alutechnik“), Slg. 1990, I-3437, Rn. 26 der Schlussanträge des Generalanwalts Darmon der auf die Problematik atypischer Beihilfen zu sprechen kommt; ferner (zu selektiven Maßnahmen und ihrer Qualifikation als Beihilfe): BÄR-BOUYSSIÈRE, in: Schwarze, Art. 87 EGV, Rn. 43; SCHEUING, DV 2001, S. 107, 132.

605 EuGH, Rs. C-223/85, Rijn-Schelde-Verolme (RSV) Maschinefabriken en Scheepswerven/Kommission, Slg. 1987, S. 4617, Rn. 12 ff.

606 Zum Sachverhalt des Falles ausführlich: EuGH, Rs. C-223/85, Rijn-Schelde-Verolme (RSV) Maschinefabriken en Scheepswerven/Kommission, Slg. 1987, S. 4617, Rn. 1-6.

Verfahrens nicht der Rückforderung unterliege.[607] Der Rückforderungsbescheid ist daher wegen Verstoßes gegen den im Gemeinschaftsrecht verankerten Grundsatz des Vertrauensschutzes aufgehoben worden.[608]

Schließlich enthält die Verfahrensverordnung selbst Ausprägungen des Vertrauensschutzes, vornehmlich in Gestalt von Fristen.[609] Vor allem ist hier die Frist des Art. 15 VO 659/1999 zu nennen, die Rückforderungsentscheidungen der Kommission auf einen Zeitraum von zehn Jahren ab dem Datum der Gewährung der europarechtswidrigen Beihilfe begrenzt.[610]

2. Rechtstechnische und konstruktive Grundlagen eines europäisierten Vertrauensschutzkonzepts

Der EuGH bekennt sich in seinen Judikaten zur Anwendung der aus Art. 4 Abs. III EUV (ex-Art. 10 EGV) folgenden Grundsätze des Effektivitäts- und Äquivalenzprinzips, angepasst an die Provenienz der Beihilfe.[611] Dabei sind allerdings deutliche Unterschiede im Vergleich zur Rückforderung gemeinschaftsrechtswidriger Gemeinschaftsbeihilfen zu Tage getreten; bei Letzteren hat der EuGH in weitem Umfang die aus den nationalen Rechtsordnungen folgenden Vertrauensschutzregelungen in Gestalt von Klage-, Verjährungs- und Ausschlussfristen akzeptiert,[612] was er im umgekehrten Fall der staatlichen Beihilfen schlichtweg abgelehnt hat.[613] Dies legt den Gedanken nahe, dass der Gerichtshof im Bereich der staatlichen Subventionen eine intensivere Form der Europäisierung betrieben hat[614] und dazu unter Wertungsgesichtspunkten auch angehalten gewesen ist.[615]

---

607 EuGH, Rs. C-223/85, Rijn-Schelde-Verolme (RSV) Maschinefabriken en Scheepswerven/ Kommission, Slg. 1987, S. 4617, Rn. 17.

608 EuGH, Rs. C-223/85, Rijn-Schelde-Verolme (RSV) Maschinefabriken en Scheepswerven/ Kommission, Slg. 1987, S. 4617, Rn. 19.

609 Art. 15 der VO 659/1999/EG; für die Zeit vor deren Inkrafttreten vgl. EuGH, Rs. C-346/03, Atzeni u.a./Regione autonoma della Sardegna, Slg. 2006, I-1875, Rn. 61.

610 Art. 15 der VO 659/1999/EG enthält allerdings die Möglichkeit der Unterbrechung oder Aussetzung der Verjährung.

611 Etwa: EuGH, Rs. C-5/89, Kommission/Deutschland („BUG Alutechnik"), Slg. 1990, I-3437, Rn. 12; EuGH, Rs. C-24/95, Land Rheinland-Pfalz/Alcan Deutschland GmbH („Alcan II"), Slg. 1997, I-1591, Rn. 24; dazu bereits ausführlich oben S. 70 ff.

612 Dazu s. vor allem den Fall „Dt. Milchkontor" oben S. 56 ff.

613 Dazu s. vor allem den Fall „Alcan" oben S. 70 ff.

614 Schmidt-Aßmann, FG 50 Jahre Bundesverwaltungsgericht, S. 487, 497 f.; SCHEUING, DV 2001, S. 107, 134; SCHOCH, DV 1999, Beiheft 2, S. 135, 160; BERRISCH, EuR 1997, S. 155, 160.

615 Vgl. oben S. 89 ff. die grundsätzlich negative Ausgangsbewertung staatlicher Beihilfen.

a) Gemeinschaftsweite Vereinheitlichung des Vertrauensschutzes

Eine Vereinheitlichung des Vertrauensschutzes wurde durch das normativ und durch die Rechtsprechung des EuGH dogmatisch nicht vollständig befriedigend gelöste Verhältnis zwischen Rückforderungsentscheidung der Kommission, staatlichem Umsetzungsakt und dem Vertrauensschutz des Beihilfebegünstigten erforderlich.[616] Es fand sich nämlich – nur die Buchstaben des Gesetzes beachtend – zunächst die Ausgangssituation vor, dass die Kommission ein Rückforderungsgebot ergehen lassen konnte, welches der Mitgliedstaat umzusetzen hatte, ohne dabei die ihm auferlegten Bindungen des nationalen Rechts beachten zu dürfen. Gegen dieses möglicherweise bewusst rechtswidrige Behördenhandeln stand dem Adressaten der Rückforderung die Klage zu den nationalen Gerichten offen, mit denen er die behördlicherseits ergangene Rücknahmeentscheidung wieder zu Fall bringen konnte.[617]

aa) Ausschluss jeglicher nationaler Rückforderungssperre wegen des Vorrangs des Gemeinschaftsrechts

Die oben skizzierte Lösung entbehrt des notwendigen Maßes an Plausibilität, da sie in gewisser Weise dem Einwand des „dolo agit, qui petit, quod statim rediturus est"[618] Vorschub leistet. Diese Problematik könnte umgangen werden, wenn man unter Berufung auf den Vorrang des Gemeinschaftsrechts vor jeglichem entgegenstehenden nationalen Recht die Berufung auf jedwede Form des Vertrauensschutzes, der aus dem innerstaatlichen Recht folgt, ausschließen würde. Dies tut der EuGH allerdings trotz seiner rigiden Haltung zu Recht nicht, indem er für außergewöhnliche Situationen die Möglichkeit der Berufung auf Vertrauensschutz, der aus dem innerstaatlichen Recht folgt, offen lässt.[619]

bb) Vertrauensschutz als Fall der absoluten Unmöglichkeit

Konstruktiv denkbar wäre es, in entgegenstehenden vertrauensschützenden Normen des nationalen Rechts einen Fall absoluter Unmöglichkeit der Rückforderung zu erblicken, was die Rückforderungspflicht zum Untergang brächte.[620] Der EuGH hat sich diese Argumentation jedoch ersichtlich nicht zu eigen gemacht und verwendet

---

616 Begriffsprägend in diesem Zusammenhang: SCHEUING, in: Hofmann-Riem/Schmidt-Aßmann, Innovation und Flexibilität des Verwaltungshandelns, S. 290, 316 ff.; DERS., DV 2001, S. 107, 134 ff.

617 EuGH, Rs. C-5/89, Kommission/Deutschland („BUG Alutechnik"), Slg. 1990, I-3437, Rn. 17, wo diese widersinnige Konstellation erhellt wird.

618 Zu diesem Grundsatz allgemein: MANSEL, in: Jauernig, § 242 BGB, Rn. 39; ROTH, in: MünchKomm BGB, § 242, Rn. 373 ff.

619 EuGH, Rs. C-183/91, Kommission/Griechenland, Slg. 1993, S. 3131, Rn. 18; EuGH, Rs. C-5/89, Kommission/Deutschland („BUG Alutechnik"), Slg. 1990, I-3437, Rn 16.

620 SCHEUING, DV 2001, S. 107, 135.

den Terminus in einem engeren Sinne.[621] Es kommt hinzu, dass auch diese Konstruktion geeignet ist, das kollusive Zusammenwirken zwischen mitgliedstaatlichen Behörden und begünstigten Unternehmen zu befördern.[622] In der Konsequenz einer so verstandenen absoluten Unmöglichkeit läge es nämlich, dass die Rückforderungsentscheidung der Kommission rechtmäßigerweise ergehen könnte, die Behörden sich aber ebenso rechtmäßigerweise hinter die absolute Unmöglichkeit zurückziehen könnten. Mithin hätten sie es selbst in der Hand, eine Situation absoluter Unmöglichkeit herbeizuführen, etwa indem sie eine Frist bewusst verstreichen lassen.

cc) Europäisierter Vertrauensschutz

Plausible Ergebnisse können erzielt werden, wenn die Kommission den Mitgliedstaat dann nicht zur Rückforderung verpflichten darf, wenn dem begünstigten Empfängerunternehmen Vertrauensschutz zur Seite steht. Dies kann, das haben die bisherigen Ausführungen gezeigt, nur ein Vertrauensschutz sein, der dem europäischen Recht entnommen ist;[623] andernfalls wäre ja gerade die zu vermeidende Situation entstanden, dass die Mitgliedstaaten über einen weit gefassten Vertrauensschutz die Rückforderung selbst unmöglich machen können. Die Vereinheitlichung besteht also darin, für die Rückforderungsentscheidung der Kommission und für die nationale Rückforderungsentscheidung gleichermaßen einen einheitlichen Vertrauensschutzstandard zu etablieren, dessen Provenienz das Gemeinschaftsrecht ist.[624] Vor diesem Hintergrund sind die der einschlägigen Rechtsprechung entnommenen Ausführungen zu Umfang und Reichweite des eng bemessenen Vertrauensschutzes bei der Rückforderung staatlicher Beihilfen als Charakterisierung dieses gemeinschaftsrechtlichen Vertrauensschutzstandards zu begreifen, der von allen Beteiligten, d.h. Kommission einerseits und staatliche Behörde andererseits, zu beachten ist, wenn sie eine Rücknahmeentscheidung erlassen.[625] Das wurde in der Rechtsprechung des

621 Eine absolute Unmöglichkeit ablehnend: EuGH, Rs. C-52/84, Kommission/Belgien, Slg. 1986, S. 89, Rn. 14 (trotz Liquidation des Unternehmens); EuGH, Rs. C-303/88, Italien/Kommission, Slg. 1991, I-1433, Rn. 60 (Privatisierung des subventionierten Unternehmens); EuGH, Rs. C-183/91, Kommission/Griechenland, Slg. 1993, I-3131, Rn. 19 ff iVm. 11 (verfassungsrechtliche Hindernisse); KÖNIG/KÜHLING, in: Streinz, Art. 88 EGV Rn. 28; CREMER, in: Calliess/Ruffert, Art. 88 EGV, Rn. 24; zum Ganzen auch: SINNAEVE, Die Rückforderung gemeinschaftsrechtswidriger nationaler Beihilfen, S. 156 ff.

622 EuGH, Rs. C-5/89, Kommission/Deutschland, Slg. 1990, I-3437, Rn. 17 („BUG Alutechnik").

623 Dazu s. oben S. 100 f.

624 RENNERT, DVBl. 2007, S. 400, 406; SCHEUING, DV 2001, S. 107, 136; Schmidt-Aßmann, FG 50 Jahre Bundesverwaltungsgericht, S. 487, 497 f.

625 Vgl. auch: Protokollerklärung der Kommission vom 16.10.1998 zum nunmehrigen Art. 14 Abs. 1 S. 2 der VO 659/1999/EGV, hier zitiert nach ROSENFELD, Verfahrensrecht der gemeinschaftlichen Beihilfenaufsicht, S. 169.

Gerichtshofs erst nach und nach deutlich, bildet aber von Anfang an ihr Fundament.[626]

V. Resümee

Die Analyse der Rechtsprechung des EuGH und deren dogmatische Fundierung haben deutlich zu Tage treten lassen, dass die Bestandskraft von Verwaltungsakten auf dem Gebiet staatlicher Beihilfen, die nach deutschem Recht eigentlich anzuerkennen wäre, nahezu vollständig relativiert ist;[627] zu fordern bleibt allein die förmliche Rücknahme der Bewilligungsbescheide.[628] Diese Zurückdrängung der nationalen Vertrauensschutznormen zu Gunsten ihrer europäischen Gegenstücke geht allerdings mit großer rechtlicher Klarheit einher; es ist nunmehr weitgehend unumstritten, dass mit Blick auf die Schaffung vertrauensschützender Tatbestände einzig auf die Handlungen von Gemeinschaftsorganen abzustellen ist.[629] Weiter ist ebenso deutlich, dass nationale Normen, die Vertrauensschutz gewähren und somit die Rücknahme eines begünstigenden Verwaltungsakts ausschließen, außer Anwendung zu bleiben haben, da mit der Verlagerung der Kompetenz zur Beihilfenaufsicht auch die Kompetenz zur Regelung vertrauensschützender Normen auf die Gemeinschaft übergegangen ist und somit der gemeinschaftsrechtliche Vertrauensschutz als allgemeiner Rechtsgrundsatz Anwendung findet.[630] Da die Rechtsprechung des Gerichtshofs in Umfang und Reichweite klar erkennen lässt, wann Vertrauensschutz in Betracht kommt und wann nicht, ist auch der de lege ferenda erhobenen Forderung nach einer Kodifizierung des Vertrauensschutzes in der Verfahrensverordnung nicht beizutreten.[631] Vielmehr ist der flexibleren Fortentwicklung eines europäisierten Vertrauensschutzkonzeptes durch den Gerichtshof und das europarechtliche Schrifttum der Vorzug zu geben. Wünschenswert ist allerdings die Verbesserung der Stellung des Individuums im Beihilfenaufsichtsverfahren.[632] Künftige Vorabentscheidungsverfahren, die die Anwendbarkeit nationaler Rückforderungsausschlusstatbestände mit Blick auf staatliche Beihilfen zum Gegenstand haben, erübrigen sich also wohl vor dem Hintergrund dieser wenig zweifelhaften Rechtslage.

---

626 RENNERT, DVBl. 2007, S. 400, 404.

627 Schmidt-Aßmann, FG 50 Jahre Bundesverwaltungsgericht, S. 487, 498.

628 SCHEUING, DV 2001, S. 107, 139; HAPPE, NVwZ 1998, S. 26; vgl. RENNERT, DVBl. 2007, S. 400, 406; Schmidt-Aßmann, FG 50 Jahre Bundesverwaltungsgericht, S. 487, 498; vgl. zudem oben S. 92 ff.

629 Dazu s. oben S. 97 f.

630 Dazu s. oben S. 102 f.

631 AA. SCHEUING, DV 2001, S. 107, 137, demzufolge die Nichtaufnahme vertrauensschützender Regelungen in die VO 659/1999/EG bedauernswert ist und der die Ausgestaltung des zentralisierten Vertrauensschutzes für noch stringenter hielte, wenn der Vertrauensschutz in der Verfahrensverordnung geregelt wäre.

632 RENNERT, DVBl. 2007, S. 400, 406; SCHEUING, DV 2001, S. 107, 137 f.; vgl. zudem oben S. 96.

§ 5 – Relativierung der Bestandskraft von Verwaltungsakten in sonstigen Fällen

Nachdem sich die vorstehenden Erwägungen auf Verwaltungsakte bezogen haben, die entweder staatliche Beihilfen oder solche der Gemeinschaft gewährt haben, gilt es nun, die Rechtslage in Bezug auf Verwaltungsentscheidungen zu erhellen, die sich nicht mit der Zuwendung von Subventionen, sondern mit sonstigen hoheitlichen Entscheidungen auf dem Gebiet des öffentlichen Rechts befassen. Dabei wird zu zeigen sein, ob die aus den vorstehenden Erwägungen bekannten Muster übertragbar sind und ob sich parallele Entwicklungen aufzeigen lassen, insbesondere ob der Umgang der Gemeinschaft mit mitgliedstaatlichen Verwaltungsakten eher den Mustern gleicht, die auf die Rücknahme von Gemeinschaftsbeihilfen Anwendung finden – also der respektierende Vollzug von Gemeinschaftsrecht[633] im Vordergrund steht – oder ob die rigidere Haltung, die den Umgang mit staatlichen Beihilfen prägt, zum Tragen kommt. Wenn grundsätzlich der respektierende Vollzug im Vordergrund stehen sollte, dann werden die davon abweichenden Entscheidungen auf eine eventuell dahinterstehende Systematik untersucht werden und es wird dargetan werden, warum eine Abweichung in dem betreffenden Fall geboten gewesen ist. Jedenfalls soll eine in sich stringente Systematik erarbeitet werden, die die Einordnung möglicherweise auftretender Fälle ohne größere Schwierigkeiten ermöglicht.

I. Typisierung der Verwaltungsakte

Zunächst erscheint es sinnvoll, eine Unterscheidung danach vorzunehmen, ob die Verwaltungsentscheidung für den Bürger belastend ist oder ob sie ihn begünstigt. Dies hat nämlich für das betroffene Individuum zur Folge, dass es sich im erstgenannten Fall für deren Aufhebung einsetzen und im zuletzt genannten deren Aufrechterhaltung anstreben wird. Die Stoßrichtung der geltend gemachten Rechtsmittel ist somit unterschiedlich.

1. Friktionen zwischen Gesetzmäßigkeit des Verwaltungshandelns und Rechtssicherheit

Steht die Rechtswidrigkeit eines Verwaltungsakts fest, so sagt dies noch nichts über die normative Verpflichtung der Behörde aus, diesen rechtswidrigen Zustand durch Rücknahme des Verwaltungsakts zu korrigieren, und zwar auch dann nicht, wenn sich der in Rede stehende Verwaltungsakt als gemeinschaftsrechtswidrig erwiesen

633 Zur Begrifflichkeit vgl. RENNERT, DVBl. 2007, S. 400 f.

hat.[634] Dies deshalb, da die meisten Rechtsordnungen die Bestandskraft des einmal erlassenen Verwaltungsakts stets in gewissem Umfang schützen und vor dem Zugriff der an seiner Korrektur interessierten und – in der Bundesrepublik Deutschland – dem Rechtsstaatsprinzip verpflichteten Behörden bewahren.[635] Das den Behörden bei der Frage, ob und in welchem Umfang ein Verwaltungsakt zurückgenommen werden kann, typischerweise zukommende Rücknahmeermessen, ist zumeist durch den Vertrauensschutz als Ermessensrahmen eingeschränkt.[636] Zu seiner Feststellung sind das Vertrauen des Begünstigten auf den Bestand des Verwaltungsakts und das öffentliche Interesse an der Korrektur einer rechtswidrigen Entscheidung gegeneinander abzuwägen.[637] Es stehen sich also – vereinfacht formuliert – auf der einen Seite der Grundsatz der Rechtssicherheit und auf der anderen Seite der Grundsatz der Gesetzmäßigkeit der Verwaltung gegenüber, die beide Ausflüsse des in Deutschland verfassungsrechtlich abgesicherten Rechtsstaatsgebots sind.[638] Das subjektive Interesse des betroffenen Individuums verstärkt, je nachdem, ob es sich um einen begünstigenden oder einen belastenden Verwaltungsakt handelt, einmal das Interesse am Bestand des rechtswidrigen Verwaltungsakts und einmal das Interesse an seiner Rücknahme. Die Beteiligung Dritter verändert an den skizzierten Fronten nichts, kann aber den Abwägungsvorgang selbst komplizierter gestalten, da eine Mehrzahl von Belangen zu berücksichtigen ist.[639] Die Schwierigkeit, eine gerechte Abwägung zwischen Rechtssicherheit und Rechtmäßigkeit vorzunehmen, taucht in allen mitgliedstaatlichen Rechtsordnungen auf, ist aber je nach Provenienz durch sie unterschiedlich determiniert, des Weiteren aber dem Behördenermessen überlassen.[640] In Deutschland ist die Abwägung eine gesetzlich vorgegebene Gewichtung, die weder Ermessen noch Beurteilungsspielraum darstellt und einer gerichtlichen Überprüfung daher vollumfänglich zugänglich ist.[641]

Der EuGH ist diesem normativen Befund auf der Ebene der Mitgliedstaaten prinzipiell mit Akzeptanz gegenübergetreten, erkennt das Institut der Bestandskraft

---

634 EuGH, Rs. C-392/04 und C-422/04, I-21 Germany GmbH und Arcor AG und Co. KG/Bundesrepublik Deutschland, Slg. 2006, I-8559, Rn. 69 ff.; BVerwG, NVwZ 2007, S. 709, 710; SACHS, in: Stelkens/Bonk/Sachs, § 48 VwVfG, Rn. 96.

635 Zum Grundsatz der Rechtssicherheit und seiner Bedeutung im Verhältnis zum Grundsatz der Gesetzmäßigkeit des Verwaltungshandelns: BVerwGE 44, S. 333, 336; BVerwG, DVBl. 2006, S. 1306, 1308; ferner: SACHS, in: Stelkens/Bonk/Sachs, § 48 VwVfG, Rn. 28 ff.; MÜLLER, in: Bader/Ronellenfitsch, § 48 VwVfG, Rn. 22.

636 Bei begünstigenden Verwaltungsakten sind die Abs. 2-4 dafür maßgeblich; BVerfGE 59, S. 128, 164 ff.; SACHS, in: Stelkens/Bonk/Sachs, § 48 VwVfG, Rn. 81 und 135.

637 SACHS, in: Stelkens/Bonk/Sachs, § 48 VwVfG, Rn. 135; MÜLLER, in: Bader/Ronellenfitsch, § 48 VwVfG, Rn. 38.

638 BVerwGE 44, S. 333, 336; BVerwG, DVBl. 2006, S. 1306, 1308 ; RENNERT, DVBl. 2007, S. 400, 401.

639 RENNERT, DVBl. 2007, S. 400, 401.

640 In der Bundesrepublik Deutschland sind die §§ 48, 51 VwVfG maßgeblich.

641 BVerwGE 69, S. 159, 162 f.; SACHS, in: Stelkens/Bonk/Sachs, § 48 VwVfG, Rn. 135.

grundsätzlich an[642] und hat in seiner ständigen und daher gefestigten Rechtsprechung auch nicht unter Berufung auf Art. 4 Abs. III EUV (ex-Art. 10 EGV) und dem aus ihm folgenden Effektivitätsprinzip gefordert, dass immer dann, wenn ein Verwaltungsakt auch gemeinschaftsrechtswidrig ist, sich das Rücknahmeermessen der Behörde dahin zu verdichten habe, diesen auf jeden Fall zurückzunehmen.[643] Vielmehr hat er stets herausgestellt, dass die Grundsätze der Rechtssicherheit und des Vertrauensschutzes alle Rechtsordnungen der Mitgliedstaaten verbindende Elemente und somit auch Teil der Gemeinschaftsrechtsordnung seien.[644] Daraus folgert der EuGH konsequenterweise die Anerkennung des Rechtsinstituts der Bestandskraft, unterwirft dieses in seinen Grenzbereichen allerdings den Vorgaben des Art. 4 Abs. III EUV (Ex-Art. 10 EGV). Die unzumutbare Erschwerung oder – in der Diktion des EuGH – die praktische Unmöglichkeit[645] der Durchsetzung von Gemeinschaftsrechten darf durch die Berufung auf Bestandskraftregeln bzw. – im umgekehrten Fall – durch Berufung auf Vertrauensschutz nicht herbeigeführt werden. Im Übrigen dürfen rein nationale Sachverhalte nicht anders behandelt werden als solche, die einen Bezug zu Gemeinschaftsrecht haben.[646]

Diese erste kurze Bestandsaufnahme hat bereits zu Tage gefördert, dass der EuGH grundsätzlich dazu neigt, die Grundsätze, die für die Behandlung von Gemeinschaftsbeihilfen gelten, auch auf sonstige Verwaltungsakte zu übertragen, er also insbesondere den nationalen Rechtsordnungen mit Respekt gegenübertritt und nur die Einhaltung der Grenzen des aus europäischer Sicht Tolerierbaren überwacht. Dennoch sind die nationalen Rechtsordnungen in einigen Fällen durchbrochen worden, was es an dem Grundsatz der institutionellen und verfahrensmäßigen Autonomie der Mitgliedstaaten zu messen gilt.[647] Doch zunächst zum Regelfall.

2. Die Rücknahme belastender Verwaltungsakte

Charakteristikum dieser Konstellation ist es, dass der Adressat der Verwaltungsentscheidung typischerweise an ihrer Aufhebung, respektive ihrer Rücknahme, interessiert sein wird, wohingegen sich die Behörde auf die Bestandskraft des Bescheides berufen wird. Wenn mit dem Eintritt der Bestandskraft die Rechtsfolge verbunden ist, dass ein Verwaltungsakt nicht mehr aufgehoben werden kann oder zumindest nicht mehr aufgehoben werden muss, so erscheint es konsequent, wenn sich der

642 EuGH, Rs. C-310/97, Kommission/AssiDomän, Slg. 1999, I-5363, Rn. 61; EuGH, Rs. C-453/00, Kühne & Heitz NV/Produktschap voor Pluimvee en Eieren, Slg. 2004, I-837, Rn. 24; EuGH, Rs. C-234/04, Kapferer/Schlank & Schick GmbH, Slg. 2006, I-2585, Rn. 20 f.

643 In diesem Sinne: EuGH, Rs. C-392/04 und C-422/04, I-21 Germany GmbH und Arcor AG und Co. KG/Bundesrepublik Deutschland, Slg. 2006, I-8559, Rn. 69 ff.

644 EuGH, Rs. C-205-215/82 (verb.), Deutsche Milchkontor GmbH u. a./Bundesrepublik Deutschland, Slg. 1983, S. 2633, Rn. 30.

645 Zum Effektivitätsprinzip s. oben S. 43 f.

646 Zum Äquivalenzprinzip s. oben S. 43 f.

647 Dazu s. bereits oben S. 43.

EuGH näher mit den Voraussetzungen befasst, die den Eintritt der Bestandskraft ermöglichen, oder die für ihre Durchbrechung erfüllt sein müssen.

a) Vor Eintritt der Bestandskraft

Sinnvoll ist es, zwischen der Situation zu unterscheiden, die dem Eintreten der Bestandskraft zeitlich vorausgeht und der Situation, die nach Eintritt der Bestandskraft vorzufinden ist. In der erstgenannten Konstellation richtet sich der Blick dann auf die Vorschriften, die den Eintritt der Bestandskraft erst ermöglichen. Diese sind auf ihre Vereinbarkeit mit Gemeinschaftsrecht hin zu überprüfen. In der zweiten Konstellation ist der Blick dagegen auf die Normen gerichtet, die eine Relativierung der Bestandskraft auf nationaler Ebene zulassen.

aa) Verfristung von Rechtsbehelfen

Grundsätzlich verlangt der auf Art. 4 Abs. III EUV (ex-Art. 10 EGV) fußende Grundsatz der Effektivität, dass dem betroffenen Individuum hinreichende Möglichkeit gegeben wird, sich vor entscheidungskompetenten nationalen Stellen auf die Verletzung von Gemeinschaftsrecht berufen zu können – so der Gerichtshof insbesondere in dem aus Belgien stammenden Fall „Peterbroeck“[648]. Dabei wird die Möglichkeit, die Einlegung eines Rechtsbehelfs grundsätzlich an die Einhaltung einer angemessenen Frist zu knüpfen, im Interesse der Rechtssicherheit akzeptiert,[649] jedoch Begrenzungen unterworfen, die es intendieren, die Geltendmachung von Gemeinschaftsrechten nicht übermäßig zu erschweren oder praktisch unmöglich zu machen. Das Gemeinschaftsrecht steht demzufolge der Anwendung einer nationalen Verfahrensvorschrift entgegen, die es einem im Rahmen seiner Zuständigkeit angerufenen nationalen Gericht verbietet, von Amts wegen die Vereinbarkeit eines innerstaatlichen Rechtsakts mit einer Vorschrift des Gemeinschaftsrechts zu prüfen, wenn sich kein Verfahrensbeteiligter innerhalb einer bestimmten Frist auf die letztgenannte Vorschrift berufen hat.[650] Als Besonderheit in der Rechtssache „Peterbroeck“ trat hinzu, dass die den Fristlauf auslösende Entscheidung von einem Gremium getroffen worden ist, dass zu einer Vorlage an den EuGH nicht kompetent gewesen ist und dass die in Frage stehende mitgliedstaatliche Frist von 60 Tagen für

---

648 EuGH, Rs. C-312/93, Peterbroeck/Belgien, Slg. 1995, I-4599, Rn. 13, 21; vgl. auch: EuGH, Rs. C-188/95, Fantask/Industriministeriet, Slg. 1997, I-6783, Rn. 40.

649 EuGH, Rs. C-228/96, Aprile Srl./Amministrazione delle Finanze dello Stato, Slg. 1998, I-7141, Rn. 19; EuGH, Rs. C-33/76, Rewe/Landwirtschaftskammer für das Saarland, Slg. 1976, S. 1989, Rn. 5; EuGH, Rs. C-45/76, Comet BV/Produktschap vor Siergewassen, Slg. 1976, S. 2043, Rn. 17 f.; EuGH, Rs. C-61/79, Amministrazione delle Finanze dello Stato/Denkavit italiana Srl., Slg. 1980, S. 1205, Rn. 23; vgl. auch: EuGH, Rs. C-261/95, Palmisani/INPS, Slg. 1997, I-4025, Rn. 28; EuGH, Rs. C-90/94, Haahr Petroleum Ltd./Abenra Havn u.a., Slg. 1997, I-4085, Rn. 48.

650 EuGH, Rs. C-312/93, Peterbroeck/Belgien, Slg. 1995, I-4599, Rn. 21.

die Einlegung von auf Gemeinschaftsrecht gestützten Rechtsmitteln bereits vor der ersten Verhandlung vor einem vorlageberechtigten Gericht abgelaufen gewesen ist.[651]

bb) (Keine) Verwirkung in Unkenntnis der Rechtswidrigkeit

Auch hier gelten die bereits dargestellten und aus Art. 4 Abs. III EUV (ex-Art. 10 EGV) folgenden Rahmenbedingungen, d.h. keine praktische Unmöglichkeit oder übermäßige Erschwerung der Rechtsverfolgung. Insoweit hat der EuGH im Fall „Fantask" einen allgemeinen Grundsatz des mitgliedstaatlichen Rechts beanstandet, nach dem die Gerichte eines Mitgliedstaats Klagen auf Erstattung gemeinschaftsrechtswidrig erhobener Abgaben abweisen müssen, wenn diese Abgaben lange Zeit erhoben worden sind und weder die Behörden dieses Staates noch die Abgabenpflichtigen sich ihrer Rechtswidrigkeit bewusst gewesen sind.[652] Überdies bleibt wohl festzuhalten, dass die Verwirkung eines Rechts die Kenntnis des Rechtsinhabers voraussetzt,[653] wozu der im Fall gegebene entschuldbare Irrtum der Behörde und die Unkenntnis des Abgabenschuldners von der Gemeinschaftsrechtswidrigkeit nicht ausreichen.[654]

b) Nach Eintritt der Bestandskraft

Wird die Bestandskraft eines Verwaltungsakts dadurch in Frage gestellt, dass nach ihrem Eintritt dessen Europarechtswidrigkeit erkannt wird, so ist der Fokus auf die Vorschriften zu richten, die für die Behörden die Kompetenzgrundlage zur Rücknahme des Verwaltungsakts darstellen.

aa) Wiederaufgreifen des Verfahrens gem. § 51 VwVfG

Möglich wäre den Behörden ein Wiederaufgreifen des Verfahrens nach § 51 VwVfG.[655] Ein solcher Anspruch wird jedoch in der überwiegenden Zahl der Fälle nicht bestehen.[656] Absatz 1 der Norm gibt dem Betroffenen auf seinen Antrag einen Anspruch auf Wiederaufgreifen unter den in Nummern 1 bis 3 genannten Voraussetzungen. Zumeist wird sich weder die zugrundeliegende Sach- oder Rechtslage

651 EuGH, Rs. C-312/93, Peterbroeck/Belgien, Slg. 1995, I-4599, Rn. 15, 17 f.

652 EuGH, Rs. C-188/95, Fantask/Industriministeriet, Slg. 1997, I-6783, Rn. 40.

653 BVerwGE 48, S. 247, 250 f.; BVerwGE 69, S. 227, 236 f.; KOPP/RAMSAUER, § 53 VwVfG, Rn. 41.

654 EuGH, Rs. C-188/95, Fantask/Industriministeriet, Slg. 1997, I-6783, Rn. 35, 40.

655 Diese Norm positiviert die Spannungen, die zwischen Rechtssicherheit und Gerechtigkeit auftreten können und die im weiteren Sinne auch der Rechtsprechung des EuGH zur Durchbrechung der Bestandskraft von Verwaltungsakten zugrunde liegen, vgl.: SACHS, in: Stelkens/Bonk/Sachs, § 51 VwVfG, Rn. 1-3.

656 RENNERT, DVBl. 2007, S. 400, 402.

geändert haben,[657] noch werden neue Beweismittel vorhanden sein[658] oder einer der Restitutionsgründe des § 580 ZPO, den die Nummer 3 der Vorschrift in Bezug nimmt, vorliegen.[659]

Erwähnenswert scheint hier die aus rein nationalen Fällen bereits bekannte Problematik einer nachträglichen Klärung der Rechtslage durch Gerichte sowie deren Interpretation als Änderung der Rechtslage im Sinne der Nummer 1. Dies gilt insbesondere für den Fall, dass der EuGH in einer Weise geurteilt hat, die den Verwaltungsakt als Verstoß gegen Europarecht erscheinen lässt. Ohne die Thematik in die Tiefe treiben zu wollen,[660] ist an dieser Stelle zu bemerken: Keine Änderung der Rechtslage stellen gerichtliche Entscheidungen über die Gültigkeit von Rechtsvorschriften dar,[661] denn diese Entscheidungen haben mit Blick auf das materielle Recht keine konstitutive Wirkung. Das gilt für die Bestätigung der Normgeltung ebenso wie bei Feststellung von Verstößen gegen höherrangiges Recht mit der ipso iure eintretenden Rechtsfolge der Nichtigkeit der fraglichen Norm.[662] Nichtigerklärungen oder im Falle eines Urteils des EuGH die Erklärung der Unanwendbarkeit einer nationalen Norm bestätigen eine schon gegenüber dem ursprünglichen Verwaltungsakt unverändert gebliebene Rechtslage, die jedenfalls von den Gerichten auf Grund des richterlichen Prüfungsrechts durch eigene Verwerfung – bei Exekutivrecht – oder Vorlage nach Art. 100 Abs. 1 GG respektive Art. 267 AEU (ex-Art. 234 EGV) zu beachten ist.[663]

---

657 Eine Änderung der Sachlage bedingt einen tatsächlichen Vorgang, der eine Änderung des entscheidungserheblichen Sachverhalts mit sich bringt; dazu: SACHS, in: Stelkens/Bonk/Sachs, § 51 VwVfG, Rn. 94; KOPP/RAMSAUER, § 51 VwVfG, Rn. 25; zumeist sind die Konstellationen, in denen es um die Rücknahme eines Verwaltungsakts geht, aber nicht durch das Vorliegen solcher neuer Tatsachen charakterisiert. Zur Änderung der Rechtslage sogleich unten.

658 Die Sachverhalte haben meist einen wirtschaftlichen Bezug und sind vollständig aufgeklärt, so dass die Nummer 2 der Vorschrift nicht einschlägig sein wird; vgl. zu neuen Beweismitteln: SACHS, in: Stelkens/Bonk/Sachs, § 51 VwVfG Rn. 111 ff.

659 Die Restitutionsgründe des § 580 ZPO betreffen Ausnahmesituationen, in denen die Durchbrechung der Rechtskraft geboten ist und die nur bei wenigen Verwaltungsakten einschlägig sein werden, etwa bei einem in Folge einer strafbaren Handlung ergangenen Verwaltungsakt oder bei dem Wiederauffinden eines früheren Verwaltungsakts.

660 Jeweils mit weiteren Nachweisen zum Streitstand: SACHS, JuS 1982, S. 264, 266; DERS., in: Stelkens/Bonk/Sachs, § 51 VwVfG, Rn. 100; KOPP/RAMSAUER, § 51 VwVfG, Rn. 30; ULE/LAUBINGER, § 65, Rn. 19.

661 BVerfGE 20, S. 230, 235; BVerwG, NJW 1981, S. 2595; SACHS JuS 1982, S. 264, 266; DERS., in: Stelkens/Bonk/Sachs, § 51 VwVfG, Rn. 100; KOPP/RAMSAUER, § 51 VwVfG, Rn. 30; wohl auch ULE/LAUBINGER, § 65, Rn. 19;

662 Mit ausführlicher Begründung: STERN, in: BonnKomm/GG, Art. 93 GG, Rn. 271 ff., 276 mwN., 46. Lieferung (Zweitbearbeitung, Dezember 1982); SCHLAICH/KORIOTH, Bundesverfassungsgericht, Rn. 379 ff.; LÖWER, in HdBStR III, § 70, Rn. 114 ff.;

663 BSG, NVwZ 1989, S. 998, 999; ferner: SACHS, in: Stelkens/Bonk/Sachs, § 51 VwVfG, Rn. 100.

bb) Rücknahme eines Verwaltungsakts gem. § 48 VwVfG

Die Rücknahme eines rechtswidrigen Verwaltungsakts steht normalerweise im Ermessen der Behörde, die ihn erlassen hat.[664] Dass eine unbedingte Reduktion dieses Ermessens auf Null[665] auch dann nach der Rechtsprechung des EuGH und seiner Interpretation des Effektivitätsgrundsatzes nicht geboten ist, wenn die Rechtswidrigkeit des Verwaltungsakts aus einem Verstoß gegen Europarecht folgt, ist bereits dargelegt worden.[666] Allerdings sind gleichwohl Fälle aufgetreten, in denen der EuGH eine Reduktion des Rücknahmeermessens auf Null für erforderlich gehalten hat.[667] Hierfür hat er neben dem schlichten Verstoß gegen eine Norm europäischer Provenienz stets weitere Gründe angeführt.[668]

(a) Verstöße gegen Fachrecht

In diesem Zusammenhang ist etwa an eine Beeinträchtigung der Wettbewerbsfreiheit durch Erhebung zu hoher Abgaben zu denken.[669] Die Wettbewerbsfreiheit, die den privaten Wirtschaftssubjekten das Recht gewährleisten soll, sich im Wettbewerb mit anderen möglichst ohne hoheitliche Beeinträchtigungen und ohne staatlich bewirkte Wettbewerbsverzerrungen wirtschaftlich zu betätigen,[670] wird nämlich immer dann in besonderer Weise berührt, wenn Abgaben, die durch europäisches Recht in Umfang und Höhe harmonisiert sind, wider diesen gemeinschaftsrechtlichen Vorgaben erhoben werden. Das mit der Harmonisierung einzelner Abgaben verbundene Ziel, ungleiche Belastungen der einzelnen Wirtschaftsteilnehmer inner-

---

664 Dazu s. oben S. 105.

665 Eine solche liegt gewöhnlich vor, wenn die Aufrechterhaltung eines Verwaltungsakts schlechthin unerträglich wäre, BVerwGE 28, S. 122, 127; BVerwGE 44, S. 333, 336; BVerwGE 95, S. 86, 92; BVerwG, LKV 2007, S. 30; BVerwG, NVwZ 2007, 709, 710; SACHS, in: Stelkens/Bonk/Sachs, § 48 VwVfG, Rn. 85; KOPP/RAMSAUER, § 48 VwVfG, Rn. 83; s. zudem unten S. 110 f.

666 Dazu s. oben S. 106.

667 EuGH, Rs. C-392/04 und C-422/04, I-21 Germany GmbH und Arcor AG und Co. KG/Bundesrepublik Deutschland, Slg. 2006, I-8559; der Fall hat für einiges Aufsehen gesorgt und ist im Schrifttum weithin beachtet worden, etwa: GÄRDITZ, NWVBl. 2006, S. 441, 445 ff.; LUDWIGS, NVwZ 2007, S. 549 ff.; RUFFERT, JZ 2007, S. 407 ff.

668 EuGH, Rs. C-392/04 und C-422/04, I-21 Germany GmbH und Arcor AG und Co. KG/Bundesrepublik Deutschland, Slg. 2006, I-8559, Rn. 70; vgl. auch den Vorlagebeschluss: BVerwGE 121, S. 226, 243 f.

669 Im umgekehrten Fall – der Erhebung zu niedriger Abgaben – liegt zwar auch eine Beeinträchtigung der Wettbewerbsfreiheit, vor allem derjenigen anderer Unternehmen. Es handelt sich dann aber um einen begünstigenden Verwaltungsakt, der hier – noch nicht – Gegenstand der Betrachtung ist.

670 SCHMIDT, in: Schmidt/Vollmöller, Öffentliches Wirtschaftsrecht, § 2 Rn. 81; vgl. SCHLIESKY, Öffentliches Wirtschaftsrecht, S. 87 f.; STOBER, Allg. Wirtschaftsverwaltungsrecht, S. 140.

halb der Mitgliedstaaten zu verhindern,[671] wird durch die rechtswidrige Erhebung zu hoher Abgaben beeinträchtigt, und der darin liegende Verstoß gegen die Wettbewerbsfreiheit würde endgültigen Charakter bekommen, wenn eine Rücknahme an dem behördlicherseits ausgeübten Ermessen scheitern würde.[672] In der Konsequenz kann eine Reduktion des Rücknahmeermessens auf Null geboten sein, wenn aus dem jeweils einschlägigen Fachrecht stammende Gründe dies erforderlich machen.[673]

(b) Qualifizierter Gemeinschaftsrechtsverstoß

Liegen keine aus der jeweils einschlägigen Fachmaterie folgenden Gründe vor, die eine Rücknahme erforderlich machen, so bleibt das Rücknahmeermessen der nationalen Behörden auch dann bestehen, wenn ein schlichter Verstoß gegen Gemeinschaftsrecht vorliegt.[674] Anders liegt dies dann, wenn der Verstoß gegen Gemeinschaftsrecht ein qualifizierter ist.[675] Die Aufhebung des Verwaltungsakts, nicht nur das Wiederaufgreifen des Verwaltungsverfahrens, ist gemäß des die Rücknahme determinierenden deutschen Rechts dann geboten, soweit dessen Aufrechterhaltung schlechthin unerträglich wäre.[676] Wann diese Voraussetzung erfüllt ist, lässt die Formel allerdings offen. Es haben sich Fallgruppen herausgebildet, die eine Reduktion des Ermessens auf null nach sich ziehen, von denen die im vorliegenden Zusammenhang interessierende die der offensichtlichen Rechtswidrigkeit des Verwaltungsakts ist.[677]

Der in diesem Zusammenhang Pate stehende Fall ist die Entscheidung i-21 Germany und Arcor gegen die Bundesrepublik Deutschland.[678] Dort hat der EuGH entschieden, dass Artikel 11 Absatz 1 der Richtlinie 97/13 über einen gemeinsamen Rahmen für Allgemein- und Einzelgenehmigungen für Telekommunikations-

---

671 RENNERT, DVBl. 2007, S. 400, 402.

672 RENNERT, DVBl. 2007, S. 400, 402.

673 EuGH, Rs. C-392/04 und C-422/04, I-21 Germany GmbH und Arcor AG und Co. KG/Bundesrepublik Deutschland, Slg. 2006, I-8559, Rn. 70.

674 EuGH, Rs. C-392/04 und C-422/04, I-21 Germany GmbH und Arcor AG und Co. KG/Bundesrepublik Deutschland, Slg. 2006, I-8559, Rn. 63 ff.; LUDWIGS, NVwZ 2007, S. 549, 550 f.;

675 EuGH, Rs. C-392/04 und C-422/04, I-21 Germany GmbH und Arcor AG und Co. KG/Bundesrepublik Deutschland, Slg. 2006, I-8559, Rn. 63 ff.

676 BVerwGE 28, S. 122, 127; BVerwGE 44, S. 333, 336; BVerwGE 95, S. 86, 92; BVerwG LKV 2007, S. 30; BVerwG, NVwZ 2007, 709, 710; SACHS, in: Stelkens/Bonk/Sachs, § 48 VwVfG, Rn. 85; KOPP/RAMSAUER, § 48 VwVfG, Rn. 83.

677 Diese Fallgruppen sind: Verstoß gegen Treu und Glauben, Sittenwidrigkeit, Unbilligkeit, Verletzung des allgemeinen Gleichheitssatzes und offensichtliche Rechtswidrigkeit des Verstoßes; dazu exemplarisch BVerwG, NVwZ 2007, 709, 710.

678 EuGH, Rs. C-392/04 und C-422/04, I-21 Germany GmbH und Arcor AG und Co. KG/Bundesrepublik Deutschland, Slg. 2006, I-8559.

dienste[679] der Erhebung einer Gebühr für Einzelgenehmigungen entgegensteht, bei deren Berechnung die Kosten des allgemeinen Verwaltungsaufwands berücksichtigt werden, die der Regulierungsbehörde im Zusammenhang mit der Erteilung dieser Genehmigungen über einen Zeitraum von 30 Jahren entstehen.[680] Dieser schlichte Verstoß gegen Gemeinschaftsrecht an sich reicht nach der gängigen Auslegungspraxis deutscher Gerichte nur dann aus, um das Rücknahmeermessen auf Null zu reduzieren, wenn er zudem offensichtlich gewesen ist.[681] Diese Barriere der Offensichtlichkeit des Gemeinschaftsrechtsverstoßes hat der EuGH akzeptiert und weiter festgehalten, dass es Sache der nationalen Gerichte sei, darüber zu befinden, ob ein Verstoß offensichtlich ist oder nicht, vorausgesetzt, dabei würden dieselben Maßstäbe angelegt wie bei der Beurteilung rein nationaler Sachverhalte.[682] Im Ergebnis hat der EuGH damit die gängige Auslegungspraxis deutscher Gerichte in Bezug auf § 48 VwVfG gebilligt und dabei lediglich die aus dem Äquivalenzprinzip folgenden Grenzen einer solchen Interpretation des § 48 VwVfG betont.

3. Die Rücknahme begünstigender Verwaltungsakte

Begünstigende Verwaltungsakte sind weit überwiegend solche, die Grundlage für die Gewährung einer Sach- oder Geldleistung sind. Sie befinden sich somit in der Nähe der bereits ausführlich behandelten Beihilfebewilligungsbescheide. Deshalb können die für diese Fallgruppe geltenden rechtlichen Rahmenbedingungen in der gebotenen Kürze referiert werden, decken sie sich in Ergebnis und Begründung doch mit denen für die Rücknahme von Gemeinschaftsbeihilfen.[683]

a) Vertrauensschutz und guter Glaube

Bei begünstigenden Verwaltungsakten ist der betroffene Adressat üblicherweise an deren Aufrechterhaltung interessiert, weshalb es der Vertrauensschutz und die Einrede der Entreicherung sowie die europarechtlichen Bedingungen für die Anerkennung dieser beiden Institute sind, die im Mittelpunkt der Betrachtung stehen. Der EuGH hat die Beachtlichkeit beider Rechtsinstitute anerkannt,[684] aber unter Beru-

---

679 Richtlinie 97/13/EG des Europäischen Parlaments und des Rates vom 10. April 1997 über einen gemeinsamen Rahmen für Allgemein- und Einzelgenehmigungen für Telekommunikationsdienste, ABl. L 117 vom 7.5.1997, S. 15.

680 EuGH, Rs. C-392/04 und C-422/04, I-21 Germany GmbH und Arcor AG und Co. KG/Bundesrepublik Deutschland, Slg. 2006, I-8559, Ls. 1.

681 BVerwG NVwZ 2007, S. 709, 710.

682 EuGH, Rs. C-392/04 und C-422/04, I-21 Germany GmbH und Arcor AG und Co. KG/Bundesrepublik Deutschland, Slg. 2006, I-8559, Rn. 69.

683 Vermittels induktiver Methodik ist hier also der Schluss von den für Gemeinschaftsbeihilfen geltenden rechtlichen Voraussetzungen auf die für alle anderen begünstigenden Verwaltungsakte möglich.

684 Dazu s. oben die Thesen S. 64 f.

fung auf den Effektivitäts- und den Äquivalenzgrundsatz gefordert, dass die Belange des Gemeinschaftsrechts in vollem Umfang berücksichtigt werden müssen, die Durchsetzung von Gemeinschaftsrechten nicht praktisch unmöglich gemacht wird und dass rein nationale und europäische Sachverhalte unterschiedslos behandelt werden.[685] Dabei ist von dem jeweils in der Rechtsordnung der einzelnen Mitgliedstaaten vorherrschenden Vertrauensschutzkonzept auszugehen, dessen Handhabung am Effektivitäts- und Äquivalenzgrundsatz gemessen wird.[686] Die hauptsächlich und wiederholt formulierte Bedingung des EuGH für die Gewährung von Vertrauensschutz ist der gute Glaube auf Seiten des Begünstigten.[687] Waren dem Adressaten also Gründe bekannt, die für die Rücknehmbarkeit der Begünstigung streiten, so scheiden Vertrauensschutz und auf der nachfolgenden Ebene der Einwand der Entreicherung aus.[688]

Vertrauen auf den Bestand einer Begünstigung kommt ferner nur dann in Frage, wenn der Irrtum auf der Ebene des Sachverhalts verortbar ist und sich nicht auf eine Rechtsfrage bezieht.[689] Normen, die Vertrauensschutz gewährleisten, werden also unter der Bedingung akzeptiert, dass sie einen Irrtum voraussetzen, der Tatfragen in Bezug nimmt und dass für diesen zusätzlich die Behörde mitverantwortlich zeichnet, also ihre Sphäre betroffen ist.[690] Der Irrtum darf dabei sogar auf falschen Angaben des Begünstigten beruhen, solange diese in gutem Glauben und ohne schuldhaftes Verhalten gemacht worden sind[691] und die Behörde den dahinterstehenden Irrtum hätte erkennen müssen.[692] Neben den guten Glauben als notwendige Voraussetzung für die Gewährung von Vertrauensschutz muss also der Vorwurf an die Behörde treten, einen in ihre Sphäre fallenden Fehler nicht durchschaut zu haben.[693]

---

685 Dazu s. oben S. 43 f.

686 Anders insoweit RENNERT, DVBl. 2007, S. 400, 402 der das Vertrauensschutzkonzept unter Zitation der Rechtssache Deutsche Milchkontor GmbH generell als dem Recht der Gemeinschaft entnommen ansieht, sich aber damit in Widerspruch zu den Prämissen des indirekten Vollzugs von Gemeinschaftsrecht stellt, nach denen das nationale Recht maßgeblich ist. Anders ist dies wegen der aus dem AEU (ex-EGV) folgenden Kompetenzen der Kommission nur beim Vollzug von Entscheidungen bezüglich der Rücknahme staatlicher Beihilfen, dazu insoweit oben S. 92 ff.

687 Zu den Grenzen des Gutglaubensschutzes s. oben S. 61 f.

688 Dazu ausführlich oben S. 62 f.

689 Für den Rechtsirrtum: EuGH, Rs. C-94/05, Emsland-Stärke GmbH/Landwirtschaftskammer Hannover, Slg. 2006, I-2619, Rn. 60 ff., insbes. Rn. 61 und 64 (bezogen auf eine Sanktionsnorm).

690 Etwa: EuGH, Rs. C-366/95, Landbrugsministeriet-EF-Direktoratet/Steff-Houlberg Export, Slg. 1998, I-2661 (Leitsatz). Dazu ausführlich oben S. 59 ff.

691 Etwa: EuGH, Rs. C-298/96, Ölmühle Hamburg AG und Jb. Schmidt Söhne GmbH und Co. KG/Bundesanstalt für Landwirtschaft und Ernährung, Slg. 1998, I-4767, Rn. 29, 31.

692 Etwa: EuGH, Rs. C-265/78, H. Ferwerda BV/Produktschap voor Vee en Vlees, Slg. 1980, S. 617, Rn. 21.

693 So auch RENNERT, DVBl. 2007, S. 400, 403.

Auf der Ebene des Rechtsirrtums dagegen hält der EuGH die Gewährung von Vertrauensschutz auf das wirkliche Bestehen der nur vorgestellten Rechtslage für ausgeschlossen.[694] Dies gilt auch für den Fall, dass Behörde und Bürger gleichermaßen von einer falschen Vorstellung ausgegangen sind, die ihr Handeln bestimmt hat oder aber – weitergehend –, dass die Behörde den Rechtsirrtum erst in zurechenbarer Weise provoziert hat.[695]

Was Inhalt und Umfang des aus europarechtlicher Perspektive akzeptablen Vertrauensschutzes anbelangt, sei hier auf die obigen Ausführungen zur Rücknahme von Gemeinschaftsbeihilfen verwiesen, die gleichermaßen bei anderen begünstigenden Verwaltungsakten Anwendung finden.[696]

b) Die Rücknahme gem. § 48 VwVfG

Hier gilt im Wesentlichen das, was bereits für die Rücknahme belastender Verwaltungsakte herausgearbeitet worden ist;[697] ferner sind die Erwägungen zu berücksichtigen, die im Zusammenhang mit der Rücknahme einer Gemeinschaftsbeihilfe angestellt worden sind.[698] Aus bundesrepublikanischer Sicht bedeutsam ist hier insbesondere der ausführlich vorgestellte Fall „Deutsche Milchkontor GmbH".[699] Im Ergebnis sind Regelungen zulässig, die die Rückforderungsmöglichkeit von einer Frist abhängig machen,[700] die die Verzinsung von zurückzuzahlenden Geldleistungen anordnen[701] oder die auf den Wegfall der Bereicherung abstellen.[702] Für das nach Feststellung der Rechtswidrigkeit des in Rede stehenden Verwaltungsakts eröffnete Rücknahmeermessen gelten die Ausführungen zur Rücknahme belastender Verwaltungsakte sinngemäß.[703] Insbesondere ist dieses nicht schon immer dann auf Null reduziert, wenn ein schlichter Verstoß gegen Gemeinschaftsrecht vorliegt. Hinzutreten muss vielmehr ein zusätzlicher Grund, der seinen Ursprung typischerweise im auf den Sachverhalt anwendbaren Fachrecht oder einer gemeinschafts-

---

694 EuGH, Rs. C-94/05, Emsland-Stärke GmbH/Landwirtschaftskammer Hannover, Slg. 2006, I-2619, Rn. 61, 64.

695 In diese Richtung auch die Fälle „Alcan I" und insbesondere „Alcan II", die zwar eine Sonderkonstellation betreffen, aber auch zum Gegenstand haben, dass dem begünstigten Unternehmen eine rechtswidrige Beihilfe geradezu aufgedrängt worden ist. Dazu ausführlich oben S. 70 ff.

696 Vgl. dazu die Thesen oben S. 64 f.

697 Dazu s. oben S. 110 ff.

698 Vgl. dazu die Thesen oben S. 64 f.

699 Dazu s. oben S. 56 ff.

700 Dazu s. oben S. 64, These 2.

701 Dazu s. oben S. 55 f.

702 Dazu s. oben S. 64, These 2.

703 Dazu s. oben S. 110 ff.

rechtlichen Norm hat, die dies explizit anordnet.[704] Andernfalls verbleibt es bei dem der Behörde nach nationalem Recht zukommenden Ermessen.

II. Die Rücknahme von Verwaltungsakten unter Derogation der nationalen Rechtsordnung

Die bislang vorgetragene Untersuchung der Rechtsprechung des EuGH zur Bestandskraft und Rücknahme von Verwaltungsakten und damit zum Vorrang des Gemeinschaftsrecht vor konkret individuellen Entscheidungen mitgliedstaatlicher Träger hoheitlicher Gewalt hat ergeben, dass das Gemeinschaftsrecht in seiner maßgeblich durch den EuGH vorgetragenen Lesweise dem nationalen Gesetzgeber einen relativ weit bemessenen Spielraum, was die Rücknahme von Verwaltungsakten und die damit verbundenen Problemstellungen – Gutglaubensschutz, Vertrauensschutz, Fristen, Verzinsung, Wegfall der Bereicherung – anbelangt, einräumt und diesen weitestgehend akzeptiert. Dennoch hat sich in den Köpfen der meisten Rechtsanwender ein anderes Bild festgesetzt, nämlich dasjenige vom „Hineinregieren" des EuGH in nationale Regelungen und von der Anmaßung ihm nicht zustehender Kompetenzen bei der Entscheidung von Fällen im Zusammenhang mit der Rücknahme von Verwaltungsakten.[705] Maßgeblich zu diesem Bild beigetragen haben sicherlich zunächst Fälle wie „Deufil"[706], „BUG Alutechnik"[707], „Alcan I"[708] und „Alcan II"[709], deren Sonderstellung sich allerdings damit erklären lässt, dass es sich bei ihnen allesamt um Sachverhalte handelt, die die Rückforderung von gemeinschaftsrechtswidrigen staatlichen Beihilfen betrifft und somit die in ihnen enthaltenen Rechtsregeln als Ausnahmen nicht der Verallgemeinerung zugänglich sind. Aber auch andere Entscheidungen haben Anlass gegeben, über die Rolle des mitgliedstaatlichen Rechts bei der Rücknahme oder der Geltung von Verwaltungsakten nachzudenken. Zu Prominenz gelangt sind hier die Fälle „Emmot"[710], „Ciola"[711] und „Kühne & Heitz"[712]. Die ihnen zugrundeliegende Systematik gilt es an dieser Stelle aufzudecken und einer kritischen Würdigung zu unterziehen. Das Ziel ist es

704 Die bereits behandelten Fälle haben gezeigt, dass dies auf dem Gebiet der gemeinsamen Agrarmarktorganisation häufig vorkommt.

705 Vgl. insbesondere die zum Fall „Alcan II" vorgetragene Kritik. Dazu und zu den Einwänden gegen sie s. oben S. 75 ff.

706 Dazu s. oben S. 65 ff.

707 Dazu s. oben S. 68 ff.

708 Dazu s. oben S. 71 f.

709 Dazu s. oben S. 72 ff.

710 EuGH, Rs. C-208/90, Theresa Emmot/Minister for Social Welfare und Attorney General, Slg. 1991, I-4269.

711 EuGH, Rs. C-224/97, Erich Ciola/Land Vorarlberg, Slg. 1999, I-2517.

712 EuGH, Rs. C-453/00, Kühne & Heitz NV/Produktschap voor Pluimvee en Eieren, Slg. 2004, I-837.

hierbei herauszustellen, ob es sich bei allen genannten Fällen um Ausnahmeerscheinungen oder um der Verallgemeinerung in zumindest gewissem Maße zugängliche Sachverhalte handelt.

1. „Theresa Emmot“[713]

In dem irischen Fall hat der EuGH in den gesetzlichen Lauf einer Frist eingegriffen und dies mit der nicht rechtzeitigen Umsetzung einer Richtlinie in das nationale Recht begründet.

a) Sachverhalt und Entscheidung des EuGH

Zugrunde lag ein Sachverhalt, der die Richtlinie 79/7/EWG des Rates vom 19. Dezember 1978 zur schrittweisen Verwirklichung des Grundsatzes der Gleichbehandlung von Männern und Frauen im Bereich der sozialen Sicherheit[714] betraf und damit verknüpft die Frage, ob ein Gericht eine Klage mit der Begründung abweisen kann, die für sie vorgesehenen nationalen Klagefristen seien abgelaufen, obwohl eine ordnungsgemäße Umsetzung der Richtlinie durch den Mitgliedstaat während des Laufs der Klagefrist versäumt worden ist.[715] Die Begründetheit der Ansprüche auf zusätzliche Leistungen der sozialen Sicherheit, die Frau Emmot aus Art. 4 Abs. I der Richtlinie herleitete, sind in der Zwischenzeit durch ein anderes EuGH-Urteil bestätigt worden, in dem dieser für Recht erkannt hatte, dass Artikel 4 Abs. I der Richtlinie seit dem 23. Dezember 1984 in Anspruch genommen werden konnte, um die Anwendung aller mit ihm unvereinbaren innerstaatlichen Vorschriften auszuschließen. Weiterhin stellte der Gerichtshof fest, dass Frauen bei fehlenden Maßnahmen zur Durchführung dieser Bestimmung Anspruch auf Anwendung der gleichen Regelung wie Männer haben, die sich in der selben Lage befinden.[716] In einer weiteren Entscheidung hob er hervor, dass Art. 4 Abs. I einer Ausnahme nicht zugänglich sei.[717] Entgegen dieser Urteile erhielt Frau Emmot allerdings erst ab 1988 den ihr zustehenden Ausgleichsbetrag, nachdem zuvor bereits mehrere – allerdings in Reichweite und Umfang unzureichende – Anpassungen der Betragshöhe vorgenommen worden waren. Den ihr in Anwendung der Richtlinie zustehenden höheren Betrag für die vergangenen Jahre versuchte sie klageweise geltend zu machen, wobei sie sich allerdings dem behördlicherseits vorgebrachten Einwand des Ablaufs

---

713 Zum Sachverhalt ausführlich: GUNDEL, NVwZ 1998, S. 910, 911 f.

714 ABl. 1979, L 6, S. 24.

715 Umgesetzt wurde die Richtlinie nicht bereits zum 23.12.1984, sondern erst – mit Wirkung ex nunc - zu verschiedenen Zeitpunkten im Jahre 1986. Vgl. dazu: COUSINS, Gazette of the Incorporated Law Society of Ireland 1991, S. 391 ff.

716 EuGH, Rs. C-286/85, McDermott und Cotter/Minister for Social Welfare und Attorney General, Slg. 1987, S. 1453, Rn. 17 (“McDermott und Cotter I”).

717 EuGH, Rs. C-377/89, McDermott und Cotter/Minister for Social Welfare und Attorney General, Slg. 1991, I-1155, Rn. 24 (“McDermott und Cotter II”).

der Klagefrist ausgesetzt sah.[718] Auf Vorlage des für die Rechtsstreitigkeit auf nationaler Ebene zuständigen irischen High Court entschied der EuGH, dass es keine grundsätzlichen Bedenken dagegen gebe, die Erhebung einer Klage von der Einhaltung einer angemessenen Frist abhängig zu machen, sofern diese unterschiedslos auf alle Sachverhalte in ihrem Geltungsbereich angewendet werde und sie nicht dazu führe, die Effektivierung von Gemeinschaftsrecht praktisch unmöglich zu machen.[719] Dem genüge die in Rede stehende Klagefrist zwar grundsätzlich, es gelte jedoch zu berücksichtigen, dass sie abgelaufen sei, bevor die dem klagenden Individuum subjektive Rechte verleihende Richtlinie in nationales Recht umgesetzt worden sei.[720] Auch den Einwand, die in Frage stehende Richtlinie gelte auch ohne Umsetzung unmittelbar, weshalb der Lauf der Klagefrist mit dem Ablauf der Umsetzungsfrist beginnen könne, wies der EuGH zurück, indem er dem Gesetzgeber abverlangte, er müsse unter Ausnutzung des ihm zur Verfügung stehenden Gesetzgebungsinstrumentariums für ausreichende Klarheit sorgen.[721] Deshalb könne eine Klagefrist frühestens mit der vollständigen Umsetzung der Richtlinie zu laufen beginnen. Die ihrem Wortlaut nach eigentlich auf den Fall anwendbare Fristbestimmung musste also dem Vorrang des Gemeinschaftsrechts weichen, weshalb die eigentlich schon in Bestandskraft erwachsenen sozialrechtlichen Bewilligungsbescheide an Frau Emmot gerichtlicher Nachprüfung unterlagen und nicht mehr abänderungsfest waren.[722]

---

718 Maßgebliche Bestimmung in diesem Fall war Order 84, Rule 21 (1) der Rules of the Superior Courts 1986. Zusätzlich lag in dieser Handlungsweise wohl ein rechtsmissbräuchliches Verhalten, da die Behörde zugesagt hatte, man wolle zunächst die Entscheidung eines parallel gelagerten Falles vor dem High Court abwarten und werde dann unter Berücksichtigung des dort ergangenen Urteils die Sache entscheiden. Vgl. die Schlussanträge von Generalanwalt MISCHO, EuGH, Rs. C-208/90, Theresa Emmot/Minister for Social Welfare und Attorney General, Slg. 1991, I-4269, Rn. 34 ff. Im deutschen Recht wäre wohl bei behördlich verursachter Fristversäumung Widereinsetzung in den vorigen Stand zu gewähren gewesen; vgl. dazu: GUNDEL, NVwZ 1998, S. 910, 912 und Fn. 21; REISS, StuW 1994, S. 323, 329.

719 Zum Beispiel: EuGH, Rs. C-33/76, Rewe/Landwirtschaftskammer für das Saarland, Slg. 1976, S. 1989, Rn. 5, „*Die Festsetzung solcher Fristen für die Rechtsverfolgung im abgabenrechtlichen Bereich ist ein Anwendungsfall des grundlegenden Prinzips der Rechtssicherheit, das zugleich den Abgabepflichtigen und die Behörde schützt.*"

720 EuGH, Rs. C-208/90, Theresa Emmot/Minister for Social Welfare und Attorney General, Slg. 1991, I-4269, Rn. 23.

721 EuGH, Rs. C-208/90, Theresa Emmot/Minister for Social Welfare und Attorney General, Slg. 1991, I-4269, Rn. 18 ff.; vgl. dazu: EuGH, Rs. C-14/83, von Colson und Kamann/Land Nordrhein-Westfalen, Slg. 1984, S. 1891 (Leitsatz 1).

722 EuGH, Rs. C-208/90, Theresa Emmot/Minister for Social Welfare und Attorney General, Slg. 1991, I-4269, Rn. 24.

b) Abrücken von der „Emmot-Formel“ und kritische Würdigung der Entscheidung

In der Nachfolge der „Emmot“-Entscheidung bestand einige Unsicherheit über die weitere Anwendbarkeit der in ihr enthaltenen Formel, die einen Bezug zwischen der Anwendbarkeit von Klagefristen und der rechtzeitigen Umsetzung von Richtlinien herstellt.[723] Die kategorialen Formulierungen des EuGH im Fall „Emmot“ ließen nämlich eine Verallgemeinerung dahingehend erwarten, dass immer dann, wenn Richtlinien nicht korrekt umgesetzt worden sind, nationale Fristen in Bezug auf die Geltendmachung von aus ihnen folgenden Rechten außer Anwendung zu bleiben hatten. Dieser Deutung ist der EuGH jedoch selbst in einer Serie von drei Entscheidungen entgegengetreten,[724] im Urteil in der Rechtssache „Fantask“ – der letzten der drei Entscheidungen – unter expliziter Abkehr von der „Emmot“-Rechtsprechung. Die Entscheidung im Fall „Emmot“ finde ihre Legitimation in den besonderen Umständen des Einzelfalls,

„in dem der Klägerin des Ausgangsverfahrens durch den Ablauf der Klagefrist jede Möglichkeit genommen war, ihren auf eine Gemeinschaftsrichtlinie gestützten Anspruch auf Gleichbehandlung geltend zu machen.“[725]

Die entstandene Verwirrung durch die Emmot-Entscheidung ist somit ausgeräumt, die ursprünglichen Unklarheiten sind aber auf die wenig befriedigende Begründung des EuGH in dem Urteil selbst zurückzuführen. Nachdem der EuGH treffend analysiert hatte, dass angemessene Verjährungsfristen grundsätzlich europarechtskonform seien, sofern sie nicht unter anderem zur praktischen Unmöglichkeit der Geltendmachung von subjektiven Rechten führen würden, hielt er fest, dass die in Rede stehende Verjährungsfrist dieser Anforderung genüge.[726] Soweit ist das Urteil nicht zu beanstanden, wohl aber, was dann folgt. Der Gerichtshof erläutert den Rechtscharakter von Richtlinien und die Folgen ihrer fehlenden Umsetzung, um dann einen nicht näher bezeichneten Verstoß gegen Gemeinschaftsrecht auszumachen, wenn Klagefristen der Rechtsdurchsetzung in einem solchen Falle im Wege stünden.[727] Hilfreich wäre es an dieser Stelle gewesen, den Rechtsverstoß genau zu bezeichnen. Dies hätte darauf hinauslaufen müssen, einen Verstoß gegen das aus Art. 4 Abs. III EUV (ex-Art. 10 EGV) folgende Effektivitätsprinzip festzustellen. Teil des Effekti-

---

723 Dazu und m. w. N. GUNDEL, NVwZ 1998, S. 910, 913 ff.

724 EuGH, Rs. C-338/91, Steenhorst-Neerings/Bestuur van de Bedrijfsvereniging voor Detailhandel, Slg. 1993, I-5475, Rn. 18-22; EuGH, Rs. C-410/92, Johnson/Chief Adjucation Officer, Slg. 1994, I-5483, Rn. 26.

725 EuGH, Rs. C-188/95, Fantask/Industriministeriet, Slg. 1997, I-6783, Rn. 51.

726 EuGH, Rs. C-208/90, Theresa Emmot/Minister for Social Welfare und Attorney General, Slg. 1991, I-4269, Rn. 17.

727 EuGH, Rs. C-208/90, Theresa Emmot/Minister for Social Welfare und Attorney General, Slg. 1991, I-4269, Rn. 24: „*[...] das Gemeinschaftsrecht die zuständigen Behörden dieses Staates daran hindert, sich auf die nationalen Verfahrensvorschriften über Klagefristen gegenüber einer Klage zu berufen [...]*“. Präziser wird der EuGH in seiner Entscheidung nicht.

vitätsprinzips[728] ist es, dass die Durchsetzung von Gemeinschaftsrechten nicht übermäßig erschwert oder praktisch unmöglich gemacht wird. Dabei hätte der Gerichtshof lediglich auf den Einzelfall abstellen müssen und hätte feststellen können, dass gegen Fristen prinzipiell nichts einzuwenden sei, wohl aber in dem speziellen Fall „Emmot" die Mindesteffektivität des Gemeinschaftsrechts etwas anderes erfordere, weshalb die nationalen Gerichte gehalten seien, die zur Bestandskraft führende Frist außer Anwendung zu lassen.[729] Dies hätte einige Unklarheit auf Ebene der nationalen Jurisdiktionen vermeiden helfen können, auf der versucht wurde, die „Emmot"-Entscheidung in das nationale Recht zu integrieren[730] und hätte dem EuGH den langsamen Rückzug von dem eigenen Judikat erspart.

2. „Erich Ciola"[731]

Die Entscheidung des EuGH im Fall „Ciola" befasst sich in der äußeren Einkleidung eines „Übergangssachverhalts"[732] aus der Zeit des Beitritts des Mitgliedstaates Österreich mit grundlegenden Fragen der Zulässigkeit nationaler Verfahrensschranken für die Geltendmachung der vom Gemeinschaftsrecht eingeräumten Rechte.

a) Sachverhalt und Entscheidung[733]

Der beschwerdeführende Erich Ciola ist Geschäftsführer der ABC-Boots-Charter GmbH gewesen, die 1990 einen Uferbereich am österreichischen Teil des Bodensees pachtete, um dort etwa 200 Bootsanliegeplätze zu errichten. Zur Auflage wurde ihr von der dafür zuständigen Bezirkshauptmannschaft Bregenz mit Bescheid vom 9. August 1990 gemacht, nicht mehr als 60 Bootsanliegeplätze an Ausländer zu vermieten, vorgeblich aus Gründen des Landschaftsschutzes. Da die GmbH sich nicht an dieses Verbot hielt, sondern vielmehr über das konzedierte Kontingent hinaus zwei Bootsanliegeplätze an Ausländer vermietete – einen Deutschen und einen Liechtensteiner –, wurde Erich Ciola als Geschäftsführer der GmbH vom Unabhängigen Verwaltungssenat des Landes Vorarlberg mit Bescheid vom 10. Juli 1996 zu einer Geldbuße von 75.000 Österreichischen Schillingen verurteilt. Neben der eher

---

728 Dazu s. oben S. 43 f.

729 Ganz ähnlich EuGH, Rs. C-312/93, Peterbroeck/Belgien, Slg. 1995, I-4599, Rn. 15, 17 f. (dazu s. oben S. 128), wo eine Ausschlussfrist deshalb nicht zum Tragen kam, da sie jede Möglichkeit der Berufung auf Gemeinschaftsrecht ausgeschlossen hätte.

730 Für Nachweise dazu: GUNDEL, NVwZ 1998, S. 910, 914 f.

731 Die Entscheidung des EuGH in dieser Rechtssache hat erhebliche Resonanz hervorgerufen, vgl. neben anderen die folgenden Stellungnahmen: GUNDEL, EuR 1999, S. 781; PELZL, European Law Reporter 1999, S. 199; SCHILLING, EuZW 1999, S. 407, EPINEY, NVwZ 2000, S. 36, 37.

732 So GUNDEL, EuR 1999, S. 781.

733 Zum Sachverhalt ausführlich: EuGH, Rs. C-224/97, Erich Ciola/Land Vorarlberg, Slg. 1999, I-2517, Rn. 1-9.

unproblematischen Fragestellung, ob die Freiheit des Dienstleistungsverkehrs einer Kontingentierung unter Einschluss von Einwohnern aus anderen Mitgliedstaaten entgegenstehe, hat der Österreichische Verwaltungsgerichtshof die Frage zur Vorabentscheidung vorgelegt, ob Art. 4 Abs. III EUV (ex-Art. 10 EGV) in Verbindung mit den Vorschriften über den freien Dienstleistungsverkehr zur Folge hätten, dass eine eigentlich bestandskräftige, individuell-konkrete Entscheidung (Bescheid aus dem Jahr 1990) ab dem Zeitpunkt des Beitritts Österreichs außer Anwendung zu bleiben habe. Dies hätte zur Folge, dass ein Bußgeldbescheid nicht auf einen Übertritt dieser Entscheidung aufgesetzt werden könnte.[734]

Nachdem der EuGH die erste Frage dahingehend beantwortete, dass eine Kontingentierung unter Einschluss von EU-Ausländern gegen die Freiheit des Dienstleistungsverkehrs verstößt,[735] führte er mit Blick auf die zweite Frage aus, dass ein bestandskräftiger Verwaltungsakt aus der Zeit vor dem Beitritt zur Europäischen Gemeinschaft außer Anwendung zu bleiben habe, wenn er gegen Europarecht verstoße. Ausgehend von der in der Rechtssache „Fratelli Costanzo“[736] festgestellten Bindung jeglicher Gebietskörperschaften – wie etwa dem Land Vorarlberg – an den Anwendungsvorrang von Gemeinschaftsrecht vor entgegenstehendem nationalen Recht und der Öffnung dieses Vorrangs auch gegenüber Verwaltungsvorschriften in der Rechtssache „Rewe“[737], erläuterte der EuGH die hinter dieser Rechtsprechung steckende Logik dahingehend, dass auch individuell konkrete Verwaltungsentscheidungen vom Vorrang des Gemeinschaftsrechts erfasst sein müssten. Es könne nicht gerechtfertigt werden, wenn dem Einzelnen Rechtschutz in dem Falle einer entgegenstehenden Verwaltungsentscheidung versagt würde und die Rechtsschutzgewährung somit von der Art der entgegenstehenden Bestimmung abhängig gemacht würde.[738] Bei der Beurteilung der Rechtmäßigkeit habe eine individuell konkrete Entscheidung aus der Zeit vor dem Beitritt eines Mitgliedstaates zur Europäischen Gemeinschaft daher außer Anwendung zu bleiben, wenn darin ein Verstoß gegen Gemeinschaftsrecht zu erblicken sei.[739]

---

734 Die parallel gelagerte Problemstellung, dass eine generell-abstrakte Norm gegen Europarecht verstößt und wie damit umzugehen sei, hat der EuGH recht früh in der oben bereits diskutierten Grundlagenentscheidung in der Rechtssache Simmenthal zu Gunsten des Anwendungsvorrangs von Europarecht entschieden. Dazu s. oben S. 30 f.

735 EuGH, Rs. C-224/97, Erich Ciola/Land Vorarlberg, Slg. 1999, I-2517, Rn. 20.

736 EuGH Rs. C-103/88, Fratelli Costanzo SpA/Comune die Milano, Slg. 1989, S. 1839, Rn. 32.

737 EuGH, Rs. C-158/80, Rewe-Handelsgesellschaft Nord mbH u.a./Hauptzollamt Kiel, Slg. 1981, S. 1805, Rn. 43.

738 EuGH, Rs. C-224/97, Erich Ciola/Land Vorarlberg, Slg. 1999, I-2517, Rn. 32 f.

739 EuGH, Rs. C-224/97, Erich Ciola/Land Vorarlberg, Slg. 1999, I-2517, Rn. 34.

b) Reichweite und Würdigung der Entscheidung

Die Entscheidung im Fall Ciola ist eine bislang ohne Nachfolger gebliebene Entscheidung des EuGH,[740] die in dieser Form nicht zu erwarten gewesen und deren Einordnung in die Systematik der bislang diskutierten Rechtsprechung nur schwer möglich ist. Eine Untersuchung der Rechtsprechung des EuGH zu Bestandskraftregeln – also solchen Vorschriften, die die gerichtliche Kontrolle einer Verwaltungsentscheidung an die Einhaltung einer Frist binden – ergibt, dass gegen angemessene Klagefristen vor dem Hintergrund des Äquivalenz- und Effektivitätsprinzips nichts einzuwenden ist.[741] Dass der EuGH nicht auf diese in Art. 4 Abs. III EUV (ex-Art. 10 EGV) grundierte Formel zurückgegriffen, sondern die Problematik mit dem schlichten Hinweis darauf entschieden hat, dem Europarecht komme auch vor individuell konkreten Entscheidungen der Verwaltung Anwendungsvorrang zu, könnte als Systembruch zu verstehen sein. Für einen solchen liefert das Urteil keine umfängliche Begründung, was angesichts der Tragweite der Entscheidung überrascht.[742] Mehrere Deutungsvarianten sind denkbar. Zum Einen kann die Entscheidung schlichtweg als Fehlurteil angesehen werden, das im Idealfalle keine Wiederholung findet.[743] Bei Lichte besehen zeigt sich jedoch, dass diese Annahme wohl zu kurz greifen würde. Überzeugend ist vielmehr ein Erklärungsansatz, der den Gedanken in den Fokus rückt, die Frage des Anwendungsvorrangs von der Frage der Bestandskraft zu separieren und dass der im Fall in Rede stehende Verwaltungsakt als Dauerverwaltungsakt Grundlage für den Erlass eines weiteren Verwaltungsakts ist.[744] Mutatis mutandis wirkt er damit für den Bußgeldbescheid wie eine diesen vor dem Hintergrund des Gesetzmäßigkeitsprinzips legitimierende Norm. Insofern ist auch die Aussage des Gerichtshofs zu verstehen, dass seine Entscheidung

„nicht das rechtliche Schicksal des Verwaltungsakts, nämlich des Bescheids vom 9. August 1990, selbst, sondern die Frage betrifft, ob ein solcher Verwaltungsakt im Rahmen der Beurteilung der Rechtmäßigkeit einer Sanktion, die wegen der Nichtbeachtung einer sich aus ihm ergebenden Ver-

---

740 Allenfalls in EuGH, Rs. C-118/00, Larsy/INASTI, Slg. 2001, I-5063, Rn. 52 kann ein Hinweis auf den im Fall „Ciola" vertretenen umfassend zu verstehenden Vorrang gesehen werden, obgleich es zu weit gehen würde, diese Entscheidung als Nachfolger zu „Ciola" zu begreifen.

741 Dazu s. oben S. 44.

742 So offenbar: SCHILLING, EuZW 1999, S. 407, 408; POTCAS, EuR 2004, S. 595, 595 f.; GUNDEL, EuR 1999, 781, 786; ähnlich, was die vom EuGH gewählte Begründung anbelangt: SCHEUING, DV 2001, S. 107, 142 f.

743 SCHILLING, EuZW 1999, S. 407, 408.

744 Im Ansatz auch: SCHEUING, DV 2001, S. 107, 142 f.; GÄRDITZ, NWVBl. 2006, S. 441, 443; als „Rückschritt" begreift GUNDEL, EuR 1999, S. 781, 786 das Urteil; dem zustimmend: POTCAS, EuR 2004, S. 595, 596.

pflichtung verhängt wurde, deshalb unangewendet bleiben muss, weil er mit dem Grundsatz des freien Dienstleistungsverkehrs unvereinbar ist."[745]

In der Folge geht es also nicht um die Aufhebung oder Modifikation dieses Ausgangsbescheides, sondern um das Verbot, auf seiner Basis weitere Vollstreckungshandlungen[746] durchzuführen. Bestandskraft hat allerdings auch zur Folge, dass die Ausgangsentscheidung einer Inzidentkontrolle im Rahmen weiterer auf ihr aufsetzender Entscheidungen entzogen ist.[747] Fraglich könnte dabei sein, ob der Beitritt Österreichs zur Gemeinschaft eine entscheidende Rolle bei dem Fällen des Urteils gespielt und ob diese Sondersituation zur Bejahung des Vorrangs geführt hat. Daran anschließend stellt sich die Frage, ob in anderen Fällen eines gemeinschaftsrechtswidrigen Grundverwaltungsakts weitere auf ihm aufbauende Verwaltungsakte möglich bleiben, ohne dass die inzidente Überprüfung des Grundverwaltungsakts erfolgen und damit die Frage nach seiner Anwendbarkeit gestellt werden könnte.[748] Das sich hier bietende Bild ist, besonders was die im Schrifttum vertretenen Meinungen anbelangt, nicht ganz einheitlich. Von der bereits vorgestellten Prädikatierung als Fehlurteil[749] bis hin zur Wertung als singulärer Entscheidung,[750] deren Ergebnis Billigung verdiene,[751] reicht das Spektrum der in der Literatur vertretenen Auffassungen. In der Kommentar- und Handbuchliteratur wird teils schlicht festgestellt,

745 EuGH, Rs. C-224/97, Erich Ciola/Land Vorarlberg, Slg. 1999, I-2517, Rn. 25 und die Rn. 40-43 der Schlussanträge des Generalanwalts Mischo.

746 Damit sind nicht nur solche Handlungen gemeint, die sich als Verwaltungsvollstreckung im Sinne des Vollstreckungsrechts darstellen, sondern alle Akte, die an den in Rede stehenden Verwaltungsakt anknüpfen.

747 CLAUSING, in: Schoch/Schmidt-Aßmann/Pietzner, § 121 VwGO, 16. EL 2008, Rn. 28; BVerwGE 48, S. 271, 279 = NJW 1976, S. 340; BVerwG, NVwZ 1987, S. 496; BGHZ 112, S. 363, 365 = NJW 1991, S. 700; BGH, NJW 1993, S. 1580, 1581; ob und wie weit einem Verwaltungsakt in Amtshaftungsprozessen oder bei Prozessen um Baugenehmigungen eine gleiche Bindungskraft wie Gerichtsurteilen zukommt, ist allerdings umstritten, dazu: SACHS, in: Stelkens/Bonk/Sachs, § 43 VwVfG, Rn. 93 f.; SEIBERT, Bindungswirkung, S. 514; JEROMIN, NVwZ 1991, S. 543 ff.; BERKEMANN, JR 1992, S. 18 ff.

748 So scheinbar RENNERT, DVBl. 2007, S. 400, 403, der sogar betont, der Gerichtshof habe die Singularität seiner Entscheidung in späteren Entscheidungen hervorgehoben, ohne dafür allerdings einen Nachweis zu liefern.

749 SCHILLING, EuZW 1999, S. 407, 408; weniger deutlich, aber dennoch kritisch und einschränkend: POTCAS, EuR 2004, S. 595 f.

750 RENNERT, DVBl. 2007, S. 400, 403; GÄRDITZ, NWVBl. 2006, S. 441, 443.

751 GUNDEL, EuR 1999, S. 781, 786 f., der das Ergebnis durch den Grundsatz „der Mindesteffektivität" von Gemeinschaftsrecht gerechtfertigt sieht; GRILLER, Individueller Rechtsschutz und Gemeinschaftsrecht, in: Aicher/Holoubek/Korinek, Gemeinschaftsrecht und Wirtschaftsrecht, S. 85; THIENEL, Verwaltungsverfahrensrecht, S. 309; PESENDORFER, Der Verwaltungsgerichtshof und die EU, 2000, S. 57; im Ergebnis auch: SCHEUING, DV 2001, S. 107, 142 f.; GÄRDITZ, NWVBl. 2006, S. 441, 443 und Fn. 39.

dass sich der Anwendungsvorrang des Gemeinschaftsrechts auch auf individuell konkrete Verwaltungsentscheidungen erstrecke.[752]

Der Billigung des Urteils im Ergebnis ist vor dem Hintergrund der auch von dem Gericht selbst in Anspruch genommenen Logik der in vergleichbaren Fällen ergangenen Entscheidungen[753] beizutreten, wenngleich seine Begründung zwar nicht fehlerhaft, aber doch sehr lückenhaft ist. Es geht zwar in der Tat nicht um das rechtliche Schicksal des Verwaltungsakts, da der Anwendungsvorrang nicht zur Nichtigkeit des Verwaltungsakts führt,[754] wohl aber um dessen Bestandskraft und um seine Tauglichkeit, weiter als Grundlage für auf ihm aufbauende Entscheidungen angewandt zu werden.[755] Warum hier ein Verwaltungsakt bezüglich des Vorrangs anders behandelt werden sollte, als generell-abstrakt geltende Normen, denen sogar eine höhere Geltungskraft zukommt, ist – so auch die Argumentation des Gerichtshofs – nicht plausibel begründbar.[756]

Die Literatur hält dem Gerichtshof entgegen, er gehe, was die generelle Bejahung des Anwendungsvorrangs von Gemeinschaftsrecht vor Verwaltungsakten anbelange, insbesondere vor dem Hintergrund des noch zu diskutierenden Urteils „Kühne & Heitz“,[757] in dem es um die Rückforderung eines gemeinschaftsrechtswidrig überzahlten Betrages auf Grund eines mittlerweile bestandskräftig gewordenen Verwaltungsaktes ging, zu weit, obwohl die Beitrittssituation die Außerachtlassung der Verwaltungsentscheidung im Fall aus Gesichtspunkten der Mindesteffekti-

---

752 RUFFERT, in: Calliess/Ruffert, Art. 249 EGV, Rn. 38; TIEDJE/TROBERG, in: von der Groeben/Schwarze, Art. 49 EGV, Rn. 121; SCHMIDT-KÖTTERS, in: Heidenhain, Handbuch des europäischen Beihilferechts, § 56, Rn. 2.

753 Im Urteil zitiert werden die Judikate in den Rechtssachen „Fratelli Costanzo“, „Rewe“ und „Simmenthal“; EuGH, Rs. C-224/97, Erich Ciola/Land Vorarlberg, Slg. 1999, I-2517, Rn. 29-31.

754 Vgl. die grundlegende Stellungnahme des EuGH zur Konsequenz des Anwendungsvorrangs in EuGH, Rs. C-106/77, Amministratione delle Finanze dello Stato/Simmenthal SpA, Slg. 1978, S. 629, Rn. 17/18 (dazu s. ausführlich oben S. 37 f.); seitdem ständige Rechtsprechung: EuGH, Rs. C-158/91, Levy, Slg. 1993, I-4287, Rn. 9; EuGH, Rs. C-396/97, Solred, Slg. 1998, I-937, Rn. 30; EuGH, Rs. C-10/97, Ministero delle Finanze/IN.CO.GE. 90‘ Srl. u.a., Slg. 1998, I-6307, Rn. 18 ff.

755 In diesem Sinne auch: SCHEUING, DV 2001, S. 107, 142 f.; im Übrigen bestehen im deutschen Verwaltungsvollstreckungsrecht sogar dann Bedenken gegen die Vollstreckung eines rechtswidrigen Grundverwaltungsakts, wenn dessen fehlende Rechtmäßigkeit offensichtlich gewesen ist oder sich der Behörde geradezu aufgedrängt hat, ohne dass mit diesem Vollstreckungshindernis die Bestandskraft der Grundverfügung relativiert würde (Vgl. z.B. VG Bremen, NVwZ-RR 1998, S. 468, 469; sonst reicht freilich die Wirksamkeit des Grundverwaltungsakts aus, vgl.: BVerwG, BeckRS 2008, S. 40173). Vielmehr wird durch dieses Vorgehen die Gesetzesbindung der Verwaltung akzentuiert und dem Vorrang des Gesetzes Ausdruck verliehen.

756 EuGH, Rs. C-224/97, Erich Ciola/Land Vorarlberg, Slg. 1999, I-2517, Rn. 33; damit ist allerdings noch nichts über die Möglichkeit zur judiziellen Durchsetzung dieses Vorrangs ausgesagt.

757 Dazu s. unten S. 127 ff.

vität von Gemeinschaftsrecht ausnahmsweise erfordere.[758] Insofern wird der – nicht überzeugende Versuch unternommen – die Reichweite des Urteils, was den Vorrang des Gemeinschaftsrechts vor Verwaltungsakten anbelangt, auf solche Fälle zu beschränken, in denen eine Berufung auf Gemeinschaftsrecht von Anfang an keine Aussicht auf Erfolg gehabt hat, im Fall wegen der fehlenden Geltung der Grundfreiheiten in Österreich zu dem Zeitpunkt, zu dem der Ausgangsbescheid erlassen worden ist. Für die Begründung dieses Ergebnisses die Rechtsprechung aus dem Fall „Kühne & Heitz" zu bemühen, scheitert an der fehlenden Vergleichbarkeit der Ausgangslage. So ist „Kühne & Heitz" im Gegensatz zu „Ciola" dadurch geprägt, dass die Aufhebung eines Verwaltungsakts gefordert wird, also die Bestandskraft direkt durch die Frage tangiert wird, ob ein Verwaltungsakt, der gemeinschaftsrechtswidrig ist, aufgehoben werden muss.[759] Auch der hinter der Bestandskraft stehende Aspekt der Rechtssicherheit[760] hat in der „Kühne & Heitz"-Konstellation eine gänzlich andere Bedeutung als im Fall „Ciola", der einen Dauerverwaltungsakt zum Gegenstand hat. Rechtssicherheit ist mit dem Vertrauen auf eine einmal gefällte Entscheidung nach dem Ablauf einer gewissen Frist gleichzusetzen und soll – retrospektiv – die einmal getroffenen Dispositionen schützen, um die Belastung des Einzelnen oder des Staates nach Ablauf gewisser Fristen zu verhindern.[761] Im Fall „Kühne & Heitz" hat dies zur Konsequenz, dass die Niederlande bei der Annahme von Rechtssicherheit auf das Behaltendürfen der zu Unrecht geforderten Rückzahlung vertrauen dürfen. Im Fall „Ciola" dagegen würde Rechtssicherheit bedeuten, dass der zugrundeliegende belastende Dauerverwaltungsakt, nicht mehr als 60 Ausländer als Bootsanleger zuzulassen, perpetuiert würde und somit gleichsam gegen jede zukünftige Änderung der Rechtslage immunisiert würde. Dass das Institut der Bestandskraft aber nicht zur Unabänderbarkeit eines belastenden Dauerverwal-

758 So insbesondere: POTCAS, EuR 2004, S. 595, 600; ohne Bezugnahme auf Kühne & Heitz: GUNDEL, EuR 1999, S. 781, 786 f.; GRILLER, Individueller Rechtsschutz und Gemeinschaftsrecht, in: Aicher/Holoubek/Korinek, Gemeinschaftsrecht und Wirtschaftsrecht, S. 85; THIENEL, Verwaltungsverfahrensrecht, S. 309; PESENDORFER, Der Verwaltungsgerichtshof und die EU, 2000, S. 57; SCHEUING, DV 2001, S. 107, 142 f.

759 Anders offenbar: POTCAS, EuR 2004, S. 595, 600; SCHILLING, EuZW 1999, S. 407 f.; ähnlich wie hier: GÄRDITZ, NWVBl. 2006, S. 441, 443, der nur einen mittelbaren Angriff auf die Grundverfügung ausmacht und die Bestandskraft zumindest für formal gewahrt hält.

760 BVerfGE 60, S. 253, 270 = NJW 1982, 2425; CLAUSING, in: Schoch/Schmidt-Aßmann/Pietzner, § 121 VwGO, 16. EL 2008, Rn. 28; SACHS, in: Stelkens/Bonk/Sachs, § 43 VwVfG, Rn. 9; STERN, Staatsrecht I, S. 781 ff., 831 ff. m. w. N.; Schmidt-Aßmann, in: HdBStR II, § 26, Rn. 81 ff.; SACHS, in: ders., Art. 20 GG, Rn. 75 ff.; SCHNAPP/CORDEWENER, JuS 1999, S. 39, 40; SIEGMUND, in: HdB VerwV und VerwProz, I D, Rn. 124;

761 Zur Rechtssicherheit im Allgemeinen: HERZOG, in: Maunz/Dürig, 53. Auflage 2009, Art. 20 GG, Rn. 50 ff.; Vgl. BVerfGE 7, S. 89 ff., 92; BVerfGE 13, S. 261 ff., 271; ausführlich zur Rechtssicherheit auch: V. ARNAULD, Rechtssicherheit, 2006, S. 9 ff., 76 ff., 101 ff., 165 ff., 493 ff., 661 ff.

tungsakts auch für den Fall der Änderung der Gesetzeslage führen soll,[762] liegt auf der Hand.[763]

Ferner wird das in „Kühne & Heitz" aufgestellte Postulat, der innerstaatlich gewährte Rechtsschutz müsse in Anspruch genommen worden sein,[764] um die Aufhebung einer bestandskräftigen Entscheidung verlangen zu können, als Beleg für die oben bereits skizzierte Auffassung angeführt, dass „Ciola" restriktiv dahingehend auszulegen sei, der Anwendungsvorrang komme nur dann zum Tragen, wenn eine Rechtsschutzmöglichkeit von Anfang an nicht offen gestanden habe.[765] Dann könne nur noch der Anwendungsvorrang helfen. Dieses Argument ist indessen dogmatisch wenig befriedigend; die Frage nach der Ausnutzung zur Verfügung stehender Rechtsschutzmöglichkeiten kann nicht mit dem Vorrang von Normen vor gegen sie verstoßende Verwaltungsentscheidungen gleichgesetzt werden. Dies berührt vielmehr die Frage, ob ein Gericht die Überprüfung der Rechtswidrigkeit des Grundverwaltungsakts noch durchzuführen hat oder ob die inzidente Prüfung dieses Verwaltungsaktes versperrt ist, da der in Frage kommende Rechtsschutz nicht rechtzeitig in Anspruch genommen worden ist.[766] Den parallel gelagerten Fall des Vorrangs von Normen des Bundesrechts vor rechtswidrigen Verwaltungsentscheidungen wird man trotz Überprüfungsfestigkeit der entsprechenden Entscheidung nicht ernstlich bezweifeln können.[767] Würde es also im Fall „Ciola" eine Überprüfungsmöglichkeit schon zum Erlasszeitpunkt gegeben haben, würde dies nichts an dem Vorrang des Gemeinschaftsrechts vor dem Verwaltungsakt geändert haben. Das hätte aber dazu geführt, dass dies nicht mehr überprüft worden wäre. Der Beschwerdeführer wäre also mit dem Einwand der Gemeinschaftsrechtswidrigkeit präkludiert gewesen. Der Vorrang des Gemeinschaftsrechts vor Verwaltungsakten führt also nicht dazu, dass der Adressat einer gemeinschaftsrechtswidrigen Verfügung den Eintritt ihrer Be-

762 Eine solche ist in dem Beitritt Österreichs zur EU und der damit zusammenhängenden Korporation der Europäischen Gründungsverträge in innerstaatliches Recht zu erblicken.

763 Für bestandskräftige Verwaltungsakte erkennt das deutsche Recht mit § 51 Abs. 1 Nr. 1 VwVfG einen Wiederaufgreifensgrund bei Änderung der Rechtslage explizit an. Zu prozessualen Mitteln der Rechtsdurchsetzung bei Änderung der Sach- oder Rechtslage: PIETZCKER, in: Schoch/Schmidt-Aßmann/Pietzner, § 42 VwGO, 16. EL 2008, Rn. 149.

764 EuGH, Rs. C-453/00, Kühne & Heitz NV/Produktschap voor Pluimvee en Eieren, Slg. 2004, I-837, Rn. 28.

765 POTCAS, EuR 2004, S. 595, 600.

766 Zur materiellen Präklusion mit der Folge der prozessualen Sperrwirkung: WAHL/SCHÜTZ, in: Schoch/Schmidt-Aßmann/Pietzner, § 42 Abs. II VwGO, 17. EL 2008, Rn. 107; BVerwG, NVwZ 1987, S. 131, 132; Schmidt-Aßmann, in: Maunz/Dürig, 53. Auflage 2009, Art. 19 Abs. IV GG, Rn. 260 („Anspruchslähmung"); ob die materielle Präklusion sogar zum Anspruchsuntergang führt ist zweifelhaft und abzulehnen, wird auch soweit ersichtlich nur in sehr geringer Zahl vertreten und ist zu dem für die vorliegende Problematik bedeutungslos, vgl. dazu aber: SCHMIDT-PREUß, Kollidierende Privatinteressen, S. 535.

767 Zum Vorrang des Gesetzes: HERZOG, in: Maunz/Dürig, 53. Auflage 2009, Art. 20 GG, Rn. 72 ff.; SCHULZE-FIELITZ, in: Dreier, Art. 20 GG, Rn. 92; STERN, Staatsrecht I, S. 803 ff.; KUNIG, Das Rechtsstaatsprinzip, S. 316 ff.; SOBOTA, Das Prinzip Rechtsstaat, S. 104 ff.

standskraft abwarten kann und erst dann unter Berufung auf Europarecht gegen die Vollstreckung vorgehen kann.[768] Hier steht die Bestandskraft des angegriffenen Verwaltungsakts mit der Folge seiner Überprüfungsfestigkeit entgegen.[769] Insoweit hat die Sondersituation des Beitritts zwar in der Tat das Ergebnis des Falles beeinflusst, nicht aber die dahinterstehende Vorrangdogmatik. Hilfreich wäre gewesen – und darin liegt die entscheidende Lücke des Judikats –, wenn der EuGH neben der grundsätzlichen Frage nach dem Vorrang von Gemeinschaftsrecht vor Verwaltungsakten noch Stellung zur Durchsetzbarkeit der daraus folgenden Rechte genommen hätte. Dann hätte er auf die Bestandskraft als von dem Vorrang gesonderte Problematik zu sprechen kommen müssen und hätte erläutern können, dass es das Effektivitätsgebot erforderlich machen würde,[770] zumindest dann die Bestandskraft zu durchbrechen und den Vorrang von Gemeinschaftsrecht gerichtlich klären zu lassen, wenn vor Eintritt der Bestandskraft keine Möglichkeit dazu bestanden hat.[771] So wäre trotz des Vorrangs von Gemeinschaftsrecht vor Verwaltungsakten der institutionellen und verfahrensmäßigen Autonomie der Mitgliedstaaten und dem Institut der Bestandskraft missverständnisfrei Rechnung getragen worden, denn Vorrang und Bestandskraft schließen sich nicht aus, sondern sind zwei Seiten einer Medaille. Im Fall „Kühne & Heitz", in dem die theoretische Möglichkeit der Überprüfung des Verwaltungsakts vor dem Hintergrund von entgegenstehendem Gemeinschaftsrecht bestanden hat – also nur ein schlichtes Fehlurteil und ein schlicht rechtswidriger Verwaltungsakt vorgelegen haben – musste zunächst mit höherem argumentativem Aufwand die Bestandskraft überwunden werden, ehe die Rechtswidrigkeit des Verwaltungsakts und damit der Anwendungsvorrang von Gemeinschaftsrecht festgestellt werden durfte.[772] Diesen Schritt des Durchbrechens der Bestandskraft hat der EuGH in „Ciola", und das kann ihm vorgeworfen werden, nicht deutlich herausgestellt, sondern, wohl wegen der Besonderheit der Fallkonstellation, als selbstverständlich vorausgesetzt.[773] Falsch ist es also, die Vorrangwirkung nur in der „Ciola"-Konstellation zum Tragen kommen zu lassen; dagegen ist es richtig, die Bestandskraftdurchbrechung, die der Überprüfung des Vorrangs notwendig voraus-

---

768 SCHILLING, EuZW 1999, S. 407, 408 stellt dies dennoch als Konsequenz aus dem Urteil im Fall „Ciola" in Aussicht.

769 Nur im oben S. 112 angesprochenen Fall der offensichtlichen Rechtswidrigkeit, also des offensichtlichen Gemeinschaftsrechtsverstoßes ist dann unter Umständen noch an ein Vollstreckungshindernis zu denken.

770 Insoweit auch der von GUNDEL, EuR 1999, S. 781, 786 aufgeworfene und von POTCAS, EuR 2004, S. 595 aufgegriffene Gedanke der Mindesteffektivität von Gemeinschaftsrecht.

771 Im Übrigen ganz ähnlich EuGH, Rs. C-312/93, Peterbroeck/Belgien, Slg. 1995, I-4599, Rn. 15, 17 f. (dazu s. oben S. 128), wo eine Ausschlussfrist deshalb nicht zum Tragen kam, da sie jede Möglichkeit der Berufung auf Gemeinschaftsrecht ausgeschlossen hätte.

772 Dazu s. unten S. 127 ff.

773 EuGH, Rs. C-224/97, Erich Ciola/Land Vorarlberg, Slg. 1999, I-2517, Rn. 34, wo der EuGH eigens auf die Umstände des Beitritts hinweist.

geht, auf diese oder vergleichbare Konstellationen[774] ohne Rechtschutzmöglichkeit zu verengen.[775]

Insofern sind „Kühne & Heitz“ sowie „Ciola“ – was die Überschneidungspunkte der beiden Urteile anbelangt – zwei systematisch zusammenpassende Entscheidungen, deren verschiedene Ausgangskonstellationen unterschiedliche Betrachtungsweisen erforderlich gemacht haben.

c) Resümee

Im Ergebnis kann daher folgendes festgehalten werden: „Ciola“ ist eine Entscheidung, die in konsequenter Fortentwicklung der Rechtsprechung zum Anwendungsvorrang des Gemeinschaftsrechts auch Verwaltungsentscheidungen in diesen Vorrang einbezieht. Dies führt allerdings nur dazu, dass in der Zukunft keine weiteren Verwaltungsentscheidungen getroffen werden dürfen, die auf diesem gemeinschaftsrechtswidrigen Grundverwaltungsakt beruhen. Bestand die Möglichkeit, sich gegen den bestandskräftigen Verwaltungsakt unter Berufung auf Gemeinschaftsrecht zu wehren – dies dürfte der Normalfall sein – und ist davon kein Gebrauch gemacht worden, so bestünde der Vorrang des Gemeinschaftsrechts zwar, könnte aber wegen Überprüfungsfestigkeit des Ausgangsbescheides nicht festgestellt werden.[776] Der Anwendungsvorrang wirkt vornehmlich prospektiv und steht einmal getroffenen Dispositionen unter dem schützenden Mantel der Bestandskraft nicht im Wege, verhindert aber die Immunisierung eines Dauerverwaltungsakts gegen Änderungen der Rechtslage in der Zukunft.

3. „Kühne & Heitz“[777]

Das Urteil in der Rechtssache „Kühne & Heitz“ ist Ergebnis einer Vorabentscheidung des EuGH auf Vorlage eines niederländischen Gerichts und hat für großes Aufsehen gesorgt, bekannte sich der EuGH doch unter den dort näher dargelegten

---

774 Vgl. den Sachverhalt zu EuGH, Rs. C-312/93, Peterbroeck/Belgien, Slg. 1995, I-4599, insbes. Rn. 15, 17.

775 Insoweit mit gleichem Ergebnis: GUNDEL, EuR 1999, S. 781, 786 f.; GRILLER, Individueller Rechtsschutz und Gemeinschaftsrecht, in: Aicher/Holoubek/Korinek, Gemeinschaftsrecht und Wirtschaftsrecht, S. 85; THIENEL, Verwaltungsverfahrensrecht, S. 309; PESENDORFER, Der Verwaltungsgerichtshof und die EU, 2000, S. 57; SCHEUING, DV 2001, S. 107, 142 f.

776 Auch in anderem Zusammenhang hat der EuGH der Inanspruchnahme von innerstaatlich gewährtem Rechtsschutz erhebliche Bedeutung zugemessen und die Rückwirkung einer Vorabentscheidung von der Erhebung einer Klage oder der Einlegung eines Rechtsbehelfs abhängig gemacht, vgl. EuGH, Rs. C-437/97, Evangelischer Krankenhausverein Wien/Abgabenberufungskommission Wien, Slg. 2000, I-1157, Rn. 60.

777 EuGH, Rs. C-453/00, Kühne & Heitz NV/Produktschap voor Pluimvee en Eieren, Slg. 2004, I-837.

Umständen zu dem Erfordernis einer Durchbrechung der Bestandskraft von Verwaltungsakten.[778]

a) Sachverhalt und Entscheidung[779]

Der Streit entspann sich zwischen den niederländischen Zollbehörden und der Firma Kühne & Heitz um die Tarifierung von Geflügelteilen bei deren Export in Drittländer nach Maßgabe des Gemeinsamen Zolltarifs der Europäischen Gemeinschaft. Kühne & Heitz beantragte für das in den Jahren 1986 und 1987 ausgeführte Geflügel die Einstufung in die Tarifgruppe „Schenkel und andere Teile vom Geflügel“, die von der zuständigen Zollbehörde[780] zunächst gewährt worden war, ehe diese infolge einer Überprüfung eine Umgruppierung in die Kategorie „andere“ vornahm und die vermeintlich zu Unrecht gewährte Ausfuhrerstattung in Höhe von etwa 970.000 NLG zurückverlangte. Der gegen diese Rückforderung erhobene Widerspruch und die in der Folge angestrengte Klage sind abgewiesen worden. Das niederländische Urteil von November 1991 bestätigte die Auslegung des Gemeinsamen Zolltarifs in der Lesart der Zollbehörden; eine Vorlage der Frage nach der richtigen Tarifierung an den EuGH ist nicht von der Beschwerdeführerin beantragt worden und ist auch nicht durch das Gericht selbst erfolgt, weil dieses die Auslegung für zweifelsfrei richtig erachtete.[781] In einem später ergangenen Urteil in einem vergleichbaren Fall[782] hat der EuGH allerdings entgegen der Auslegung der niederländischen Zollbehörden und Gerichte die Rechtsauffassung der Firma Kühne & Heitz bestätigt. Diese verlangte daraufhin die Rückgewähr des überzahlten Betrages in

778 Die Bedeutung der Entscheidung spiegelt sich in der Vielzahl der zu ihr ergangenen Stellungnahmen, vgl. exemplarisch: RENNERT, DVBl. 2007, S. 400, 406 ff.; KREMER, EuR 2007, S. 470, 481 ff.; POTCAS, in: FS RESS, S. 729, 733 ff.; STREINZ, JuS 2004, S. 516, 517 ff.; RUFFERT, JZ 2004, S. 619, 620 ff.; POELZIG, JZ 2008, S. 858, 861.

779 Zum Sachverhalt ausführlich: EuGH, Rs. C-453/00, Kühne & Heitz NV/Produktschap voor Pluimvee en Eieren, Slg. 2004, I-837 Rn. 5-19.

780 Dies ist die Productschap voor Pluimvee en Eieren.

781 Das Urteil in der Rechtssache „CILFIT“ erlaubt es einem ansonsten gem. Art. 267 Abs. III AEU vorlageverpflichteten Gericht, dann von der Vorlage abzusehen, wenn es die Auslegung des Europarechts für zweifelsfrei hält und davon ausgeht, dass die Gerichte in den übrigen Mitgliedstaaten diese Rechtsauffassung teilen. EuGH, Rs. C-283/81, CILFIT/Ministero della Sanità, Slg. 1982, S. 3045, Rn. 16, 21; insbesondere die Pflicht zur Beachtung aller sprachlichen Fassungen einer Norm lässt die Einschränkung als zu eng erscheinen, WEGENER, in: Calliess/Ruffert, Art. 234 EGV, Rn. 28. Die wortgetreue Anwendung der „CILFIT-Kriterien“ führt nach wohl vorherrschender Auffassung zur Vorlagepflicht in jedem Fall: Schlussanträge des Generalanwalts COLOMER zu EuGH, Rs. C-461/03, Gaston Schul Douane-expediteur BV/Minister van Landbouw, Natuur en Voedselkwaliteit, Slg. 2005, I-10513, Rn. 59; KLÖCKNER, Grenzüberschreitende Bindung an zivilgerichtliche Präjudizien, S. 49; SCHIMA, Das Vorabentscheidungsverfahren vor dem EuGH, S. 66; RASMUSSEN, CMLR 37 (2000), S. 1071, 1107.

782 EuGH, Rs. C-151/93, Strafverfahren gegen M. Voogd Vleesimport en -export BV, Slg. 1994, I-4915.

voller Höhe nebst der Zahlung der Summe, die ausgekehrt worden wäre, hätte die zuständige Zollbehörde die richtige Tarifierung vorgenommen. Die Zollbehörde lehnte diesen Antrag ab und wies den Widerspruch dagegen mit Bescheid vom Juli 1997 zurück. In dem gegen diese Entscheidung anhängig gemachten Rechtsstreit erkannte das befasste Gericht für Recht, dass der Antrag auf Zahlung der entgangenen Ausfuhrerstattungen infolge der fehlerhaften Tarifierung abzuweisen sei, tat sich aber schwer, die Frage nach der Aufhebung des Rückforderungsbescheides in Höhe von 970.000 NLG zu beantworten. Grund dafür war, dass das Gericht hier die Bestandskraft, die infolge eines letztinstanzlichen Urteils eingetreten sei, als Hinderungsgrund ansah, obgleich das niederländische Recht die Möglichkeit eröffne, einen bestandskräftigen Bescheid zurückzunehmen.[783] Mit der Vorlage an den EuGH wollte das niederländische Gericht wissen, ob es eine europarechtlich grundierte Verpflichtung gebe, eine bestandskräftige Entscheidung zurückzunehmen, um die volle Wirksamkeit des Gemeinschaftsrechts, wie es aufgrund der Antwort auf ein später ergangenes Vorabentscheidungsersuchen auszulegen ist, vor dem Hintergrund des in Art. 4 Abs. III EUV (ex-Art. 10 EGV) verankerten Effektivitätsprinzips zu ermöglichen.[784]

Der EuGH stellte zunächst in Einklang mit seiner bisherigen Rechtsprechung fest, dass die Rechtssicherheit zu den im Gemeinschaftsrecht anerkannten allgemeinen Rechtsgrundsätzen gehöre und dass das Gemeinschaftsrecht den nationalen Verwaltungsbehörden nicht die grundsätzliche Pflicht auferlege, bestandskräftige, aber gemeinschaftsrechtswidrige Entscheidungen aufzuheben.[785] Trotz dieser

---

783 Im niederländischen Recht bestimmen die Artikel 4:6 und 8:88 der Algemene wet bestuursrecht (Allgemeines Verwaltungsrechtsgesetz) vom 4. Juni 1992 (Stbl. 1992, S. 315), zuletzt geändert am 12. Dezember 2001 (Stbl. 2001, S. 66):

Art. 4:6: 1. Wird nach vollständiger oder teilweiser Ablehnung eines Antrags ein neuer Antrag gestellt, so hat der Antragsteller neu eingetretene Tatsachen oder geänderte Umstände anzugeben.

2. Wenn keine neu eingetretenen Tatsachen oder geänderten Umstände angegeben werden, kann die Verwaltungsbehörde, ohne Artikel 4:5 anzuwenden, den Antrag unter Bezugnahme auf ihre vorherige ablehnende Entscheidung ablehnen.

Art. 8:88: 1. Das Gericht kann auf Antrag einer Partei ein rechtskräftiges Urteil aufgrund von Tatsachen oder Umständen abändern, die

a) vor dem Erlass des Urteils eingetreten sind,

b) dem Kläger vor Erlass des Urteils nicht bekannt waren und vernünftigerweise nicht bekannt sein konnten und

c) zu einer anderen Entscheidung hätten führen können, wenn sie dem Gericht vorher bekannt gewesen wären.

2. Kapitel 6 sowie die Titel 8.2 und 8.3 finden, soweit erforderlich, entsprechend Anwendung."

784 EuGH, Rs. C-453/00, Kühne & Heitz NV/Produktschap voor Pluimvee en Eieren, Slg. 2004, I-837, Rn. 19.

785 EuGH, Rs. C-453/00, Kühne & Heitz NV/Produktschap voor Pluimvee en Eieren, Slg. 2004, I-837, Rn. 24; vgl. ferner: EuGH, Rs. C-392/04 und C-422/04, I-21 Germany GmbH und Arcor AG und Co. KG/Bundesrepublik Deutschland, Slg. 2006, I-8559, Rn. 51.

Rechtsauffassung bejahte der Gerichtshof in dem durch einige Besonderheiten gekennzeichneten Fall eine Rücknahmeverpflichtung der involvierten niederländischen Behörden. Besonders ist zunächst der Umstand, dass nach Eintritt der Bestandskraft eine entgegenstehende Vorabentscheidung des EuGH ergangen ist. Hinzu tritt der Umstand, dass die Bestandskraft des angefochtenen Bescheides erst infolge eines letztinstanzlichen Urteils eingetreten ist und der Beschwerdeführer sich, unmittelbar nachdem er Kenntnis von der betroffenen Entscheidung erlangt hat, an die Verwaltungsbehörde gewandt hat.[786] Zudem hob der Gerichtshof hervor, dass der rücknahmeverpflichteten Behörde diese Befugnis nach dem anwendbaren nationalen Verfahrensrecht auch zustehen müsse.[787] Der zuletzt genannte Aspekt ist in Konkordanz mit der sonstigen Rechtsprechung des EuGH, nach der mitgliedstaatliche Träger hoheitlicher Gewalt Gemeinschaftsrecht dann wahrzunehmen hätten, wenn sie nach nationalem Recht zumindest dazu berechtigt sind.[788]

b) Würdigung

Im Anschluss an den soeben diskutierten Fall „Ciola" sind in „Kühne & Heitz" weitere sich im Zusammenhang mit dem Anwendungsvorrang des Gemeinschaftsrechts vor bestandskräftigen Verwaltungsentscheidungen auftretende Problemlagen entschieden worden. Der Unterschied in den beiden Fallkonstellationen besteht dabei darin, dass im zunächst genannten Fall nicht das rechtliche Schicksal des Verwaltungsakts selbst in Rede stand, sondern allein dessen praktische Wirksamkeit, da das Anknüpfen an ihn in Bezug auf Sanktionen für rechtswidrig gehalten worden ist. In diesem Fall sind jedoch der Verwaltungsakt selbst und seine Folgen rückwirkend zu beseitigen gewesen.[789] Entgegen den Einlassungen der am Verfahren beteiligten niederländischen und französischen Regierung sowie der Kommission,[790] die eine ablehnende Bescheidung der Vorlagefrage erstrebte, da sie die Aufhebung

786 Da diese Kriterien nicht erfüllt waren, schied eine Rücknahmeverpflichtung im Fall „I-21 und Arcor" gegen Deutschland aus; EuGH, Rs. C-392/04 und C-422/04, I-21 Germany GmbH und Arcor AG und Co. KG/Bundesrepublik Deutschland, Slg. 2006, I-8559, Rn. 52 ff.; dazu auch: KREMER, EuR 2007, S. 470, 483 f.

787 EuGH, Rs. C-453/00, Kühne & Heitz NV/Produktschap voor Pluimvee en Eieren, Slg. 2004, I-837, Rn. 28; bestätigt in: EuGH, Rs. C-392/04 und C-422/04, I-21 Germany GmbH und Arcor AG und Co. KG/Bundesrepublik Deutschland, Slg. 2006, I-8559, Rn. 52.

788 EuGH, Rs. C-430/93 und C-431/93 (verb.), Van Schijndel und van Veen/Stichting Pensioenfonds voor Fysiotherapeuten, Slg. 1995, I-4705, Rn. 13 f.; EuGH, Rs. C-72/95, Aannemersbedrijf P.K. Kraaijeveld BV e.a./Gedeputeerde Staten van Zuid-Holland, Slg. 1996, I-5403, Rn. 57 f.

789 Dies verkennt POTCAS, FS für Ress, S. 729, 732 f., der im Urteil Kühne & Heitz eine Einschränkung der Rechtsprechung im Fall „Ciola" sieht; wohl ähnlich: RENNERT, DVBl. 2007, S. 400, 403; wie hier aber: STREINZ, JuS 2004, S. 516; im Ergebnis auch: RUFFERT, JZ 2004, S. 619, 621 f.

790 Dazu die Schlussanträge des Generalanwalts Léger, EuGH, Rs. C-453/00, Kühne & Heitz NV/Produktschap voor Pluimvee en Eieren, Slg. 2004, I-837, Rn. 30 ff.

des bestandskräftigen Verwaltungsakts entweder wegen des Grundsatzes der Rechtssicherheit oder des Vertrauensschutzes für ausgeschlossen hielten, hat der EuGH sich in konsequenter Fortentwicklung seiner Rechtsprechung unter Rekurs auf Art. 4 Abs. III EUV (ex-Art. 10 EGV) dazu verpflichtet gesehen, eine Rücknahmepflicht unter den von ihm im Urteil aufgestellten Prämissen zu bejahen. Damit hat er den Grundsatz der institutionellen und verfahrensmäßigen Autonomie der Mitgliedsstaaten zwar durch eine Auslegungsvorgabe weiter überformt, ihn im Grundsatz aber unter gleichzeitiger Förderung der Europäisierung des Verwaltungsrechts geachtet.[791] Insbesondere hat der Gerichtshof die Bestandskraft des Verwaltungsakts nicht ohne Weiteres – wie es Generalanwalt Léger in seinen Schlussanträgen vorgeschlagen hat[792] – beiseitegeschoben.

c) Pflicht zur Schaffung einer Rücknahmemöglichkeit?

Fraglich ist das Vorgehen, wenn eine der Bedingungen für das Entstehen der Rücknahmeverpflichtung nicht erfüllt ist, etwa weil der nationale Gesetzgeber die Möglichkeit der Rücknahme nicht vorgesehen hat und die Behörde deshalb dazu nicht befugt ist.[793] In der Literatur wird teilweise davon ausgegangen, dass der Effektivitäts- und der im Urteil „Kühne & Heitz" zum Ausdruck kommende Grundsatz des effektiven Rechtsschutzes eine gesetzliche Regelung erforderlich machten.[794] Dieser Einschätzung ist nicht beizutreten. Vielmehr ist das Gegenteil anzunehmen. Neben der präzisen und eindeutigen Festlegung der Rücknahmebefugnis nach nationalem Recht als Bedingung für die Rücknahme[795] befremdet es, angesichts der in mehreren Entscheidungen wiederholten Position des EuGH – Akzeptanz von Rechtssicherheit und Vertrauensschutz als Grundsätze des Gemeinschaftsrechts[796] –

---

791 STREINZ, JuS 2004, S. 516, 518; DERS., in: Streinz, Art. 10 EGV, Rn. 14 ff.; RENNERT; DVBl. 2007, S. 400, 408; vgl. POTCAS, in: FS Ress, S. 729, 734: *„Dem EuGH ist ein angemessener Ausgleich zwischen dem Grundsatz der Rechtssicherheit einerseits und der Effektivität von Gemeinschaftsrecht andererseits gelungen."*

792 Schlussanträge des Generalanwalts Léger, EuGH, Rs. C-453/00, Kühne & Heitz NV/Produktschap voor Pluimvee en Eieren, Slg. 2004, I-837, Rn. 44 ff.

793 Zur grundsätzlichen Pflicht der Mitgliedstaaten zur Anpassung der nationalen Rechtsordnungen an die Vorgaben des Gemeinschaftsrechts: EuGH, Rs. C-30/72, Kommission/Italien, Slg. 1973, S. 161, Rn. 11, wonach aus Art. 10 EGV für den nationalen Gesetzgeber die Pflicht folgt, „in seinem innerstaatlichen Recht die Konsequenzen aus seiner Zugehörigkeit zur Gemeinschaft zu ziehen"; ferner: KAHL, in: Calliess/Ruffert, Art. 10 EGV, Rn. 24; KADELBACH, S. 143 ff.; LÜCK, Die Gemeinschaftstreue als allgemeines Rechtsprinzip im Recht der Europäischen Gemeinschaft, S. 25 ff. (dort mwN.); ZULEEG, in: von der Groeben/ Schwarze, Art. 10 EGV, Rn. 6.

794 POTCAS, in: FS Ress, S. 729, 735.

795 EuGH, Rs. C-453/00, Kühne & Heitz NV/Produktschap voor Pluimvee en Eieren, Slg. 2004, I-837, Rn. 28.

796 Vgl. nur: EuGH, Rs. C-453/00, Kühne & Heitz NV/Produktschap voor Pluimvee en Eieren, Slg. 2004, I-837, Rn. 24; EuGH, Rs. C-392/04 und C-422/04, I-21 Germany GmbH und Arcor AG und Co. KG/Bundesrepublik Deutschland, Slg. 2006, I-8559, Rn. 51.

diese Bedingung nicht ernst nehmen zu wollen, sondern als leere Hülse zu begreifen, die der EuGH offenbar auch hätte weglassen können. Nichts anderes kommt nämlich dadurch zum Ausdruck, dass man das Fehlen einer Rücknahmebefugnis trotz des Judikats in „Kühne & Heitz“ für gemeinschaftsrechtswidrig hält.[797] Somit ist daran festzuhalten, dass bei Fehlen einer gesetzlichen Rücknahmebefugnis auch keine Pflicht zur Rücknahme besteht, sondern der damit zum Ausdruck kommende hohe Stellenwert der Bestandskraft in der jeweiligen Jurisdiktion respektiert wird.[798]

4. Bestätigung und Konkretisierung der Rechtsprechung aus „Kühne & Heitz“ in der Rechtssache „Kempter“[799]

In der Rechtssache „Kempter“ erhielt der Gerichtshof Gelegenheit, zwei der von ihm im Fall „Kühne & Heitz“ aufgestellten Voraussetzungen für die mitgliedstaatliche Pflicht zur Überprüfung eines Verwaltungsaktes näher zu konkretisieren, mithin zu erläutern, wie das Erfordernis, der Verwaltungsakt müsse infolge einer letztinstanzlichen Entscheidung, die auf einer unrichtigen Auslegung des Gemeinschaftsrechts basiert, bestandskräftig geworden sein,[800] zu verstehen ist. Der EuGH hob hervor, dass die Pflicht zur Überprüfung eines Verwaltungsaktes gemäß dieser im Fall „Kühne & Heitz“ aufgestellten Voraussetzung nicht davon abhänge, ob sich der Adressat der belastenden Entscheidung im Ausgangsverfahren auf die Gemeinschaftsrechtswidrigkeit berufen habe oder nicht.[801] Ausreichend sei vielmehr, dass die Gemeinschaftsrechtswidrigkeit von dem in letzter Instanz entscheidenden Gericht entweder geprüft wurde oder hätte überprüft werden können respektive müssen.[802] In Bezug auf die Verpflichtung des Betroffenen, sich unmittelbar, nachdem er Kenntnis von einer abweichenden Entscheidung des EuGH erlangt habe, an die mitgliedstaatlichen Behörden zu wenden,[803] stellte der Gerichtshof klar, dass dieses Kriterium nicht so zu verstehen sei, dass sich der betroffene Bürger innerhalb einer bestimmten Frist an die nationalen Behörden zu wenden habe, nachdem er Kenntnis von der Entscheidung erlangt habe, auf die er seinen Antrag auf Rücknahme stützt.[804] Mit Gemeinschaftsrecht vereinbar sei es allerdings, wenn das nationale

---

797 So aber: POTCAS, in: FS für Ress, S. 729, 732; wie hier: HATJE, in: FS Rengeling, S. 249, 263.

798 AA. POTCAS, in: FS für Ress, S. 729, 732; vgl. aber die Anmerkungen von RENNERT, DVBl. 2007, S. 400 f. zum Respekt vor den nationalen Rechtsordnungen und zum Ausnahmecharakter eines Eingriffs; zweifelnd: GÄRDITZ, NWVBl. 2006, S. 441 f.

799 Ausführlich zum Sachverhalt: EuGH, Rs. C-2/06, Kempter/Hauptzollamt Hamburg-Jonas, Slg. 2008, I-411, Rn. 8-27.

800 Dazu s. oben S. 129 f.

801 EuGH, Rs. C-2/06, Kempter/Hauptzollamt Hamburg-Jonas, Slg. 2008, I-411, Rn. 46.

802 EuGH, Rs. C-2/06, Kempter/Hauptzollamt Hamburg-Jonas, Slg. 2008, I-411, Rn. 44.

803 Dazu s. oben S. 129 f.

804 EuGH, Rs. C-2/06, Kempter/Hauptzollamt Hamburg-Jonas, Slg. 2008, I-411, Rn. 55 f.

Recht Ausschlussfristen im Dienste der Rechtssicherheit festlege, die den Antrag auf Rücknahme eines gemeinschaftsrechtswidrigen Verwaltungsakts einer Fristbindung unterwerfen, die mit dem Grundsatz der Effektivität und Äquivalenz vereinbar seien.[805] Die Entscheidung im Fall „Kempter" setzt also die Rechtsprechung des EuGH in konsequenter Konkretisierung der bereits aus „Kühne & Heitz" bekannten Kriterien fort und dient im Wesentlichen dazu, die Rechtsauffassung des Gerichtshofs auf Basis dieser grundlegenden Entscheidung weiter auszudifferenzieren.[806]

III. Resümee

Die vorstehende Analyse der Rechtsprechung des EuGH zur Bestandskraft von Verwaltungsakten und somit zum Vorrang des Gemeinschaftsrechts vor konkret-individuellen Entscheidungen nationaler Hoheitsträger hat ergeben, dass sich der EuGH im Grundsatz den nationalen Verfahrensrechten gegenüber respektvoll zeigt, was mit dem Terminus der institutionellen bzw. verfahrensmäßigen Autonomie der Mitgliedstaaten gut zum Ausdruck gebracht wird.[807] Dies kann allerdings nicht darüber hinwegtäuschen, dass das Gemeinschaftsrecht nationales Recht an vielen Stellen erheblich beeinflusst, sodass dieses teilweise europäisiert ist.[808] Der im Fall „Ciola" treffend herausgestellte Vorrang des Gemeinschaftsrechts auch vor Verwaltungsakten[809] ist entgegen mancher anders lautender Stimme im Schrifttum keiner singulären Ausnahmesituation geschuldet,[810] sondern kommt generell zum Tragen. Dies darf allerdings nicht damit verwechselt werden, dass der EuGH der Bestandskraft keine Bedeutung beimisst, wenn es um einen europarechtswidrigen Verwaltungsakt geht.[811] Das Gegenteil ist zutreffend, wie das später ergangene Urteil im Fall „Kühne & Heitz" zeigt, in dem der Gerichtshof die Umstände herausgestellt hat, bei deren Vorliegen sich das bezüglich der Rücknahme von Verwaltungsakten zu betätigende Ermessen der damit betrauten nationalen Hoheitsträger auf Null zu verdichten hat, also eine Rücknahmepflicht besteht.[812]

Die Position des EuGH gegenüber der Bestandskraft von Verwaltungsakten und somit zum Verhältnis von Europarecht zu Verwaltungsakten stimmt mit der bei der

---

805 EuGH, Rs. C-2/06, Kempter/Hauptzollamt Hamburg-Jonas, Slg. 2008, I-411, Rn. 58 ff.

806 Vgl. VON DANWITZ, Europäisches Verwaltungsrecht, S. 549 f.

807 Dazu s. oben S. 43.

808 Dazu s. vor allem oben S. 102 f.

809 Dazu s. oben S. 119 ff.

810 Dazu s. oben S. 119 ff.

811 EuGH, Rs. C-453/00, Kühne & Heitz NV/Produktschap voor Pluimvee en Eieren, Slg. 2004, I-837, Rn. 24; EuGH, Rs. C-392/04 und C-422/04, I-21 Germany GmbH und Arcor AG und Co. KG/Bundesrepublik Deutschland, Slg. 2006, I-8559, Rn. 51.

812 EuGH, Rs. C-453/00, Kühne & Heitz NV/Produktschap voor Pluimvee en Eieren, Slg. 2004, I-837, Rn. 28.

Rückforderung einer europarechtswidrigen Gemeinschaftsbeihilfe überein.[813] Der fehlende Respekt vor der nationalen Rechtsordnung im Falle der staatlichen Beihilfen ist speziellen Gründen geschuldet,[814] die diese Fallgruppe aber als Ausnahme kennzeichnen und die respektvolle Behandlung der nationalen Jurisdiktionen in anderen Fällen als Regel ausweisen. Die Fälle „Emmot“,[815] „Ciola“[816] sowie „Kühne & Heitz“[817] bestätigen diese Auffassung.

IV. Zusammenfassung der wesentlichen Aspekte in Thesen

1. Die Rücknahme belastender wie begünstigender Verwaltungsakte richtet sich nach dem Recht der Mitgliedstaaten, deren institutionelle bzw. verfahrensmäßige Autonomie respektiert wird.[818] Für begünstigende Verwaltungsakte gilt das zur Rücknahme von gemeinschaftsrechtswidrigen Gemeinschaftsbeihilfen Gesagte entsprechend.

2. Nach dem Eintritt der Bestandskraft besteht kein Anspruch auf ein Wiederaufgreifen des Verfahrens gem. § 51 VwVfG, sollte sich ein Verwaltungsakt als gemeinschaftsrechtswidrig herausstellen. Auch ein nachträglich ergangenes Urteil des EuGH stellt keine Änderung der Rechtslage im Sinne von § 51 Abs. I Nr. 1 dar.[819]

3. Auch bei der Rücknahme gemeinschaftsrechtswidriger Verwaltungsakte besteht keine Pflicht zur Rücknahme.[820] Vielmehr wird der Ermessensspielraum der Behörden respektiert. Dieser kann sich jedoch auf Null reduzieren, wenn weitere Umstände hinzutreten. Solche Umstände können im auf den Fall anwendbaren Fachrecht gesehen werden oder bei einem qualifizierten Gemeinschaftsrechtsverstoß angenommen werden, der bei offensichtlicher Rechtswidrigkeit vorliegt.[821]

4. Der Vorrang des Gemeinschaftsrechts erstreckt sich auch auf konkret-individuelle Verwaltungsentscheidungen, was die Bestandskraft von Verwaltungsakten an sich aber nicht tangiert.[822]

5. Ein Anspruch auf Rücknahme eines bereits bestandskräftigen Verwaltungsakts besteht unter folgenden Bedingungen:[823]

---

813 Vgl. dazu die Thesen oben S. 64 f.
814 Vgl. den Erklärungsversuch oben S. 89 ff.
815 Dazu oben S. 116 ff.
816 Dazu oben S. 119 ff.
817 Dazu oben S. 127 ff.
818 Zu dem Grundsatz s. oben S. 43.
819 Dazu oben S. 108 ff.
820 Dazu oben S. 110 f.
821 Dazu oben S. 111 f.
822 Dazu oben S. 119 ff.
823 Dazu oben S. 127 ff.

- Die Behörde ist nach nationalem Recht zur Rücknahme des Verwaltungsakts berechtigt.
- Der Verwaltungsakt ist aufgrund eines letztinstanzlichen Urteils eines nationalen Gerichts bestandskräftig geworden.
- Das Urteil beruht auf einer unrichtigen Auslegung des Gemeinschaftsrechts, wie eine im Nachhinein ergangene Entscheidung des EuGH zum betroffenen materiellen Recht offenbart und der Gerichtshof ist trotz Vorliegens der tatbestandlichen Voraussetzungen des Art. 267 Abs. III AEU (ex-Art. 234 Abs. III EGV) nicht um Vorabentscheidung ersucht worden.
- Der Betroffene hat sich, unmittelbar nachdem er Kenntnis von dem abweichenden EuGH-Urteil erlangt hat, an die betreffende nationale Behörde mit dem Antrag gewandt, die Ausgangsentscheidung zu korrigieren.

Teil III: Die Relativierung der Rechtskraft mitgliedstaatlicher Gerichtsurteile durch Gemeinschaftsrecht

§ 6 – Einführung und Funktionen der Rechtskraft

I. Problemlage

In Form des Urteils ergangene Entscheidungen sind für die Gerichte selbst bindend (etwa: § 318 ZPO), unterliegen aber der Anfechtbarkeit durch Rechtsmittel oder andere Rechtsbehelfe. Unterliegt ein Urteil keinem befristeten Rechtsmittel mehr, so ist es nach der gesetzlichen Definition (vgl. § 705 ZPO) formell rechtskräftig.[824] Diese formelle oder äußere Rechtskraft ist Voraussetzung dafür, dass die Entscheidung für die Parteien, insbesondere in weiteren Verfahren eine inhaltliche Bindungswirkung entfaltet.[825] In der Konsequenz dieser sog. materiellen Rechtskraft liegt es also, dass der Inhalt der Entscheidung für die Verfahrensbeteiligten[826] und ein neu angerufenes Gericht maßgeblich ist, soweit es in einem späteren Verfahren um dieselbe Rechtsfolge geht.[827] Dadurch soll der Problematik begegnet werden, dass über denselben Streitgegenstand ein weiterer Rechtsstreit geführt und darüber erneut, eventuell sogar abweichend, entschieden wird.[828] Damit geht zugleich einher, dass es für den Eintritt der Rechtskraft keine Rolle spielt, ob das Urteil inhaltlich richtig ist,[829] auch wenn in dem mitgliedstaatlichen Gerichtsurteil zugleich ein Verstoß gegen Gemeinschaftsrecht zu erblicken ist. An einer solchen Entscheidung ändert nach Eintritt der Rechtskraft prinzipiell auch eine zeitlich nachfolgende, ab-

---

824 LEIPOLD, in: Stein/Jonas, § 322 ZPO, Rn. 3; GOTTWALD, in: MünchKomm ZPO, § 322 Rn. 1.

825 BAUMBACH/LAUTERBACH/ALBERS/HARTMANN, Einf. §§ 322-327 ZPO, Rn. 2; ROSENBERG/SCHWAB/GOTTWALD, ZPO, § 148, Rn. 3; VOLLKOMMER, in: Zöller, Vor § 322 ZPO, Rn. 6; GOTTWALD, in: MünchKomm ZPO, § 322 ZPO, Rn. 1.

826 ROSENBERG/SCHWAB/GOTTWALD, ZPO, § 148 Rn. 2, § 150 Rn. 1 f.; KOUSSOULIS, Beiträge zur modernen Rechtskraftlehre, S. 34 ff.; LEIPOLD, in: Stein/Jonas, § 322 ZPO, Rn. 34 ff.; GOTTWALD, in: MünchKomm ZPO, § 322 ZPO, Rn. 1; KOPP/SCHENKE, § 121 VwGO, Rn. 2; DETTERBECK, Streitgegenstand und Entscheidungswirkungen im Öffentlichen Recht, S. 88.

827 REICHOLD, in: Thomas/Putzo, § 322 ZPO, Rn. 1; GOTTWALD, in: MünchKomm ZPO, § 322 ZPO Rn. 1.

828 ROSENBERG/SCHWAB/GOTTWALD, ZPO, § 150 Rn. 5 f., 10 ff.; GOTTWALD, in: MünchKomm ZPO, § 322 ZPO Rn. 1.

829 VOLLKOMMER, in: Zöller, § 322 ZPO, Rn. 14; REICHOLD, in: Thomas/Putzo, § 322 ZPO, Rn. 1; GOTTWALD, in: MünchKomm ZPO, § 322 ZPO, Rn. 5; STORR, DÖV 2004, S. 545, 552; POELZIG, JZ 2007, S. 858.

weichende Entscheidung des EuGH nichts.[830] Ein Verstoß der nationalen Verfahrensvorschriften gegen Gemeinschaftsrecht liegt darin allerdings nicht begründet, denn das Institut der Rechtskraft ist als elementarer Bestandteil nicht nur der nationalen Rechtsordnungen, sondern auch des Gemeinschaftsrechts anerkannt; die Bedeutung der Rechtskraft im System des Gemeinschaftsrechts hat der EuGH explizit hervorgehoben.[831] Die Rechtskraft kann auf diesem Wege allerdings zu einer Obstruktion für die einheitliche Geltung des Gemeinschaftsrechts in den Mitgliedstaaten führen und den Vorrang des Gemeinschaftsrechts vor nationalem Recht behindern.[832] Die Regelung der Rechtskraft ist dabei unbestritten Teil der institutionellen und verfahrensmäßigen Autonomie der Mitgliedstaaten und somit der Regelungskompetenz der Union entzogen.[833] Allerdings unterliegt die nationale Regelungskompetenz, wie stets, den Grenzen des Art. 4 Abs. III AEU (ex-Art. 10 EGV).

In den letzten Jahren beschäftigen sich Rechtsprechung und Literatur daher mit der Frage, inwieweit dem nationalen Prozessrecht und der in ihm enthaltenen Rechtskraftregeln Grenzen durch das Gemeinschaftsrecht gesetzt sind. Das Urteil im Fall „Köbler" wurde im Sinne einer Unterbewertung der Rechtskraft durch den EuGH aufgefasst[834] und einige Stimmen in der Literatur vermeinten, in der bereits diskutierten Entscheidung „Kühne & Heitz"[835] sei nicht nur eine Durchbrechung der Bestandskraft, sondern vielmehr auch eine Relativierung der Rechtskraft des den Verwaltungsakt bestätigenden Urteils zu sehen.[836] Schließlich hat der EuGH in der Rechtssache „Lucchini" geurteilt, dass eine dem italienischen Codice Civile entstammende Rechtskraftregel unter den Bedingungen des Falles außer Anwendung zu bleiben habe.[837]

---

830 POELZIG, JZ 2007, S. 858; DANNECKER, in: Rengeling/Middeke/Gellermann, Handbuch des Rechtsschutzes in der Europäischen Union, § 38 Rn. 73.

831 EuGH, Rs. C-234/04, Kapferer/Schlank & Schick GmbH, Slg. 2006, I-2585, Rn. 20; EuGH, Rs. C-126/97, Eco Swiss China Time Ltd/Benetton International NV, Slg. 1999, I-3055, Rn. 46; EuGH, Rs. C-224/01, Köbler/Österreich, Slg. 2003, I-10239, Rn. 38; der EuGH hat zudem mehrfach Stellung zur Rechtskraft von Entscheidungen des EuG genommen, etwa: EuGH, Rs. C-440/01 P (R), Kommission/Artedogan GmbH, Slg. 2002, I-1489, Rn. 66, 70; EuGH, Rs. C-480/99 P, South Wales Small Mines Association, Slg. 2002, I-265, Rn. 54.

832 Vgl. dazu die grundlegenden Erläuterungen oben S. 26 ff.. zum Urteil in der Rechtssache „Costa/Enel".

833 EuGH, Rs. C-126/97, Eco Swiss China Time Ltd/Benetton International NV, Slg. 1999, I-3055, Rn. 46; POELZIG, JZ 2007, S. 858, 859; HATJE, in: FS Rengeling, S. 249, 250 f.

834 GUNDEL, EWS 2004, S. 8, 16 der die Rechtskraft in der „Köbler"-Entscheidung für „massiv unterbewertet" hält.

835 Dazu s. oben S. 127 ff.

836 KENNTNER, EuZW 2005, S. 235, 237 f.; POELZIG, JZ 2007, S. 858, 861: mittelbar habe der EuGH den Konflikt zwischen dem Vorrang des Gemeinschaftsrechts und der Rechtskraft nationaler Urteile zugunsten des Gemeinschaftsrechts entschieden.

837 Dazu s. unten S. 161 ff.

Im Folgenden gilt es also zu veranschaulichen, wo die gemeinschaftsrechtlichen Grenzen der Rechtskraft verlaufen und wie die nationalen Prozessordnungen diese Vorgaben adaptieren können.

II. Funktion und Aufgabe der Rechtskraft

Um dies leisten zu können, gilt es zunächst, den Zweck von Rechtskraftregeln herauszustellen, um von den so gewonnen Erkenntnissen ausgehend beurteilen zu können, in welcher Art und Weise Gemeinschafts- und Prozessrecht verzahnt sind und wann es mit den Prämissen der Rechtskraft vereinbar ist, dass die sie anordnenden Normen wegen des Vorrangs von Gemeinschaftsrecht außer Anwendung zu bleiben haben. Zugleich liegt auf der Hand, dass es die hinter der Rechtskraft stehenden Gründe und Überlegungen sind, die sich im Kraftfeld des gemeinschaftsrechtlichen Effektivitätsprinzips befinden und sich an diesem messen lassen müssen, wenn ein Zurücktreten der Rechtskraft in gewissen Fällen als durch Gemeinschaftsrecht geboten anzusehen ist.

1. Inhaltlicher Bestand einer rechtskräftigen Entscheidung

Die materielle Rechtskraft gewährleistet den inhaltlichen Bestand einer mit Rechtsmitteln nicht mehr angreifbaren Entscheidung in weiteren Verfahren[838] und ordnet somit die Maßgeblichkeit der rechtskräftigen Entscheidung für die Parteien an, ohne dass diesen die Möglichkeit weiterer Inanspruchnahme von Gerichten offen stünde. Die so verstandene materielle Rechtskraft ist demzufolge nicht nur ein aus Zweckmäßigkeitsüberlegungen abgeleitetes Institut des Prozessrechts, sondern folgt notwendigerweise aus dem Rechtsstaatsprinzip[839] und ist somit verfassungsrechtlich verankert. Der durch die materielle Rechtskraft beförderte Gedanke des Rechtsfriedens ist auf die Entfaltung einer dauernden inneren Bestandskraft angewiesen, um den zwischen den prozessführenden Parteien bestehenden Streit nicht nur in dem anhängigen Verfahren, sondern darüber hinaus auch pro futuro endgültig zu beenden.[840]

---

838 BVerwGE 91, S. 256, 257 = NVwZ 1993, S. 672; BFH, NVwZ 1991, S. 512; ROSENBERG/SCHWAB/GOTTWALD § 148, Rn. 2, § 150, Rn. 1 f.; GOTTWALD, in: MünchKomm ZPO, § 322 ZPO, Rn. 6; KOPP/SCHENKE, § 121 VwGO, Rn. 1.

839 Dazu grundlegend: SCHWAB/GOTTWALD, Verfassung und Zivilprozess, S. 28 f.; GOTTWALD, in: MünchKomm ZPO, § 322, Rn. 6.

840 REICHOLD, in: Thomas/Putzo, § 322 ZPO, Rn. 1; vgl. LEIPOLD, in: Stein/Jonas, § 322 ZPO, Rn. 30 ff.; GOTTWALD, in: MünchKomm ZPO, § 322, Rn. 6; KOPP/SCHENKE, § 121 VwGO, Rn. 1.

2. Schutz vor Überlastung der Gerichte – Funktionsfähigkeit der Judikative

Die materielle Rechtskraft verfolgt zugleich das Anliegen, die Gerichte vor einer fortgesetzten Befassung mit dem gleichen Rechtsstreit zu bewahren,[841] die voraussichtlich wenig ertragreich sein würde und die am Streit beteiligte andere Partei sowie die Allgemeingeit unnötigerweise belasten würde. Auf diese Art und Weise wird die Funktionsfähigkeit der Judikative durch die Regeln zu Rechtskraft erheblich beeinflusst.[842]

3. Judikative Autorität

Die Autorität der rechtsprechenden Gewalt hängt maßgeblich davon ab, dass eine einmal getroffene, mit Rechtsmitteln nicht mehr angreifbare Entscheidung über ein konkretes Verfahren hinaus für die am Prozess beteiligten Parteien verbindlich ist und keinen weiteren Relativierungen unterliegt.[843] Dieses Ziel kann erreicht werden, indem jede zukünftige Verhandlung und Entscheidung über den bereits entschiedenen Streit zu unterbleiben hat. Auch ohne diese Bindung an die res iudicata würden die Gerichte zwar in der weit überwiegenden Zahl der Fälle keine von der Ausgangsentscheidung abweichende Entscheidung treffen. Auch die meisten Verfahrensbeteiligten würden sich wohl mit dem einmal Entschiedenen zufrieden geben; dennoch obliegt es dem Staat ebenso, auf normativem Wege vor der Unvernunft streitsüchtiger Prozessparteien zu schützen, die sich weigern, ihr Unterliegen zu akzeptieren.[844]

4. Rechtssicherheit und Rechtsschutz

Die siegreich aus dem Prozess hervorgegangene Partei hat ein Anrecht darauf, dass der in einem rechtsstaatlichen Verfahren getroffenen Entscheidung der nötige Respekt entgegengebracht wird, und zwar auch dann, wenn die Sach- oder Rechtslage, die zu der in Frage stehenden Entscheidung geführt hat, nicht frei von jeglichem Zweifel ist oder die getroffene Entscheidung materiell unrichtig ist.[845] Der Austragung eines Rechtsstreits vor Gericht muss auch in den bezeichneten Fällen ein Ende bereitet werden. Die hinter der Rechtskraft steckende Teleologie ist dabei nicht, Macht gegenüber der möglicherweise zu Unrecht unterlegenen Partei zu de-

---

841 KOPP/SCHENKE, § 121 VwGO, Rn. 9; BAUMBACH/LAUTERBACH/ALBERS/HARTMANN, § 322 ZPO, Rn. 2; REICHOLD, in: Thomas/Putzo, § 322 ZPO, Rn. 1.

842 KOPP/SCHENKE, § 121 VwGO, Rn. 1; GOTTWALD, in: MünchKomm ZPO, § 322, Rn. 7;

843 REICHOLD, in: Thomas/Putzo, § 322 ZPO, Rn. 1; GOTTWALD, in: MünchKomm ZPO, § 322, Rn. 4.

844 GOTTWALD, in: MünchKomm ZPO, § 322, Rn. 4.

845 VOLLKOMMER, in: Zöller, § 322 ZPO, Rn. 14; REICHOLD, in: Thomas/Putzo, § 322 ZPO, Rn. 1; GOTTWALD, in: MünchKomm ZPO, § 322, Rn. 5; POELZIG, JZ 2007, S. 858.

monstrieren,[846] sondern der siegreichen Partei die Früchte des erfolgreich geführten Prozesses zu sichern und diese mit den größtmöglichen Rechtsschutzgarantien zu versehen.[847] Um dieses Ziel zu erreichen ist es notwendig, die materielle Richtigkeit im Einzelfall nicht zum neuralgischen Punkt für den Eintritt von Rechtskraft und damit die Entstehung von Rechtssicherheit zu machen,[848] sondern die Richtigkeit der Entscheidung im Gegenteil hinter die Rechtskraft zurücktreten zu lassen, was prinzipiell auch für den Fall eindeutiger Fehlurteile Geltung beansprucht, mit Ausnahme der in den Prozessordnungen vorgesehenen singulären Durchbrechung der Rechtskraft in bestimmten Fällen.[849]

5. Die res iudicata und ihre Stabilisierungsfunktion bei der Auslegung von Normen

Neben den bereits veranschaulichten Aspekten kommt es der Rechtskraft zu, für Verlässlichkeit und Sicherheit bei der Auslegung von Normen zu sorgen, die zu einem Großteil durch Gerichtsentscheidungen erfolgt. Würden die so gefundenen Auslegungsmaßstäbe beständiger Relativierung durch nachfolgende abweichende Entscheidungen in derselben Sache unterliegen, so bestünde für die von der Reichweite der Norm erfassten Individuen nicht die Möglichkeit, bereits im Vorfeld ihres Handelns mit einiger Sicherheit abschätzen zu können, ob sie von der Regelungswirkung einer Norm erfasst werden oder nicht. Sie könnten sich in Ermangelung der den Bestand der getroffenen Entscheidungen schützenden Rechtskraft nicht darauf verlassen, dass die Auslegung der fraglichen Norm in der von ihnen herangezogenen Entscheidung Bestand haben wird und nicht nachträglich abgeändert wird. Besonders bedeutend ist die Wirkung gerichtlicher Entscheidungen im Rechtsraum des common law und der dort geltenden *doctrine of precedent.* Aber auch im deutschen Recht gibt es nicht nur Fälle der klarstellenden Auslegung von Normen, sondern auch normkreierende Rechtsprechung, etwa in weiten Teilen des Arbeitsrechts[850] oder des Staatshaftungsrechts[851], das im Wesentlichen Fallrecht ist.[852] Die oben stehenden Ausführungen sind vor dem Hintergrund des prinzipiellen Unterschieds zwischen der Präjudizwirkung von Urteilen und der durch die Rechtskraft unmittel-

---

846 GOTTWALD, in: MünchKomm ZPO, § 322 ZPO, Rn. 5; mit soziologischer Unterlage: LUHMANN, Legitimation durch Verfahren, S. 116 ff.

847 BGHZ 37, S. 113, 121 = NJW 1962, S. 1291; SCHUMANN, in: FS Bötticher, S. 289, 319 f.

848 VOLLKOMMER, in: Zöller, § 322 ZPO, Rn. 14; REICHOLD, in: Thomas/Putzo, § 322 ZPO, Rn. 1; GOTTWALD, in: MünchKomm ZPO, § 322 ZPO, Rn. 5; POELZIG, JZ 2007, S. 858.

849 Dazu: KOPP/SCHENKE, § 121 VwGO, Rn. 30; REICHOLD, in: Thomas/Putzo, § 322 ZPO, RN. 49 ff.; ROSENBERG/SCHWAB/GOTTWALD, ZPO, § 161, Rn. 1 ff.

850 Dazu: MÜLLER-GLÖGE, in: MünchKomm BGB, § 611, Rn. 388; MANSEL, in: Jauernig, Vor § 611 BGB, Rn. 33; PREIS, in: ErfurterKomm ArbR, § 611 BGB, Rn. 234 f.

851 OSSENBÜHL, Staatshaftungsrecht, S. 3.

852 Aus der Rechtsprechung: BGH, NJW 2005, S. 1363 f. (zum enteignenden Eingriff); BGHZ 136, S. 182, 186 (zum enteignungsgleichen Eingriff).

bar bewirkten Bindung der am Streit beteiligten Parteien zu verstehen.[853] Die durch Gerichtsurteile gewährte Kontinuität der Normauslegung ist daher nur als mittelbare Folge der Rechtskraft zu verstehen, die aus der „besonderen Gestaltungskraft“[854] von Urteilen erwächst.

III. Zwischenergebnis

Dem Institut der Rechtskraft kommt in den nationalen Prozessordnungen der Mitgliedstaaten aus den zuvor genannten Gründen eine zentrale Bedeutung zu. Die Derogation von Rechtskraftregeln wird angesichts dieses Befundes nur dann möglich sein, wenn schwerwiegende Gründe dies unter Heranziehung des Effektivitätsprinzips zu rechtfertigen vermögen. Ansonsten ist die von der institutionellen und verfahrensmäßigen Autonomie der Mitgliedstaaten umfasste Regelungskompetenz in Bezug auf Rechtskraftregeln zu respektieren. Im Folgenden wird also zu zeigen sein, wann eine Rechtskraftdurchbrechung ausnahmsweise doch erfolgen kann und wie dies im nationalen Recht normativ verortet werden kann.

§ 7 – Die gemeinschaftsrechtlichen Grenzen der Rechtskraft

Die Konfliktpotentiale und Friktionen des Instituts der Rechtskraft mit Gemeinschaftsrecht liegen in dem auch dem nationalen Recht nicht unbekannten Widerspruch zwischen dem Vorrang des Gesetzes als verfassungsrechtlich abgesichertem Ausfluss des Gesetzmäßigkeitsprinzips auf der einen Seite und der Gewährung von Rechtskraft auch für offensichtlich gegen dieses Prinzip verstoßende Entscheidungen auf der anderen Seite.[855] Die Forderung des Gemeinschaftsrechts nach seiner vorrangigen Geltung[856] gegenüber nationalem Recht ist also mit dem dies im Einzelfall hindernden Institut der Rechtskraft auszusöhnen.

Das bedeutet zugleich, dass ein Eingriff in die Rechtskraftregelungen der Mitgliedstaaten deren institutionelle und verfahrensmäßige Autonomie begrenzt. Diese besteht deshalb, weil die dem Subsidiaritätsprinzip verpflichtete Europäische Ge-

---

853 LARENZ, Methodenlehre der Rechtswissenschaft, S. 429; BADURA, in: Blaurock (Hrsg.), Die Bedeutung von Präjudizien im deutschen und französischen Recht, S. 49, 51 ff.; HERGENRÖDER, Zivilprozessuale Grundlagen richterlicher Rechtsfortbildung, S. 227 ff., 231;

854 LAMES, Rechtsfortbildung als Prozesszweck, S. 31 ff.

855 KREMER, EuR 2007, S. 470, 474; POELZIG, JZ 2007, S. 858, 859; HARRATSCH/HENSEL, JZ 2008, S. 144; HATJE, in: FS Rengeling, S. 249, 250 f.; vgl. darüber hinaus die Ausführungen und Nachweise zur parallel gelagerten Problematik bei der Bestandskraft von Verwaltungsakten oben S. 104 ff.

856 Dazu grundlegend oben S. 26 ff.

meinschaft auf den indirekten Vollzug[857] der wesentlichen Bestimmungen des Primär- wie Sekundärrechts angewiesen ist, der in von den Mitgliedstaaten verantworteter Weise durchgeführt wird. Auch die Rechtsprechung ist, wenn sie über Sachverhalte mit europarechtlichem Bezug urteilt, Teil des Mechanismus, der durch den indirekten Vollzug etabliert worden ist.[858]

I. Das gemeinschaftsrechtliche Konzept der Staatshaftung und seine Auswirkung auf die Rechtskraft mitgliedstaatlicher Gerichtsentscheidungen

Die Rechtskraft eines Urteils kann dadurch in Frage gestellt werden, dass letztinstanzliche Urteile nationaler Gerichte Gegenstand eines Amtshaftungsprozesses wegen eines Verstoßes gegen Gemeinschaftsrecht werden. Um das Vorliegen einer Rechtsverletzung zu überprüfen, ist das für den Amtshaftungsprozess zuständige Gericht mit der Pflicht belastet, die materielle Richtigkeit des Urteils zu verifizieren, das dem Schadensersatzbegehren aus dem Amtshaftungsprozess zugrunde liegt.[859]

1. Ausgangslage – Von der „Francovich"-Rechtsprechung bis zur Rechtssache „Köbler"

In der dem europäischen Staatshaftungsregime zugrundeliegenden Entscheidung in der Rechtssache „Francovich" hat der EuGH betont, dass der Grundsatz der Haftung eines Mitgliedstaats für Schäden, die dem Einzelnen durch dem Staat zuzurechnende Verstöße gegen das Gemeinschaftsrecht entstehen, aus dem Wesen des AEU (ex-EGV) folgt.[860] Der Gerichtshof hat weiter geurteilt, dass diese Prinzipien für jede Verletzung des Gemeinschaftsrechts durch einen Mitgliedstaat unabhängig davon gilt, welches mitgliedstaatliche Organ durch sein Handeln oder Unterlassen den Verstoß begangen hat.[861] Nicht zweifelsfrei war, ob die gemeinschaftsrechtlichen

---

857 Dazu s. die grundlegenden Ausführungen zum indirekten Vollzug oben S. 41 ff.

858 KREMER, EuR 2007, S. 470, 474.

859 Dazu s. unten S. 145 ff.

860 EuGH, Rs. C-6/90 und 9/90 (verb.), Francovich u.a./Italien, Slg. 1991, I-5357, Rn. 35; EuGH, Rs. C-46/93 und 48/93 (verb.), Brasserie du Pêcheur SA/Bundesrepublik Deutschland und The Queen/Secretary of State for Transport, ex parte: Factortame Ltd u.a., Slg. 1996, I-1029, Rn. 31; EuGH, Rs. C-392/92, The Queen/H. M. Treasury, ex parte British Telecommunications plc., Slg. 1996, I-1631, Rn. 38; EuGH, Rs. C-5/94, The Queen/Ministry of Agriculture, Fisheries and Food, ex parte: Hedley Lomas (Ireland) Ltd., Slg. 1996, I-2553, Rn. 24; EuGH, Rs. C-424/97, Haim/Kassenärztliche Vereinigung Nordrhein, Slg. 2000, I-5123, Rn. 26.

861 EuGH, Rs. C-46/93 und 48/93 (verb.), Brasserie du Pêcheur SA/Bundesrepublik Deutschland und The Queen/Secretary of State for Transport, ex parte: Factortame Ltd u.a., Slg. 1996, I-1029, Rn. 32; EuGH, Rs. C-302/97, Konle/Österreich, Slg. 1999, I-3099, Rn. 62; EuGH, Rs. C-424/97, Haim/Kassenärztliche Vereinigung Nordrhein, Slg. 2000, I-5123, Rn. 27.

Amtshaftungsgrundsätze ohne weiteres auf Urteile mitgliedstaatlicher Gerichte übertragbar sind. Dieser Ungewissheit hat der EuGH in der Rechtssache „Köbler" ein Ende bereitet, indem er festgestellt hat, dass es angesichts der herausgehobenen Rolle der Gerichte bei der Auslegung und Anwendung von Gemeinschaftsrecht mit dem Effektivitätsgrundsatz unvereinbar wäre, wenn letztinstanzliche Gerichtsentscheidungen[862] auf Ebene der Mitgliedstaaten nicht zum Gegenstand eines Amtshaftungsprozesses gemacht werden könnten.[863] Die Haftungsvoraussetzungen[864] sind dabei an den zuvor in anderen Amtshaftungsverfahren entwickelten Grundsätzen orientiert worden und liegen dann vor, wenn die drei folgenden Kriterien erfüllt sind: Die verletzte Rechtsnorm verleiht dem Einzelnen Rechte, der Verstoß gegen sie ist hinreichend qualifiziert (bei einem offenkundigen Verstoß des Gerichts gegen die fragliche Norm[865]), und zwischen dem Verstoß gegen die dem Staat obliegende Verpflichtung und dem den geschädigten Personen entstandenen Schaden besteht ein unmittelbarer Kausalzusammenhang.[866] Im Grundsatz kann also judikatives Unrecht zum Gegenstand eines Staatshaftungsprozesses werden. Es fragt sich, inwieweit über die inzidente Überprüfung des angegriffenen Urteils im Rahmen eines solchen Prozesses[867] zumindest mittelbar die Rechtskraft des Ausgangsverfahrens in Frage gestellt wird und daraus folgend, inwieweit der EuGH die Rechtskraft bereits einer Relativierung vermittels des staatshaftungsrechtlichen Regimes unterzogen hat oder ob die Anerkennung des Instituts der Rechtskraft neben der Zulassung eines Amtshaftungsprozesses wegen judikativen Unrechts ohne Weiteres möglich ist.

---

862 EuGH, Rs. C-224/01, Köbler/Österreich, Slg. 2003, I-10239, Rn. 33 ff. begrenzt die Haftung auf solche Gerichtsentscheidungen.

863 EuGH, Rs. C-224/01, Köbler/Österreich, Slg. 2003, I-10239, Rn. 33; bestätigt in: EuGH, Rs. C-173/03, Traghetti del Mediterraneo SpA/Italien, Slg. 2006, I-5177, Rn. 30 ff.

864 Dazu übersichtlich: KREMER, NJW 2004, S. 480, 481 f.; STREINZ, JuS 2004, S. 425, 426 f.

865 EuGH, Rs. C-224/01, Köbler/Österreich, Slg. 2003, I-10239, Rn. 53; der Gerichtshof zählt in EuGH, Rs. C-46/93 und 48/93 (verb.), Brasserie du Pêcheur SA/Bundesrepublik Deutschland und The Queen/Secretary of State for Transport, ex parte: Factortame Ltd u.a., Slg. 1996, I-1029, Rn. 56 folgende Gesichtspunkte auf, die zu berücksichtigen sein können: das Maß an Klarheit und Genauigkeit der verletzten Vorschriften, der Umfang des Ermessensspielraums, inwiefern der Verstoß oder die Schadenszufügung vorsätzlich bzw. nicht vorsätzlich erfolgte, die Entschuldbarkeit bzw. Unentschuldbarkeit eines Rechtsirrtums und die etwaige Mitverursachung des Verstoßes durch die Verhaltensweisen eines Gemeinschaftsorgans.

866 EuGH, Rs. C-224/01, Köbler/Österreich, Slg. 2003, I-10239, Rn. 51; EuGH, Rs. C-424/97, Haim/Kassenärztliche Vereinigung Nordrhein, Slg. 2000, I-5123, Rn. 36.

867 Die Prüfung des qualifizierten Gemeinschaftsrechtsverstoßes und die Frage nach seiner Offenkundigkeit machen eine inhaltliche Überprüfung der angegriffenen Entscheidung in jedem Fall notwendig.

2. Aspekte einer Relativierung der Rechtskraft durch Zulassung von Amtshaftungsansprüchen gegen mitgliedstaatliche Gerichtsurteile

Teilweise wurde das Institut der Rechtskraft in der Entscheidung „Köbler" für „massiv unterbewertet" gehalten,[868] teilweise wurde attestiert, die Rechtskraft habe durch die Ausweitung der „Francovich"-Rechtsprechung auf Fälle judikativen Unrechts eine erhebliche Abschwächung erfahren,[869] teils behauptet, das Prinzip der Rechtskraft sei jedenfalls mittelbar in Frage gestellt.[870] Zugrunde liegt diesen Stellungnahmen der zwischen der inzidenten Überprüfung der Richtigkeit des schadensverursachenden Urteils und dessen Rechtskraft gesehene Zusammenhang.[871] Fraglich ist allerdings, ob darin ein Angriff auf das Institut der Rechtskraft zu sehen ist oder ob sich die Rechtsprechung des EuGH nicht vielmehr bruchlos in die auch aus rein nationalen Sachverhalten bekannte Systematik einfügen lässt und die Rechtskraft selbst von einem Amtshaftungsprozess unberührt bleibt.

a) Die Inter-Partes-Wirkung der Rechtskraft und die Mittelbarkeit ihrer Relativierung durch das Amtshaftungsrecht

Der Grund dafür, dass von einer mittelbaren Relativierung der Rechtskraft in Fällen der Amtshaftung gesprochen wird, ist der, dass die Rechtskraft des Urteils, das zum Gegenstand des Amtshaftungsverfahrens gemacht wird, nur die am Ausgangsverfahren beteiligten Parteien bindet, also inter partes wirkt.[872] Zudem wird die Wirkung der Rechtskraft durch den Begriff des Streitgegenstandes[873] begrenzt, der im Amtshaftungsprozess ein anderer als im Ausgangsverfahren ist. Deshalb liegt kein unmittelbarer Eingriff in das Institut der Rechtskraft vor. Der Argumentation des EuGH mit diesen Erwägungen wird vorgehalten, sie seien nur vordergründig überzeugend, bewege sich die Argumentation doch auf rein formaler Ebene. Vielmehr wird dargelegt, dass durch die Überprüfung der Erstentscheidung auf ihre Richtigkeit hin, die Befriedungswirkung, die der Rechtskraft zukomme, aufgehoben wäre. Dieser Einwand vermag indessen nicht zu überzeugen und ist unzutreffend. Der

---

868 GUNDEL, EWS 2004, S. 8, 16.

869 KREMER, EuR 2007, S. 470, 474

870 POELZIG, JZ 2007, S. 858, 860.

871 Dazu: PAPIER, in: MünchKomm BGB, § 839 BGB, Rn. 323, der mit der heute vorherrschenden Auffassung in der Norm einen Schutz des Rechtskraftinstituts erblickt und nicht etwa ein richterliches Standesprivileg; so auch: WURM, in: Staudinger, § 839 BGB, Rn. 317; KREMER, NJW 2004, S. 480; WINDTHORST, in: Detterbeck/Windthorst/Sproll, Staatshaftungsrecht, § 10, Rn. 36 ff.; STAUDINGER, in: Schulze/Dörner/Ebert, § 839 BGB, Rn. 36; TOMBRINK, NJW 2002, S. 1324, 1325 f.

872 MUSIELAK, GK ZPO, Rn. 572; REICHOLD, in: Thomas/Putzo, § 325 ZPO, Rn. 1; GOTTWALD, in: MünchKomm ZPO, § 325, Rn. 1.

873 Zum Begriff des Streitgegenstandes etwa: BGH, NJW 1981, S. 2306; KOPP/SCHENKE, § 90 VwGO, Rn. 7; REICHOLD, in: Thomas/Putzo, Einl II, Rn. 2; LEIPOLD, in: Stein/Jonas, § 322 ZPO, Rn. 99 ff.

EuGH flankiert seine Argumentation mit dem etwas versteckten Hinweis darauf, dass die Parteien des Amtshaftungsprozesses üblicherweise nicht dieselben wie die des Ausgangsverfahrens seien,[874] was besonders auf Zivilprozesse zutreffen dürfte.[875] Als Anspruchsgegner des Amtshaftungsanspruchs und somit als Partei des Amtshaftungsprozesses kommt einzig eine öffentlich-rechtliche Körperschaft in Frage. Durch diesen Parteiwechsel[876] ist aber die Befriedungswirkung des Ausgangsurteils außer Frage gestellt, denn die im Ausgangsverfahren obsiegende Partei wird nicht um die Früchte des gewonnen Prozesses gebracht und es dürfte ihr zuzumuten sein, die Folgen des Amtshaftungsprozesses für die das Gericht tragende öffentlich-rechtliche Körperschaft zu beobachten, auch wenn das Ergebnis dieses Verfahrens die Unrichtigkeit des Ausgangsurteils sein sollte. Dieser Nachteil dürfte angesichts des Schadens, den die im Ausgangsverfahren zu Unrecht unterlegene Partei hinnehmen musste, nicht so schwer wiegen, als dass er vollständig zu beseitigen wäre. Auch der Fall, dass dieselbe öffentlich-rechtliche Körperschaft Partei im Ausgangs- und im Amtshaftungsprozess ist, dürfte nicht zu unerträglichen Spannungen für den Rechtsfrieden führen. Hier ist zu bedenken, dass der Staat den Bindungen von Art. 1 Abs. III GG und 20 Abs. III GG unterliegt und somit zu gesetzmäßigem Handeln und einer unbedingten Befolgung des gesamten Normbestands verpflichtet ist. Ziel des Rechtsfriedens kann es nicht sein, dem Staat zu Unrecht erlangte Vorteile zu sichern. Der Gedanke des Staats als „Ehrenmann“[877] ließe sich mit einer solchen Sichtweise nur schwer vereinbaren. Da nach dem Gesagten ein unmittelbarer Eingriff in die Rechtskraft und damit die institutionelle und verfahrensmäßige Autonomie der Mitgliedstaaten ausscheidet, ist das Augenmerk auf die bereits skizzierten indirekten (mittelbaren) Folgen der Staatshaftung für die Rechtskraft zu legen und zu prüfen, ob diese angemessen sind.

b) Die nationale Perspektive – Das Spruchrichterprivileg und seine Überlagerung durch das Kriterium der Offenkundigkeit

Die bei judikativem Unrecht heranzuziehende Norm bei in Deutschland situierten Sachverhalten ist § 839 Abs. II BGB, der das sogenannte Spruchrichterprivileg

874 EuGH, Rs. C-224/01, Köbler/Österreich, Slg. 2003, I-10239, Rn. 39.

875 In verwaltungsgerichtlichen Verfahren, in denen der Träger der Gerichtsbarkeit und die Partei des Ausgangsverfahrens dieselbe öffentlich-rechtliche Körperschaft ist, sind Konstellationen der Parteiengleichheit denkbar. Im Zivilprozess kann dasselbe gelten, etwa bei der Beurteilung fiskalischer Hilfsgeschäfte, auf die Zivilrecht anwendbar ist.

876 Der Begriff ist hier im untechnischen Sinne und nicht im Sinne der zivilprozessualen Dogmatik verwandt.

877 BVerwGE 36, S. 179, 181 (dort im Zusammenhang mit der Subsidiarität der Feststellungsklage); demnach sei zu erwarten, dass der Staat auch ohne Vollstreckungsdruck den Inhalt des Feststellungsurteils befolgen werde; zu diesem Argument vgl.: HUFEN, VerwProzR, § 18, Rn. 6; SCHENKE, VerwProzR, § 10, Rn. 420.

institutionalisiert hat.[878] Demnach ist Voraussetzung des Eintretens der Amtshaftung unter anderem,[879] dass der Richter mit dem Fällen des Fehlurteils zugleich eine Straftat begeht.[880] Nur unter dieser Bedingung hält es der deutsche Gesetzgeber für angemessen, ein Urteil zum Gegenstand eines weiteren Prozesses zu machen, an dessen Ende eine Entschädigung in Geld steht. Da es sich bei dem angegriffenen Urteil um einen hoheitlichen Akt handelt, ist keine Kompensation im Wege der Naturalrestitution zu leisten, sondern ausschließlich durch die comdemnatio pecuniaria.[881] Gleiches gilt übrigens auf gemeinschaftsrechtlicher Ebene.[882] In einer sehr begrenzten Zahl an Fällen kommt es also nach deutschem Recht zu einer Überprüfung bereits rechtskräftig gewordener Urteile, was dann aber auch die Prüfung der materiellen Richtigkeit notwendigerweise mit einschließt. Beim Vorliegen einer Straftat dürfte dem aber keine gesteigerte Bedeutung zukommen, da die inhaltliche Fehlerhaftigkeit der angegriffenen Entscheidung dann zumeist auf der Hand liegen dürfte. Als vorläufiger Befund kann festgehalten werden, dass dem deutschen Recht die mittelbare Schwächung der Rechtskraft durch Amtshaftungsprozesse also keineswegs fremd ist, die Voraussetzungen für einen Amtshaftungsanspruch in solchen Konstellationen aber denkbar streng sind. Die Konzeption des Spruchrichterprivilegs aus § 839 Abs. II BGB hat sich der EuGH trotz einer anders lautenden Stellungnahme der Bundesrepublik Deutschland im Fall „Köbler“[883] nicht zu eigen gemacht. Vielmehr hält er ein Rekurrieren auf das Erfordernis des qualifizierten Gemeinschaftsrechtsverstoßes und damit auf die Offenkundigkeit des Rechtsverstoßes des Gerichts gegen die fragliche Norm für angezeigt. Dieser mittelbare Angriff auf die Rechtskraft ist in der Diktion des EuGH Ausfluss des Effektivitätsprinzips, welches nicht zulasse, selbst bei offenkundig fehlerhaften Urteilen einen Anspruch ge-

878 BGHZ 57, S. 33, 45; WURM, in: Staudinger, § 839 BGB, Rn. 317; PAPIER, in: MünchKomm BGB, § 839 BGB, Rn. 321; DAGTOGLOU, in: BonnKomm/GG, Art. 34 GG, Rn. 442 ff., 25. Lieferung, (Zweitbearbeitung, September 1970); KREMER, NJW 2004, S. 480.

879 Zu den anderen Voraussetzungen: SCHLICK/RINNE, NVwZ 1997, S. 1065 ff.; PAPIER, in: MünchKomm BGB, § 839 BGB, Rn. 129 ff.; zu den gemeinschaftsrechtlichen Haftungsvoraussetzungen: KREMER, NJW 2004, S. 480, 481 f.; STREINZ, JuS 2004, S. 425, 427 und oben S. 144.

880 PAPIER, in: MünchKomm BGB, § 839 BGB, Rn. 321; STAUDINGER, in: Schulze/Dörner/Ebert, § 839 BGB, Rn. 36.

881 Im deutschen Recht kann die Naturalrestitution nicht erlangt werden, da sie in einer hoheitlichen Handlung bestünde: BGHZ 34, S. 99, 104; BGHZ 78, S. 274, 276; BGHZ 121, S. 367, 374; PAPIER, in: MünchKomm BGB, § 839, Rn. 295; BETTERMANN, in: ders., Die Grundrechte, Bd. III/2, S. 844 f.; RUPP, NJW 1961, S. 811; WOLFF/BACHOF/STOBER, VerwR II, § 67, Rn. 126.

882 EuGH, Rs. C-224/01, Köbler/Österreich, Slg. 2003, I-10239, Rn. 39; SELLMANN/AUGSBERG, DÖV 2006, S. 533, 541; STORR, DÖV 2004, S. 545, 552; POELZIG, JZ 2007, S. 858, 860 f.; STREINZ, JuS 2004, S. 425, 426 f.

883 EuGH, Rs. C-224/01, Köbler/Österreich, Slg. 2003, I-10239, Rn. 16 ff., wo sich der Gerichtshof mit den Einwänden der deutschen Regierung auseinandersetzt.

gen den Staat zu unterbinden.[884] Der EuGH hat also rechtstechnisch die Grenzen des Staatshaftungsrechts und mittelbar die Grenzen der Rechtskraft und damit der institutionellen und verfahrensmäßigen Autonomie der Mitgliedstaaten durch die Anwendung von Art. 4 Abs. III EUV (ex-Art. 10 EGV) und des darin enthaltenen Effektivitätsgrundsatzes definiert und dabei in vertretbarer Weise auf die Offenkundigkeit des Rechtsverstoßes abgestellt.[885] Dass er sich nicht die deutsch-rechtliche Konzeption des Spruchrichterprivilegs zu Eigen gemacht hat, kann ihm nur schwer vorgeworfen werden, da diese im System des Staatshaftungsrechts eine überaus artifiziell wirkende Regelung ist und ihre Adaption in das Gemeinschaftsrecht den Rest der Mitgliedstaaten wohl befremdet hätte.

c) Völkerrechtliche Grundsätze der Staatshaftung

Zu Unrecht in der mit der „Köbler"-Entscheidung befassten Literatur wenig beachtet worden ist das auf völkerrechtliche Grundsätze radizierbare Argument, bezüglich der Haftung des Staates könne keine Differenzierung an Hand der Zuordnung eines Hoheitsträgers zu einer bestimmten Gewalt im Staat vorgenommen werden.[886] Unbeachtlich sei demnach, dass Gerichte der Judikative zuordenbar seien, denn der Staat trete dem Individuum gegenüber im Völkerrecht stets als Ganzes auf.[887] Ein Rückzug auf einen haftungsfreien Raum – etwa der Judikative – könne daher nicht mit völkerrechtlichen Grundsätzen vereinbart werden, was erst recht auch auf Ebene der Europäischen Gemeinschaft gelten müsse, da alle mitgliedstaatlichen Instanzen – selbst die Legislative bei der Kreation neuer Normen, die die Situation des Individuums unmittelbar betreffen – die rechtlichen Vorgaben des Europarechts zu beachten hätten.[888] Zudem sind die völkerrechtlichen Ursprünge der Gemeinschaft zu

---

884 EuGH, Rs. C-224/01, Köbler/Österreich, Slg. 2003, I-10239, Rn. 33; später bestätigt in: EuGH, Rs. C-173/03, Traghetti del Mediterraneo SpA/Italien, Slg. 2006, I-5177, Rn. 31.

885 STREINZ, JuS 2004, S. 425, 428; GUNDEL, EWS 2004, S. 8, 16; das Urteil als nicht weitgehend genug kritisiert: OBWEXER, EuZW 2003, S. 726, 728.

886 EuGH, Rs. C-224/01, Köbler/Österreich, Slg. 2003, I-10239, Rn. 32; dazu: STREINZ, JuS 2004, S. 425, 426.

887 EuGH, Rs. C-224/01, Köbler/Österreich, Slg. 2003, I-10239, Rn. 32; KEMPEN/HILLGRUBER, Völkerrecht, S. 186 f.; HERDEGEN, Völkerrecht, S. 396 f.; vgl. auch Draft Articles on Responsibility of States for Internationally Wrongful Acts, in: Report of the International Law Commission, Official Records of the General Assembly, 56th Session, Supplement No. 10 (2004), S. 43 ff., dort Art. 4 Abs. I: "The conduct of any State organ shall be considered an act of that State under international law, whether the organ exercises legislative, executive, *judicial* (vom Verfasser hervorgehoben) or any other functions, whatever position it holds in the organization of the State, and whatever its character as an organ of the central government or of a territorial unit of the State."

888 EuGH, Rs. C-224/01, Köbler/Österreich, Slg. 2003, I-10239, Rn. 32; EuGH, Rs. C-46/93 und 48/93 (verb.), Brasserie du Pêcheur SA/Bundesrepublik Deutschland und The Queen/ Secretary of State for Transport, ex parte: Factortame Ltd u.a., Slg. 1996, I-1029, Rn. 34.

bedenken,[889] die eine Abweichung von den im Völkerrecht anerkannten Regeln der Staatshaftung als nicht gangbaren Weg erscheinen lassen.

d) Sanktion der Vorlagepflichtverletzung gem. Art. 267 Abs. III AEU (ex-Art. 234 Abs. III EGV) mit den Mitteln des Staatshaftungsrechts

Schließlich betont der EuGH die Bedeutung von Art. 267 Abs. III AEU (ex-Art. 234 Abs. III EGV) im gemeinschaftsrechtlichen Rechtsschutzsystem und verbindet dies mit der Staatshaftung für letztinstanzliche Fehlurteile.[890] Das Vorliegen eines solchen ist nämlich Evidenz dafür, dass das so urteilende Gericht den Fall hätte vorlegen müssen, da es sich in einem Irrtum bezüglich der Auslegung des Europarechts befunden hat.[891] Die hinter Art. 267 Abs. III AEU (ex-Art. 234 Abs. III EGV) stehende Teleologie, namentlich die Bewahrung der Rechte des Einzelnen sicherzustellen, verlangt daher zwingend, dass sich ein Individuum bei der das Gericht tragenden öffentlich-rechtlichen Körperschaft schadlos halten kann,[892] zumal diese ihre Haftung durch das Einleiten eines Vorabentscheidungsverfahren gem. Art. 267 AEU (ex-Art. 234 Abs. III EGV) hätte verhindern können.[893]

3. Zwischenergebnis: keine illegitime Beeinträchtigung der Rechtskraft durch die europäischen Regeln zur Staatshaftung für judikatives Unrecht

Ein unmittelbarer Eingriff in die Rechtskraft und die institutionelle und verfahrensmäßige Autonomie der Mitgliedstaaten scheidet aus, da die Rechtskraft des Ausgangsverfahrens nicht den Amtshaftungsprozess mit seinem abweichenden Streitgegenstand und den meist differierenden Prozessparteien umfasst.[894] Mittelbare Einflüsse auf die Rechtskraft liegen zwar vor, diese sind aber in toto mit guten Gründen legitimierbar und der Systematik des deutschen Staatshaftungsrechts auch keineswegs fremd, wenngleich der Umfang der Haftung und damit der Einfluss auf die Rechtskraft im Vergleich zum Gemeinschaftsrecht und dem dort geltenden Krite-

---

889 Als bemerkenswerten Hinweis auf den völkerrechtlichen Ursprung der EU (vgl. dazu die grundsätzlichen Erklärungen aus dem Grundlagenteil oben S. 29 f.) versteht STREINZ, JuS 2004, S. 425, 426 die Argumentation des EuGH mit völkerrechtlichen Erwägungen.

890 EuGH, Rs. C-224/01, Köbler/Österreich, Slg. 2003, I-10239, Rn. 35 f.;

891 POELZIG, JZ 2007, S. 858, 866, die feststellt, dass der EuGH bei ordnungsgemäßem Gang des Verfahrens ohnehin zur Entscheidung berufen gewesen wäre.

892 EuGH, Rs. C-224/01, Köbler/Österreich, Slg. 2003, I-10239, Rn. 36; vgl. EuGH, Rs. C-46/93 und 48/93 (verb.), Brasserie du Pêcheur SA/Bundesrepublik Deutschland und The Queen/Secretary of State for Transport, ex parte: Factortame Ltd u.a., Slg. 1996, I-1029, Rn. 35.

893 KREMER, EuR 2007, S. 470, 475.

894 Kritisch allerdings: KREMER, EuR 2007, S. 470, 475 f.: „Diese Argumentation des EuGH überzeugt indessen nur vordergründig.“; POELZIG, JZ 2007, S. 858, 860: „jedenfalls mittelbar.“

rium der Offenkundigkeit geringer ist.[895] Schließlich erfordern die völkerrechtlichen Staatshaftungsregeln, die auch für die Bundesrepublik Deutschland verbindlich sind, sowie die Verletzung der Vorlagepflicht gem. Art. 267 Abs. III AEU (ex-Art. 234 Abs. III EGV) eine Haftung für judikatives Unrecht, selbst wenn damit die Rechtskraft mittelbar beeinflusst wird.

II. Die Durchbrechung der Bestandskraft von Verwaltungsentscheidungen und ihr Einfluss auf die Rechtskraft sie bestätigender Gerichtentscheidungen

In der hier interessierenden und aus dem Fall „Kühne & Heitz" bekannten Konstellation liegt ein Verwaltungsakt vor, der infolge eines letztinstanzlichen Gerichtsurteils[896] bestandskräftig geworden ist.[897] Es fragt sich, welche Auswirkungen die Entscheidung des Gerichtshofs in der Rechtssache „Kühne & Heitz" auf die Rechtskraft mitgliedstaatlicher Gerichtsentscheidungen hat.[898] Der Gerichtshof hat die sich um die Rechtskraft des den Verwaltungsakt bestätigenden Gerichtsurteils drehenden Fragen bei der Begründung seiner Entscheidung ausgespart und sich nur zur Prüfungs- und Rücknahmeverpflichtung der nationalen Behörden in Bezug auf einen bestandskräftigen Verwaltungsakt geäußert.[899] Diese Aussparung überraschte zunächst, hat doch Generalanwalt Léger in seinen Schlussanträgen hervorgehoben, dass der die Verwaltungsbehörden bindende Vorrang des Gemeinschaftsrechts unabhängig davon gelte, ob ein rechtskräftiges, den in Rede stehenden Verwaltungsakt bestätigendes Urteil vorliege oder nicht.[900] Die Implikation des Vorrangs des Gemeinschaftsrechts vor Gerichtsentscheidungen offenbart zudem die Zitation der eigenen Schlussanträge aus dem Fall „Köbler", in denen der Generalanwalt darauf hingewiesen hat, dass mitgliedstaatliche Regelungen zur materiellen Rechtskraft einzelnen Individuen nicht in Bezug auf von diesen angestrengten Staatshaftungsprozessen entgegengehalten werden könnten, um die Unbegründetheit einer Staats-

895 Angesichts der guten Argumente des EuGH für eine Staatshaftung in Fällen offenkundig gemeinschaftsrechtswidriger Urteile, sollte der deutsche Gesetzgeber – de lege ferenda – über eine Modifikation des deutschen Amtshaftungsrechts zumindest in Bezug auf judikatives Unrecht nach europäischem Vorbild nachdenken, anstatt zu versuchen, diese Regeln auch auf der Ebene der Gemeinschaft zu etablieren.

896 Bei Urteilen, die durch Nichteinlegung von Rechtsmitteln ohne Durchschreitung des Instanzenzugs rechtskräftig geworden sind, stellt sich die Frage der Rechtskraftdurchbrechung nicht, denn hier hätte es die unterlegene Prozesspartei durch Einlegung von Rechtsmitteln selbst in der Hand gehabt, den Eintritt der Rechtskraft zu verhindern.

897 Dazu oben S. 127 ff.

898 Vgl. zu dieser Problematik auch folgende Stellungnahmen: KREMER, EuR 2007, S. 470, 481 ff.; POELZIG, JZ 2007, S. 858, 861; HARRATSCH/HENSEL, S. 144, 145 f.

899 KREMER, EuR 2007, S. 470, 484.

900 Schlussanträge des Generalanwalts LÉGER zu EuGH, Rs. C-453/00, Kühne & Heitz NV/ Produktschap voor Pluimvee en Eieren, Slg. 2004, I-837, Rn. 44 ff., 66 mit Verweis auf seine Schlussanträge in EuGH, Rs. C-224/01, Köbler/Österreich, Slg. 2003, I-10239, Rn. 106.

haftungsklage offen zu legen.[901] Angesichts dieser Bezugnahmen auf die Rechtskraft gerichtlicher Entscheidungen seitens des Generalanwalts wären grundsätzliche Äußerungen des EuGH zur Rechtskraft und ihrer Verortung im System des Vorrangs des Gemeinschaftsrechts nicht unerwartet gekommen. Stattdessen hat der Gerichtshof sich darauf beschränkt, die Rechtskraft des die Verwaltungsentscheidung bestätigenden letztinstanzlichen Urteils bei der Beschreibung der Voraussetzungen zu erwähnen, die zu einer Rücknahmeverpflichtung der nationalen Behörden führen.[902] Um auf diesen Überlegungen aufbauend die Frage nach der Bedeutung der Rücknahmeverpflichtung der mitgliedstaatlichen Behörden unter den im Fall „Kühne & Heitz" genannten Bedingungen für die Rechtskraft des zugrundeliegenden Urteils zu beantworten, empfiehlt sich ein kurzer Rekurs auf die rechtstechnische Umsetzung der Rücknahme einer gerichtlich bestätigten Verwaltungsentscheidung. § 51 VwVfG wird in den meisten Fällen als taugliche Rücknahmeermächtigung nicht in Betracht kommen, da eine die Gemeinschaftsrechtswidrigkeit des bestandskräftig gewordenen Verwaltungsakts offenbarende Rechtsprechung des EuGH keine Änderung der Rechtslage darstellt, welche aber zur Aufhebung gem. § 51 VwVfG erforderlich wäre.[903] In Frage kommt dann die Rücknahme gem. § 48 VwVfG. Dieser steht ein rechtskräftiges Urteil nach der wohl ganz herrschenden Meinung zu dieser Thematik aber nicht entgegen.[904] Das deutsche Recht erlaubt daher auch die Rücknahme einer rechtskräftig gerichtlich bestätigten Verwaltungsentscheidung, ohne dabei aber die Rechtskraft dieses Urteils selbst zu berühren. Auch wenn ein Zusammenhang zwischen dem rechtskräftigen Urteil und dem bestandskräftigen Verwaltungsakt besteht, ist es letztlich treffend, die Bestandskraft als durchbrochen anzusehen.[905] Es liegt daher keine Rechtskraftdurchbrechung vor, wenn ein solcher Verwaltungsakt aufgehoben werden muss.[906]

---

901 Schlussanträge des Generalanwalts LÈGER in EuGH, Rs. C-224/01, Köbler/Österreich, Slg. 2003, I-10239, Rn. 106.

902 EuGH, Rs. C-453/00, Kühne & Heitz NV/Produktschap voor Pluimvee en Eieren, Slg. 2004, I-837, Rn. 28; vgl. zudem oben S. 127 ff.

903 Dazu ausführlich oben S. 108 ff.

904 KOPP/SCHENKE, § 121 VwGO, Rn. 13; SACHS, in: Stelkens/Bonk/Sachs, § 48 VwVfG, Rn. 61 f.; RENNERT, in: Eyermann/Fröhler, § 121 VwGO, Rn. 13.

905 KREMER, EuR 2007, S. 470, 485 f.; KOKOTT/HENZE/SOBOTTA, JZ 2006, S. 633, 639 f.; SCHMIDT-WESTPHAL/SANDER, EuZW 2006, S. 242, 243.

906 Mit fraglichen Argumenten anders: POELZIG, JZ 2008, S. 858, 861, die annimmt, der EuGH habe sich mit seiner Entscheidung im Fall „Kühne & Heitz" über die Rechtskraft des Ausgangsurteils hinweggesetzt und soweit den Konflikt zwischen Rechtskraft und Vorrang des Gemeinschaftsrechts jedenfalls mittelbar zugunsten des Letzteren entschieden. Zur Begründung führt sie an, es läge, würde der Fall in Deutschland spielen, eine Kollision mit § 121 VwGO vor, der die Parteien daran hindere, einen Verwaltungsakt erneut zum Gegenstand gerichtlicher Kontrolle zu machen, was in „Kühne & Heitz" aber geschehen sei, wodurch dann ein zweites Gerichtsverfahren zur Verpflichtung der Behörde initiiert wurde, den bestandskräftigen Bescheid doch noch zurückzunehmen. Dass die Rechtskraft dem nicht im Wege steht, offenbart schon der Blick auf den unterschiedlichen Streitgegenstand der beiden

III. Überprüfung rechtskräftiger Gerichtsentscheidungen im Rahmen eines Vertragsverletzungsverfahrens

Eine Fallgruppe, in der es zur Überprüfung eines in Rechtskraft erwachsenen Urteils kommen kann, ist die des Vertragsverletzungsverfahrens, das – relevant dürften insbesondere von der Kommission gem. Art. 258 AEU (ex-Art. 226 EGV) initiierte Verfahren sein[907] – eine Verletzung des AEU (ex-EGV) durch Gerichte und die von diesen erlassenen Entscheidungen zum Gegenstand hat. Die primärvertraglichen Bestimmungen des Gemeinschaftsrechts zum Vertragsverletzungsverfahren schließen – im europarechtlichen Schrifttum ist diese Sichtweise anerkannt[908] – Gerichtsentscheidungen mit ein. Dies bedeutet aber nicht, dass jedes gemeinschaftsrechtswidrige Urteil durch die Kommission zum Gegenstand eines Vertragsverletzungsverfahrens gemacht werden müsste.[909] Der Einleitung eines solchen Verfahrens geht die Aufforderung der Kommission an den betreffenden Mitgliedstaat voraus, Stellung zu dem ihm gemachten Vorwurf der Vertragsverletzung zu nehmen. Dies kann auf formelle oder informelle Weise geschehen.[910] Nach Eingang der Stellungnahme kommt der Kommission ein Ermessen bezüglich der Einleitung eines Vertragsverletzungsverfahrens zu,[911] wobei die einvernehmliche Einigung zwischen dem Mitgliedstaat und der Kommission allerdings die bevorzugte Lösung der Streitigkeit[912]

Verfahren auf nationaler Ebene; im ersten Verfahren lag ein Anfechtungsantrag vor und im zweiten ein Verpflichtungsantrag auf Rücknahme, auf den sich die Rechtskraft des Ausgangsverfahrens nicht erstreckt.

907 Dies deshalb, da es aus politischer Courtoisie nur selten zu einem Vertragsverletzungsverfahren kommt, das ein Mitgliedstaat gegen einen anderen anstrengt.

908 CREMER, in: Caliess/Ruffert, Art. 226 EGV, Rn. 28.; SACK, EuZW 1991, S. 246 f.; MEIER, EuZW 1991, S. 11; NICOLAYSEN, EuR 1985, S. 368 ff.; die Kommission hält dies ebenso für zulässig, vgl.: Kommission, Antworten auf die schriftlichen Anfragen der Abgeordneten Westertarp und Dehringer, ABl. 1967 Nr. C 270/2 und ABl. 1968 Nr. C 71/3.

909 Sie will eine solche Konfrontation aber möglichst vermeiden und erwägt dies nur in Fällen, in denen die Nichtvorlage auf einer „bewußten Haltung" beruht, vgl. Kommission, Antwort auf die schriftliche Anfrage Nr. 608/78 des Abgeordneten Krieg, ABl. 1979 Nr. C 28/8; dazu auch: CREMER, in: Calliess/Ruffert, Art. 226 EGV, Rn. 28.

910 CREMER, in: Calliess/Ruffert, Art. 226 EGV, Rn. 1, 5 ff.; KREMER, EuR 2007, S. 470, 477.

911 Diese Auffassung ist in der Literatur nicht unbestritten; dagegen und eine Pflicht zur Verfahrenseinleitung bejahend: ORTLEPP, Das Vertragsverletzungsverfahren als Instrument zur Sicherung der Legalität im europäischen Gemeinschaftsrecht, S. 76; DÄUBLER, NJW 1968, S. 325, 329; für ein Ermessen: BURGI, in: Rengeling/Middeke/Gellermann, Handbuch des Rechtsschutzes in der EU, § 6, Rn. 24; für ein Ermessen bei Bagatellfällen und grundlegenden institutionellen Konflikten: KRÜCK, in: von der Groeben/Thiesing/Ehlermann, Art. 169 EGV, Rn. 66; GAITANIDES, in: von der Groeben/Schwarze, Art. 226 EGV, Rn. 73 f.; ähnlich KARPENSTEIN/KARPENSTEIN, in: Grabitz/Hilf, 37. EL 2008, Art. 226 EGV, Rn. 43; OPPERMANN/HIERMAIER, JuS 1980, S. 782, 785, nach denen das Interesse an der Rechtsdurchsetzung der Abwägung unterliegt.

912 Vgl. Kommission, Antwort auf die schriftliche Anfrage Nr. 608/78 des Abgeordneten Krieg, ABl. 1979 Nr. C 28/8.

in der Folge einer Erörterung der Problematik mit den beteiligten Regierungen darstellt.[913]

Es hat bereits einige Fälle gegeben, in denen es um eine Vertragsverletzung durch die Judikative gegangen ist, somit eine Gerichtsentscheidung zum Gegenstand eines Vertragsverletzungsverfahrens hätte gemacht werden können[914] und in denen sich die Kommission allerdings dazu entschieden hat, keine Klage zu erheben. Der Grund für diese Selbstbescheidung der Kommission dürfte in einer aus rechtspolitischer Klugheit motivierten Beschränkung auf opportunes Verhalten gegenüber den nationalen Organen der Rechtspflege liegen, auf deren Mitwirkung der EuGH an anderer Stelle bei den für die europäische Rechtsentwicklung bedeutsamen Vorabentscheidungsverfahren angewiesen ist.[915] Durch die Feststellung der Rechtswidrigkeit gerichtlicher Entscheidungen seitens des EuGH könnte in den mitgliedstaatlichen Organen der Rechtspflege Unbehagen über die Behandlung der eigenen Judikate aufkommen und so das Kooperationsverhältnis zwischen der gemeinschaftlichen und der mitgliedstaatlichen Judikative empfindlich beeinträchtigt werden.[916]

1. Die Rs. C-129/00: „Kommission/Italien" als Exempel für die Vermeidestrategie von Kommission und EuGH

Ein Fall, in dem es zum Schwur hätte kommen können, ist die Rs. C-129/00 zwischen der Kommission und Italien.[917] Es ging hier um Vorschriften des nationalen Rechts bezüglich der Erstattung von Abgaben, die unter Verletzung von Gemeinschaftsrecht erhoben worden waren. Bei europarechtskonformer Auslegung dieser Normen hätten sie mit Gemeinschaftsrecht in Einklang gestanden, nicht aber bei der Auslegung, die die italienische Verwaltungspraxis und die Gerichte – unter anderem der italienische Kassationsgerichtshof[918] – gewählt haben. Die Schlussanträge des mit dem Fall befassten Generalanwalts Geelhoed ließen die Reaktionsmöglichkeiten des Gemeinschaftsrechts auf eine solche rechtswidrige Auslegungspraxis der nationalen Gerichte erkennen, indem dieser zu verstehen gab, dass der jeweilige Mit-

---

913 Zu diesen Erörterungen mit den beteiligten Regierungen: CREMER, in: Calliess/Ruffert, Art. 226 EGV, Rn. 28; KARPENSTEIN/KARPENSTEIN, in: Grabitz/Hilf, 37. EL 2008, Art. 226 EGV, Rn. 24; EHLERMANN, in: FS Kutscher, S. 135, 153; SACK, EuZW 1991, S. 246;

914 Vgl. zu einer ausnahmsweisen Verfahrenseinleitung im Fall Pingo-Hähnchen: MEIER, EuZW 1991, 11 ff.; SACK, EuZW 1991, S. 246 f.

915 BREUER, EuZW 2004, S. 199, 200; vgl. Kommission, Antwort auf die schriftliche Anfrage Nr. 608/78 des Abgeordneten Krieg, ABl. 1979 Nr. C 28/8; Schlussanträge des Generalanwalts TIZZANO zu EuGH, Rs. C-99/00, Lyckeskog, Slg. 2002, I-4839, Rn. 65.

916 LENZ, NJW 1994, S. 2063, 2065, der in einer Durchbrechung der Rechtskraft einen fundamentalen Eingriff in das Rechtssystem der Mitgliedstaaten erblickt; POELZIG, JZ 2007, S. 858, 866; BREUER, EuZW 2004, S. 199, 200.

917 EuGH, Rs. C-129/00, Kommission/Italien, Slg. 2003, I-14637; dazu ausführlich: KREMER, EuR 2007, S. 470, 478 ff.; BREUER, EuZW 2004, S. 199 ff.; MEIER, EuZW 2004, S. 335.

918 Dies ist der Corte suprema di cassazione.

gliedstaat als Einheit zu betrachten sei und jede Form der Ausübung hoheitlicher Gewalt tauglicher Anknüpfungspunkts eines Vertragsverletzungsverfahrens sei.[919] Der Gerichtshof pflichtete dem, ein Verfahrens zwischen der Kommission und Belgien aus dem Jahre 1970 zitierend, durch die Feststellung bei, dass eine Vertragsverletzung gem. Art. 258 AEU (ex-Art. 226 EGV) unabhängig davon festgestellt werden könne, durch welches Staatsorgan die Verletzung erfolgt sei, selbst wenn es sich um ein verfassungsmäßig unabhängiges Organ handele.[920] Diese Überprüfung von Gerichtsentscheidungen begegnet dabei keinen grundlegenden rechtsdogmatischen Bedenken, ist sie doch aus dem für die EMRK etablierten System des Rechtsschutzes des EGMR bekannt, dessen Kontrolle selbst Urteile des Bundeverfassungsgerichts unterliegen.[921] Damit ist allerdings noch nicht klargestellt, auf welche Weise die Bundesrepublik Deutschland auf die durch den EuGH festgestellte Vertragsverletzung zu reagieren hat, mithin welchen Umgang sie mit den in Rechtskraft erwachsenen gemeinschaftsrechtswidrigen Urteilen zu pflegen hat.[922] Im Fall „Kommission/Italien“ ist es jedoch nicht zu einer Feststellung der Rechtsverletzung durch die Judikative gekommen, sondern der Verstoß gegen das Gemeinschaftsrecht ist dem Gesetzgeber angelastet worden, der es versäumt habe, für klarere Regelungen zu sorgen, die der gemeinschaftsrechtswidrigen Auslegung unfähig gewesen wären, zumal die rechtswidrige Anwendung der fraglichen Normen dem italienischen Gesetzgeber nicht verborgen geblieben war. In anderen Fällen ist der Gemeinschaftsrechtsverstoß nicht der Judikative angelastet worden, sondern das vor- bzw. nachgelagerte Verhalten der mitgliedstaatlichen Verwaltungsträger ist zum Gegenstand des Vertragsverletzungsverfahrens gemacht worden.[923] Die Gründe[924]

---

919 In diesem Kontext sei an das völkerrechtlich grundierte Argument des EuGH aus der Rs. „Köbler“ erinnert, nach welchem der Staat als Einheit zu betrachten sei und eine zum Schadensersatz verpflichtende Handlung von jeder staatlichen Stelle einschließlich der Judikative begangen werden könne. Vgl. dazu oben S. 143 ff.

920 EuGH, Rs. C-77/69, Kommission/Belgien, Slg. 1970, S. 237, Rn. 15, wo der EuGH allerdings die Legislative und nicht die Judikative in Bezug genommen hat; dazu auch: BREUER, EuZW 2004, S. 199, 200; KREMER, EuR 2007, S. 470, 478; CREMER, in: Calliess/Ruffert, Art. 226 EGV, Rn. 28; BLECKMANN, EuR, Rn. 812; KRÜCK, in: von der Groeben/Thiesing/Ehlermann, Art. 169 EGV, Rn. 4.

921 Der EGMR prüft auch die Entscheidungen des Bundesverfassungsgerichts auf ihre Übereinstimmung mit der Konvention; so unterlag BVerfGE 101, S. 361 ff. („Caroline“) der Überprüfung in EGMR, DVBl. 2004, S. 1091 ff. = ZUM 2004, S. 651 ff.; vgl. KREMER, EuR 2007, S. 470, 478.

922 Dazu sogleich unten S. 155 ff.

923 Für Nachweise vgl. Sack, EuZW 1991, S. 246, 247; CREMER, in: Calliess/Ruffert, Art. 226 EGV, Rn. 28; KRÜCK, in: von der Groeben/Thiesing/Ehlermann, Art. 169 EGV, Rn. 64; s. auch: KREMER, EuR 2007, S. 470, 480.

924 Ausführlich dazu: BREUER, EuZW 2004, S. 199, 200; Kommission, Antwort auf die schriftliche Anfrage Nr. 608/78 des Abgeordneten Krieg, ABl. 1979 Nr. C 28/8 (Einleitung eines Verfahrens nur, wenn die Nichtvorlage durch ein mitgliedstaatliches Gericht auf einer bewussten Haltung beruht); CREMER, in: Calliess/Ruffert, Art. 226 EGV, Rn. 28; KREMER, EuR 2007, S. 470, 477 ff.

für diesen „Umweg“[925] dürften neben der bereits erwähnten Selbstbescheidung aus rechtspolitischer Klugheit[926] auch darin liegen, dass der EuGH der sensiblen Frage zum Umgang des Gemeinschaftsrechts mit der Rechtskraft aus dem Wege gehen konnte, wenn er einem Feststellungsurteil entgehen konnte, das eine Rechtsverletzung durch die Judikative aufzeigte,[927] auf die die Mitgliedstaaten dann hätten reagieren müssen, möglicherweise sogar durch Schaffung von Rechtsvorschriften, die eine Umsetzung des Urteils ermöglicht hätten.[928]

2. Reaktionsmöglichkeiten de lege lata und de lege ferenda in der Bundesrepublik Deutschland auf festgestellte Vertragsverletzungen durch die Judikative

Sollte das Vertragsverletzungsverfahren mit dem feststellenden Tenor der Rechtsverletzung durch eine Gerichtsentscheidung enden, so ist der Mitgliedstaat gem. Art. 260 Abs. I AEU (ex-Art. 228 Abs. I EGV) dazu angehalten, die festgestellte Rechtsverletzung abzustellen, mithin hat er die Maßnahmen zu ergreifen, die sich aus dem Urteil des Gerichtshofs ergeben.[929] Im Falle des judikativen Unrechts würde dies bedeuten, dass der Staat die gemeinschaftswidrige Gerichtsentscheidung zu korrigieren hat. Um dem nachzukommen, ist er auf die Instrumente des nationalen Rechts angewiesen. Eine Korrektur gemeinschaftsrechtswidriger Entscheidungen stellt sich jedoch unter Zugrundelegung der lex lata als nur schwer umsetzbares Unterfangen dar.[930]

---

925 SELLMANN/AUGSBERG, DÖV 2006, S. 533, 540; HALTERN, VerwArch 96 (2005), S. 311, 330, der diesen Umweg als bestenfalls seltsam und schlechtestenfalls befremdlich empfindet; CREMER, in: Calliess/Ruffert, Art. 226 EGV, Rn. 28; KREMER, EuR 2007, S. 470, 480;

926 In diese Richtung auch: Schlussanträge des Generalanwalts TIZZANO zu EuGH, Rs. C-99/00, Lyckeskog, Slg. 2002, I-4839, Rn. 65, wonach die Kommission die Vertragsverletzungsklage zu Recht für wenig praktikabel und noch weniger für zweckmäßig halte.

927 BREUER, EuZW 2004, S. 199, 200; den vordringlichen Grund in der Sicherung der richterlichen Unabhängigkeit sehen: SACK, EuZW 1991, S. 246, 247; KREMER, EuR 2007, S. 470, 478.

928 EuGH, Rs. C-30/72, Kommission/Italien, Slg. 1973, S. 161, Rn. 11; ferner: KAHL, in: Calliess/Ruffert, Art. 10 EGV, Rn. 24; KADELBACH, S. 143 ff.; LÜCK, Die Gemeinschaftstreue als allgemeines Rechtsprinzip im Recht der Europäischen Gemeinschaft, S. 25 ff. (dort mwN.); ZULEEG, in: von der Groeben/Schwarze, Art. 10 EGV, Rn. 6.

929 Der Gerichtshof hat allerdings nicht die Kompetenz, die rechtswidrige Maßnahme aufzuheben oder den vertragsbrüchigen Mitgliedstaat zu verpflichten, den Verstoß zu beseitigen; dazu: CREMER, in: Calliess/Ruffert, Art. 228 EGV, Rn. 1; GAITANIDES, in: von der Groeben/Schwarze, Art. 228 EGV, Rn. 4; KOENIG/PECHSTEIN/SANDER, EU-/EG-Prozessrecht, Rn. 295; BORCHARDT, in: Lenz/Borchardt, Art. 228 EGV, Rn. 3.

930 SELLMANN/AUGSBERG, DÖV 2006, S. 533, 540; POELZIG, JZ 2007, S. 858, 867 f.; KREMER, EuR 2007, S. 470, 491 ff.

a) Pflicht und Möglichkeit zur Korrektur eines gemeinschaftsrechtswidrigen Urteils?

Fraglich ist dabei schon, ob eine Pflicht und daran anknüpfend eine Möglichkeit der Korrektur eines gemeinschaftsrechtswidrigen Urteils in Folge eines Feststellungsurteils de lege lata überhaupt besteht.[931] Teils wird die Frage unter Anknüpfung an die in der ZPO vorgesehenen Fallgruppen, in denen die Erhebung der Restitutionsklage statthaft ist, bejaht. Normativer Anknüpfungspunkt ist hier § 580 ZPO. Insbesondere kann hier erwogen werden, die Nummer 6[932] oder die ab Ende des Jahres 2006 eingefügte Nummer 8 entsprechend anzuwenden.[933] Gegen die entsprechende Heranziehung der bezeichneten Vorschriften bestehen jedoch gewichtige Bedenken.[934] Zum Einen ist das bereits vom Bundesfinanzhof in seinem Beschluss von 1977 angeführte Argument gegen eine analoge Anwendung der Nr. 6 der Norm zu bedenken, dass es mit der in § 79 BVerfGG enthaltenen Wertung, nach der die Wiederaufnahme eines Verfahrens wegen der verfassungswidrigen Auslegung einer Norm nur im Falle eines auf dieser verfehlten Auslegung gründenden Strafurteils möglich sei, also nur in einer Ausnahmesituation, die die restriktive Auslegung der in § 580 ZPO niedergelegten Restitutionsgründe erforderlich macht. Dies unter Hinweis auf Art. 4 Abs. III EUV (ex-Art. 10 EGV) für unbeachtlich zu halten, überzeugt angesichts der den Mitgliedstaaten zustehenden institutionellen und verfahrensmäßigen Autonomie nicht.[935] Zum anderen gilt zu bedenken, dass der letzte gesetzgeberische Eingriff in § 580 ZPO nicht dazu geführt hat, einen Wiederaufnahmegrund hinzuzufügen, der das Urteil in einem Vertragsverletzungsverfahren erfassen würde, ein Restitutionsgrund in einem Urteil aus einem Vertragsverletzungsverfahren also offenkundig gerade nicht gesehen wurde, obwohl die Problematik bereits bekannt gewesen ist.[936] Von einer planwidrigen Regelungslücke ist

---

931 Dazu: MEIER, EuZW 1991, S. 11, 14; STORR, DÖV 2004, S. 545, 548; BREUER, EuZW 2004, S. 199, 201; SELLMANN/AUGSBERG, DÖV 2006, S. 533, 540; KREMER, EuR 2007, S. 470, 479.

932 So MEIER, EuZW 1991, S. 11, 14; HUTHMACHER, Der Vorrang des Gemeinschaftsrechts bei indirekten Kollisionen, S. 214 f.; dagegen aber: BFH, DVBl. 1978, S. 501 = EuR 1978, S. 153 mit Anmerkung KALBE, EuR 1978, S. 155 ff.

933 Im Strafprozess existiert mit § 359 Nr. 6, 8 StPO eine vergleichbare Regelung, für den Verwaltungsprozess gilt § 153 Abs. I VwGO iVm. § 580 Nr.6, 8 ZPO.

934 Dagegen daher: BFH, DVBl. 1978, S. 501 = EuR 1978, S. 153 mit Anmerkung KALBE, EuR 1978, S. 155 ff.; BRÜCK, Das Vorabentscheidungsverfahren vor dem Europäischen Gerichtshof als Bestandteil des deutschen Zivilprozesses, S. 173; KOCH, Einwirkungen des Gemeinschaftsrechts auf das nationale Verfahrensrecht im Falle richterlicher Vertragsverletzungen im Zivilprozess, S. 152; MÖLLER, Der Europäische Gerichtshof als gesetzlicher Richter, S. 44; POELZIG, JZ 2007, S. 858, 867 f.

935 So aber: MEIER, EuZW 1991, S. 11, 14.

936 Der Gesetzentwurf der SPD-Fraktion aus dem Jahre 1996 zur Reform des § 359 StPO, der mit § 580 ZPO übereinstimmt, sah eine Verletzung von Gemeinschaftsrecht als allgemeinen

somit nicht auszugehen.[937] § 580 Nr. 8 ZPO, der sich explizit auf ein Urteil des EGMR bezieht, ist wohl schon bereits wegen seines eindeutigen Wortlauts nicht analog anwendbar; etwas anderes würde den Willen des Gesetzgebers an dieser Stelle unangemessen vernachlässigen.

Selbst wenn man aber einen Restitutionsgrund in einem Urteil aus einem Verfahren gem. Art. 258 AEU (ex-Art. 226 EGV) erblicken wollte, so wäre damit nicht viel gewonnen, denn aus dem Feststellungsurteil wäre lediglich die Bundesrepublik Deutschland verpflichtet, nicht aber das betroffene Gericht. Eine Entscheidung in der Sache stünde daher noch aus.[938] Es ist also nicht ersichtlich, wie etwa die Bundesregierung als Exekutivorgan für die Einhaltung der aus dem Urteil folgenden Pflichten und ihrer Umsetzung gem. Art. 260 Abs. I AEU (ex-Art. 228 Abs. I EGV) sorgen kann, da der Grundsatz der Gewaltenteilung und die verfassungsrechtlich garantierte richterliche Unabhängigkeit einer direkten Einflussnahme auf die Gerichte im Wege stehen.[939] Auch kennt das deutsche Recht keinen Folgenbeseitigungsanspruch wegen Verletzung des Gemeinschaftsrechts durch die Judikative, der die Revision einer bereits rechtskräftig gewordenen Entscheidung nach sich ziehen würde.[940] Derzeit gibt es also in der Bundesrepublik Deutschland keine Möglichkeit, ein rechtskräftiges gemeinschaftsrechtswidriges Urteil zu beseitigen.

Wiederaufnahmegrund ausdrücklich vor, was aber nie umgesetzt worden ist; vgl. BT-Drucks. 13/3594, S. 2.

937 So auch: POELZIG, JZ 2007, S. 858, 867 f.; der Ausgleich zwischen materieller Richtigkeit und Rechtssicherheit ist daher Aufgabe des Gesetzgebers, dazu: MUSIELAK, § 578 ZPO, Rn. 1.

938 Im Falle des § 580 Nr. 8 ZPO ist nämlich zu berücksichtigen, dass eine erneute Entscheidung nicht unbedingt im Sinne der Rechtsprechung des EGMR erfolgen muss. Nach der Auslegung des Bundesverfassungsgerichts in BVerfG, NJW 2004, S. 3407, 3411 muss das nationale Gericht die Konventionsbestimmung in der Auslegung des Gerichtshofs lediglich in die Entscheidungsfindung mit einbeziehen und sich gebührend mit ihr auseinandersetzen. Gleiches würde im Falle eines Urteils des EuGH gelten.

939 SELLMANN/AUGSBERG, DÖV 2006, S. 533, 540; vgl. auch: LENSKI/MAYER, EuZW 2005, S. 225; die Problematik, wie mit der Durchbrechung der Rechtskraft umzugehen ist, kann sich daher nicht im Rahmen eines Vorabentscheidungsersuchens stellen, in dem der EuGH den mitgliedstaatlichen Gerichten die verbindliche Auslegung von Gemeinschaftsrecht vorgibt. In einem solchen Verfahren – etwa in der unten S. 161 ff. besprochenen Entscheidung des EuGH Rs. C-119/05, MICA/Lucchini SpA., Slg. 2007, I-6199 – würde der Gerichtshof die europarechtlich gebotene Nichtanwendung einer Rechtskraftregel dem Gericht einfach vorgeben, dass dann bis zu den Grenzen des ausbrechenden Rechtsakts (dazu oben S. 36) daran gebunden wäre, ohne dass es noch einer Umsetzung vermittels des nationalen Prozessrechts bedürfte.

940 SELLMANN/AUGSBERG, DÖV 2006, S. 533, 540; eine ex tunc bestehende staatliche Pflicht zur Folgenbeseitigung besteht ebensowenig, dazu: KARPENSTEIN/KARPENSTEIN, in: Grabitz/Hilf, 37. EL 2008, Art. 228 EGV, Rn. 15.

b) Verpflichtung zur Schaffung einer Korrekturmöglichkeit?[941]

Möglicherweise macht das in Art. 4 Abs. III EUV (ex-Art. 10 EGV) verankerte Effizienzprinzip eine andere Sichtweise erforderlich und bedingt die Schaffung einer entsprechenden Norm.[942] Dies wäre dann der Fall, wenn die gemeinschaftsrechtlich anerkannte Rechtskraft von Urteilen als Obstruktion für die volle Wirksamkeit des Gemeinschaftsrechts anzusehen wäre, mithin also die Rechtssicherheit der Gesetzmäßigkeit der betroffenen Judikate untergeordnet ist. Aus den vorstehenden Überlegungen zur Bedeutung der Rechtskraft[943] und dem gemeinschaftsrechtlich fest verankerten Prinzip der institutionellen und verfahrensmäßigen Autonomie der Mitgliedstaaten,[944] deren ein Teil die Rechtskraftregeln sind, folgt allerdings, dass ein gesetzgeberisches Tätigwerden nicht erforderlich ist, da mit dem Anerkenntnis der Rechtskraft und ihrer Bedeutung für den Rechtsfrieden auch Fehlurteile gebilligt und selbst vor dem Hintergrund von Art. 4 Abs. III EUV (ex-Art. 10 EGV) hingenommen werden.[945] Die Verpflichtung zur Schaffung eines Restitutionsgrundes dergestalt, dass eine Gemeinschaftsrechtsverletzung eine Wiederaufnahme des Verfahrens nach sich zu ziehen habe, ist als erhebliche Schwächung der Rechtskraft daher nicht geboten.[946] Die vorstehenden Erwägungen gewinnen – a majore ad minus – zusätzliche Plausibilität, wenn man das Urteil im Fall „Kühne & Heitz" berücksichtigt, bei dem der EuGH eine Rücknahmeverpflichtung der nationalen Behörden nur dann bejaht, wenn sie nach nationalem Recht dazu befugt sind.[947] Existiert eine solche Befugnis nicht, so kann daraus e contrario geschlossen werden, dass eine Rücknahmeverpflichtung ausscheidet.[948] Ist also schon bei der weniger bedeuten-

941 Zur vergleichbaren Situation bei der Bestandskraft von Verwaltungsakten s. oben S. 131 f.

942 Zur grundsätzlichen Pflicht der Mitgliedstaaten zur Anpassung der nationalen Rechtsordnungen an die Vorgaben des Gemeinschaftsrechts: EuGH, Rs. C-30/72, Kommission/Italien, Slg. 1973, S. 161, Rn. 11; ferner: KAHL, in: Calliess/Ruffert, Art. 10 EGV, Rn. 24; KADELBACH, S. 143 ff.; LÜCK, Die Gemeinschaftstreue als allgemeines Rechtsprinzip im Recht der Europäischen Gemeinschaft, S. 25 ff. (dort mwN.); ferner bereits oben S. 156, Fn. 793.

943 Dazu s. oben S. 139 ff.

944 Dazu s. oben S. 43.

945 Dazu s. oben S. 146 f.

946 Es ist allerdings noch zu keinem Fall gekommen, in dem der EuGH darüber verbindlich zu entscheiden gehabt hätte. Dazu könnte es kommen, wenn im Rahmen eines Vertragsverletzungsverfahrens judikatives Unrecht zum Verfahrensgegenstand gemacht würde und der beklagte Staat einwenden würde, es sei ihm absolut unmöglich, die Folgen eines für ihn negativen Urteils gemäß der ihm zur Verfügung stehenden Instrumente des nationalen Rechts zu effektivieren.

947 EuGH, Rs. C-453/00, Kühne & Heitz NV/Produktschap voor Pluimvee en Eieren, Slg. 2004, I-837, Rn. 28.

948 Dazu s. oben S. 131 f.

den Bestandskraft die Schaffung einer Durchbrechungsmöglichkeit nicht obligatorisch, so muss dies erst recht für die Rechtskraft gelten.[949]

c) Staatshaftung für judikatives Unrecht als Ausweg

Es verbleibt die Möglichkeit, dass der Mitgliedstaat seinen Verpflichtungen aus dem Vertragsverletzungsverfahren gem. Art. 260 Abs. I AEU (ex-Art. 228 Abs. I EGV) dadurch nachkommt, dass er dem von dem rechtskräftigen Fehlurteil betroffenen Individuum einen Staatshaftungsanspruch zugesteht, wie ihn der EuGH in der oben diskutierten Rechtssache „Köbler" entwickelt hat.[950] Dieser Anspruch führt zwar nicht zur Aufhebung des Urteils, eröffnet aber zumindest die Möglichkeit, die Schadensfolgen aus dem rechtswidrigen Urteil zu beseitigen. Hinzuzufügen ist, dass der Staatshaftungsanspruch für judikatives Unrecht vor seiner Entstehung allerdings recht hohe Hürden zu überwinden hat. Der die Haftung auslösende qualifizierte Rechtsverstoß muss offenkundig sein, wobei fraglich ist, ab wann diese Offenkundigkeit vorliegt.[951] Eine Verletzung der Vorlagepflicht allein reicht ausweislich der Entscheidung „Köbler" nicht aus, da diese gerade verletzt wurde und ein offenkundiger Gemeinschaftsrechtsverstoß dennoch nicht angenommen worden ist.[952] Ferner gilt zu beachten, dass lediglich letztinstanzliche Urteile die Staatshaftung auslösen können, wobei zum Gegenstand eines Vertragsverletzungsverfahrens auch Urteile aus unteren Instanzen gemacht werden können.[953] Trotz der geschilderten Imponderabilien wäre die Staatshaftung wegen judikativen Unrechts momentan die einzige

949 Dogmatisch wenig durchdacht scheint die Schlussfolgerung von POELZIG, JZ 2007, S. 858, 868 zu sein, die formuliert: „*Sollte der Gerichtshof eine Pflicht der Mitgliedstaaten zur Aufhebung gemeinschaftsrechtswidriger rechtskräftiger Urteile ausdrücklich befürworten, wären die Mitgliedstaaten gemäß Art. 10 EGV gehalten, die zivilprozessuale Rechtslage an eine entsprechende Forderung des Gemeinschaftsrechts anzupassen.*" Dies suggeriert die unzutreffende Vorstellung, der EuGH könne jederzeit unter Berufung auf Art. 10 EGV seine Rechtsprechung zur institutionellen und verfahrensmäßigen Autonomie der Mitgliedstaaten ändern und den Effektivitätsgrundsatz zu Lasten des indirekten Vollzugs erweitern. Dies wäre aber gerade von den Kompetenzen des EuGH nicht gedeckt und es ist nicht ersichtlich, dass sich der Gerichtshof in absehbarer Zeit zu einer solch pauschalen Zurückdrängung der Rechtskraft angehalten sehen könnte.

950 SELLMANN/AUGSBERG, DÖV 2006, S. 533, 540 f.; KREMER, EuR 2007, S. 470, 479; vgl. die Schlussanträge des Generalanwalts GEELHOED in EuGH, Rs. C-129/00, Kommission/Italien, Slg. 2003, I-14637, Rn. 66, der den Staatshaftungsanspruch als Konsequenz in Erwägung zieht.

951 So auch: SELLMANN/AUGSBERG, DÖV 2006, S. 533, 540 f. („vage Anforderungen"); OBWEXER, EuZW 2003, S. 726, 727.

952 SELLMANN/AUGSBERG, DÖV 2006, S. 533, 541; OBWEXER, EuZW 2003, S. 726, 727.

953 SELLMANN/AUGSBERG, DÖV 2006, S. 533, 539; BREUER, EuZW 2004, S. 199, 201; CREMER, in: Calliess/Ruffert, Art. 226 EGV, Rn. 28; vgl. zudem: BLECKMANN, EuR, Rn. 812; KRÜCK, in: von der Gröben/Thiesing/Ehlermann, Art. 169 EGV, Rn. 4.

Reaktionsmöglichkeit nach deutschem Recht auf die Feststellung einer Gemeinschaftsrechtsverletzung durch ein nationales Gericht.[954]

IV. Anwendungsvorrang des Gemeinschaftsrechts gegenüber Gerichtsentscheidungen – Übertragbarkeit der „Ciola"-Rechtsprechung?

Ausgehend von den die Entscheidung „Ciola" tragenden Argumenten erhebt sich die Frage, ob diese nicht auch herangezogen werden können, um den Vorrang des Gemeinschaftsrechts vor nationalen Gerichtsentscheidungen zu begründen. Soweit ersichtlich, ist dies in der europarechtlichen Literatur bislang nicht Gegenstand des Diskurses, da dort der bezeichneten Entscheidung mit gehöriger Skepsis begegnet und sie wohl vornehmlich als exzeptionelles, sich aus der speziellen Situation heraus rechtfertigendes Judikat verstanden wird.[955] Dem sind die bereits oben ausführlich dargestellten Einwände entgegenzuhalten.[956] Zur Erinnerung sei hier aber angeführt, dass der Gerichtshof den Vorrang des Gemeinschaftsrechts unabhängig von der Art der entgegenstehenden Bestimmung des innerstaatlichen Rechts begriffen hat und in Anknüpfung an die Logik vorhergehender Entscheidungen[957] auch konkret individuelle Entscheidungen der Verwaltung als mit umfasst angesehen hat. Dabei ist allerdings zu beachten, dass die Vorrangfrage von der Frage nach der Bestandskraft zu unterscheiden ist. Letztere kann nämlich der Effektivierung des Vorrangs im Einzelfall entgegenstehen und tut dies im Regelfalle auch, da die in „Ciola" stillschweigend vorausgesetzten Bedingungen für die Durchbrechung der Bestandskraft eng sind und in der fehlenden Rechtschutzmöglichkeit zum Erlasszeitpunkt liegen.[958] Der Vorrang ist ohne die gleichzeitige Durchbrechung der Bestandskraft ein stumpfes Schwert.[959] Nicht berührt wird dadurch jedoch das rechtliche Schicksal der Verwaltungsentscheidung selbst.[960] Aus dem Verständnis des Gesagten heraus drängt sich die Frage auf, ob der skizzierte Anwendungsvorrang auch Gerichtsentscheidungen umfasst und welche Folgen dies hätte.

Aus der auch vom EuGH im Fall „Ciola" bemühten Logik seiner Rechtsprechung und den aus dem nationalen Recht bekannten grundsätzlichen Erwägungen zum Vorrang des Gesetzes, ist der Vorrang des Gemeinschaftsrechts vor Gerichtsentscheidungen zu bejahen. Die Konsequenzen dieser Entscheidung sind indes nicht besonders gravierend, führt doch die auch auf europäischer Ebene anerkannte und mit besonderem Gewicht versehene Rechtskraft dazu, dass ein Berufen auf den Einwand der Gemeinschaftsrechtswidrigkeit nach dem Eintritt der Rechtskraft nicht

954 Vgl. SELLMANN/AUGSBERG, DÖV 2006, S. 533, 540 f.
955 Dazu s. oben S. 121 ff.
956 Dazu s. oben S. 121 ff.
957 Dazu s. oben S. 123.
958 Dazu s. oben das Resümee S. 127.
959 Vgl. dazu oben S. 125 ff.
960 Dazu s. oben S. 127.

mehr in Frage kommt und die Existenz des Fehlurteils zugunsten der Rechtssicherheit akzeptiert wird.[961] An dem grundsätzlichen Vorrang des Gemeinschaftsrechts vor dem Fehlurteil ändert dies aber nichts.[962] Es besteht allerdings keine Möglichkeit mehr, diesen Vorrang gerichtlich feststellen zu lassen. Zu erwägen ist jedoch die Frage, ob sich an der Akzeptanz der unrichtigen Entscheidung mit Blick auf Art. 4 Abs. III EUV (ex-Art. 10 EGV) etwas ändert, wenn ein letztinstanzlich zuständiges mitgliedstaatliches Gericht seine Vorlagepflicht gem. Art. 267 Abs. III AEU (ex-Art. 234 Abs. III EGV) verletzt hat. Diese Frage ist aber losgelöst von dem ohnehin bestehenden Vorrang des Gemeinschaftsrechts vor Gerichtsentscheidungen zu beurteilen und wirft die Problematik auf, ob eine Verletzung der obligatorischen Vorlagepflicht gem. Art. 267 Abs. III AEU (ex-Art. 234 Abs. III EGV) mit der Durchbrechung der Rechtskraft der in Rede stehenden Entscheidung zu sanktionieren ist.[963]

V. Die Durchbrechung der Rechtskraft im Fall „Lucchini"

Der bislang einzige Fall, in dem der EuGH die Außerachtlassung einer Rechtskraftregel gefordert hat[964] – in Frage stand die Anwendbarkeit von Art. 2909 des italienischen Codice Civile[965] – ist die in Italien spielende Rechtssache „Lucchini",[966] die die Gewährung einer staatlichen Beihilfe[967] zum Gegenstand hat. Sie hat im europarechtlichen Schrifttum für einiges Aufsehen gesorgt, galt die Rechtskraft bis dato als den Mitgliedstaaten vorbehaltene und zugleich als weitgehend – mit Ausnahme der bereits dargestellten mittelbaren Einflussnahmen – unantastbare Materie. Es wird zu zeigen sein, wie die ausnahmsweise Durchbrechung der Rechtskraft in casu legitimierbar ist. Der Gegenstand des Falles lässt aber bereits den Gang der Argumentation des Gerichtshofs vor dem Hintergrund der Logik der Rechtsprechung zur Durchbrechung der Bestandskraft bei beihilfegewährenden Verwaltungsakten erahnen.[968]

961 Dazu s. oben S. 122.
962 Dazu s. oben S. 127.
963 Dazu sogleich unten S. 166 ff.
964 Gegenstand eines Urteils des Gerichtshofs waren allerdings bereits andere verfahrensrechtliche Regeln, die der EuGH stets seiner Vorrangjudikatur unterworfen hat, vgl. den grundlegenden Fall in der Rechtssache „Factortame" oben S. 31 f., in welchem es um die Außerachtlassung einer Norm ging, die die Gewähr von einstweiligem Rechtsschutz versagt hätte.
965 Art. 2909 des italienische Codice Civile steht unter der Überschrift Cosa giudicata (Rechtskraft) und lautet: „Die in einem rechtskräftig gewordenen Urteil enthaltene Feststellung ist für die Parteien, ihre Erben oder Rechtsnachfolger in jeder Hinsicht bindend."
966 EuGH, Rs. C-119/05, MICA/Lucchini SpA., Slg. 2007, I-6199.
967 Zur Begrifflichkeit s. oben S. 46 ff.
968 Dazu s. oben die Thesen S. 81 f.

1. Sachverhalt

Das Vorabentscheidungsverfahren betrifft die gemeinschaftsrechtlichen Grundsätze, die für den Widerruf eines mitgliedstaatlichen Rechtsakts gelten, durch den eine europarechtswidrige staatliche Beihilfe gewährt wurde, der aber als Folge eines rechtskräftig gewordenen mitgliedstaatlichen Urteils ergangen war. An dem Streit beteiligt sind das beihilfebegünstigte Unternehmen Lucchini SpA. (Lucchini) und das Ministerio dell'Industria, del Comercio e dell' Artigianto (MICA).[969] Lucchini ist ein stahlverarbeitendes Unternehmen aus der wirtschaftlich unterentwickelten Region des Mezzogiorno. Für dort belegene Unternehmen sah deshalb die Legge 1283/1976 (Gesetz über die Regelung außerordentlicher Maßnahmen im Mezzogiorno) vor, bis zur Höhe von 30 % des Investitionsbetrags finanzielle Unterstützung in Form von Kapitalzuschüssen oder Zinsvergünstigungen zu gewähren. Im November 1985 entschieden die italienischen Behörden Lucchini eine zuvor beantragte Beihilfe zu gewähren, ohne dabei die Zustimmung der Kommission abzuwarten, die sich aufgrund mangelnder Informationen durch die Behörden dazu nicht in der Lage sah. Im Juni 1990 erklärte die Kommission schließlich alle an Lucchini gewährten Beihilfen für mit dem Gemeinsamen Markt unvereinbar[970] und forderte Italien zur Rückforderung der geflossenen Subventionen auf. Gegen diese Entscheidung der Kommission hat Lucchini keine Klage innerhalb der von Art. 33 Abs. 4 EGKS[971] vorgesehenen Frist erhoben. Vor dem Erlass dieser Entscheidung hatte Lucchini die für die Auszahlung zuständige Behörde verklagt und vor dem Tribunale civile e penale di Roma mit Entscheidung vom Juli 1991, also nach dem Erlass der Kommissionsentscheidung, Recht bekommen. Das Urteil war dabei ausschließlich auf die Legge Nr. 183/1976 gestützt, ohne dabei die Kommissionsentscheidung, den EGKS-Vertrag oder den 3. bzw. 4. Beihilfekodex anzuwenden. Die zuständigen Behörden legten gegen das Urteil bei der Corte d'appello di Roma Berufung ein, der diese mit Urteil vom Mai 1994 zurückwies. Die zuständigen Behörden legten hiergegen keine Kassationsbeschwerde ein, so dass das Urteil am 28.2.1995 in Rechtskraft erwuchs. Im September 1996 widerrief das zuständige MICA die Beihilfe trotz der Rechtskraft des Urteils des Corte d'appello di Roma und ordnete die Rückzahlung aller geflossenen Beträge an. Hiergegen wehrte sich Lucchini mit einer Klage vor dem zuständigen Tribunale amministrativo regionale del Lazio, das Lucchini mit Urteil vom April 1999 Recht gab und die Auffassung vertreten hat, die Rücknahmemöglichkeit bezüglich der Beihilfe ende dort, wo diese durch ein rechtskräftiges Urteil bestätigt worden sei. Daraufhin legte die zuständige Avvocatura Gene-

969 Zum Sachverhalt ausführlich: EuGH, Rs. C-119/05, MICA/Lucchini SpA., Slg. 2007, I-6199, Rn. 1-40.

970 Entscheidung Nr. 90/555/EGKS vom 20.6.1990 über von den italienischen Behörden zugunsten der Stahlwerke Tirreno und Siderpotenza geplante Beihilfen, ABl. L 314, S. 17.

971 Auf den Fall waren der EGKS sowie der dritte und vierte Beihilfekodex anwendbar, was allerdings für die hier zu untersuchende Problematik unbedeutend ist.

rale dello Stato im November 1999 für das MICA Berufung beim Consiglio di Stato ein und vertrat die Rechtsauffassung, dass das unmittelbar anwendbare Gemeinschaftsrecht[972] Vorrang vor der Rechtskraft des gemeinschaftsrechtswidrigen Urteils haben müsse. Der Consiglio di Stato wollte daher mit seiner Vorlagefrage wissen, ob er die Rechtskraft des Zivilurteils bei der Findung seiner Entscheidung außer Acht zu lassen und damit Art. 2909 nicht anzuwenden habe oder ob die Rückforderung der Beihilfe nicht vielmehr rechtlich unmöglich sei, da die Rechtskraft des Zivilurteils im Wege stehe und wegen der Verfahrensautonomie der Mitgliedstaaten auch nicht aus dem Wege geräumt werden könne.

2. Überwindung der Rechtskraft

Der Gerichtshof hat eingangs der Begründung seiner Entscheidung auf die begrenzten Zuständigkeiten der nationalen Gerichte auf dem Gebiet der staatlichen Beihilfen und hinsichtlich der Feststellung der Ungültigkeit von Gemeinschaftsrechtsakten verwiesen.[973] Treffend hat er herausgestellt, dass es nicht Sache der nationalen Gerichte sei zu beurteilen, ob eine Beihilfe mit dem Gemeinsamen Markt vereinbar sei oder nicht.[974] Diese Konstellation und die Kompetenzverteilung ist bereits im Rahmen der Erklärung zur Durchbrechung der Bestandskraft von Verwaltungsakten erläutert worden und gilt mutatis mutandis auch im vorliegenden Fall, in dem das rechtskräftige Urteil eines Gerichts in Rede steht.[975] Für die Anwendbarkeit des Art. 2909 des Codice Civile sind folgende Überlegungen anzustellen: Nach der Auffassung des vorlegenden Gerichts steht Art. 2909 des Codice Civile nicht nur der Möglichkeit entgegen, Angriffs- oder Verteidigungsmittel, über die bereits ausdrücklich entschieden wurde, geltend zu machen, sondern auch solche im Rahmen eines weiteren Rechtsstreits zu prüfen, die bereits im ersten Rechtstreit hätten geltend gemacht werden können, aber tatsächlich nicht angeführt worden waren.[976] Eine solche Auslegung würde aber – so die Überlegung des EuGH – die Zuständigkeitsverteilung innerhalb der Gemeinschaft verletzen, da auch die im Europarecht fußenden Einwände, die während des Ausgangsrechtsstreits nicht erwähnt worden sind und sich auf die Vereinbarkeit der Beihilfe mit dem Gemeinsamen Markt sowie die Beachtung der Kommissionsentscheidung beziehen, in einem weiteren Rechtsstreit nicht mehr angeführt werden dürfen.[977] Folglich steht das Gemeinschaftsrecht der Anwendung einer Rechtskraftregelung wie der des Art. 2909 des Codice Civile entgegen, soweit ihre Anwendung die Rückforderung einer unter Verstoß gegen das Gemeinschaftsrecht gewährten Beihilfe behindert, deren Unvereinbarkeit mit dem

---

972 Dazu gehören sowohl der dritte Beihilfekodex als auch die Entscheidung der Kommission Nr. 90/555.

973 EuGH, Rs. C-119/05, MICA/Lucchini SpA., Slg. 2007, I-6199, Rn. 49-52.

974 EuGH, Rs. C-119/05, MICA/Lucchini SpA., Slg. 2007, I-6199, Rn. 52.

975 Vgl. dazu ausführlich oben S. 92 ff.

976 EuGH, Rs. C-119/05, MICA/Lucchini SpA., Slg. 2007, I-6199, Rn. 59.

977 EuGH, Rs. C-119/05, MICA/Lucchini SpA., Slg. 2007, I-6199, Rn. 59.

Gemeinsamen Markt durch eine bestandskräftige Kommissionsentscheidung festgestellt worden ist.[978]

3. Legitimität und rechtlicher Hintergrund der Rechtskraftdurchbrechung in Fällen der staatlichen Beihilfen

Die Rechtsprechung des EuGH im Fall „Lucchini" fügt sich nahtlos in die bereits ausführlich erörterte Rechtsprechung zur Rücknahme eines eine staatliche Beihilfe gewährenden Verwaltungsakts ein. Verletzungen der Art. 107 ff. AEU (ex-Art. 87 ff. EGV) und der in diesen niedergelegten Zuständigkeitsordnung seitens mitgliedstaatlicher Behörden sind vom EuGH stets in aller Strenge geahndet worden. Dem EuGH wird allerdings die Vorhaltung gemacht, die Begründung seines Ergebnisses – die Nichtanwendung des Art. 2909 des italienischen Codice Civile – nur unzureichend unter Hinweis auf die Verletzung der vom AEU (ex-EGV) geschaffenen Zuständigkeitsordnung begründet zu haben.[979] So wird etwa angeführt, der EuGH habe nicht die Norm herausgearbeitet, gegen die die Rechtskraftregel verstoßen habe.[980] Außerdem wird ihm vorgehalten, er habe sich, da seine Kompetenz nicht eine Auslegung des Art. 2909 des italienischen Codice Civile dahingehend abdecke, dass die Rechtskraft sich nicht auf ultra-vires Aussagen nationaler Gerichte beziehen könne, dazu genötigt gesehen, die Nichtanwendung einer Rechtskraftregel aus Gründen der Effizienz anzuordnen, ohne dabei näher zu begründen, warum die Rechtssicherheit hinter die effektive Durchsetzung des Gemeinschaftsrechts zurücktreten müsse.[981]

Die Einwände sind jedoch nicht durchgreifend, und es gelten die zur Rücknahme von rechtswidrigen, staatliche Beihilfen gewährenden Verwaltungsakten getroffenen Feststellungen entsprechend. Dass Generalanwalt Geelhoed insoweit in seinen Schlussanträgen von einer „höchst außergewöhnlichen Rechtssache"[982] gesprochen hat, dürfte daran liegen, dass in casu nicht die Rücknahme eines Verwaltungsakts ausgereicht hat, um die Rückforderung einer Beihilfe zu ermöglichen, sondern dass die Rechtskraft des Urteils nach dem für die Rückforderung maßgeblichen italienischen Recht zunächst beseitigt werden musste.[983] Insoweit liegt der Rechtssache „Lucchini" in der Tat eine außergewöhnliche Konstellation zu Grunde.[984] Dennoch

---

978 EuGH, Rs. C-119/05, MICA/Lucchini SpA., Slg. 2007, I-6199, Rn. 63.

979 Etwa: HARRATSCH/HENSEL, JZ 2008, S. 144 (unzureichende Begründung); HATJE, EuR 2007, S. 654, 657 f. (dogmatische Defizite).

980 HATJE, EuR 2007, S. 654, 657 f.

981 HARRATSCH/HENSEL, JZ 2008, S. 144.

982 Schlussanträge des Generalanwalts GEELHOED, EuGH, Rs. C-119/05, MICA/Lucchini SpA., Slg. 2007, I-6199, Rn. 16.

983 Zu dieser Konstellation könnte es in der Bundesrepublik Deutschland überhaupt nicht kommen, da eine Rücknahme gem. § 48 VwVfG auch dann möglich ist, wenn in der Sache ein rechtskräftiges Urteil ergangen ist; vgl. dazu oben S. 110 ff.

984 KREMER, EuR 2007, S. 470, 489: „atypische Konstellation".

sind die Erwägungen des Gerichtshofs in der Sache zutreffend. Eine Begründung dafür zu fordern, warum die Rechtskraftregel hinter der Anwendung des Effizienzprinzips zurückzutreten habe, ist fehl am Platze und zeugt von einer Verkennung der Kompetenzverteilung im Rahmen des Beihilferechts. Der Gerichtshof hat nämlich seiner Argumentation zugrundegelegt, dass es Sache der Kommission ist, über die Rechtmäßigkeit einer Beihilfe zu entscheiden, also über deren Vereinbarkeit mit unmittelbar anwendbarem Gemeinschaftsrecht zu urteilen. Daraus folgt, dass eine Rechtskraftregel aus einer nationalen Rechtsordnung auch nicht Dinge erfassen kann, für die die nationalen Gerichte überhaupt keine Entscheidungskompetenz besitzen, wie etwa die Rechtmäßigkeit, sprich die Vereinbarkeit einer staatlichen Beihilfe mit dem Gemeinsamen Markt. In Rechtskraft erwachsen – und damit einem weiteren Verfahren entzogen werden – können nämlich nur solche Dinge, zu deren Beurteilung mitgliedstaatliche Gerichte die erforderliche Kompetenz besitzen. Mit derselben Erwägung hat der EuGH an anderer Stelle auch die Jahresfrist in § 48 Abs. IV VwVfG für unanwendbar gehalten. Daher sind Abwägungen zwischen der Rechtskraft und dem Effizienzprinzip verfehlt, denn es geht nicht um die Zurückdrängung der Rechtskraft im eigentlichen Sinne, sondern nur um die Grenzen dessen, was der nationale Gesetzgeber durch Normen in Rechtskraft erwachsen lassen darf.[985] Überschreitet er diese Grenzen, so ist die volle Wirksamkeit des Gemeinschaftsrechts in Frage gestellt, und Art. 4 Abs. III EUV (ex-Art. 10 EGV) gebietet ohne weitere Abwägungen die Nichtanwendbarkeit der in Frage stehenden Norm.

Zu dem Vorwurf, der EuGH habe es versäumt, die Norm, gegen die Art. 2909 Codice Civile verstoße, näher zu bezeichnen, ist zu sagen, dass der Hinweis auf die „volle Wirksamkeit" von europarechtlichen Bestimmungen, für die das nationale Gericht Sorge zu tragen habe, eine sehr eindeutige Bezugnahme auf Art. 4 Abs. III EUV (ex-Art. 10 EGV) und dem dort verankerten Effizienzprinzip ist. So bedient sich der EuGH der aus einer Reihe von Urteilen bekannten Formulierung der „vollen Wirksamkeit" immer dann, wenn es in der Sache um ebendieses geht.[986]

Im Übrigen ist anzumerken, dass die Begründung für die Nichtanwendbarkeit der Bestandskraftregel eher kurz ausgefallen sein dürfte, da die rechtspolitische Zurückhaltung und Klugheit des EuGH diesen hat erkennen lassen, dass weitere Ausführungen zur unnachgiebigen Anwendung von Art. 4 Abs. III EUV (ex-Art. 10 EGV) zu Spannungen im Verhältnis italienischer Gerichte zum EuGH hätten führen können. Er hätte sich genötigt sehen können, auszuführen, dass der im Bereich der staatlichen Beihilfen anzutreffende Unrechtsverbund von Privaten und Behörden in gewissen Fällen – „Lucchini" ist einer davon – auch nationale Gerichte einschließen

985 Zu dieser Argumentation vgl. die parallel gelagerte Situation bei der Rückforderung gemeinschaftsrechtswidriger staatlicher Beihilfen oben S. 92 ff.

986 Dazu s. etwa die Formulierungen in den im 1. Teil der Arbeit dargelegten grundlegenden Urteilen zum Vorrang des Gemeinschaftsrechts in den Fällen „Factortame" oben S. 31 f. und „Simmenthal" oben S. 30 f.; weiter aus den Fällen zur Rücknahme von Verwaltungsakten exemplarisch die Rechtssache „Kühne & Heitz" oben S. 127 ff.

kann, die wie in casu geschehen, in an Inkompetenz grenzender Weise Gemeinschaftsrecht verkannt haben, was in diesem Fall nur den Schluss auf dessen vorsätzliche Missachtung zulässt.[987] Die Courtoisie des EuGH hat diesen jedoch stets davon Abstand nehmen lassen, weder im hier vorliegenden Fall, noch in den vergleichbaren Fällen, in denen es um die Rücknahme bestandskräftiger Verwaltungsakte ging, solch deutliche Worte zu finden.

VI. Rechtskraftdurchbrechung in Fällen der Vorlagepflichtverletzung gem. Art. 267 Abs. III AEU (ex-Art. 234 Abs. III EGV)

Vereinzelt wird die Auffassung vertreten, die Verletzung der obligatorischen Vorlagepflicht gem. Art. 267 Abs. III AEU (ex-Art. 234 Abs. III EGV) rechtfertige – wenn auch nur de lege ferenda – eine gemeinschaftsrechtlich gebotene Durchbrechung der Rechtskraft.[988] Im Wesentlichen werden die nachfolgenden Argumente angeführt, um diese These zu untermauern: zum Einen wird eine Parallele zu der Entscheidung im Fall „Lucchini" gezogen, in welchem der EuGH die Durchbrechung der Rechtskraft mit einer Nichtbeachtung der Kompetenzen im Beilhilferecht legitimiert habe.[989] Schließlich liege auch in der Nichtvorlage eine Verletzung der Kompetenz des EuGH, Europarecht letztverbindlich in Anwendung des Art. 267 Abs. III AEU (ex-Art. 234 Abs. III EGV) auslegen zu dürfen.[990] Zum Anderen wird mit den Erwägungen argumentiert, die hinter der Rechtskraft stehen und die Unangreifbarkeit einer einmal getroffenen Entscheidung in einem weiteren Verfahren legitimieren. Wegen der begrenzten verfahrensmäßigen Absicherung der Vorlagepflicht und der eingeschränkten Sanktionierbarkeit der Vorlagepflichtverletzung im Rahmen der dem Einzelnen zur Verfügung stehenden Rechtsschutzmittel entfalle die Berechtigung, eine unter Verletzung der Vorlagepflicht ergangene Entscheidung mit Rechtskraft auszustatten.[991] Das Vertragsverletzungsverfahren und die Staatshaftung als Reaktion auf ein letztinstanzliches fehlerhaftes Urteil seien keine ausreichenden Mittel, um die Vorlagepflichtverletzung adäquat zu ahnden,[992] weshalb einiges dafür spreche, die Aufhebung rechtskräftiger Urteile auf mitgliedstaatlicher Ebene zuzulassen.[993] Diesen Erwägungen und der aus ihnen abgeleiteten Forderung ist indessen nicht zuzustimmen.

---

987 Zu dieser Argumentation s. oben S. 92.

988 POELZIG, JZ 2007, S. 858, 863, die allerdings auf S. 867 f. anerkennt, dass eine solche Möglichkeit nach der lex lata gegenwärtig nicht besteht.

989 POELZIG, JZ 2007, S. 858, 864.

990 POELZIG, JZ 2007, S. 858, 864.

991 POELZIG, JZ 2007, S. 858, 864.

992 POELZIG, JZ 2007, S. 858, 863.

993 POELZIG, JZ 2007, S. 858, 866 f.; der Aufsatz von POELZIG bezieht sich zwar nur auf zivilgerichtliche Urteile, doch dürfte für Urteile aus anderen Gerichtsbarkeiten dasselbe gelten.

Was die Parallele zum Fall „Lucchini“ und der darin festgestellten Kompetenzüberschreitung im Beihilferecht angeht, ist das argumentum assimile nur sehr bedingt tauglich, für eine Rechtskraftdurchbrechung zu streiten. Hier gilt nämlich zu bedenken, dass die fehlerhafte Anwendung des Art. 267 Abs. III AEU (ex-Art. 234 Abs. III EGV) zwar zur Rechtswidrigkeit des Urteils führt, aber die Beurteilung der Frage, ob eine Rechtsstreitigkeit vorzulegen ist oder nicht, immerhin dem Grunde nach von den Kompetenzen des Gerichts gedeckt ist, das zur Prüfung der Voraussetzungen von Art. 267 Abs. III AEU (ex-Art. 234 Abs. III EGV) berufen ist.[994] Zur Durchführung der Beihilfenaufsicht ist allerdings ausschließlich die Kommission berufen.[995] Im Falle der Nichtvorlage durch ein Gericht liegt also keine kompetenzüberschreitende Rechtswidrigkeit vor, sondern schlichtweg „einfache“ Rechtswidrigkeit. Zur verfahrensmäßigen Absicherung der Vorlagepflicht ist zu sagen, dass immerhin die auf Art. 101 Abs. 1 S. 2 GG gestützte Verfassungsbeschwerde zum Bundesverfassungsgericht möglich ist, um den gesetzlichen Richter, den der EuGH darstellt, zu erhalten.[996] Auch unter dem Blickwinkel des Effektivitätsgrundsatzes sollte diese verfahrensmäßige Absicherung ausreichen, um Verstößen gegen die Vorlagepflicht ausreichend zu begegnen.

Eine weitere Erosion der Rechtskraft durch Einfügung eines zusätzlichen Restitutionsgrundes, der in der Nichtvorlage trotz Vorlagepflicht bestehen würde, ist demnach nicht geboten.

VII. Resümee – Der gemeinschaftsrechtliche status quo und perspektivische Betrachtungen zur Rechtskraftdurchbrechung

Ein Fazit zum Institut der Rechtskraft und seiner Bedeutung auf der Ebene der Gemeinschaft ziehend kann festgehalten werden, dass seine Überwindung bislang nur in einem einzigen Fall, nämlich der Rechtssache „Lucchini“ notwendig geworden ist, wobei die exzeptionellen Umstände[997] dieses Falles den EuGH dazu genötigt haben, die Anwendung der in Frage stehenden Rechtskraftregel unter Berufung auf das Effizienzprinzip und die Kompetenzen der Kommission im Rahmen der Beihilfenaufsicht zu untersagen.[998]

---

994 Besonders deutlich: EuGH, Rs. C-283/81, CILFIT/Ministero della Sanità, Slg. 1982, S. 3045, Rn. 16, 21.

995 Dazu s. oben S. 92 ff.

996 BVerfGE 45, S. 142, 181; BVerfGE 73, S. 339, 366 ff. („Solange II“); KUNIG, in: von Münch/Kunig, Art. 101 GG, Rn. 14; grundlegend: VEDDER, NJW 1987, S. 526 ff.; KIRCHHOF, DStR 1989, S. 551 ff.

997 Dazu s. oben S. 161 ff.

998 Dazu s. oben S. 161 ff.

Der Normalfall ist jedoch die aus den Fällen „Kapferer“[999] und „Eco Swiss“[1000] bekannte Anerkenntnis des Grundsatzes der Rechtskraft auf der Ebene der Gemeinschaft. Der Gerichtshof hat die Bedeutung, die diesem Grundsatz zukommt, im Fall „Kapferer“ besonders akzentuiert[1001] und herausgestellt, dass es das Gemeinschaftsrecht nicht erforderlich mache, nationale Regelungen zur Rechtskraft außer Anwendung zu lassen, auf Basis derer eine gegen Gemeinschaftsrecht verstoßende Gerichtsentscheidung in Rechtskraft erwachse. Die gleiche Position zur Rechtskraft hat der EuGH bereits in der vergleichbaren Vorgängerentscheidung in der Rechtssache „Eco Swiss“ vertreten.[1002]

Allenfalls in Betracht kommen mittelbare Relativierungen der Rechtskraft in Gestalt von Staatshaftungsansprüchen wegen letztinstanzlichen judikativen Unrechts, die sich allerdings sowohl als völkerrechtlich geboten darstellen, als auch in die Systematik des deutschen Staatshaftungsrechts einpassbar sind. Zwar kennt dies de lege lata eine Haftung nur für den Fall der durch das Urteil zusätzlich verwirkten Straftat seitens des Richters, akzeptiert eine Haftung dem Grunde nach jedoch.[1003] Gemeinschaftsrechtlich geboten ist allerdings die Ersetzung dieser als Spruchrichterprivileg bekannten Restriktion durch das Kriterium des qualifizierten Gemeinschaftsrechtsverstoßes in Gestalt der Offenkundigkeit der Rechtsverletzung.[1004]

Was ist für das Institut der Rechtskraft in absehbarer Zeit durch gemeinschaftsrechtliche Vorgaben zu erwarten? Sind über den Fall „Lucchini“ hinausgehende Weiterungen, in denen eine Durchbrechung der Rechtskraft notwendig wird, ersichtlich? Die Bestandsaufnahme der Rechtsprechung zum Institut der Rechtskraft hat offenbart, dass weitere europarechtliche Einschränkungen nicht zu erwarten sind, da die institutionelle und verfahrensmäßige Autonomie der Mitgliedstaaten einer weitergehenden Beeinflussung des auf Ebene der Mitgliedstaaten geregelten Instituts der Rechtskraft entgegen steht. Bis auf Weiteres bedarf es also keiner Sorge, der EuGH könne nach vielen anderen Einflussnahmen auf das nationale Recht auch noch die Rechtskraft mit ihrer besonderen Bedeutung für das nationale Prozessrecht durch europarechtlich gebotene Überformungen verwässern.

---

999 EuGH, Rs. C-234/04, Kapferer/Schlank & Schick GmbH, Slg. 2006, I-2585.

1000 EuGH, Rs. C-126/97, Eco Swiss China Time Ltd/Benetton International NV, Slg. 1999, I-3055.

1001 EuGH, Rs. C-234/04, Kapferer/Schlank & Schick GmbH, Slg. 2006, I-2585, Rn. 20; vgl. zudem die Schlussanträge des mit der Sache betrauten Generalanwalts TIZZANO, aaO., Rn. 22; s. zudem oben S. 138.

1002 EuGH, Rs. C-126/97, Eco Swiss China Time Ltd/Benetton International NV, Slg. 1999, I-3055, Rn. 46 f.; dazu auch oben S. 138.

1003 Dazu s. oben S. 146 ff.

1004 Dazu s. oben S. 146 ff.

VIII. Zusammenfassung der wesentlichen Aspekte zur Rechtskraft und ihrer Durchbrechung in Thesen

1. Die Rechtskraft ist vom EuGH als allgemeiner Grundsatz des Gemeinschaftsrechts anerkannt und, vom Prinzip der institutionellen und verfahrensmäßigen Autonomie der Mitgliedstaaten gedeckt, keinen wesentlichen Eingriffen unterzogen worden.[1005]

2. Der bislang einzige Fall, in dem die Rechtskraft dem Gemeinschaftsrecht zu weichen hatte, ist die Rechtssache „Lucchini". Hier hat der EuGH wegen der besonderen Kompetenzverteilung und dem Effektivitätsgrundsatz eine nationale Rechtskraftregel für unanwendbar erklärt.[1006]

3. Weitere direkte Einflussnahmen auf das Institut der Rechtskraft sind auch in absehbarer Zukunft nicht zu erwarten. Insbesondere Urteile aus Vertragsverletzungsverfahren, die das Vorliegen eines gemeinschaftsrechtswidrigen rechtskräftigen Urteils testieren, können mangels prozessualer Möglichkeiten in der Bundesrepublik Deutschland nicht umgesetzt werden, da insbesondere § 580 ZPO und die diesem entsprechende Norm des § 359 StPO die Möglichkeit einer Restitution weder in direkter noch in analoger Anwendung zulassen.[1007]

4. Über die in § 580 ZPO und § 359 StPO hinausgehende Restitutionsmöglichkeiten sind des Weiteren auch de lege ferenda entgegen teils anders lautender Stellungnahmen im Schrifttum nicht wünschenswert.[1008]

5. Allenfalls mittelbare Relativierungen der Rechtskraft treten in Fällen der Staatshaftung wegen judikativen Unrechts auf, wenn ein rechtskräftiges Urteil zum Gegenstand eines Amtshaftungsprozesses gemacht wird, in dem dessen inhaltliche Richtigkeit als Voraussetzung für das Entstehen des Anspruchs überprüft wird.[1009] Als Rechtsfolge, sprich als Inhalt des Schadensersatzanspruchs, kommt allerdings nur die condemnatio pecuniaria, nicht aber die Naturalrestitution in Betracht.[1010]

1005 Dazu s. oben S. 138.
1006 Dazu s. oben S. 161 ff.
1007 Dazu s. oben S. 156 ff.
1008 Dazu s. oben S. 158 f.
1009 Dazu s. oben S. 145 ff.
1010 Dazu s. oben S. 147.

Schlusswort

Bei einer rückblickenden Betrachtung der Rechtsprechung des EuGH zum Vorrang von Gemeinschaftsrecht vor mitgliedstaatlichen Gerichtsurteilen und Verwaltungsakten zeigt sich, dass die Rechtsprechung des Gerichtshofs in Anwendung von Art. 4 Abs. III EUV (ex-Art. 10 EGV) und den dort verankerten Prinzipien der Effektivität und der Äquivalenz in großer Konsequenz zur Harmonisierung, nicht aber zu einer vollständigen Vereinheitlichung der mitgliedstaatlichen Verfahrensrechte beigetragen[1011] und dabei Mindeststandards, die aus europarechtlicher Perspektive einzuhalten sind, etabliert hat. Wenngleich die Begründungen einzelner Judikate an der einen oder anderen Stelle im Auge manches Betrachters zu kurz ausgefallen sind,[1012] so ist doch stets die Ausrichtung an Art. 4 Abs. III EUV (ex-Art. 10 EGV) als Fix- und Orientierungspunkt der Rechtsprechung des Gerichtshofs deutlich erkennbar.

Der bisweilen anzutreffende Vorwurf, das Subsidiaritätsprinzip werde durch die ausufernde und kompetenzanmaßende Rechtsprechung des EuGH verletzt,[1013] ist in dieser Form nicht haltbar, da der EuGH die institutionelle und verfahrensmäßige Autonomie der Mitgliedstaaten schützt, wo immer ihm dies unter Beachtung von Art. 4 Abs. III EUV (ex-Art. 10 EGV) möglich ist.[1014] Die Opferung von Bestands- und Rechtskraft zu Gunsten eines totalen Vorrangs von Gemeinschaftsrecht ist weder jetzt noch in absehbarer Zukunft zu befürchten. Des Weiteren sind zukünftig keine großen Überraschungen in der Rechtsprechung des EuGH zu erwarten, auch nicht, was die Relativierung der Rechtskraft mitgliedstaatlicher Gerichtsentscheidungen angeht, die ein Phänomen jüngerer Zeit ist. Der EuGH hat sich klar zur Akzeptanz der Rechtskraft bekannt; ihre Überwindung in der Rechtssache „Lucchini" ist deren Zuordnung zur speziellen Materie der staatlichen Beihilfen geschuldet, in der wegen der Kompetenzverteilung zwischen Gemeinschaft und Mitgliedstaaten besondere Regelungen gelten.[1015]

1011 Dazu: SCHEUING, DV 2001, S. 107, 109: „begrenzte Vereinheitlichung".

1012 Vgl. die Kritik von HARRATSCH/HENSEL, JZ 2008, S. 144; HATJE, EuR 2007, S. 654, 657 f. an der Entscheidung des EuGH im Fall „Lucchini".

1013 Insbesondere: SCHOLZ, DÖV 1998, S. 261, 264 ff. (zur Rechtssache „Alcan II").

1014 Kritisch dazu: KAHL, in: Calliess/Ruffert, Art. 10 EGV, Rn. 31.

1015 Dazu: VON DANWITZ, Europäisches Verwaltungsrecht, S. 566; RENNERT, DVBl. 2007, S. 400, 404 ff.; vgl. SCHMIDT-AßMANN, FG 50 Jahre Bundesverwaltungsgericht, S. 487, 497.

Literaturverzeichnis

ADRIAANSE, P. C.: Afzien van terugvordering van in strijd met het gemeenschapsrecht verleende financiële steun vanwege het rechtszekerheidsbeginsel?, Nederlands tijdschrift voor Europees recht 2008, S. 40 ff.;

AICHER, JOSEF; HOLOUBEK, MICHAEL; KORINEK, KARL: Gemeinschaftsrecht und Wirtschaftsrecht. Zentrale Probleme der Einwirkung des Gemeinschaftsrechts auf das österreichische Wirtschaftsrecht, Wien 2000

ALDER, CLAUDIUS: Koordination und Integration als allgemeine Rechtsprinzipien, Brügge 1969

ALTMEYER, SABINE: Gemeinschaftsrechtswidrige staatliche Beihilfen: Rückforderung und deren Durchsetzung im deutschen Recht, Baden-Baden 1999

ARNAULD, ANDREAS VON: Rechtssicherheit: perspektivische Annäherungen an eine idée directrice des Rechts, Tübingen 2006 (zugleich: Berlin, Freie Univ., Habil.-Schr., 2005)

ARNOLD, REINER: Das Rangverhältnis zwischen dem Recht der Europäischen Gemeinschaften und dem innerdeutschen Recht, Würzburg 1968

BADER, JOHANN; RONELLENFITSCH, MICHAEL: Beck'scher Online-Kommentar zum Verwaltungsverfahrensgesetz, 4. Edition 2009

BADURA, PETER: Bewahrung und Veränderung demokratischer und rechtsstaatlicher Verfassungsstruktur in den internationalen Gemeinschaften, VVDStRL 23 (1966), S. 34 ff.

–: Bewahrung und Veränderung demokratischer und föderativer Verfassungsprinzipien der in Europa verbundenen Staaten, ZSR 1990 I, S. 115 ff.

BÄHR, OTTO: Der Rechtsstaat: eine publizistische Skizze, 2. Neudruck der Ausgabe Kassel 1864, Aalen 1969

BAUMBACH, ADOLF; LAUTERBACH, WOLFANG; ALBERS, JAN; HARTMANN, PETER: Zivilprozessordnung, 65. Auflage, München 2007

BEBR, GERHARD: Judicial Control of the European Communities, London 1962

BERKEMANN, J.: Anmerkung zum Urteil des BGH v. 15.11.1990 – III ZR 302/89, JR 1992, S. 18 ff.

BERNHARDT, RUDOLF: Das Recht der Europäischen Gemeinschaften zwischen Völkerrecht und staatlichem Recht, in: Festschrift für Rudolf Bindschedler zum 65. Geburtstag am 8. Juli 1980, hrsg. von Emanuel Diez, Bern 1980, S. 229 ff.

BERRISCH, GEORG M.: Anmerkung zu EuGH, Rs. C-24/95, Land Rheinland-Pfalz/Alcan Deutschland GmbH, Slg. 1997, I-1591 (Alcan II), EuR 1997, S. 155 ff.

BETTERMANN, KARL A.; NEUMANN, FRANZ L.: Die Grundrechte, Bd. III/2, Berlin 1959

BIEBER, ROLAND; EPINEY, ASTRID; HAAG, MARCEL: Die Europäische Union: Europarecht und Politik, 8. Auflage, Baden-Baden 2009

BLANKE, HERMANN-JOSEF: Vertrauensschutz im deutschen und europäischen Verwaltungsrecht, Tübingen 2000 (zugleich: Köln, Univ., Habil.-Schr., 1996/97)

BLAUROCK, UWE: Die Bedeutung von Präjudizien im deutschen und französischen Recht, Frankfurt a. M. 1985

BLECKMANN, ALBERT: Grundgesetz und Völkerrecht, Berlin 1975

–: Europarecht, 6. Auflage, Köln/Berlin/Bonn/München 1997

–: Der Grundsatz der Völkerrechtsfreundlichkeit der deutschen Rechtsordnung, DÖV 1996, S. 137 ff.

–: Bewahrung und Veränderung demokratischer und föderaler Verfassungsprinzipien der in Europa verbundenen Staaten, ZSR 1990 I, S. 115 ff.

BRANDT, JÜRGEN; SACHS, MICHAEL: Handbuch Verwaltungsverfahren und Verwaltungsprozess, 3. Auflage, Heidelberg 2009

BREUER, MARTEN: Urteile mitgliedsstaatlicher Gerichte als möglicher Gegenstand eines Vertragsverletzungsverfahrens gem. Art. 226 EG?, EuZW 2004, S. 199 ff.

BRÜCK, MICHAEL: Das Vorabentscheidungsverfahren vor dem Europäischen Gerichtshof als Bestandteil des deutschen Zivilprozesses: rechtsschutzhemmendes Integrationsproblem oder kohärente Rechtsschutzerweiterung, Frankfurt a. M. 2001 (zugleich: Bielefeld, Univ., Diss., 2000)

BÜNTEN, WILFRIED: Staatsgewalt und Gemeinschaftshoheit bei der innerstaatlichen Durchführung des Rechts der Europäischen Gemeinschaften durch die Mitgliedstaaten, Berlin 1977 (zugleich: Bochum, Univ., Diss., 1977)

BURGI, MARTIN: Verwaltungsprozess und Europarecht: eine systematische Darstellung, München 1996

BYDLINSKI, FRANZ: Juristische Methodenlehre und Rechtsbegriff, 2. Auflage, Wien/New York 1991

CALLIESS, CHRISTIAN; RUFFERT, MATTHIAS: EUV/EGV, 3. Auflage, München 2007

–: Unter Karlsruher Totalaufsicht, FAZ vom 27.8.2009, Nr. 198, S. 8

CASPAR, JOHANNES: Nationale Grundrechtsgarantien und sekundäres Gemeinschaftsrecht, DÖV 2000, S. 349 ff.

CASPARI, MANFRED: Die Beihilferegeln des EWG-Vertrags und ihre Anwendungm für Europa, in: Eine Ordnungspolitik für Europa: Festschrift für Hans von der Groeben zu seinem 80. Geburtstag, hrsg. von Ernst-Joachim Mestmäcker (u.a.), Baden-Baden 1987, S. 69 ff.

CLASSEN, CLAUS D.: Anmerkung zu EuGH, Rs. C-24/95, Land Rheinland-Pfalz/Alcan Deutschland GmbH (Alcan II), Slg. 1997, I-1591, JZ 1997, S. 724 ff.

COHEN, JONATHAN: Cour constitutionnelle allemande et reglements communautaires, Cahiers de droit européen 1975, S. 173 ff.
CONSTANTINESCO, LÉONTIN-JEAN: Das Recht der Europäischen Gemeinschaften, Bd. 1, Baden-Baden 1977
COUSINS, MEL: Equal Treatment, Married Women and Social Welfare Rights, Gazette of the Incorporated Law Society of Ireland 1991 S. 391 ff.
CRAIG, PAUL; DE BÚRCA, GRÁINNE: EU Law, 4. Auflage, Oxford 2008
CREMER, WOLFRAM: Forschungssubventionen im Lichte des EGV, Baden-Baden 1995 (zugleich: Hamburg, Univ., Diss., 1994)
CZERNER, FRANK: Die EMRK zwischen Völkerrecht und Verfassungsrecht – eine Skizze, EuR 2007, S. 537 ff.
DÄUBLER, WOLFGANG: Die Klage der EWG-Kommission gegen einen Mitgliedstaat, NJW 1968, S. 325 ff.
DANWITZ, THOMAS VON: Europäisches Verwaltungsrecht, Berlin/Heidelberg 2008
–: Die Eigenverantwortung der Mitgliedstaaten für die Durchführung von Gemeinschaftsrecht, DVBl. 1998, S. 421 ff.
–: Zum Einfluss des Gemeinschaftsrechts auf die mitgliedstaatliche Verfahrensautonomie, JZ 1999, S. 198 ff.
DAUSES, MANFRED A.: Handbuch des EU-Wirtschaftsrechts, München (Erscheinungsdatum abhängig vom Stand der jeweiligen Ergänzungslieferung)
DEGENHART, CHRISTOPH: Staatsrecht I – Staatsorganisationsrecht, 25. Auflage, Heidelberg 2009
DENNINGER, ERHARD: Kommentar zum Grundgesetz – Reihe Alternativkommentare, 3. Auflage, Neuwied 2001
DETTERBECK, STEFFEN: Streitgegenstand und Entscheidungswirkungen im öffentlichen Recht, Tübingen 1995 (zugleich: Passau, Univ., Habil.-Schr., 1993)
–: WINDTHORST, KAY; SPROLL, HANS-DIETER: Staatshaftungsrecht, München 2000
DIETZ, ROLF: Anspruchskonkurrenz bei Vertragsverletzung und Delikt, Bonn/Köln 1934
DIXON, MARTIN; MCCORQUODALE ROBERT: Cases and materials on international law, 4. Auflage, Oxford 2003
DOEHRING, KARL: Staat und Verfassung in einem zusammenwachsenden Europa, ZRP 1993, S. 98 ff.
DOLZER, RUDOLF; ABRAHAM, HANS J.: Bonner Kommentar zum Grundgesetz, Heidelberg (Erscheinungsjahr abhängig vom Stand der jeweiligen Ergänzungslieferung)
DREIER, HORST: Grundgesetz, Bd. II, 2. Auflage, Tübingen 2006
DUBEY, BERNARD: Administration indirecte et federalisme d'execution en Europe, Cahier de droit europèen 2003, S. 87 ff.
EHLERMANN, CLAUS-DIETER: Die Verfolgung von Vertragsverletzungen der Mitgliedstaaten durch die Kommission, in: Europäische Gerichtsbarkeit und natio-

nale Verfassungsgerichtsbarkeit: Festschrift zum 70. Geburtstag von Hans Kutscher, hrsg. von Wilhelm G. Grewe (u.a.), Baden-Baden 1981

EHLERS, DIRK: Rechtsprobleme bei der Rückforderung von Subventionen, GewArch 1999, S. 305 ff.

ENGISCH, KARL: Die Einheit der Rechtsordnung, Heidelberg 1935

–: Einführung in das juristische Denken, 8. Auflage, Stuttgart 1983

EPINEY, ASTRID: Neuere Rechtsprechung des EuGH zum allgemeinen Verwaltungs-, Umwelt- und Gleichstellungsrecht, NVwZ 2000, S. 36 ff.

ERICHSEN, HANS-UWE: Bundesverfassungsgericht und Gemeinschaftsgewalt, VerwArch 66 (1975), S. 177 ff.

ERLER, GEORG: Das Grundgesetz und die öffentliche Gewalt internationaler Staatengemeinschaften, VVDStRL 18 (1960), S. 7 ff.

EVERLING, ULRICH: Elemente eines europäischen Verwaltungsrechts, DVBl. 1983, S. 649 ff.

EYERMANN, ERICH; FRÖHLER, LUDWIG: Verwaltungsgerichtsordnung, 12. Auflage, München 2006

FISCHER, HANS-GEORG: Europarecht, 2. Auflage, Köln 2008

–: Die neue Verfahrensordnung zur Überwachung staatlicher Beihilfen nach Art. 93 EGV, ZIP 1999, S. 1426 ff.

FRIAUF, KARL H.; HÖFLING, WOLFRAM: Das Berliner Grundgesetz, Berlin (Erscheinungsjahr abhängig vom Stand der Ergänzungslieferung)

FROWEIN, JOCHEN A.: Europäisches Gemeinschaftsrecht und Bundesverfassungsgericht, in: Bundesverfassungsgericht und Grundgesetz, Bd. II, Festgabe aus Anlass des 25jährigen Bestehens des Bundesverfassungsgerichts, hrsg. von Christian Starck, Tübingen 1976, S. 187 ff.

–: Kritische Bemerkungen zur Lage des deutschen Staatsrechts aus rechtsvergleichender Sicht, DÖV 1998, S. 806 ff.

FUNKE, ANDREAS: Der Anwendungsvorrang des Gemeinschaftsrechts – Einige Problemfälle und ein Präzisierungsvorschlag, DÖV 2007, S. 733 ff.

FUß, ERNST W.: Der Grundrechtsschutz in den Europäischen Gemeinschaften aus deutscher Sicht: mit einer Skizze der Grundrechtsprobleme in Frankreich, Grossbritannien u.d. Bundesrepublik Deutschland, Heule 1975

GÄRDITZ, KLAUS F.: Die Bestandskraft gemeinschaftsrechtswidriger Verwaltungsakte zwischen Kasuistik und Systembildung, NWVBl. 2006, S. 441 ff.

GEIGER, RUDOLF: EUV/EGV, 4. Auflage, München 2004

–: Grundgesetz und Völkerrecht, 4. Auflage, München 2009

GELLERT, L.: Anmerkung zu EuGH, Rs. C-298/96, Ölmühle Hamburg AG und Jb. Schmidt Söhne GmbH und Co. KG/Bundesanstalt für Landwirtschaft und Ernährung, Slg. 1998, I-4767, ZFZ 1999, S. 14 f.

GEORGIADES, APOSTOLOS S.: Die Anspruchskonkurrenz im Zivilrecht und Zivilprozessrecht, München 1968

GORNY, GÜNTER: Verbindlichkeit der Bundesgrundrechte bei der Anwendung von Gemeinschaftsrecht durch deutsche Staatsorgane, Berlin 1969

GRABITZ, EBERHARD: Gemeinschaftsrecht bricht nationales Recht, Hamburg 1966

–/HILF, MEINHARD: Das Recht der Europäischen Union, München (Erscheinungsdatum abhängig vom Stand der jeweiligen Ergänzungslieferung)

GROEBEN, HANS VON DER; SCHWARZE, JÜRGEN: Kommentar zum Vertrag über die Europäische Union und zur Gründung der Europäischen Gemeinschaft, Bd. 2, 6. Auflage, München 2003

GROEBEN, HANS V. D.; BOECKH, HANS V.; THIESING, JOCHEN; EHLERMANN, CLAUS-DIETER: Kommentar zum EWG-Vertrag, Band 1, 3. Auflage, Baden Baden 1983

GROEBEN, HANS V. D.; THIESING, JOCHEN; EHLERMANN, CLAUS-DIETER: Kommentar zum EWG-Vertrag, Band 2, 4. Auflage, Baden-Baden 1991

GÜNDISCH, JÜRGEN: Anmerkung zu EuGH, Rs. C-366/95, Landbrugsministeriet – EF-Direktoratet/Steff-Houlberg Export, Slg. 1998, I-2661, EuZW 1998, S. 502 f.

GUNDEL, JÖRG: Die Erstattung gemeinschaftsrechtswidriger Gebühren nach nationalem Verfahrensrecht – Ein Dauerthema für den EuGH, in: „Für Sicherheit, für Europa“: Festschrift für Volkmar Götz zum 70. Geburtstag, hrsg. von Reinhard Hendler (u.a.), Göttingen 2005, S. 191 ff.

–: Keine Durchbrechung nationaler Verfahrensfristen zugunsten von Rechten aus nicht umgesetzten EG-Richtlinien – Zum Ende der „Emmott'schen Fristenhemmung" nach der Fantask-Entscheidung des EuGH, NVwZ 1998, S. 910 ff.

–: Bootsliegeplatz-Privilegien für Einheimische: Verstoß gegen die Dienstleistungsfreiheit und Durchbrechung der nationalen Bestandskraftregeln?, EuR 1999, S. 781 ff.

–: Gemeinschaftsrechtliche Haftungsvorgaben für judikatives Unrecht – Konsequenzen für die Rechtskraft und das deutsche Richterprivileg (§ 839 Abs. 2 BGB), EWS 2004, S. 8 ff.

HALLSTEIN, WALTER: Die europäische Gemeinschaft, 5. Auflage, Düsseldorf/Wien 1979

HALTERN, ULRICH: Verschiebungen im europäischen Rechtsschutzsystem, Verw Arch 96 (2005), S. 311 ff.

HAPPE, CLAUS-MICHAEL: Rückforderung von Zuwendungen nach negativer Kommissionsentscheidung im Beihilfeverfahren, NVwZ 1998, S. 26 ff.

HARATSCH, ANDREAS; KOENIG, CHRISTIAN; PECHSTEIN, MATTHIAS: Europarecht, 6. Auflage, Tübingen 2009

–/HENSEL: Anmerkung zu EuGH, Rs. C-119/05 (Lucchini), JZ 2008, S. 144 ff.

HATJE, ARMIN: Die gemeinschaftsrechtliche Steuerung der Wirtschaftsverwaltung: Grundlagen, Erscheinungsformen, verfassungsrechtliche Grenzen am Beispiel der Bundesrepublik Deutschland, Baden-Baden 1998 (zugleich: Freiburg, Univ., Habil.-Schr., 1996)

–: Gemeinschaftsrechtliche Grenzen der Rechtskraft gerichtlicher Entscheidungen – zur Entscheidung des EuGH in der Rs. C-119/05 (Lucchini) vom 18. Juli 2007, EuR 2007, S. 654 ff.
–: Rechtssicherheit im europäischen Verwaltungsverbund, in: Europa im Wandel: Festschrift für Hans-Werner Rengeling zum 70. Geburtstag am 25. Februar 2008, hrsg. von Jörn Ipsen und Bernhard Stüer, Köln/München 2008, S. 249 ff.
HAUSER, ROLAND: Europarecht im deutschen Verwaltungsprozess (3): Vorläufiger Rechtsschutz und Gemeinschaftsrecht, VBlBW 2000, S. 377 ff.
HEIDENHAIN, MARTIN: Handbuch des europäischen Beihilfenrechts, München 2003
HENRICHS, HELMUT: Gemeinschaftsrecht und nationale Verfassungen. Organisations- und verfahrensrechtliche Aspekte einer Konfliktlage, EuGRZ 1990, S. 413 ff.
HERDEGEN, MATTHIAS: Europarecht, 11. Auflage, München 2009
–: Völkerrecht, 8. Auflage, München 2009
HERGENRÖDER, CURT W.: Zivilprozessuale Grundlagen richterlicher Rechtsfortbildung, Tübingen 1995 (zugleich: Berlin, Freie Univ., Habil.-Schr., 1995)
HESSE, KONRAD: Grundzüge des Verfassungsrechts der Bundesrepublik Deutschland, 20. Auflage, Heidelberg 1995
HILLGRUBER, CHRISTIAN: Die besseren Europäer, FAZ vom 10.9.2009, Nr. 210, S. 8
HOENIKE, MARK: Anmerkung zu EuGH, Rs. C-24/95, Land Rheinland-Pfalz/Alcan Deutschland GmbH, Slg. 1997, I-1591 (Alcan II), EuZW 1997, S. 279 f.
HOFFMANN-RIEM, WOLFGANG; SCHMIDT-AßMANN, EBERHARD; VOßKUHLE, ANDREAS: Grundlagen des Verwaltungsrechts, Bd. 1, München 2006
–/–: Innovation und Flexibilität des Verwaltungshandelns, Baden-Baden 1994
–/–: Verwaltungsverfahren und Verwaltungsverfahrensgesetz, Baden-Baden 2002
HUBER, PETER M.: Recht der europäischen Integration, 2. Auflage, München 2002
–: Das Kooperationsverhältnis zwischen BVerfG und EuGH in Grundrechtsfragen, EuZW 1997, S. 517 ff.
–: Europäisches und nationales Verfassungsrecht, VVDStRL 60 (2001), S. 194 ff.
–: „Beihilfen“ (Art. 87, 88 EGV 1999) und Vertrauensschutz im Gemeinschaftsrecht und im nationalen Verwaltungsrecht, KritV 1999, S. 359 ff.
HUFELD, ULRICH: Die Verfassungsdurchbrechung: Rechtsproblem der deutschen Einheit und der europäischen Einigung, 1996 (zugleich: Heidelberg, Univ., Diss., 1996)
HUFEN, FRIEDHELM: Verwaltungsprozessrecht, 7. Auflage, München 2008
HUMMER, WALDEMAR; VEDDER, CHRISTOPH: Europarecht in Fällen, 4. Auflage, Baden-Baden 2005
HUTHMACHER, CARL E.: Der Vorrang des Gemeinschaftsrechts bei indirekten Kollisionen: eine Studie zum Verhältnis von EG-Recht zu nationalem Vollzugsrecht, dargestellt am Beispiel des Konflikts zwischen materiellem EG-Recht und

nationalen Rechtsmittelfristen, Köln/Berlin/Bonn/München 1985 (zugleich: Saarbrücken, Univ., Diss., 1983/84)
IPSEN, HANS P.: Europäisches Gemeinschaftsrecht, Tübingen 1972
–: Über Supranationalität, in: Festschrift für Ulrich Scheuner zum 70. Geburtstag, hrsg. von Horst Ehmke, Berlin 1973, S. 211 ff.
–: Das Verhältnis des Rechts der europäischen Gemeinschaften zum nationalen Recht, in: Aktuelle Fragen des europäischen Gemeinschaftsrechts, Europarechtliches Kolloquium 1964, ZHR Beiheft 29, Stuttgart 1965, S. 1 ff.
–: BVerfG versus EuGH re „Grundrechte", EuR 1975, S. 1 ff.
–: Zehn Glossen zum Maastricht-Urteil, EuR 1994, S. 1 ff.
IPSEN, JÖRN: Staatsrecht I, 21. Auflage, Köln 2009
IPSEN, KNUT: Völkerrecht, 5. Auflage, München 2004
ISAAC, GUY; BLANQUET, MARC: Droit communautaire générale, 9. Auflage 2006
ISENSEE, JOSEF; KIRCHHOF, PAUL: Handbuch des Staatsrechts, Bd. 1, 2. Auflage, Heidelberg 1995; Bd. 2, 3. Auflage, Heidelberg 2004; Bd. 3, 3. Auflage, Heidelberg 2005; Bd. 7, Heidelberg 1992, Bd. 8, Heidelberg 1995
–: Vorrang des Europarechts und deutsche Verfassungsvorbehalte – offener Dissens, in: Verfassungsstaatlichkeit: Festschrift für Klaus Stern zum 65. Geburtstag, hrsg. von Joachim Burmeister, München 1997, S. 1239 ff.
JAENICKE, GÜNTHER: Das Verhältnis zwischen Gemeinschaftsrecht und nationalem Recht in der Agrarmarktorganisation der Europäischen Wirtschaftsgemeinschaft, ZaöRV 23 (1963), S. 485 ff.
JANNASCH, ALEXANDER: Einwirkungen des Gemeinschaftsrechts auf den vorläufigen Rechtsschutz, NVwZ 1999, S. 495 ff.
–: Vorläufiger Rechtsschutz und Europarecht, VBlBW 1997, S. 361 ff.
JANSSEN, ALBERT: Notwendiger Wechsel der Dogmatik des deutschen Staats- und Verwaltungsrechts in einem zusammenwachsenden Europa?, in: Offene Staatlichkeit: Festschrift für Ernst-Wolfgang Böckenförde zum 65. Geburtstag, hrsg. von Rolf Grawert, Berlin 1995, S. 145 ff.
JARASS, HANS D.; BELJIIN, SAŠA: Die Bedeutung von Vorrang und Durchführung des EG-Rechts für die nationale Rechtsetzung und Rechtsanwendung, NVwZ 2004, S. 1 ff.
–/PIEROTH, BODO: Grundgesetz, 10. Auflage, München 2009
–: Voraussetzungen der innerstaatlichen Wirkung des EG-Rechts, NJW 1990, S. 2420 ff.
JAUERNIG, OTHMAR: Bürgerliches Gesetzbuch, 12. Auflage, München 2007
JEROMIN, CURT M.: Die Bestandskraft von Verwaltungsakten im Amtshaftungsprozess, NVwZ 1991, S. 543 ff.
JESTAEDT, MATTHIAS: Der Europäische Verfassungsverbund – Verfassungstheoretischer Charme und rechtstheoretische Insuffizienz einer Unschärferelation, in: Gedächtnisschrift für Wolfgang Blomeyer, hrsg. von Rüdiger Krause, Winfried Veelken und Klaus Vieweg, Berlin 2004

KADELBACH, STEFAN: Allgemeines Verwaltungsrecht unter europäischem Einfluss, Tübingen 1999 (zugleich: Frankfurt (Main), Univ., Habil.-Schr., 1996)

–: Vorrang und Verfassung: Das Recht der Europäischen Union im innerstaatlichen Bereich, in: Europa und seine Verfassung: Festschrift für Manfred Zuleeg zum siebzigsten Geburtstag, hrsg. von Stefan Kadelbach, Gil Carlos Rodríguez Iglesias und Charlotte Gaitanides), Baden-Baden 2005, S. 219 ff.

KAHL, BRUNO: Europäische Union: Bundesstaat – Staatenbund – Staatenverbund?, Der Staat 33 (1994), S. 241 ff.

KAHL, WOLFGANG: Europäisches und nationales Verwaltungsorganisationsrecht, DV 29 (1996), S. 341 ff.

KAISER, JOSEPH H.: Bewahrung und Veränderung demokratischer und rechtsstaatlicher Verfassungsstruktur in den internationalen Gemeinschaften, VVDStRL 23 (1966), S. 1 ff.

KAKOURIS, CONSTANTINOS: Do the Member States possess judicial procedural autonomy?, CMLR 34 (1997), S. 1389 ff.

KALBE, PETER: Anmerkung zu BFH, Beschluss vom 27.9.1977 – VII K 1/76, EuR 1978, S. 155 ff.

KEGEL, GERHARD; SCHURIG, KLAUS: Internationales Privatrecht, 9. Auflage, München 2004

KEMPEN, BERNHARD; HILLGRUBER, CHRISTIAN: Völkerrecht, München 2007

KENNTNER, MARKUS: Ein Dreizack für die offene Flanke: Die neue EuGH-Rechtsprechung zur judikativen Gemeinschaftsrechtsverletzung, EuZW 2005, S. 235 ff.

KIRCHHOF, PAUL: Faszination Europa, FAZ vom 19.9.2009, Nr. 218, S. 8

–: Der Europäische Gerichtshof als gesetzlicher Richter im Sinne des Grundgesetzes, DStR 1989, S. 551 ff.

KLEIN, ECKART: Unmittelbare Geltung, Anwendbarkeit und Wirkung von europäischem Gemeinschaftsrecht, Saarbrücken 1988

KLÖCKNER, ILKA: Grenzüberschreitende Bindung an zivilgerichtliche Präjudizien: Möglichkeiten und Grenzen im Europäischen Rechtsraum und bei staatsvertraglich angelegter Rechtsvereinheitlichung, Tübingen2006 (zugleich: Freiburg, Univ., Diss., 2005)

KOCH, ROBERT: Einwirkungen des Gemeinschaftsrechts auf das nationale Verfahrensrecht im Falle richterlicher Vertragsverletzungen im Zivilprozess, Frankfurt a. M. 1994 (zugleich: Göttingen, Univ., Diss., 1994)

KOENIGS, FOLKMAR: Erwiderung auf die Anmerkung von Classen zu dem Urteilmdes EuGH, Rs. C-24/95, Land Rheinland-Pfalz/Alcan Deutschland GmbH, Slg. 1997, I-1591 (Alcan II), JZ 1997, S. 724, JZ 1997, S. 941

KOENIG, CHRISTIAN; PECHSTEIN, MATTHIAS; SANDER, CLAUDE: EU-, EG-Prozessrecht, 2. Auflage, Tübingen 2002

KÖCK, HERIBERT F.: Der Gesamtakt in der deutschen Integrationslehre, Berlin 1978

KOKOTT, JULIANE; Der Grundrechtsschutz im europäischen Gemeinschaftsrecht, AöR 121 (1996), S. 599 ff.

–; HENZE, THOMAS; SOBOTTA, CHRISTOPH: Die Pflicht zur Vorlage an den Europäischen Gerichtshof und die Folgen ihrer Verletzung, JZ 2006, S. 633 ff.

KOPP, FERDINAND O., SCHENKE, WOLF R.: Verwaltungsgerichtsordnung, 16. Auflage, München 2009

–/RAMSAUER, ULRICH: Verwaltungsverfahrensgesetz, 10. Auflage, München 2008

KOTULLA, MICHAEL: Der Suspensiveffekt des § 80 Abs. 1 VwGO, ein Rechtsschutzinstrument auf Abruf, DV 2000, S. 521 ff.

KOUSSOULIS, STELIOS: Beiträge zur modernen Rechtskraftlehre, Köln/Berlin/Bonn/ München 1986 (zugleich: Erlangen/Nürnberg, Univ., Diss., 1985/86)

KREMER, CARSTEN: Gemeinschaftsrechtliche Grenzen der Rechtskraft, EuR 2007, S. 470 ff.

–: Staatshaftung für Verstöße gegen Gemeinschaftsrecht durch letztinstanzliche Gerichte, NJW 2004, S. 480 ff.

KROPHOLLER, JAN: Internationales Privatrecht, 6. Auflage, Tübingen 2006

KUNIG, PHILIP: Das Rechtsstaatsprinzip: Überlegungen zu seiner Bedeutung für d. Verfassungsrecht d. Bundesrepublik Deutschland, Tübingen 1986 (zugleich: Hamburg, Univ., Habil.-Schr., 1985)

LAMES, PETER: Rechtsfortbildung als Prozesszweck: zur Dogmatik des Zivilverfahrensrechts, Tübingen 1993 (zugleich: Freiburg, Univ., Diss., 1992/93)

LARENZ, CARL; CANARIS, CLAUS-W.: Methodenlehre der Rechtswissenschaft, 3. Auflage, Berlin 1995

LARENZ, CARL: Methodenlehre der Rechtswissenschaft, 6. Auflage, Berlin 1991

LÉGER, PHILIPPE: Commentaire article par article des traités UE et CE, Basel 2000

LENSKI, EDGAR; MAYER, FRANZ C.: Vertragsverletzung wegen Nichtvorlage durch oberste Gerichte?, EuZW 2005, S. 225

LENZ, CARL O.; BORCHARDT, KLAUS D.: EUV/EGV, 3. Auflage, Basel 2003

–: Rechtsschutz im Binnenmarkt – Stand und Probleme, NJW 1994, S. 2063 ff.

–: Ausbrechender Rechtsakt, FAZ vom 8.8.2009, Nr. 182, S. 7

LORENZ, NORBERT: Die Übertragung von Hoheitsrechten auf die Europäischen Gemeinschaften, Frankfurt 1990 (zugleich: Bonn, Univ., Diss., 1989/90)

LUDWIGS, MARKUS: Die Arcor-Entscheidung des EuGH: Ein Beitrag zur Stärkung der mitgliedstaatlichen Verfahrensautonomie, NVwZ 2007, S. 549 ff.

LÜCK, MICHAEL: Die Gemeinschaftstreue als allgemeines Rechtsprinzip im Recht der Europäischen Gemeinschaft : ein Vergleich zur Bundestreue im Verfassungsrecht der Bundesrepublik Deutschland, Baden-Baden 1992 (zugleich: Kiel, Univ., Diss., 1991)

LÜKE, GERHARD; WAX, PETER: Münchner Kommentar zur Zivilprozessordnung, Bd. 2, 2. Auflage, München 2000

LUHMANN, NIKLAS: Soziale Systeme, 4. Auflage, Frankfurt 1994

–: Das Recht der Gesellschaft, 1. Auflage, Frankfurt 1993

–: Einführung in die Systemtheorie, 2. Auflage, Heidelberg 2004

–: Legitimation durch Verfahren, 3. Auflage, Frankfurt a. M. 1993

MACCORMICK, NEIL: Das Maastricht-Urteil: Souveränität heute, JZ 1995, S. 797 ff.

MAGIERA, SIEGFRIED: Rückforderung gemeinschaftsrechtswidriger staatlicher Beihilfen, in: Europarecht, Energierecht, Wirtschaftsrecht: Festschrift für Bodo Börner zum 70. Geburtstag, hrsg. von Manfred Zuleeg (u.a.), Köln 1992, S. 213 ff.

MANGOLDT, HERMANN VON; KLEIN, FRIEDRICH; STARCK, CHRISTIAN: Kommentar zum Grundgesetz, Band 2, 5. Auflage, München 2005

MATTFELD, ANTJE: Rückforderung von zu Unrecht aufgrund Gemeinschaftsrechts gezahlten Beihilfen, EuR 1984, S. 174 ff.

MAUNZ, THEODOR; DÜRIG, GÜNTHER: Grundgesetz, München (Erscheinungsjahr abhängig von dem jeweiligen Stand der Ergänzungslieferung)

MEIER, GERT: Zur Einwirkung des Gemeinschaftsrechts auf nationales Verfahrensrecht im Falle höchstrichterlicher Vertragsverletzungen, EuZW 1991, S. 11 ff.

–: Rechtsfolgen eines Verstoßes gegen Gemeinschaftsrecht durch nationale Gerichte, EuZW 2004, S. 335

MENG, WERNER: Das Recht der internationalen Organisationen, eine Entwicklungsstufe des Völkerrechts : zugleich eine Untersuchung zur Rechtsnatur des Rechtes der Europäischen Gemeinschaften, Baden-Baden 1979 (zugleich: Mainz, Univ., Diss., 1978)

MÖLLER, KLAUS: Der Europäische Gerichtshof als gesetzlicher Richter i. S. d. Art. 101 Abs. 1 S. 2. GG im Vorlageverfahren gemäß Art. 177 Abs. 3 EWGV, Osnabrück 1987 (zugleich: Osnabrück, Univ., Diss., 1987)

MÖLLERS, CHRISTOPH: Durchführung des Gemeinschaftsrechts – Vertragliche Dogmatik und theoretische Implikationen, EuR 2002, S. 483 ff.

MÜLLER-GLÖGE, RUDI; SCHMIDT, INGRID; PREIS, ULRICH: Erfurter Kommentar zum Arbeitsrecht, 9. Auflage, München 2009

MÜLLER, HERMANN: Die Aufhebung von Verwaltungsakten unter dem Einfluss des Europarechts, Berlin 2000 (zugleich: Freiburg (Breisgau), Univ., Diss., 1998/99)

MÜNCH, FRITZ: Die Abgrenzung des Rechtsbereichs der supranationalen Gemeinschaften gegenüber dem innerstaatlichen Recht, BDGVR 2 (1958), S. 73 ff.

MÜNCH, INGO VON: Besonderes Verwaltungsrecht, 7. Auflage, Berlin/New York 1985

–/KUNIG, PHILIP: Grundgesetz, Band 2, 5. Auflage, München 2001

MURSWIEK, DIETRICH: Maastricht und der Pouvoir Constituant, Der Staat 32 (1993), S. 161 ff.

MUSIELAK, HANS-JOACHIM: Grundkurs ZPO, 7. Auflage, München 2007

NETTESHEIM, MARTIN: Entmündigung der Politik, FAZ vom 27.8.2009, Nr. 198, S. 8

NICKEL, MATTHIAS: Das Spannungsverhältnis zwischen Europäischem Gemeinschaftsrecht und den §§ 48 – 49a VwVfG, Hamburg 1999 (zugleich: Bielefeld, Univ., Diss., 1999)

NICOLAYSEN, GERT: Vertragsverletzung durch mitgliedstaatliche Gerichte, EuR 1985, S. 368 ff.

NIEDOBITEK, MATTHIAS: Kollisionen zwischen EG-Recht und nationalem Recht, VerwArch 92 (2001), S. 58 ff.

OBWEXER, WALTER: Staatshaftung für offenkundig gegen Gemeinschaftsrecht verstoßendes Gerichtsurteil, EuZW 2003, S. 726 ff

OEBBECKE, JANBERND: Die europäische Integration und die Verwaltung, in: Verfassungsrecht im Wandel: Wiedervereinigung Deutschlands; Deutschland in der Europäischen Union; Verfassungsstaat und Föderalismus; zum 180jährigen Bestehen der Carl-Heymanns-Verlag-AG, hrsg. vonJörn Ipsen (u.a.), Köln/Berlin/Bonn/München 1995, S. 607 ff.

OPHÜLS, CARL F.: Quellen und Aufbau des Europäischen Gemeinschaftsrechts, NJW 1963, S. 1697 ff.

–: Die Geltungsnormen des Europäischen Gemeinschaftsrechts, in: Festschrift für Otto Riese aus Anlass seines siebzigsten Geburtstages, hrsg. von Bernhardt Aubin (u.a.), Karlsruhe 1964, S. 1 ff.

–: Staatshoheit und Gemeinschaftshoheit. Wandlungen des Souveränitätsbegriffs, in: Recht im Wandel: Beiträge zu Strömungen und Fragen im heutigen Recht. Festschrift hundertfünfzig Jahre Carl Heymanns Verlag KG, hrsg. von Carl H. Ule, Köln 1965, S. 519 ff.

OPPERMANN, THOMAS; CLASSEN, CLAUS D.; NETTESHEIM, MARTIN: Europarecht, 4. Auflage, München 2009

OPPERMANN, THOMAS; HIERMAIER, WERNER: Zur Einführung: Das Rechtsschutzsystem des EWG-Vertrags, JuS 1980, S. 782 ff.

ORTLEPP, BEATE C.: Das Vertragsverletzungsverfahren als Instrument zur Sicherung der Legalität im europäischen Gemeinschaftsrecht, Baden-Baden 1987

OSSENBÜHL, FRITZ: Staatshaftungsrecht, 5. Auflage, München 1998

PACHE, ECKHARD: Rechtsfragen der Aufhebung gemeinschaftsrechtswidriger nationaler Beihilfebescheide, NVwZ 1994, S. 318 ff.

PARTSCH, KARL J.: Die Anwendung des Völkerrechts im innerstaatlichen Recht, BDGVR 6 (1964), S. 13 ff.

PECHSTEIN, MATTHIAS; KUBICKI, PHILIPP: Gültigkeitskontrolle und Bestandskraft von EG-Rechtsakten, NJW 2005, S. 1825 ff.

–/KOENIG, CHRISTIAN: Die Europäische Union, 3. Auflage, Tübingen 2000

PELZL, ALEXANDER: Vorrang des Gemeinschaftsrechts auch gegenüber individuellen Verwaltungsakten, European Law Reporter 1999, S. 199 f.

PERNICE, INGOLF: Europäisches und nationales Verfassungsrecht, VVDStRL 60 (2001), S. 148 ff.

PESCATORE, PIERRE: Das Zusammenwirken der Gemeinschaftsrechtsordnung mit den nationalen Rechtsordnungen, EuR 1970, S. 307 ff.

–: Das Vorabentscheidungsverfahren nach Art. 177 EWG-Vertrag und die Zusammenarbeit zwischen dem Gerichtshof und den nationalen Gerichten, BayVBl. 1987, S. 33 ff.

PESENDORFER, WOLFGANG: Der Verwaltungsgerichtshof und die EU, Wien 2000

PESTALOZZA, CHRISTIAN: Sekundäres Gemeinschaftsrecht und nationale Grundrechte, DVBl. 1974, S. 716 ff.

POELZIG, DÖRTE: Die Aufhebung rechtskräftiger zivilgerichtlicher Urteile unter dem Einfluss des Europarechts, JZ 2007, S. 858 ff.

POTCAS, MICHAEL: Gemeinschaftsrecht und Bestandskraft staatlicher Verwaltungsakte, in: Internationale Gemeinschaft und Menschenrechte: Festschrift für Georg Ress zum 70. Geburtstag am 21. Januar 2005, hrsg. von Jürgen Bröhmer, Köln/Berlin/München 2005, S. 729 ff.

–: Bestandskraft staatlicher Verwaltungsakte oder Effektivität des Gemeinschaftsrechts, EuR 2004, S. 595 ff.

PÜHS, WOLFGANG: Der Vollzug von Gemeinschaftsrecht: Formen und Grenzen eines effektiven Gemeinschaftsrechtsvollzugs und Überlegungen zu seiner Effektuierung, Berlin 1997 (zugleich: Bayreuth, Univ., Diss., 1996)

RASMUSSEN, HJALTE: Remedying the crumbling EC Judicial system, CMLR 37 (2000), S. 1071 ff.

REBMANN, KURT; RIXECKER, ROLAND; SÄCKER, FRANZ J.: Münchener Kommentar zum BGB, Bd. 4, 5. Auflage, München 2009; Bd. 5, 5. Auflage, München 2009

REISS, WOLFRAM: Die nicht ordnungsgemäße Umsetzung von EG-Steuerrichtlinien und ihre Folgen, StuW 1994, S. 323 ff.

RENGELING, HANS-W.: Rechtsgrundsätze beim Verwaltungsvollzug des europäischen Gemeinschaftsrechts: zu den Grundlagen des Verwaltungsvollzuges sowie zur Theorie und Konkretisierung der Rechtsgrundsätze unter besonderer Berücksichtigung der Rechtsvergleichung, Köln/Berlin/Bonn/München 1977 (zugleich: Münster, Univ., Habil.-Schr., 1977)

–: Handbuch zum europäischen und deutschen Umweltrecht, Band 1, 2. Auflage, Köln/Berlin/Bonn/München 2003

–: Deutsches und europäisches Verwaltungsrecht – wechselseitige Einwirkungen, VVDStRL 53 (1994), S. 202 ff.

–: Europäisches Gemeinschaftsrecht und nationaler Rechtsschutz – unter besonderer Berücksichtigung der Rechtsprechung des Europäischen Gerichtshofs und deutscher Gerichte, in: Das Europa der zweiten Generation: Gedächtnisschrift für Christoph Sasse, hrsg. von Roland Bieber (u.a.), Band 1,Baden-Baden 1981, S 197 ff.

DERS.: Anmerkung zu EuGH, EuGH, Rs. C-205–215/82 (verb.), Deutsche Milchkontor GmbH u. a./Bundesrepublik Deutschland, Slg. 1983, S. 2633, DVBl. 1984, S. 33 ff.

DERS.; MIDDEKE, ANDREAS; GELLERMANN, MARTIN: Handbuch des Rechtsschutzes in der Europäischen Union, 2. Auflage, München 2003

RENNERT, KLAUS: Bestandskraft rechtswidriger Verwaltungsakte und Gemeinschaftsrecht, DVBl. 2007, S. 400 ff.

RODRÍGUEZ IGLESIAS, GIL C.: Zu den Grenzen der verfahrensrechtlichen Autonomie der Mitgliedstaaten bei der Anwendung des Gemeinschaftsrechts, EuGRZ 1997, S. 289 ff.

ROSENBERG, LEO; SCHWAB, KARL H.; GOTTWALD, PETER: Zivilprozessrecht, 17. Auflage, München 2009

ROSENFELD, KATRIN: Das Verfahrensrecht der gemeinschaftsrechtlichen Beihilfenaufsicht : die primärrechtliche Regelung und ihre Ausgestaltung durch die Verfahrensverordnung, Baden-Baden 2000 (zugleich: Würzburg, Univ., Diss., 2000)

RUFFERT, MATTHIAS: Rücknahme bestandskräftiger Verwaltungsakte im Gemeinschaftsrecht, JZ 2007, S. 407 ff.

–: Anmerkung zu EuGH, Rs. C-453/00, Kühne & Heitz NV/Produktschap voor Pluimvee en Eieren, Slg. 2004, I-837, JZ 2004, S. 619 ff.

RUPP, HANS H.: Maastricht – eine neue Verfassung, ZRP 1993, S. 211 ff.

–: Zur bundesverfassungsgerichtlichen Kontrolle des Gemeinschaftsrechts am Maßstab der Grundrechte, NJW 1974, S. 2153 ff.

–: Widerruf amtlicher ehrenkränkender Behauptungen, NJW 1961, S. 811 ff.

RUTHIG, JOSEF; STORR, STEFAN: Öffentliches Wirtschaftsrecht, 2. Auflage, Heidelberg 2008

SACHS, MICHAEL: Grundgesetz, 5. Auflage, München 2009

–: Das Wiederaufgreifen des Verwaltungsverfahrens, JuS 1982, S. 264 ff.

SACK, JÖRN: Verstoßverfahren und höchstrichterliche Vertragsverletzungen – eine Klarstellung, EuZW 1991, S. 246 f.

SCHENKE, WOLF R.: Probleme der Vollziehungsanordnung gemäß § 80 II Satz 1, § 80 a I Nr 1 und II VwGO, VerwArch 2000, S. 587 ff.

SCHERER, JOACHIM: Das Rechnungsabschlussverfahren – Ein Instrument zur Durchsetzung europäischen Verwaltungsrechts, EuR 1986, S. 52 ff.

SCHEUING, DIETER H.: Europäisierung des Verwaltungsrechts, DV 2001, S. 107 ff.

–: Rechtsprobleme bei der Durchsetzung des Gemeinschaftsrechts in der Bundesrepublik Deutschland, EuR 1985, S. 229 ff.

SCHEUNER, ULRICH: Die Rechtsetzungsbefugnis internationaler Gemeinschaften, in: Völkerrecht und rechtliches Weltbild: Festschrift für Alfred Verdross, hrsg. von Friedrich August Freiherr v. d. Heydte, Wien 1960, S. 229 ff.

SCHILLING, THEODOR: Anmerkung zu EuGH, Rs. C-224/97, Erich Ciola/Land Vorarlberg, Slg. 1999, I-2517, EuZW 1999, S. 407 f.

SCHIMA, BERNHARD: Das Vorabentscheidungsverfahren vor dem EuGH unter besonderer Berücksichtigung der Rechtslage in Österreich und Deutschland, 2. Auflage, Wien/München 2004

SCHLAICH, KLAUS; KORIOTH, STEFAN: Das Bundesverfassungsgericht: Stellung, Verfahren, Entscheidungen, 7. Auflage, München 2007

SCHLICK, WOLFGANG; RINNE, EBERHARD: Die Rechtsprechung des BGH zum Staatshaftungsrecht (Teil 1), NVwZ 1997, S. 1065 ff.

SCHLIESKY, UTZ: Öffentliches Wirtschaftsrecht: deutsche und europäische Grundlagen, 3. Auflage, Heidelberg 2008

SCHLOCHAUER, HANS-JÜRGEN: Das Verhältnis des Rechts der Europäischen Wirtschaftsgemeinschaften zu den nationalen Rechtsordnungen, AVR 11 (1963/64), S. 1 ff.

SCHMIDT-AßMANN, EBERHARD: Die Europäisierung des Verwaltungsrechts, in: Festgabe 50 Jahre Bundesverwaltungsgericht, hrsg. von Eberhard Schmidt-Aßmann (u.a.), Köln/Berlin/Bonn/München 2003, S. 487 ff.

SCHMIDT, REINER; VOLLMÖLLER, THOMAS: Kompendium öffentliches Wirtschaftsrecht, 3. Auflage, Berlin 2007

–: Öffentliches Wirtschaftsrecht, Besonderer Teil, Band 1, Berlin 1995

SCHMIDT-PREUß, MATTHIAS: Kollidierende Privatinteressen im Verwaltungsrecht: das subjektive öffentliche Recht im multipolaren Verwaltungsrechtsverhältnis, 2. Auflage, Berlin 2005

SCHMIDT-WESTPHAL, OLIVER; SANDER, DIRK: Anmerkung zu EuGH, Rs. C-234/04, Kapferer/Schlank & Schick GmbH, Slg. 2006, I-2585, EuZW 2006, S. 242 ff.

SCHNAPP, FRIEDRICH E.; CORDEWENER, AXEL: Welche Rechtsfolgen hat die Fehlerhaftigkeit eines Verwaltungsakts?, JuS 1999, S. 39 ff.

SCHOCH, FRIEDRICH: Die Europäisierung des Allgemeinen Verwaltungsrechts und der Verwaltungsrechtswissenschaft, DV 1999, Beiheft 2, S. 135 ff.

–: Der verwaltungsprozessuale vorläufige Rechtsschutz (Teil I) – Aufschiebende Wirkung und Anordnung der sofortigen Vollziehung, Jura 2001, S. 671 ff.

–: Die Europäisierung des verwaltungsgerichtlichen vorläufigen Rechtsschutzes, DVBl. 1997, S. 289 ff.

–/SCHMIDT-AßMANN, EBERHARD; PIETZNER, RAINER: Verwaltungsgerichtsordnung, München (Stand abhängig vom Erscheinungsdatum jeweiligen Ergänzungslieferung)

SCHOLZ, RUPERT: Zum Verhältnis von Gemeinschaftrecht und nationalem Verwaltungsverfahrensrecht, DÖV 1998, S. 261 ff.

–/HOFMANN, HANS: Perspektiven der europäischen Rechtsordnung, ZRP 1998, S. 295 ff.

SCHORKOPF, FRANK: Der Mensch im Mittelpunkt, FAZ vom 16.7.2009, S. 6

SCHROEDER, WERNER: Das Gemeinschaftsrechtssystem, Tübingen 2002 (zugleich: Passau, Univ., Diss., 2002)

–: Nationale Maßnahmen zur Durchführung von EG-Recht und das Gebot der einheitlichen Wirkung: Existiert ein Prinzip der „nationalen Verfahrensautonomie“?, AöR 129 (2004), S. 3 ff.

SCHRÖDER, MEINHARD: Das Bundesverfassungsgericht als Hüter des Staates im Prozess der europäischen Integration, DVBl. 1994, S. 316 ff.

SCHULZE, REINER; DÖRNER, HEINRICH; EBERT, INA: Bürgerliches Gesetzbuch, 5. Auflage, Baden-Baden, 2007

SCHULZE, REINER; ZULEEG, MANFRED: Europarecht : Handbuch für die deutsche Rechtspraxis, Baden-Baden 2006

SCHUMANN, EKKEHARD: Fehlurteil und Rechtskraft – Eine dogmengeschichtliche Auseinandersetzung mit den Leugnern des Fehlurteils, in: Festschrift für Eduard Bötticher: Zum 70. Geburtstag am 29. Dez. 1969, hrsg. von Karl A. Bettermann (u.a.), Berlin 1969, S. 289 ff.

SCHUPPERT, GUNNAR F; HALTERN, ULRICH; PERNICE, INGOLF: Europawissenschaft, Baden- Baden 2005

SCHWAB, KARL H.; GOTTWALD, PETER: Verfassung und Zivilprozess, Bielefeld 1984

SCHWAN, HARTMUT: Die deutschen Bundesländer im Entscheidungssystem der Europäischen Gemeinschaften, Berlin 1982 (zugleich: Marburg, Univ., Diss., 1982)

SCHWARZE, JÜRGEN: Europäisches Verwaltungsrecht, 2. Auflage, Baden-Baden 2005

–: Der Verfassungsentwurf des Europäischen Konvents: verfassungsrechtliche Grundstrukturen und wirtschaftsverfassungsrechtliches Konzept, Baden-Baden 2004

–: Das Verwaltungsrecht unter europäischem Einfluss : zur Konvergenz der mitgliedstaatlichen Verwaltungsrechtsordnungen in der Europäischen Union, Baden-Baden 1996

–: EU-Kommentar, 2. Auflage, Baden-Baden 2009

–: Europäische Rahmenbedingungen für die Verwaltungsgerichtsbarkeit, NVwZ 2000, S. 241 ff.

SCHWEITZER, MICHAEL: Europäisches Verwaltungsrecht, Wien 1991

–: Staatsrecht III: Staatsrecht, Völkerrecht, Europarecht, 9. Auflage, Heidelberg 2008

SEIBERT, MAX-JÜRGEN: Die Bindungswirkung von Verwaltungsakten, Baden-Baden 1989 (zugleich: Bonn, Univ., Diss., 1988)

SEIDL-HOHENVELDERN, IGNAZ; LOIBL, GERHARD: Das Recht der internationalen Organisationen einschließlich der supranationalen Gemeinschaften, 7. Auflage, Köln/Berlin/Bonn/München 2000

SELLMANN, CHRISTIAN; AUGSBERG, STEFFEN: Entwicklungstendenzen des Vorlageverfahrens nach Art. 234 EGV, DÖV 2006, S. 533 ff.

SINNAEVE, ADINDA: Die Rückforderung gemeinschaftsrechtswidriger nationaler Beihilfen, Berlin 1997 (zugleich: Tübingen, Univ., Diss., 1996)

–: Die neue Verfahrensverordnung in Beihilfesachen, EuZW 1999, S. 270 ff.

SOBOTA, KATHARINA: Das Prinzip Rechtsstaat, Tübingen 1997 (zugleich: Jena, Univ., Habil.-Schr., 1995)

SOMMER, JULIA: Verwaltungskooperation am Beispiel administrativer Informationsverfahren im europäischen Umweltrecht, Berlin 2003 (zugleich: Heidelberg, Univ., Diss., 2000)

SOMMERMANN, KARL-PETER: Europäisches Verwaltungsrecht oder Europäisierung des Verwaltungsrechts?, DVBl. 1996, S. 889 ff.

STAUDINGER, JULIUS V.: Kommentar zum Bürgerlichen Gesetzbuch, §§ 839, 839 a, Neubearbeitung der 13. Auflage, Berlin 2007

STEIN, TORSTEN; BUTTLAR, CHRISTIAN VON: Völkerrecht, 12. Auflage, Köln/ München 2009

STEIN, FRIEDRICH; JONAS, MARTIN; Zivilprozessordnung, Bd. 4, 22. Auflage, Tübingen 2008

STELKENS, PAUL; BONK, HEINZ J.: Verwaltungsverfahrensgesetz, 7. Auflage, München 2008

STERN, KLAUS: Das Staatsrecht der Bundesrepublik Deutschland, Bd. 1, 2. Auflage, München 1984

DERS.: Die Einwirkung des europäischen Gemeinschaftsrechts auf die Verwaltungsgerichtsbarkeit, JuS 1998, S. 769 ff.

STETTNER, RUPERT: Europäisches Gemeinschaftsrecht als Quelle der Rechtsfindung deutscher Gerichte 1974-1984, AöR 111 (1986), S. 537 ff.

STOBER, ROLF: Allgemeines Wirtschaftsverwaltungsrecht, 16. Auflage, Stuttgart 2008

STORR, STEFAN: Abschied vom Spruchrichterprivileg, DÖV 2004, S. 545 ff.

STREINZ, RUDOLF: Europarecht, 8. Auflage, Heidelberg 2008

–: EUV/EGV, München 2003

–: Bundesverfassungsgerichtlicher Grundrechtsschutz und Europäisches Gemeinschaftsrecht: die Überprüfung grundrechtsbeschränkender deutscher Begründungs- und Vollzugsakte von Europäischem Gemeinschaftsrecht durch das Bundesverfassungsgericht, Baden-Baden 1989 (zugleich: Passau, Univ., Habil.-Schr., 1987)

–: Europarecht – Staatshaftung für europarechtswidrige Urteile – Köbler, JuS 2004, S. 425 ff.

–: Auswirkungen des Vorrangs des EG-Rechts auf Bestandskraft, JuS 2004, S. 516 ff.

–: Primär- und Sekundärrechtsschutz im öffentlichen Recht, VVDStRL 61 (2002), S. 300 ff.

STÜLPNAGEL, HARRIET VON: Der einstweilige Rechtschutz nach § 80 VwGO und die Durchführung von gemeinschaftsrechtlichen Verordnungen, DÖV 2001, S. 932 ff.

SUERBAUM, JOACHIM: Die Europäisierung des nationalen Verwaltungsverfahrensrechts am Beispiel der Rückabwicklung gemeinschaftsrechtswidriger staatlicher Beihilfen, VerwArch 91 (2000), S. 169 ff.

SYDOW, GERNOT: Verwaltungskooperation in der Europäischen Union: zur horizontalen und vertikalen Zusammenarbeit der europäischen Verwaltungen am Beispiel des Produktzulassungsrechts, Tübingen 2004 (zugleich: Freiburg, Univ., Habil.-Schr., 2004)

–: Europäisierte Verwaltungsverfahren, JuS 2005, S. 97 ff.

TEUBNER, GUNTHER: Rechts als autopoietisches System, Frankfurt, 1989

THIENEL, RUDOLF: Verwaltungsverfahrensrecht, 4. Auflage, Wien 2006

THOMAS, HEINZ; PUTZO, HANS: Zivilprozessordnung, 30. Auflage, München 2009

TOMBRINK, CHRISTIAN: Der irrende OLG-Senat – Zur Amtshaftung für fehlerhafte Gerichtsentscheidungen, NJW 2002, S. 1324 ff.

TRIANTAFYLLOU, DIMITRIS: De nouveaux principes généraux du droit? – 2. La confiance légitime en tant qu'instrument de cohésion en droit communautaire, Revue francaise de droit administratif 2000, S. 246 ff.

–: Zur „Europäisierung“ des Vertrauensschutzes (insbesondere § 48 VwVfG) – am Beispiel der Rückforderung staatlicher Beihilfen, NVwZ 1992, 436 ff.

ULE, CARL H.; LAUBINGER, HANS-WERNER: Verwaltungsverfahrensrecht, 4. Auflage, Köln/Berlin/Bonn/München 1995

VEDDER, CHRISTOPH: (Teil)Kodifikation des Verwaltungsverfahrensrechts der EG?, EuR 1995, Beiheft 1, S. 75 ff.

–: Ein neuer gesetzlicher Richter?, NJW 1987, S. 526 ff.

VIERHAUS, HANS-PETER: Abtretbarkeit von Wirtschaftssubventionen, NVwZ 2000, S. 734 ff.

WAGNER, HEINZ: Grundbegriffe des Beschlussrechts der Europäischen Gemeinschaften, Kölner Schriften zum Europarecht, Bd. 5, Köln/Berlin/Bonn/München 1965 (zugleich: Köln, Univ., Habil.-Schr., 1965)

WEGENER, BERNHARD W.: Rechte des Einzelnen: die Interessentenklage im europäischen Umweltrecht, Baden-Baden 1998 (zugleich: Konstanz, Univ., Diss., 1997)

WEIß, WOLFGANG: Schnittstellenprobleme des europäischen Mehrebenenverwaltungsrechts, DV 38 (2005), S. 517 ff.

WIDDERSHOVEN, ROB: The Role of National Administrative Law in Transnational Enforcement Cooperation, in: Transnational Enforcement of the Financial interests of the European Union, hrsg. Von John A. Vervaele, Antwerpen/Groningen/Oxford 1999, S. 131 ff.

WINKLER, ROLAND: Das „Alcan“-Urteil des EuGH – eine Katastrophe für den Rechtsstaat, DÖV 1999, S. 148 ff.

WOLFF, HANS J.; BACHOF, OTTO; STOBER, ROLF: Verwaltungsrecht, Bd. 2, 6. Auflage, München 2000

ZÖLLER, RICHARD: Zivilprozessordnung, 27. Auflage, Köln 2009

ZULEEG, MANFRED: Das Recht der europäischen Gemeinschaften im innerstaatlichen Bereich, Kölner Schriften zum Europarecht, Bd. 9, Köln/Berlin/Bonn/München 1969 (zugleich: Köln, Univ., Habil-Schr., 1969)
–: Das Bundesverfassungsgericht als Hüter der Grundrechte gegenüber der Gemeinschaftsgewalt, DÖV 1975, S. 44 ff.
–: Deutsches und Europäisches Verwaltungsrecht – wechselseitige Einwirkungen, VVDStRL 53 (1994), S. 153 ff.
–: Der rechtliche Zusammenhalt der Europäischen Union, Baden-Baden 2004
ZWEIGERT, KONRAD: Der Einfluss des Europäischen Gemeinschaftsrechts auf die Rechtsordnungen der Mitgliedstaate, RabelsZ 23 (1964), S. 601 ff.
–: Das große Werk Ipsens über Europäisches Gemeinschaftsrecht, EuR 1972, S. 308 ff.

Kölner Schriften zu Recht und Staat

Herausgegeben von
Hartmut Schiedermair und Bernhard Kempen

Band 1 Bernhard Kempen: Die deutsch-polnische Grenze nach der Friedensregelung des Zwei-plus-Vier-Vertrages. 1997.

Band 2 Hans-Georg Maaßen: Die Rechtsstellung des Asylbewerbers im Völkerrecht. Überlegungen zu den völkerrechtlichen Rahmenbedingungen einer europäischen Asylrechtsharmonisierung. 1997.

Band 3 Udo Fink: Kollektive Friedenssicherung. Kapitel VII UN-Charta in der Praxis des Sicherheitsrats der Vereinten Nationen. 1999.

Band 4 Stephan Grigolli: Sprachliche Minderheiten in Italien, insbesondere Südtirol, und in Europa. Der Gebrauch der Sprache vor Behörden und Gerichten und die Vergabe öffentlicher Stellen. 1997.

Band 5 Uta Stoy-Schnell: Das Bundesverfassungsgericht und die Corte costituzionale. Ein Vergleich der Verfassungsgerichtsbarkeiten in Deutschland und Italien. 1998.

Band 6 Christian Hillgruber: Die Aufnahme neuer Staaten in die Völkerrechtsgemeinschaft. Das völkerrechtliche Institut der Anerkennung von Neustaaten in der Praxis des 19. und 20. Jahrhunderts. 1998.

Band 7 Jochen Seitz: Planungshoheit und Grundeigentum. Die verfassungsrechtlichen Schranken der städtebaulichen Entwicklungsmaßnahmen. 1999.

Band 8 Jochen Herbst: Rechtskontrolle des UN-Sicherheitsrates. 1999.

Band 9 Kristin Möller: Die Beschaffung naturschutzrechtlicher Ausgleichsflächen im Baurecht. 1999.

Band 10 Klaus Löffelbein: Genehmigungsfreies Bauen und Nachbarrechtsschutz. Die baurechtlichen Anzeige- und Freistellungsverfahren der Länder aus nachbarlicher Sicht. 2000.

Band 11 Patrick Mittmann: Die Rechtsfortbildung durch den Gerichtshof der Europäischen Gemeinschaften und die Rechtsstellung der Mitgliedstaaten der Europäischen Union. 2000.

Band 12 Martin R. Albus: Zur Notwendigkeit eines Internationalen Umweltgerichtshofs. Zugleich eine Analyse der Staatenpraxis zum Internationalen Umwelthaftungsrecht und der Rechtsschutzmöglichkeiten bei grenzüberschreitenden Umweltbeeinträchtigungen. 2000.

Band 13 Irene Baur: Die Haftung der Europäischen Zentralbank. 2001.

Band 14 Tobias R. Ehlen: Zentralisierungsmöglichkeiten der deutschen Börsenaufsicht. 2003.

Band 15 Ulrich Steiner: Wertsicherungsklauseln. Zur Europarechtskonformität des neuen § 2 PaPkG. 2003.

Band 16 Stephanie Vogel: Der Prüfungsumfang des Bundesverfassungsgerichts bei Verfassungsbeschwerden am Beispiel der Kunstfreiheitsrechtsprechung. 2004.

Band 17 Thomas Schmidt: Deutsche Hochschulräte. Begriff, Darstellung und rechtliche Analyse. 2004.

Band 18 Kirsten Schmalenbach: Die Haftung Internationaler Organisationen im Rahmen von Militäreinsätzen und Territorialverwaltungen. 2004.

Band 19 Gunter Warg: Von Verteidigung zu kollektiver Sicherheit. Der Nato-Vertrag *auf Rädern*. 2004.

Band 20 Bernhard Kempen / Yvonne Dorf: Bodenreform 1945–1949. Eine verfassungsrechtliche Neubewertung. 2004.

Band 21 Jeanette Nolte: Die völkerrechtliche Vertragspraxis der EG und die Haftung der Mitgliedstaaten am Beispiel der Fischereipolitik. 2004.

Band 22 Rüdiger Schmid-Kühnhöfer: Die Staatlichkeit von Beihilfen. Mittel- und Transferzurechnung nach Art. 87 Abs. 1 EG-Vertrag. 2004.

Band 23 Florian Schöler: Die Reform des Europäischen Kartellverfahrensrechts durch die Verordnung (EG) Nr. 1/2003. 2004.

Band 24 Christina Maria Pelzer: Die Kompetenzen der EG im Bereich Forschung. Eine Analyse ihrer Reichweite und Grenzen vor dem Hintergrund des Art. 5 Abs. 3 GG. Dargestellt am Beispiel der Gentechnologie. 2004.

Band 25 Nikolaus Vieten: Die verfassungsrechtliche Zulässigkeit der Wiedereinführung einer Vermögensteuer. Zugleich eine Untersuchung des Halbteilungsbeschlusses des Bundesverfassungsgerichts. 2005.

Band 26 Bernhard Kempen (Hrsg.): Die rechtsstaatliche Bewältigung der demokratischen Bodenreform. 2005.

Band 27 Erik Hansalek: Die parlamentarische Kontrolle der Bundesregierung im Bereich der Nachrichtendienste. 2006.

Band 28 Thomas Günther: Zur Zulässigkeit der Errichtung privater Volksschulen als Bekenntnisschulen religiös-ethnischer Minderheiten nach Art. 7 Abs. 5 GG. Am Beispiel einer islamischen Grundschule. 2006.

Band 29 Christian Hoppe: Staatshaftung und Rechtsschutz bei Verletzung grundfreiheitlicher Schutzpflichten. 2006.

Band 30 Julia Schäfer: Die Entscheidung des ECOFIN-Rats über das Vorliegen eines übermäßigen Defizits. Eine Entscheidung zwischen Politik und Recht. 2007.

Band 31 Erika Elisabeth Orth: Ein Grundrecht auf Umweltschutz in Europa? Eine rechtsdogmatische Einordnung des Art. 37 GRC. 2007.

Band 32 Cécile Günther: Die Auslegung des Rechts auf Bildung in der europäischen Grundrechtsordnung. Eine Analyse von Schutzbereich und Reichweite – dargestellt am Beispiel des Art. 14 EU-GRCh (Art. II-74 EuVerf). 2007.

Band 33 Muna A. Yousif: Die extraterritoriale Geltung der Grundrechte bei der Ausübung deutscher Staatsgewalt im Ausland. 2007.

Band 34 Stefanie von Hoff: Die Rolle des US-Supreme Court im Prozess der Verfassungsänderung in den Vereinigten Staaten von Amerika. 2008.

Band 35 Alexander Metz: Das Recht Prominenter am eigenen Bild in Kollision mit Drittinteressen. Insbesondere vor dem Hintergrund des Falles Caroline von Hannover. 2008.

Band 36 Susanne Dyrchs: Das hybride Khmer Rouge-Tribunal. Entstehung, Entwicklung und rechtliche Grundlagen. 2008.

Band 37 Heiko F. Schmitz-Elvenich: Targeted Killing. Die völkerrechtliche Zulässigkeit der gezielten Tötung von Terroristen im Ausland. 2008.

Band 38 Stefania Slavu: Die Osterweiterung der Europäischen Union. Eine Analyse des EU-Beitritts Rumäniens. 2008.

Band 39 Thomas Krings: Der Grundrechtsberechtigte des Grundrechts aus Art. 13 GG. 2009.

Band 40 Zan He: The ICJ´s Practice on Provisional Measures. 2010.

Band 41 Anna Köhler: Private Sicherheits- und Militärunternehmen im bewaffneten Konflikt. Eine völkerrechtliche Bewertung. 2010.

Band 42 Jens Beynio: Die völkerrechtliche Zulässigkeit der Aufrüstung mit Kernwaffen. 2010.

Band 43 Johannes Maria Baumann: Die Rechtsprechung des EuGH zum Vorrang von Gemeinschaftsrecht vor mitgliedstaatlichen Verwaltungsakten und Gerichtsurteilen. 2010.